武威历史文化研究

单继刚　张国才　主编

读者出版社

图书在版编目（CIP）数据

武威历史文化研究 / 单继刚，张国才主编. -- 兰州：
读者出版社，2022.6
ISBN 978-7-5527-0681-9

Ⅰ. ①武… Ⅱ. ①单… ②张… Ⅲ. ①文化史-研究
-武威 Ⅳ. ①K294.23

中国版本图书馆CIP数据核字（2022）第070617号

武威历史文化研究

单继刚 张国才 主编

责任编辑 漆晓勤
封面设计 雷们起

出版发行 读者出版社
地 址 兰州市城关区读者大道568号(730030)
邮 箱 readerpress@163.com
电 话 0931-2131529(编辑部) 0931-2131507(发行部)

印 刷 兰州银声印务有限公司
规 格 开本787毫米×1092毫米 1/16
印张 24 插页 1 字数 387 千
版 次 2022年6月第1版
2022年6月第1次印刷
书 号 ISBN 978-7-5527-0681-9
定 价 98.00元

前　言

武威，古称凉州，历史文化底蕴深厚，在漫长的历史长河中，农耕文明与游牧文明相互碰撞、中西方文化相互交流、中原传统与西域外来文化兼容并蓄，历经数千年的融合发展，形成了地域特色鲜明、内涵博大的凉州文化。立足这一独特而丰富的历史文化资源优势，近年来，市委、市政府审时度势，着力建设文化旅游名市，大力挖掘、传承、保护、弘扬凉州文化，揭示蕴含其中的文化精神、文化胸怀，坚定文化自信。

2018 年 9 月，中国社科院古代史研究所与武威市委、市政府签署协议，在市凉州文化研究院挂牌设立凉州文化研究基地，在古代史研究所及其他院所著名专家学者的推动引领下，凉州文化研究从先秦到明清，连续四年，每年确定一个主题召开国际性、高层次学术研讨会，一大批国内外专家学者齐聚武威，贯通梳理各个历史时期凉州文化脉络，擦亮凉州文化品牌，在学界提高了凉州文化的关注度，对外提升了武威知名度和影响力。

2019 年 3 月，中国社科院哲学研究所所长助理、马克思主义哲学史研究室主任单继刚（现任哲学研究所副所长）等 5 名同志到武威开展为期一年的挂职工作。单继刚研究员本是哲学研究专家，知识渊博，涉猎广泛，对武威历史文化情有独钟，颇有情怀。他担任武威市政府副秘书长，暇余时间经常深入武威城乡文化遗址开展考察调研，撰写了近 3 万字的《铜奔马研究报告》，得到业界一致好评。受武威市政府委托，他主持完成《武威市五凉文化博物馆布展大纲》编撰工作。他还成功申报了中国社科院国情调研专项项目——《武威历史文化调研》。这一课题在市委、市政府领导的关心支持下，召开课题开题会，武威挂职团的专家学者和市凉州文化研究院、市内相关单位的文化研究工作者共同探讨，拟定了编撰大纲及章节要目，分头分步领受任务开始课题攻关。其间，课题组先后3次召开推进会，10余次召开小范围的项目座谈会，分析掌握撰稿进度，统一编撰体例、论证成果定位，两次赴河西张掖、酒泉、嘉峪关等地考察调研，开展学术交流，力争全面、系统、立体地展现凉州文化的内涵及文化概要。这一课题于2021年10月顺利结项，课题成果经单继刚研究员修改审定，现得以正式付梓出版。

《武威历史文化研究》一书视野广阔，内容丰富，与以往不同的是，该书在河西地区乃至西北更高视野下，从全新视角深入挖掘武威历史文化内涵，凝聚武威人文精神，提升凉州文化品味。同时，从传播角度出发充分考虑读者受众群体的需要，突出了知识性、通俗性、可读性，成为宣传武威的又一张鲜活的文化名片。这也是本书当时编撰的初衷，在此，向单继刚研究员和为该书编撰出版付出心血的领导、同仁们深表致谢！也期望通过此书，将国家历史文化名城、中国旅游标志之都——武威更好地推介出去，让更多的人了解武威，走进武威。

张国才

2021年10月

目　录

第一章 "承前启后、继绝扶衰"的五凉文化

东晋十六国时期，河西地区相继出现了前凉、后凉、南凉、北凉、西凉五个政权，史称"五凉"。除西凉外，其他四凉均曾建都姑臧（今武威）。五凉政权统辖河西长达140多年，这期间河西地区社会相对安定，经济发展，中原人士日月相继，避难河西，"中原魏晋以降之文化转移保存于凉州一隅"。加之五凉统治者崇文好古、崇尚文教，采取"文教兼设"举措，文化空前繁荣，创造了在中国历史上占有重要地位的"承前启后、继绝扶衰，五百年间绵延一脉"的五凉文化，对隋唐及后世影响深远。

第一节 五凉简史

西晋永宁元年（301年），张轨出镇凉州，拉开了五凉政权经营河西的序幕。此后，前凉、后凉、南凉、北凉、西凉政权先后更迭。北魏太延五年（439年），北凉沮渠牧犍出降北魏，结束了五凉政权在河西地区近一个半世纪的割据历史。五凉政权由于所处的历史条件和时代局势，导致各个政权之间多有杀伐攻略，明争暗斗，但同时也推动了社会的发展，其政治、经济、军事、文化对后世具有深远的影响。

五凉政权年表

国号	建立者	定都	民族	存在时间
前凉	张寔	姑臧	汉	317—376 年
后凉	吕光	姑臧	氐	386—403 年
南凉	秃发乌孤	乐都、姑臧	鲜卑	397—414 年
北凉	沮渠蒙逊	张掖、姑臧	匈奴	397—439 年
西凉	李暠	敦煌、酒泉	汉	400—421 年

一、前凉

前凉（317—376 年）统治时间横跨两晋，全盛时期统治范围包括今甘肃、青海、宁夏、内蒙古、新疆等地，堪称十六国时期的西北方大国。

前凉的奠基者是出身于陇右官僚地主家庭的安定乌氏（治今平凉）人张轨。301 年，张轨出任凉州刺史，在任期间，平定内乱，收容流民，救援洛阳，尊儒崇学，招贤纳士，发展经济，政绩显著。张轨治理凉州 13 年，是前凉政权的奠基人，是五凉历史的开创者。张轨去世后，其子张寔、张茂先后继位，张寔、张茂统治的十年，为前凉保据一方、巩固政权奠定了基础。张骏、张重华继立后，励精图治，前凉国富民强，达到极盛。张骏东征西讨，先占领黄河以南地区，后进军西域，设立高昌郡，首次将郡县制推广到西域。前凉经略西域的这段历史是中国西北边疆史的一部分，在西域发展史上有举足轻重的历史地位，它为中国西北地区经济、政治、文化的发展乃至民族大融合做出了不可忽视的历史贡献。张重华继位后，坐拥三州之地，掌握十万雄兵，重用谢艾，三败后赵，巩固了政权。

张重华去世后，十岁的张曜灵继位。因年幼无知，由其伯父张祚辅政，从此大权旁落，前凉江河日下。张祚篡位后，内忧外患，国力日衰，后被镇守军事要地的前凉大将军张瓘所杀。当时年仅六岁的张玄靓继位，由叔父张天锡辅佐朝政。由于张玄靓年幼，只能被一个个权臣玩弄于股掌之间，八年之后，张天锡继位，成为前凉末代国王。张天锡喜欢游山玩水，虽然治国无能，但善于夸夸其谈。376年，前秦派兵攻前凉，张天锡兵败出降，前凉政权灭亡。前秦把张天锡以及凉州七千余户人口迁徙到关中。

从317年成为割据政权至376年张天锡投降前秦，前凉共六十年。

二、后凉

后凉（386—403年）是十六国时期氐族贵族吕光建立的政权。

前秦灭前凉之后，前秦国王苻坚为了控制西域，于384年派略阳（今甘肃秦安）氐族人吕光率兵出征西域，大破西域联军于龟兹。吕光在东归途中，听到苻坚兵败淝水的消息后，就占领河西，自称大将军、凉州刺史。386年，吕光正式建立后凉政权，定都姑臧，并平定反叛势力，占领整个河西走廊。吕光统治时期，后凉的统治范围包括甘肃西部及青海、新疆、内蒙古等地。399年，吕光病重，传位给太子吕绍，自称太上皇。吕光任命儿子吕纂为太尉，吕弘为司徒。不久吕光去世，时年六十三岁，葬于高陵。

吕光去世后，嫡子吕绍即位，但军政大权实际由其哥哥吕纂把持。此后不久，吕纂继位。吕纂继位后，很少料理国政，常常沉溺于酒宴与游猎，国势日益衰弱。至吕纂时，由于北凉和南凉的瓜分，后凉所能控制的领土大大缩小，只有东起今乌鞘岭，西至今武威的方圆百里之地。吕纂在位三年后，吕光弟弟吕宝的儿子吕隆继位。401年，后秦姚硕德攻打后凉，吕隆派使者向姚硕德投降。后秦姚兴命其为镇西大将军、凉州刺史、建康公，继续镇守姑臧。403年7月，在北凉、南凉的交相逼迫之下，内外交困的吕隆被迫正式投降后秦。吕隆率领手下官员及百姓一万户向长安进发，维持了仅仅十八年的后凉政权至此灭亡。

从吕光到吕隆，后凉共十八年，四位统治者。

三、南凉

南凉（397—414年）是十六国时期由鲜卑族秃发乌孤所建，强盛时控有今甘肃西部、青海和宁夏部分地区。

鲜卑族是我国北方一个古老的游牧民族。汉魏之际，一支由秃发氏率领的鲜卑氏族部落从塞北迁移来到了河西走廊，史称"河西鲜卑"。经过100多年的发展积蓄，至吕光建立后凉时，这支鲜卑已经在河西生活了九代，主要活动地域在今永登县、天祝县一带，成为一个强大的部落。395年，他们选取廉川，也就是今青海民和县西北一带作为政治军事据点，伺机起事。不久，秃发乌孤统一了河西鲜卑部落。他积蓄力量，发布文告，广招人才。397年，吕光被西秦打败后，秃发乌孤趁机在西平（今青海西宁）自称大都督、大将军、西平王，建立南凉政权，建元太初。399年，迁都乐都，不久去世。其弟秃发利鹿孤继位之后，将都城由乐都迁到西平，振兴教育，珍惜人才，并继续与北凉结盟，共同对付后凉。

402年，大业未成的秃发利鹿孤因病去世，其弟秃发傉檀继位，把都城从西平迁到乐都，并大修城池。秃发傉檀雄才伟略，一心图谋河西。后凉灭亡后，姑臧被后秦占领。406年，秃发傉檀用贿赂的手段从后秦手中得到了河西重镇姑臧城，随后迁都姑臧。其间，他重用人才，善于纳谏。410年，由于北凉沮渠蒙逊的不断进攻，秃发傉檀放弃姑臧，再次迁到乐都。414年，西秦灭南凉，穷兵黩武的秃发傉檀投降西秦，后被杀。

南凉共十八年，三位统治者。

四、北凉

北凉（397—439年）十六国时期段业、匈奴人沮渠蒙逊建立。

魏晋时期，张掖一带生活着一支匈奴沮渠部落。沮渠部落的祖先是匈奴的官员左沮渠，于是此部落便以官名作为姓氏，称为沮渠氏。397年，后凉建康

（今高台县骆驼城）太守段业在匈奴人沮渠蒙逊和沮渠男成等人的怂恿下背叛吕光，自称大将军、凉州牧、建康公，改元神玺。北凉初立，后段业把都城从建康城迁到张掖。401 年 5 月，沮渠蒙逊的大军到达张掖，杀段业，夺取了政权，改年号永安。自此，北凉开启了沮渠蒙逊的时代。

为了北凉政权的巩固和发展，沮渠蒙逊着手安定民生、搜罗人才、整顿吏治。经过政治、经济上的一系列强力举措，北凉逐渐强大起来，开始东征西讨，逐鹿河西。当时，南凉秃发傉檀从后秦手中得到了姑臧。为夺取姑臧，北凉与南凉你攻我守，战争不断，最终迫使南凉放弃姑臧。412 年 10 月，沮渠蒙逊将北凉都城从张掖迁到姑臧。占领姑臧之后，沮渠蒙逊乘胜追击，数次率兵进围南凉首都乐都，又和西秦争夺今青海东部的湟中一带，并于 421 年吞并西凉，完成了整个河西走廊的统一，拥有武威、张掖、酒泉、敦煌、西海、金城等地，西域诸国也都向北凉称臣，北凉达到全盛。433 年，沮渠蒙逊去世，时年六十六岁，葬于元陵。沮渠蒙逊文武双全，富有谋略，东征西讨，堪称五凉时期一代枭雄；他重视人才，开凿天梯山石窟，开创了北凉盛世。

沮渠蒙逊去世后，其第三子沮渠牧犍即位。沮渠牧犍纵情享乐，骄奢淫逸，而虎视眈眈的北魏早已摩拳擦掌，伺机灭掉北凉。439 年 6 月，北魏拓跋焘御驾亲征，向各地发布文告，历数沮渠牧犍十二大罪状，兵锋直指北凉。沮渠牧犍率文武 5000 人出降，北魏迁徙凉州三万户到平城。至此北凉灭亡，同时标志着五凉政权结束。

北凉从 397 年立国至 439 年降魏，共四十三年，三位统治者。

五、西凉

西凉（400—421 年），十六国时期李暠建立，疆域在今甘肃西部及新疆哈密部分地区。

397 年，段业反叛吕光自称凉州牧之后，即委任陇西成纪人李暠为效谷县令，后升为敦煌太守。李暠自称是西汉名将李广的十六世孙，其家族世代都是豪门大族。400年，北凉晋昌太守唐瑶反叛段业，公开支持李暠，而且向敦煌、酒泉等六郡传发檄文，推举李暠为大将军，兼任敦煌太守。李暠自称大将军、护羌校尉、秦凉二州牧、凉公，改元庚子，以敦煌为都城，疆域广及西域。李暠建学崇文，知人善任，废寝忘食，思济黎庶，对外睦邻友好，对内发展经济，并依靠当地的著姓家族，国力日盛。尤其在河西走廊和西域地区发展屯田政策，无疑是其治理西凉取得的最为重要的政绩之一。405年，李暠改元建初，遣使奉表东晋，并迁都酒泉，设置会稽、广夏、武威、武兴、张掖等郡，继续发展农业生产，与北凉长期争战。因连年丰收，百姓安居乐业，西凉在酒泉刻石纪功，歌功颂德。417年2月，李暠病逝，享年六十七岁，葬于建世陵。李暠系唐朝皇室认定的先祖。唐代历史学家李延寿认为李暠与李渊为一脉相承。公元743年，唐玄宗李隆基追尊李暠为兴圣皇帝。

李暠次子李歆继位后，继续对北凉作战。他刚愎自用，一意孤行，420年，李歆得知沮渠蒙逊南伐西秦的消息后，率军三万往攻北凉都城张掖，途中为沮渠蒙逊所败。沮渠蒙逊杀李歆，进占酒泉。420年9月，李歆弟李恂据守敦煌。421年，沮渠蒙逊率兵来攻，北凉军引水灌敦煌，李恂自杀，敦煌失陷。至此，李氏所建西凉政权灭亡。

从400年建立至421年灭亡，西凉政权存在二十二年。

第二节　五凉文化兴盛的原因

一、经济的发展与河西经济区的形成

河西地区东西绵亘千余里，土地肥沃，水草丰茂，资源丰富。西汉时期丝绸之路的畅通，是以河西经济区的兴起为支撑的。经两汉、曹魏、西晋诸朝的陆续开发，至五凉时期，河西地区形成民族日益融合、社会相对稳定的局面。

五凉时期，中原人口大量迁徙河西，带来了大量的劳动力和先进生产技术。据高荣先生研究证明，魏晋十六国时期的河西人口，已经大大超过汉代鼎

盛时期。在这样的基础上，河西经济较以往有了新的发展。五凉统治者注重民生，发展经济，利用人力物力资源，扩大区域开发，发展屯田，广田积谷，开发牧场，增加畜牧业产生，一系列举措，推动河西经济区内部结构及布局进一步趋于协调和合理。

五凉时期河西地区的手工业生产极具潜力，官府手工业门类齐全，制盐、冶铁、铸铜等传统官营工业部门产品丰富，冶铁业在河西地区得到了进一步发展。毡毯、纺织、建筑、制陶、酿酒等民间手工业也达到相应水平，毛毡和毯布独具特色，成为五凉时期主要的贡物和礼品。

五凉政权在河西发达的畜牧业、农业、手工业的基础上，积极与西域及中原进行经济交流，由此在汉魏以来河西形成的一些核心城镇的基础上，不断发展，初步出现了一些重要的城镇。虽然五凉时期的城镇带有明显的政治军事色彩，但随着人口的增加，各个政权为巩固政权，加大对城镇的控制，城镇成为当时社会经济活动的中心。随着畜牧业、农业、手工业、商业及丝路贸易进一步发展，武威、敦煌等河西重要的经济城镇和陆上商埠日益繁华，河西地区成为民殷物丰之地。

二、游牧文化与农耕文化的碰撞交流

从西汉初期开始，河西地区就出现了农、牧业并行发展的局面，这使得河西经济区在起步时便具备着雄厚的潜力。

河西走廊有着丰富的水利资源。祁连山终年积雪，夏日消融，走廊内河道纵横，地势平坦，为农牧业的发展提供了极为便利的条件。河西地区在祁连山冰川融水滋养下，形成了许多水草丰茂的天然牧场，自古以来畜牧业极为发达，在汉代就有"河西畜牧为天下饶"的民谚流传。五凉时期，随着草原民族不断移驻河西，开辟出新的牧场，形成了大规模的畜牧业生产格局，进一步促进了畜牧业的发展。

早在西汉初年，随着河西四郡的设立，中原农耕文化开始进入凉州，并与

当地游牧文化进行交流。汉武帝时期，农业成为河西的主要产业。五凉统治者十分重视农业发展，采取劝课农桑、徙石造田、运土植谷、广田积谷、兴修水利、开放苑囿、假民公田等一系列措施，河西地区的农业生产水平得到进一步发展，农作物品种更加丰富，粮食单产达到了与中原地区持平的水准，出现了"中仓积粟，数百千万"的景象。五凉从前凉张轨开始，采取"劝课农桑"的举措，发展农耕经济，这种措施被其他四凉政权继承。如西凉李暠大力发展屯田，迁都酒泉后仍然发展农业经济。"玄盛既迁酒泉，乃敦劝稼穑。郡僚以年谷频登，百姓乐业，请勒铭酒泉，玄盛许之。"建立南凉的鲜卑族本是游牧民族，但也重视农业生产，专门设立主管农业的官吏"大司农"。同样是游牧民族匈奴族的北凉沮渠蒙逊曾下书曰："顷自春炎旱，害及时苗，碧原青野，倏为枯壤。"表达了对农业的关注。

畜牧业的发达，丰富了河西经济区内人们的生产生活，而小农经济和地主庄园经济同时获得极大发展，使河西地区农业经济结构更加合理牢固。发达的畜牧业与发达的农业相辅相成，成为五凉政权存在的基础。

三、丝路贸易与异域文化的传入

西汉时期，随着丝绸之路的开通和中西交往的频繁，希腊、罗马、印度文化也纷至沓来，拥入凉州。西域文化是随着丝路贸易的繁荣而逐步来到河西地区的。西汉控制西域之后，对西域开始了大规模的开发，后随着东汉灭亡而逐渐冷落或停止。到了东晋十六国时期，中原大乱，五凉政权为了谋生存、求发展，大都注意了向西域开拓自己的势力。中西文化的交流，在五凉政权统治下的河西走廊上频繁地进行着。

西晋初年，河西战事频繁，东西商路断绝，商业退缩，货币废弃，进入谷帛为市的时代。建兴元年（313年），张轨采用索辅"立制准布用钱"的建议，五铢钱得以重新流通，大大方便了商业贸易，河西与西域间的贸易更加畅通，西域商品大量流入河西。"凉造新泉"的铸造与流通，进一步反映了五凉时期河西地区商品经济繁荣发达的景象。

当时，粟特人成为中西经济文化交流的使者。粟特人是生活在中亚地区的古老民族，旧居昭武城（今甘肃临泽），以昭武为氏，有康、安、曹、石、米、史、何、穆等九姓，故史称"昭武九姓"。自汉代以来因善于经商而活跃在丝绸之路上，粟特商人往往结成商队一起东行，商队首领称为"萨保"，由中央朝廷任命。1907 年斯坦因在敦煌以西的长城烽燧遗址中发现了一组粟特文信札，为公元 4 世纪初叶（五凉时期）住在武威、敦煌的粟特商人写给家乡撒马尔罕或西域楼兰等地粟特商人的信件。主要内容是报告粟特商人以武威为大本营，前往洛阳、邺城、金城、敦煌等地从事贸易活动的情况。通过信札内容还可以了解到他们的行踪，以及经营货物品种香料、布匹等。粟特人信札是粟特语古老丰富的历史见证，也清晰地勾勒出一条粟特人东行所走的丝绸之路。在当时，姑臧城作为丝绸之路上东西方文明的一个重要交汇地，给善于经商的粟特人带来了众多发展的机会，同时贸易活动的频繁也给姑臧城以及中原带来了异域特产，促进了东西方交流，也从侧面展现了姑臧城盛极一时的繁荣景象。

青海省西宁市城隍庙街出土了两枚波斯萨珊银币，一枚直径 2.6 厘米，一枚直径 2.7 厘米，银币上印有波斯拜火教祭坛。波斯萨珊银币的出土表明公元 4 世纪末至 6 世纪初，外国金银币在河西一带的流通状况，印证了丝绸之路青海道文化交流和商业贸易的繁荣状况。

可见，河西走廊作为"丝绸之路"的咽喉孔道，继续发挥着中西文化交流的历史作用。魏晋时期，是西域文化东渐的重要时期，来自异域的新的文明与河西走廊的悠久的历史文明成果融汇，形成丰富的文化沉淀，被"五凉"政权所利用，构成五凉文化的雄厚基础。

四、河西士族的学术积累与中原士人的加盟

五凉时期是河西著姓社会发展的重要时期。河西著姓的主体是汉、魏、晋时期凉州域内十数个高门世族。这些名门著姓长期担任重要官职，并在教育、

学术等方面代有传承，建树颇多，为开启河西地区学术繁荣、文教昌明局面发挥了重大作用。五凉时期，河西著姓主要有曹氏、令狐氏、张氏、氾氏、索氏、宋氏、阴氏、段氏等十数家。其家学渊源，代代传承，博学能文之士不断涌现，有的入仕为官，有的开馆授学，著述经史。河西著姓往往拥有学术、文化的领导权，成为河西地域思想、舆论的主导力量。史学大家陈寅恪先生指出，汉末、西晋大乱时期，公立学校沦废，学术中心移于家族，太学博士之传授变为家人父子之世业，其文化学术渐具地域性质。

河西士族高居统治地位，是河西地域文化体系的代表，他们的学术积累使得河西文化有了深厚的积淀，而中原士人的加盟，又为文化的发展注入了新鲜的血液。流寓学者与河西士族的结合，成为五凉时期的学林佳话，并对当时的社会带来重大影响。《晋书·张轨传》载，永嘉之乱，京都陷落，"中州避难来者日月相继"。陈寅恪先生认为："盖张轨领凉州之后，河西秩序安定，经济丰饶，既为中州人士避难之地，复是流民移徙之区。百余年间纷争扰攘固所不免，但较之河北、山东屡经大乱者，略胜一筹。故托命河西之士庶犹可以苏喘息、长子孙，而世族学者自得保身传代以延其家业也。"五凉时期，迁徙到河西的中原及其他地域人口不下二十万，其中不乏学术根底很深，在当时饮誉海内的家族和名士，如江式家族和常爽家族，可称为流寓河西的学术世家。这些文人学士来到河西，在河西传授儒学，使中原失传的一些经籍学说得以在河西走廊得以保存传承，并与西域文化交流融合，对后世影响很大。

五、统治者采取的鼓励文化发展的政策

汉武帝设立河西四郡之后，随着中原儒学文化的传入，河西地区儒学有了一定发展。河西地区出土了大量的汉代简牍，集中反映了当时儒学的发展状况。武威出土的《仪礼简》，对研究汉代经学和《仪礼》的版本具有重要史料价值；敦煌发现的悬泉汉简中有许多与儒学著作相关的内容，是中原儒学文化西传的有力证据。

五凉时期，河西地区自前凉张轨始，将兴学重教作为立国之本，开始振兴文化教育。此后，无论是汉族建立的前凉、西凉，还是少数民族建立的后凉、南凉、北凉等政权，普遍敦崇儒学、兴办学校、优礼士人、倡导私学，从而使中原文化在河西地区得以生存延续，出现了学术文化事业空前兴盛的局面。

一是五凉政权建立后，大力倡导儒学，推行教化，促进了河西文化的繁荣发展。五凉的一些统治者本身就是学者，大多重视文化教育，这种态度与做法，无疑有力促进了五凉文化的发展。前凉张轨"征九郡胄子五百人，立学校，始置崇文祭酒，位视别驾，春秋行乡射之礼"。张寔"学尚明察，敬贤爱士"。南凉秃发利鹿孤"以田玄冲、赵诞为博士祭酒，以教胄子"。西凉李暠"立泮宫，增高门学生五百人。起嘉纳堂于后园，以图赞所志"。北凉沮渠蒙逊"起游林堂于内苑，图列古圣贤之像……谈论经传"。1975 年新疆吐鲁番出土的西凉建初四年（408 年）秀才对策文，内容涉及《诗经》《春秋》等儒家经典，还涉及《战国策》《史记》等史学典籍，记载了西凉策试秀才的题目和其对答内容。《魏书》载，凉州"自张氏以来，号有华风"。

二是五凉统治者普遍采取礼遇士人、重视知识分子的政策。无论是索袭、宋纤、郭荷、祈嘉、宋繇、张湛、宗钦、段成根、阚骃、刘昞、赵柔、索敞、阴仲达、张宾等世居河西的士人，还是江琼、程骏、常爽、杜骥、裴诜等来自中原的知识分子，无论在朝居官或在野属文者，皆受张轨及其他五凉统治者的礼遇、信任和重用。

三是五凉时期民间教育家和学者辈出，以民间授学与著述为主要形式的文化学术活动十分活跃。各政权积极实施振兴文教举措，对民间学术文化活动起到了推动作用。隐居乡里、传道授业兼以著述的学者很多，代表人物有郭荷、郭瑀、刘昞、祈嘉、索袭、索纮等。例如刘昞隐居酒泉期间，身边学生达数百人；祈嘉海渚讲学时，教授门生百余人。这样的学者还有很多。民间学术文化活动与官方学术活动相得益彰，互相补充，形成了教育多元化的格局，共同推动了五凉文化的繁荣发展。

第三节 五凉文化的成就

一、制度:继承与创新

五凉时期,各个政权在政治制度建设方面有独到之处,而这些政治制度往往上承汉晋,下启北朝隋唐,在中国中古政治制度变迁中占有突出地位。五凉政权,在礼仪、职官、刑律、兵制、财政等方面,基本上承袭汉晋政权形式,而略有权变。除前凉外,其余诸凉多前后相继或同时并立,诸凉臣僚纵横于各政权之间,新凉多用旧凉重臣,新政权制度的创设者往往来自旧政权的建设者;又五凉政权皆援引河西著姓大族任职,著姓大族仕宦又自有其传统,基于此,五凉制度间的传承自然容易实现。

(一)职官制度:拟于王者而微异其名

五凉政权的职官制度随政治需要而发生变化。前凉张骏"始置诸祭酒、郎中、大夫、舍人、谒者之官","舞六佾,建豹尾,所置官僚府寺拟于王者,而微异其名。又分州西界三郡置沙州,东界六郡置河州。二府官僚莫不称臣"。后凉吕光"置官司、丞郎以下犹摄州县事"。贾小军在《五凉职官制度研究》一文中认为,吕光三河王时期所置职官包括中央台省职官、武官及地方行政系统官员,初步具备了帝国官僚体制的特点。北凉沮渠蒙逊即河西王位,"置官僚,如吕光为三河王故事……立其子政德为世子,加镇卫大将军、录尚书事",建立起北凉王权政治。西凉李暠称大都督、凉公后,设置的官职制度十分健全,如"以唐瑶为征东将军,郭谦为军谘祭酒,索仙为左长史,张邈为右长史,尹建兴为左司马,张体顺为右司马,张条为牧府左长史,令狐溢为右长史,张林为太府主簿,宋繇、张谡为从事中郎,繇加折冲将军,谡加扬武将军,索承明为牧府右司马,令狐迁为武卫将军、晋兴太守,氾德瑜为宁远将军、西郡太守,张靖为折冲将军、河湟太守,索训为威远将军、西平太守,赵开为驿马护军、大夏太守,索慈为广武太守,阴亮为西安太守,令狐赫为武威太守,索术为武兴太守"。

由此可见，五凉最高统治者称州刺史、某公时推行"二府"体制，即以凉州府（州府）、都督府（军府）为最高统治机构设立相应职官，别驾、治中等州官理民，长史、司马等府官理戎。故长史、司马等府官居于重要地位。五凉最高统治者称王、称帝时则推行相应的王国官僚体制和帝国官僚体制。王国官僚体制的核心是设置自丞郎以下的百官。帝国官僚体制指模仿汉晋职官制度，在中央设有以尚书、中书、门下三省及御史台职官为代表的台省职官，在地方则推行州、郡、县三级制并辅以护军制。前凉首创五凉史官制度，其他诸凉政权予以继承。

（二）郡县制度：沿袭汉晋，配置完善

五凉时期，郡县制得到传承。《晋书·地理志》记载："永宁中，张轨为凉州刺史，镇武威，上表请合秦雍流移人于姑臧西北，置武兴郡，统武兴、大城、乌支、襄武、晏然、新鄣、平狄、司监等县。又分西平界置晋兴郡，统晋兴、枹罕、永固、临津、临鄣、广昌、大夏、遂兴、罕唐、左南等县。"可见，五凉时期沿袭了以郡统县的两级地方管理行政制度——郡县制。郡县制在五凉大行其道，继续盛行。

再以五凉时期西域高昌地区为例。西域高昌地区最早实行的郡县制，便是前凉时期传入的。前凉在平定赵贞叛乱后，张骏便在戊己校尉驻守地设置高昌郡，建立田地县。这是第一次在西域设立郡县制，它标志着西域也建立了和中原一样的地方行政制度。高昌地区的郡县制建自前凉，延绵西凉、北凉，传承不断。西凉在高昌地区亦设置了郡、县、乡、里四级地方行政组织，还设立了管理水渠的郡府属官平水一职。它表明西凉在西域不仅具有健全的郡县制度，而且郡县配置制度也颇为完善。北凉在高昌郡下设高昌、横截、田地、高宁等县。北凉高昌政权又将原来的高昌郡分立高昌、交河、田地、横截、南平五郡。

南凉伊始，秃发乌孤也广招人才，并以河西士人为骨干进行内部政权建设，内设台省，外置郡县，建立起了以秃发氏为核心、以河西士人为骨干的统治集团。北凉郡县属官配置也相当完善，设有长史、司马、录事参军等13个属官。

（三）策试制度：统一策试，因才授官

西凉李暠知人善任，重用人才，特别在选拔人才上效法汉魏，实行察举制度，州选秀才，郡举孝廉，统一策试，因才授官。《秀才对策文》于1975年在新疆吐鲁番出土。文书的落款写有"建初四年"字样，应是指西凉李暠统治时期。文书记载着西凉策试秀才的题目和秀才们的一一回答，留下了那时秀才进行考试的原始材料，具体而生动地再现了一千五百多年前的秀才们接受君王亲策时那种受宠若惊、欢惧相伴的神态，是中国古代选举史上的一个具有典型意义的样品，所反映的秀孝策试制度可以说是两汉以后中国选举制中的一个"遗传基因"，对于我们探讨十六国时期的选举制度弥足珍贵。

此外，五凉时期，自下而上推选人才的察举制度也得到沿袭传承。魏晋南北朝时，选官制度虽然改行"九品中正制"，但察举制仍在沿用。下层人士通过察举入仕者，占了近一半。那时的察举制，仍以举荐为中心环节，如孝廉、茂才、贤良方正、能言极谏等继续延设外，其举荐方式更为灵活，范围扩大，增加了许多内容。如前凉张轨命令各地推荐才学广博、品德高尚、见义勇为、孝敬老人之人，表彰奖励。南凉秃发乌孤统一了河西鲜卑部落后，发布文告，广招人才。北凉沮渠蒙逊下达诏令，让所有官员搜集百姓的意见建议，搜罗不同阶层的人才。可见，察举选士的办法仍在实行。

二、学术：领域宽广，成果丰厚

五凉时期，河西在东学西渐和西学东渐中所处的文化地理位置十分重要，再加上大批著名学者的辛勤耕耘和不倦于学，使当时的河西成为同时期整个北方文化最为繁荣发达的地区，经学、玄学成就卓著。当时官私修史之风甚盛，各种类型和体例的史书琳琅满目。天文学、地理学等自然科学领域也有特殊贡献。

（一）经学

五凉时期，经学精英辈出，学术成果累累。郭瑀的《春秋墨说》《孝经错纬》，刘昞的《周易注》是代表之作。张湛、宗钦、段承根以《左传》卦解《易》，阚骃注王朗《易传》，使"学者藉以通经"。《古今文字》是江式家族将中原学术与河西学术融会贯通、精心集撰而成的经学名著，也是汇集书法艺术的大观之作。编撰方法是："撰集古来文字，以许慎《说文》为主，爰采孔氏《尚书》《五经音注》《籀篇》《尔雅》《三仓》《凡将》《方言》《通俗文》《祖文宗》《埤仓》《广雅》《古今字诂》《三字石经》《字林》《韵集》，诸赋文字有六书之谊者，皆以次类编联，文无复重，纠为一部。"

（二）玄学

当时，将《老子》《庄子》《周易》合称"三玄"。河西学者多有治《易经》者，由易学及于玄学，所取得的成就填补了魏晋玄学的空白。《人物志》是魏晋玄学名作，刘昞通过作注将其介绍至河西地区。陈寅恪先生特别欣赏刘昞所注《人物志》，称："刘昞之注《人物志》，乃承曹魏才性之说者，此亦当日中州绝响之谈也。若非河西保存其说，则今日亦难以窥见其一斑矣。"程骏与刘昞之间，有一段关于老庄学旨、修身养性的谈话颇为著名。骏谓昞曰："今世名教之儒，咸谓老庄其言虚诞，不切实要，弗可以经世，骏意以为不然。夫老子著抱一之言，庄生申性本之旨，若斯者，可谓至顺矣。人若乖一则烦伪生，若爽性则冲真丧。"昞曰："卿年尚稚，言若老成，美哉！"由是程骏声誉益播。

（三）史学

五凉统治者普遍重视史学。前凉最早建立史官制度，此后诸凉都遵循官修史书传统，加之私人修史之风兴起，推动了史学发展。举凡正史、稗史、实录、起居注、风俗记等层出不穷，仅以《凉书》和《凉记》而论就有数种，如索绥的《凉春秋》，刘庆的《凉记》、张谘的《凉记》、段龟龙的《凉记》、高道让的《凉书》和刘昞的《凉书》等。另外，还有喻归的《西河记》。这些种类繁多和内容各异的史书，成为后来北魏崔鸿撰修《十六国春秋》的底本。这些史书中，以北凉著作郎段龟龙的《凉州记》较著名。《凉州记》又作《凉记》,《隋书·经籍志》著录为八卷。该书久佚,现存三种辑佚本中,以清张澍的辑本影响较大。辑文二十余条,主要记载后凉国主吕光有关史事及五凉时期河西地区的历史变迁与民族关系。

（四）自然科学

五凉时期河西地区在文化多元、学术繁荣的背景下,自然科学也获得了一定发展,出现了一批对当时及后世影响较大的天文学和地理学著作。一是赵　的《玄始历》。赵　,敦煌人,北凉时任太史令。撰有《七曜历数算经》《玄始历》《阴阳历书》《赵　算经》等天文历算著作。《玄始历》撰于北凉玄始元年（412 年）,改订了以往 19 年置 7 个闰月的闰周,采用 600 年置 221 个闰月的闰周,使历法更为精密。北魏攻灭北凉后,《玄始历》取代《景初历》,直至公元 522 年为《正光历》所替代。《玄始历》传到南朝,祖冲之在编制《大明历》时,吸取了赵　的研究成果。二是阚骃的《十三州志》。阚骃,字玄阴,敦煌人,先后出仕北凉、北魏。所撰《十三州志》共十卷,是一部全国性的地理总志。内容以汉代所设十三州为纲,系统介绍了各地的郡县沿革、河道发源及流向、社会风俗等地理人文知识。行世后受到当时和后世学者重视,郦道元《水经注》引用《十三州志》材料多达百余条。唐颜师古注《汉书》时,认为《十三州志》精审有价值,因而独取其文为注。刘知幾在《史通·杂述篇》中评论道:"阚骃所书,殚于四国。斯则言皆雅正,事无偏党者矣。"

三、文学:诗赋与民歌的新气象

五凉时期河西地区文学创作就文人数量和作品质量而言,皆居中国北方文坛之首位。河西士人文化积淀深厚,而治乱相因的时代又为文学创作提供了丰富的题材,文学创作成果突出。流传至今的五凉作品,见于史籍的书目不少,体裁多样,内容丰富,佳作层出不穷。诚如慕容浩先生所说,其文学"承汉魏之旧旨,玄风涤尽,文采与实用并重",在诗、赋与民歌等方面出现了新气象。

（一）诗歌精品迭出

前凉君主张骏，擅作五言诗，有集八卷，题材多为咏史和感怀两类。《东门行》写姑臧城外春天景色，毫无凄苦之象，如"嘉苗布原野，百卉敷时荣。鸠鹊与鸳黄，间关相和鸣。芙蓉覆灵沼，香花扬芳馨。春游诚可乐，感此白日倾。"具有田园诗般的冲淡意蕴，反映了时代文学的新气象。张骏的另一首五言诗《薤露行》，是一首当时罕有的反映西晋灭亡、义士怀愤等重大历史事件的史诗，在以诗写史的题材选择上，是对建安诗歌精神的直接继承。在风格与情调上，明朗刚健，充满志在靖难的壮怀之音，与建安诗歌也是一脉相承的。

马岌曾在张茂手下任参军，早先可算是西晋的官员，后来则顺势任于前凉。他在担任酒泉太守期间，曾去寻访隐士宋纤。宋纤不肯出山效劳，并且拒绝会见马岌。马岌未见到宋纤本人，遂于南山石壁题诗一首而去。"丹崖百丈，青壁万寻。寻木翁郁，蔚若邓林。其人如玉，维国之琛。室迩人遐，实劳我心。"这首四言《石壁诗》写景颇为可观，要言不烦，毫无官气，又表达了对宋纤的尊重。诗里提到的"邓林"，用了夸父逐日的典故。夸父道渴而死之后，"弃其杖，化为邓林"，可见马岌对《山海经》神话的熟悉。

苏蕙的回文诗《璇玑图》尤其值得一提。苏蕙，字若兰，秦州刺史窦滔之妻。窦滔因忤旨被罚谪戍敦煌，苏蕙随夫西行。后窦滔镇守襄阳，移情女子赵阳台。苏蕙在敦煌苦等两年，悲愤不已，意欲感化其夫，遂用五彩丝线在八寸见方的锦帕上织就一首八百余言的回文诗。苏蕙派人送至襄阳，窦滔读后，感其妙绝，悔恨交加，立即把赵阳台送至关中老家，亲备车马，用隆重的礼节把苏蕙从秦州接到襄阳。两人恩爱如初，白头偕老。《璇玑图》原计八百四十字，正中央之"心"字为后人所加，总计八百四十一字。纵横各二十九字，纵、横、斜、交互、正、反读或退一字、迭一字读均可成诗，诗有三、四、五、六、七言不等，甚是绝妙，广为流传。

（二）赋文感染力强

五凉时期，大量文人学士创作了数量很多的赋文，内容注重政治功用，抒发情志。前凉张骏有《山海经图赞》，索绥有《六夷颂》，张斌写有"文致甚美"的《葡萄酒赋》。张重华的《上疏请伐秦》有匡扶旧土的决心，辞藻"清英流韵"，并带有骈文的色彩，增添了文章的感染力。宋纤《上疏辞张祚》中，"臣受生方外，心慕太古"等句，表达了作者超越生命和对自由的向往。后凉段业曾写《龟兹宫赋》，估计其中既有称颂吕光平定西域的武功，也应有对西域龟兹国宫殿的夸赞之词。此外还有《九叹》《七讽》等文。南凉秃发归写的《高昌殿赋》，"援笔即成，影不移漏"，带有浓郁的建安色彩。《高昌殿赋》原文虽然早已消失，但《十六国文学家考略》将秃发归列入十六国文学家行列则当之无愧。南凉后秦时凉州才子宗敞为给后秦任命的凉州刺史王尚辩护，写了一篇骈文，全篇以双句为主，讲究对仗的工整和声律的铿锵，如"刺史王尚受任垂灭之州，策成难全之际，轻身率下，躬俭节用，劳逸丰约，与众同之，劝课农桑，时无废业。然后振王威以扫不庭，回天波以荡氛秽。则群逆冰摧，不俟朱阳之曜；若秋霜陨箨，岂待劲风之威。何定远之足高，营平之独美！"文采艳丽，一气呵成。西凉刘彦明写有《酒泉颂》，歌颂李暠劝课农桑，连年丰收。名儒刘昞写有《靖恭堂铭》《酒泉颂》等。李暠写有《述志赋》，全赋洋洋千言，咏史抒情交替，时叙时吟，感情时而激越，时而低沉，斟词酌句，排比工整，如"思留侯之神遇，振高浪以荡秽；想孔明于草庐，运玄筹之罔滞。洪操槃而慷慨，起三军以激锐。咏群豪之高轨，嘉关张之飘杰，誓报曹而归刘，何义勇之超出！据断桥而横矛，亦雄姿之壮发"等，表现了李暠作为政治人物的独特情怀以及作为文学家的杰出表达能力。此外，李暠还写有《槐树赋》《大酒容赋》《靖恭堂颂》《诫子书》《上东晋朝廷表》等。北凉张穆的《玄石神图赋》，张湛的《赠崔浩诗颂》，也因文采而留名。

（三）民歌关注现实

五凉时期的民歌以谣谚为主，感情苍凉悲壮，与北歌相同。后凉时期流传的《朔马谣》为其代表作，"朔马心何悲，念旧中心劳。燕雀何徘徊，意欲还故巢。"表达了河西各族人民对吕光民族压迫政策的不满和被徙离家园后的悲愤心情。张骏时期的《凤凰鸣》、沮渠牧犍时期的《破带石》等民歌作品，内容皆与政治有关。

四、佛学：高僧与译经

东晋十六国时期是中国佛教形成和发展的重要时期。五凉时期的河西，是中原与西域交通的必经之地，当时西域的安息、康居、龟兹、于阗等地，佛教已广泛流行，而西域诸国与五凉政权的关系又十分密切，因此佛教的传播从内容到形式更直接受到地域的影响。再加上统治者大多崇信佛教，东来西往的佛教僧侣汇聚河西，驻锡停留，译经宣教，故名僧辈出，学术成就斐然。

（一）高僧云集河西

《魏书·释老志》记载："凉州自张轨后，世信佛教。"张骏时开通西域，这对前凉佛教的传播，起了重要的促进作用。大云寺是武威最早的佛教寺院之一，《凉州重修护国寺感通塔碑铭》（西夏碑）记载："阿育寺及姑洗塔自周至前凉，千有余载，中间兴废。张轨称制□凉，治建宫室，适应遗址。"到张天锡时，"宫中数多灵瑞。天锡异其事，时有人谓天锡曰：昔阿育王奉佛舍利起塔，遍世界中，今之宫乃塔之故地之一也"。天锡遂舍其宫为寺，就其地建塔。后凉时期，鸠摩罗什在凉州寓居十七年，弟子众多。西凉李暠曾经派法泉和尚作为信使出使东晋。北凉沮渠蒙逊请高僧昙无谶在凉州主持大规模的译经活动。可见，从前凉至北凉，五凉时期的佛教一直得到发展。河西还有不少僧侣前往西域求取佛经，中原和江南也有许多僧人经河西前往西域。一时之间，僧侣云集。释慧皎《高僧传》收录魏晋时期高僧257人，其中出生在河西的有36人。另外，又列五凉时期抵河西地区传播佛教的客籍高僧50人，竺法护、佛图澄、鸠摩罗什、昙无谶、师贤、释惠高等名僧是其中的代表人物。

（二）译经成就显著

魏晋南北朝时期，政府对佛教设立专门机构予以管理，姑臧城内的译经活动，说明前凉时期译经事业得到官方的高度重视和支持，译经成就显著。可见，五凉时期的凉州成为十六国时期佛教中心之一。

前凉张天锡时，凉州佛教空前发展，张天锡组织凉州僧人净明等在宏藏寺抄写佛经，并亲自组织了《首楞严》等经的翻译。前凉《法句经卷》末尾用朱笔题有"升平十二年沙弥净明，咸安三年十月廿日沙弥净明诵习法句起"的字样，为最早的凉州佛经写本，是国内藏品中最早的佛教写本，堪称国内古卷之首。

晋太元三年（378年），著名佛学家道安在长安注解整理佛经，发现一批译于凉州的佛经翻译写本。但译人缺失，无法考定汉文佛籍所做的编目。道安便将这批凉州所译经本整理为59部共79卷，命名为《凉土异经录》。《凉土异经录》收集前凉乃至西晋末期佚名翻译家在凉州译出的大量佛经，是佛教史上现存最早的较为全面的"凉土异经"目录，为研究五凉时期佛教翻译工作具有较为重要的史料价值。

北凉译经之风盛行，沮渠牧犍聘西域沙门浮陀跋摩于内苑闲豫堂翻译佛经。北凉译经数量记载不一，最具权威的是《开元释教录》的记载："北凉沮渠氏，初都张掖，后徙姑臧（今武威）。自蒙逊永安元年（401年）辛丑，至茂虔永和七年（439年）己卯……并新旧集失译诸经，总八十二部，合三百一十一卷。"可见北凉译经的规模和数量是相当大的。

（三）著名译经高僧

五凉时期翻译佛经的高僧众多，著名的有鸠摩罗什、竺佛念、昙无谶等。

鸠摩罗什（344—413年）原籍天竺，出生于西域龟兹国（今新疆库车）。博闻强识，佛学造诣极深。鸠摩罗什在河西期间，学习了汉语，为他以后翻译佛经奠定了基础。提倡回归翻译本质，主张用解释法进行翻译，率先把印度佛学按照本来面目介绍到中国，其译文能"存其本旨""义皆圆通"，开创了佛典汉译的新纪元。所译《金刚经》《维摩诘经》《法华经》等非常流行，具有"天然西域之语趣"。同时代佛学家、鸠摩罗什弟子僧肇称其师译经"法鼓重震于阎浮，梵轮再传于天北"。国学大师汤用彤先生赞其"法筵之盛，今古罕匹"。与玄奘、不空、真谛并称中国佛教四大翻译家，位列四家之首。

竺佛念，生卒年不详，凉州人。二十岁在凉州出家，通晓西域多种语言，学识渊博，精于佛典奥义，对汉地传统儒道典籍亦博览通读。前秦建元十七年（381年）抵长安翻译佛经，与西域高僧"传译"佛经数量众多，包揽"经""律""论"三藏，涉及大小二乘。此后独自接续译出《菩萨璎珞》《十住断结》《胎经》《中阴经》等。在苻姚二秦时代译经成果较为卓著，《高僧传》誉之为"译人之宗"。

昙无谶（385—433年），天竺人，十岁学经，后至敦煌，译出《菩萨戒本》等经。北凉玄始十年（421年），沮渠蒙逊迎请昙无谶抵姑臧，主持大规模译经活动。所译《方等大集经》《悲华经》《方等大云经》《优婆塞戒经》等11部共112卷。其中《金光明经》《佛本行经》广为流行，对后世大乘佛教产生重要影响。特别是《大般涅槃经》译出后，在中国佛学史上形成了以研习弘传《大般涅槃经》而得名的涅槃学派，后来发展为大乘"涅槃宗"。汤用彤先生称之为"译经巨子"。

五凉时期，高僧辈出，翻译家和传道者足迹遍及大江南北，译经规模宏大，影响深远，对于推动佛教在中国的传播和发展做出了巨大的贡献。

五、乐舞：数乐争鸣，百戏流行

五凉时期，西域乐舞传入河西，有的经过加工改造，形成具有地域特色的音乐和舞蹈艺术。后流传至中原地区，广受喜爱，并在隋唐时代被定为官方正乐。在流传过程中，天竺乐、龟兹乐、西凉乐以及从中原地区传入河西的清商乐等四乐盛行，争鸣于世。龟兹乐与天竺乐同为一个系统，西凉乐的形成与清商乐、龟兹乐又有密切关系。这些乐舞，对中原音乐文化发生了重要影响。

五凉时期的河西大地流行并保存了来自中原地区的清商乐。清商乐是魏晋时期兴起的一种汉民族传统音乐。《隋书·音乐志》记载："清乐其始即清商三调是也，并汉来旧曲。乐器形制，并歌章古辞，与魏三祖所作者，皆被于史籍。属晋朝迁播，夷羯窃据，其音分散。苻永固平张氏，始于凉州得之。宋武平关中，因而入南，不复存于内地。及平陈后获之。高祖听之，善其节奏，曰：'此华夏正声也。'"从上述史料可知，西晋永嘉之乱后，一部分清商乐传入凉州，另一部分清商乐随着东晋政权传到江南。公元376年，前秦苻坚平定前凉之后，在凉州得到了清商乐，然后流行于关中地区。417年，刘裕灭后秦，占领关中一带，将清商乐带到了江南。从那时起，中原地区不复存在清商乐。杨坚灭南朝陈朝之后，又获取了清商乐，称之为"华夏正声"。"其乐器有钟、磬、琴、瑟、击琴、琵琶、箜篌、筑、筝、节鼓、笙、笛、箫、篪、埙等十五种，为一部。工二十五人。"

天竺乐，前凉张重华时，就有天竺乐伎来到河西。《隋书·音乐志》记载："天竺者，起自张重华据有凉州，重四译来贡男伎。"后来天竺国王子以出家人身份游历河西，才真正传播了《天竺乐》。歌曲有《沙石疆》、舞曲有《天曲》。所用乐器有凤首箜篌、琵琶、五弦笛、铜鼓、毛员鼓、都昙鼓、铜钹、贝等九种，由乐工十二人演奏，舞蹈一般是二人舞。

龟兹乐，吕光征伐西域时从龟兹带回，先在河西流传，后传播至中原地区，北朝至隋唐间，风靡一时。齐隋之际，有《西国龟兹》《齐朝色兹》《土龟兹》等三部，舞曲有《小天》《疏勒盐》、歌曲有《善善摩尼》、解曲有《婆伽儿》。所用乐器除笙箫外，主要是鼓类，有毛员鼓、都昙鼓、腰鼓、答腊鼓、羯鼓、鸡娄鼓、琵琶、五弦、箜篌、铜钹、贝等十五种，舞蹈一般是四人舞。"周、隋已来……鼓舞曲多用龟兹乐。"

西凉乐，源于龟兹乐，是龟兹乐在河西地区流传过程中与河西音乐元素或汉族清乐元素加工融合而形成的一种新乐种，盛行于十六国北朝时期。《隋书·音乐志》记载："西凉者，起苻氏之末，吕光、沮渠蒙逊等，据有凉州，变龟兹声为之，号为秦汉伎。魏太武既平河西得之，谓之西凉乐。"西凉乐吸取西域乐舞丰富的营养，变易其声，使中原旧曲"杂以胡声"，西域音乐"杂以秦声"，说明西凉乐是中原旧乐与龟兹乐混合的产物。"管弦杂曲将数百曲，多用西凉。"特点是音乐舞蹈紧密结合，所用乐器多为琵琶、五弦、箜篌、长笛、铜钹等十九种，由乐工二十七人演奏，舞蹈一般是独舞或四人舞。

与乐舞有联系的是杂技百戏。吕光在西域时，采其剧目，带回许多"奇伎异戏"。加上西域诸国向前凉、北凉政权所贡，使杂技百戏在河西广为流行，并与河西民间传统娱乐活动相互结合。那时的杂技，歌舞与音乐相伴，幻术与乐舞相携，成为名副其实的"百戏"，歌舞、音乐、技巧、竞技交汇融合，品种繁多，形态各异，精彩炫目。所谓吞刀、吐火等奇伎以后又汇入南北朝艺术丛中，与绳技、缘竿、斤斗、角抵等一同构成多姿多彩的魔术与杂技表演形式。

可见，五凉时期乐舞艺术的繁荣，在魏晋南北朝时期的北方处于领先的地位。西域乐舞经河西地区交流融合，然后在北方地区迅速传播，大大推进了中原地区文化艺术的丰富与变迁，为隋唐时期九部乐、十部乐的形成奠定了历史基础。

六、绘画：佛窟壁画与墓室画像砖

五凉时期河西地区的绘画艺术达到较高水平，北凉石窟壁画及魏晋墓葬壁画砖等珍贵的文物资料为我们展示了丰富多彩的绘画艺术成就。武威天梯山石窟北凉时期菩萨壁画、敦煌"早期三窟"壁画、河西魏晋墓壁画和丁家闸五号墓壁画反映出中原文化和西域文化交流融合的特征。

天梯山石窟第1、4、18窟发现的北凉时期菩萨壁画像，说明了天梯山石窟确为北凉沮渠蒙逊所开凿的凉州石窟，进一步证实了凉州石窟和印度、西域以及其他有关早期石窟一脉相承，对研究我国早期石窟的源流和渊源关系有非常重要的意义。第1窟北凉供养菩萨壁画色彩朴实厚重，是在磨光草泥上用朱砂敷底，后用墨线勾勒的画法，使人物形象、技法都具有印度、西域早期石窟和汉风相融合的特点。第4窟北凉立式菩萨壁画明显受到西域画风的影响，但描绘身体轮廓及衣褶的铁线描又有传统艺术的风骨，充分显示了北凉佛教的艺术特色。

　　莫高窟开凿于前秦建元二年（366年），正是前凉时期。在敦煌现存洞窟中，西凉和北凉石窟7个，尤其以第268窟、第272窟和第275窟为最早。第272窟和第275窟为北凉时期的石窟。壁画表现的题材主要有佛、菩萨、天人、飞天、天宫伎乐、佛传故事、本生故事、供养人、装饰图案等。最为引人注目的是绘于第275窟南北两壁中层的两组故事画，反映出浓重的西域风格。壁画中的人物多着西域式衣冠，世俗妇女服装则多为龟兹式。色调质朴淳厚，气氛庄重热烈。人体画法用浓重色块晕染凹部，以再现起伏变化之态，体现绘画史上的"天竺遗法"特点，真实地反映了西域雕塑艺术对河西雕塑的影响。部分供养人像着汉族衣冠，并采用中国传统的素面描线的画法。

　　20世纪80年代以来，在张掖高台、酒泉、嘉峪关和敦煌等地发现多座魏晋十六国时期墓葬，道教及民间宗教色彩较浓，保留了大量的砖画、木版画、壁画等作品，被誉为"世界最大的地下画廊"。绘画内容题材多样、内容丰富，特别是出土了大量反映当时社会生活的坞堡楼院、歌舞宴筵、车马行旅、品茗清谈、六博游戏、圣贤故事等方面内容。这些珍贵的历史画面，真实地反映了当时文化纷呈、思想解放、个性张扬的社会风尚，是研究魏晋十六国时期河西地区政治、经济和审美文化情趣的形象资料。这些绘画内容，为研究当时人们的生产生活实态提供了最为直接的图像资料。绘画风格质朴、写实、勾勒细腻，线条和透视关系都十分清晰分明。在着色用彩上，突破了汉代红黑白、粉白相间的色彩搭配模式，基本具备了绘画"六法"要求，与南朝绘画在艺术要素上大体相同，说明五凉时代，河西与江南在绘画技法上互有影响。

　　例如酒泉市肃州区果园乡丁家闸魏晋墓葬壁画，采用整壁分层作画，从顶到四壁完全连贯，顶部正中绘复瓣莲花，以下以赭石色带分割成五层分栏作画，分绘天庭、人间、地下三重境界，把天国世界与现实生活的场景融为一体，是西方佛教文化与本土道家思想相与融合的壁画作品。魏晋时期"玄学"思想盛行，崇尚清静无为，一幅幅充满人间情趣的绘画，也体现了自然玄冥的风气。壁画结合墓主人生前生活场景对佛道人物修行和成道过程进行通俗演绎，内容丰富、技法娴熟，具有很高的历史价值和艺术价值。

魏晋时期中原地区留存的绘画资料极为罕见，河西走廊壁画墓的发现，填补了中国美术史的空白，为后人了解魏晋墓画作提供了不可多得的实物史料。

七、石窟艺术：凉州模式的形成

石窟艺术源于印度，随佛教东传，经西域传入河西，到达凉州已经华风明显。北凉沮渠蒙逊时期，在凉州南山兴凿石窟，以天梯山石窟为代表的"凉州模式"诸多石窟，先后在河西地区开凿传播，影响了中原石窟艺术风格，成为石窟艺术神圣的殿堂。

1986 年，中国著名考古学家宿白在《考古学报》上发表了《凉州石窟遗迹和"凉州模式"》一文，正式提出了"凉州模式"。他综合武威天梯山石窟第 1 窟、第 4 窟，酒泉、敦煌、吐鲁番所出的北凉石塔和肃南金塔寺、酒泉文殊山前山石窟等考古资料基础上，认为在新疆以东地区存在一种早期佛教造像模式。他用龟兹、于阗及长安佛教发展史来说明凉州模式于肃南、河西地区敦煌甚至吐鲁番等地出现的原因，由此把新疆以东、河西走廊上现存的早期佛教石窟造像艺术手法命名为"凉州模式"。1994 年，宿白亲临天梯山石窟实地考察，确认天梯山石窟创立了"凉州模式"。

综合武威天梯山第 1 窟、第 4 窟两窟和肃南金塔寺、酒泉文殊山前山这三座石窟的资料以及酒泉敦煌吐鲁番所出北凉石塔，凉州模式内容大体可包括为以下几项：一是有设置大像的佛殿窟，较多的是方形或长方形平面的塔庙窟。塔庙窟内的中心塔柱，每层上宽下窄，有的方形塔庙窟还设有前室，如酒泉文殊山前山千佛洞之例。二是主要佛像有释迦、交脚菩萨装的弥勒。其次有佛装弥勒、思维菩萨和酒泉文殊山前山千佛洞出现的成组的十佛（十方佛）、阿弥陀三尊。以上诸像，除成组的十佛为立像外，皆是坐佛。三是窟壁主要画千佛。酒泉文殊山前山千佛洞中现说法图，左壁说法图的主像是阿弥陀三尊；壁下部出现了供养人行列。四是边饰花纹有两方连续式的化生忍冬。五是佛和菩萨的面相浑圆，眼多细长型，深目高鼻，身躯健壮。菩萨、飞天姿态多样，造型生动。飞天形体较大。

敦煌石窟以及中原佛教石窟和"凉州模式"关系密切。据唐李克让《重修莫高窟佛龛碑》载，敦煌石窟（莫高窟）的开凿最早始于前凉升平十年（366年），有高僧乐僔在鸣沙山东麓开凿了一个洞窟，在此驻锡讲经，并未形成规模及影响。北凉沮渠蒙逊组织僧人工匠大力开凿凉州石窟（天梯山石窟），而后陆续在境内马蹄寺、文殊山、敦煌开凿石窟，这些石窟皆具"凉州模式"。以上诸窟中天梯山石窟是皇家石窟，规模最大。

以武威天梯山石窟为代表的"凉州模式"，说明凉州石窟和印度、西域以及早期相关石窟一脉相承的历史渊薮，对研究中国早期石窟的发展脉络具有极为重要的意义。

八、北凉石塔：文化融合的见证

北凉石塔发现于酒泉、敦煌、武威和新疆吐鲁番地区，据统计，现在存世的北凉石塔共14座。这14座石塔分别是武威石塔、敦煌□吉德石塔、酒泉马德惠石塔、酒泉高善穆石塔、酒泉田弘石塔、酒泉白双且石塔、敦煌索阿后石塔、酒泉程段儿石塔、酒泉残段塔、敦煌沙山石塔、敦煌王□坚石塔、敦煌岷州庙塔、吐鲁番宋庆石塔、吐鲁番小石塔。

北凉石塔体现着佛教初传中国时的雕刻模式、审美观念与宗教内涵，部分石塔刻有八卦符号，表明了早期佛教依附和借助中国本土宗教进行传播的特点，在中国艺术史和宗教史上具有极为重要的研究价值。

北凉石塔反映了佛教与中国传统宗教思想的关系。陈怡安先生在《北凉石塔》一文中指出："十四座北凉石塔造型大多相同，以二重八面型塔基和覆钵式塔身构成。第一层塔基作八角形，每面阴刻身着印度式服饰的供养人物，人物的上端雕有中国传统文化的八卦图样。""酒泉出土的高善穆石塔的宝盖顶上还雕有北斗七星的图案。"这就充分说明"北凉石塔以佛教的图像、经典为表现主体，却以汉人传统易学、道学的概念构筑而成，显示出中印文化交流时会通的明证"。安忠义先生在《简论北凉石塔》一文中认为，这个现象反映了"那时的民众普遍将神佛等同起来，将神仙、佛陀和黄老并为一谈，一起供奉祭祀的事实"。

殷光明先生对北凉石塔在佛教文化与中国传统文化的融合认识上更为深刻。他在《北凉石塔述论》中指出，北凉石塔反映了北凉时期末法思想盛行，表明北凉佛教是以我国传统的易经八卦学说来解释佛教末法思想的，这对于研究佛教的中国化是极有意义的。佛教传播经西域涉足河西乃至中原，就必须依附和借助中国传统文化进行传布。当时兴起的易学和崇尚老庄的玄学思潮，又为佛教的传播创造了条件。北凉统治者信佛崇儒，这就为佛教与中国传统文化融合提供了政治上的支持，因此，北凉石塔上雕刻的一些八卦、北斗七星图案，实质上就是将佛教教义形象化，是当时佛教与中国传统文化交流融合的产物。所以，"北凉石塔是我国早期佛教艺术中将佛教和中国传统文化高度、完美结合的艺术佳品"。

第四节　五凉文化的影响

一、输出姚秦刘宋

东晋十六国时期，中国的文化中心由中原转移到了五凉统治下的河西地区，使图书典籍、礼仪制度等文化精华在河西得以留存。后河西文人经由河南路南下巴蜀、沿江向东，到达建康，加之五凉与南朝间遣使问聘、书籍互赠以及学者授徒、僧侣传教交游活动，河西文化遂流传至关中和江南一带，对中原文化的复兴具有重要意义。

（一）佛学东传南下

被誉为"译人之宗"的竺佛念和其他西行求法返回的凉土僧人慧常、僧纯、智严、宝云等人，都先后东下长安，译出了众多的经典。当时长安和姑臧是中国佛经翻译的两大重镇。参与译事者，姑臧自不必说，即在长安也是凉州僧人居多。除了凉州本土僧人外，在长安还有从西域而来的高僧，他们中有的就是先在河西稽留学习，受过汉文化的熏陶哺育。后秦弘始三年（401年），留居姑臧十七年的鸠摩罗什被后秦姚兴迎往长安，在草堂寺组织译场，翻译佛经。鸠摩罗什运用在姑臧掌握的汉语读写能力，带领僧肇等800多名学僧弟子，系统翻译介绍龙树中观学派的学说，共译佛经35部共294卷，所译诸经，讲求文辞优美，声韵合调，既和以笙弦，又不失"西域趣语"。诸多经论后世成为"三论宗""成实宗""天台宗""净土宗"等中国佛教学派的理论依据。此外，罗什还发下宏愿，如翻译无误，死后焚身时舌当不烂。相传以后果应其言。此外，河西僧人南下建康、江陵，带去并译出大量佛经典籍。慧览、僧印、于道邃、道挺、智严、宝云、沮渠京声等，都先后在江南停留，译经授禅。

（二）儒玄滋养关中

河西儒学大师胡辩，前凉亡后从河西来到关中，苻坚末年东迁洛阳，教授弟子千余人，名声远扬。关中不少弟子慕名欲前往洛阳请教学业。姚兴乃诏令守关官吏放行曰："诸生谘访道义，修己厉身，往来出入，勿拘常限。"于是前往胡辩处拜师受业者益增，一时间关中儒学之风大盛。河西名儒刘昞注解的《人物志》，是一部了解魏晋玄学的重要著作，后来传至江南，记载于史籍，得以流传于现在。

（三）南北书籍互赠

元嘉十四年（437年），北凉遣使南朝，向刘宋求得《起居注》等杂书数十种。同时，北凉向刘宋进献河西保存的古籍及凉州学者的著述，包括经史子集、天文历算等类共20部154卷。这集中反映了河西学者的研究水平，更是对河西学术成果的一次检阅，大大促进了文化的传承、交流与融合。

（四）文学播及南朝

南朝著名文学评论家刘勰甚少提及当时中国北方的文学创作，而《文心雕龙》中对三位五凉文人，给予了充分的肯定，可为特例："昔谢艾、王济，西河文士，张骏以为'艾繁而不可删，济略而不可益'，若二子者，可谓练镕裁而晓繁略也；刘琨劝进，张骏自序，文致耿介，并陈事之美表也。"由此可见，江南王朝恢复汉文化的过程中接受和吸收了河西五凉的不少文化成绩。阴铿（约511年—约563年），字子坚，姑臧（今甘肃武威）人。南朝著名诗人、文学家，累迁晋陵太守、员外散骑常侍。铿幼年好学，能诵诗赋，长大后博涉史传，尤善五言诗。其诗以写景见长，讲究格律，如《晚出新亭》《游巴陵空寺》《秋闺怨》等篇，可视为唐代格律诗的滥觞。杜甫自称"颇学阴何苦用心"，并赞曰："李侯（指李白）有佳句，往往似阴铿。"

（五）音乐回传江南

西晋末年，一部分清商乐传入凉州。前秦灭前凉之后，苻坚在凉州得到了清商乐，然后带到长安，流行于关中地区。417年，刘裕灭后秦，占领关中一带，将清商乐带到了江南。

二、流布魏齐隋唐

北魏攻灭北凉后，太武帝迁徙凉州豪右三万余户到平城。对凉州著名学者和文化人才，北魏政府全盘接收；对五凉文化成果，北魏政府兼收并蓄，纳入中原文化宝库。五凉文化直接推进了北魏拓跋氏鲜卑吸收汉族文化的进程，对孝文帝改革以及中原文化的复兴起到了十分重要的作用。隋统一中国之后，河西文化作为重要一源，逐步加入到隋唐文化洪流之中，对隋唐文化的发展产生了重要的影响。

（一）典章制度

从史料记载来看，在中原典章制度进入北魏之前，许多礼仪规章，或言关键的制度业已肇基，汉化政策也已深入推进。以拓跋氏典章制度建立的过程可见，在立国前期拓跋氏所依赖的多是河西人士。"魏初之制多违旧章，得河西南朝前期之文化代表人物，始能制定一代新礼，足资后来师法。故北齐咸取用焉，其后因而著令，并无增损。"由河西籍人士参与完成的典制，必然融会了五凉时期的文化成果，是蕴其滥觞、集其大成的历史杰作。故陈寅恪先生指出："西晋永嘉之乱，中原魏晋以降之文化转移保存于凉州一隅，至北魏取凉州，而河西文化遂输入于魏，其后北魏孝文、宣武两代所制定之典章制度遂深受其影响，故此（北）魏、（北）齐之源其中亦有河西之一支派。"

北魏制定官制律令，依靠的是李冲、李韶、常景、源怀等河西名族的后裔。李冲被孝文帝赋以重任，凡制定礼仪律令，营建都邑宫庙，以及其他有关变革夷风摹拟汉化之事，无不让李冲主持定夺。《魏书·李冲传》记载："及改置百司，开建五等，以冲参定典式。"李韶是李冲的侄子，在改革车服羽仪诸制度方面，贡献甚大。源怀，秃发傉檀之孙，迁尚书令，参议律令。源氏虽非汉族，但汉化特深，其学也属河西文化之范畴。常爽是北魏初的大师，平城学业之兴，实由其力。他的孙子常景，为太和以后礼乐典章之宗主。《洛阳伽蓝记》载："景讨正科条，商榷古今，甚有伦序，见行于世，今律二十篇是也。"程灵虬从学常爽，其刑律之学也属于河西流派。唐律因于隋开皇旧本，隋开皇定律又多因北齐，而北齐更承北魏太和正始之旧。北魏孝文太和时改定刑律共有两次，其中第二次河西因子尤为显著。至宣武正始定律，河西与江左二因子俱为重要。于是，元魏之律遂汇集中原、河西、江左三大文化因子于一炉而治之，取精用宏，经北齐而隋唐，成为千余年来东亚刑律的准则。北魏由鲜卑贵族建立，最初无礼乐可言。北魏统治者只能因陋就简面南称尊，"至于经国轨仪，互举其大，但事多粗略，且兼阙遗"，纵有"典礼之用"，不免"多违旧章"。到孝文帝改革时，依靠李暠之孙李宝的后裔李冲、李韶、李延等，对继承来的礼仪资料进行排列修改，建立了属于北魏的礼仪制度。

南北朝时期，北朝文化系统之中具有汉魏、西晋之河西遗传，而南朝及关中政权皆受五凉文化的影响，后皆汇聚至隋唐文化洪流之中。所以，深受五凉文化影响的魏齐之礼仪典章，后世又成隋唐政治制度的重要源头。

（二）学术成果

迁徙到平城的三万余户凉州豪右中，既有北凉王族和官吏，也有河西著姓家族。河西的文化人物大多数都跻身于这两大群体，他们无一例外都被迁徙了。其中阚骃、刘昞、宋繇、张湛、索敞、程骏、宗钦、段承根、阴仲达、赵柔、常爽等河西文化学者均被太武帝"礼而用之"。五凉时期的儒学、史学、玄学等学术成果和书画乐舞等艺术以及佛学被北魏全盘吸纳。江式的祖父江强向北魏政府"献经、史、诸子千余卷及书法，亦拜中书博士"，江氏家族的学术在北魏得到传承；程骏的玄学也随程骏到了平城；另外，官私所修史籍，被作为后来修《十六国春秋》的底本；赵厞《玄始历》被北魏采用；至如佛学、石窟艺术、音乐舞蹈艺术也都在北魏那里得到了传承。

（三）文化教育

河西学者将优良的学风、规范的教育带到平城，填补了北魏教育事业的空白，加快了鲜卑贵族汉化的进程。为弘扬汉文化和激扬社会风气，河西学者还致力于撰述和整理儒学典籍。《资治通鉴》载，河西士人到达平城后，"魏之儒风始振"。原为刘昞助教的索敞受命教授"胄子"，其"笃勤训授，肃而有礼，京师大族贵游之子，皆敬惮威严，多所成益，前后显达，位至尚书牧守者数十人，皆受业于敞"。意为索敞将诸多鲜卑贵族后裔培养成为国家栋梁。索敞辑录诸书中有关丧服礼仪制度方面的内容，编著《丧服要记》一书，填补了西晋以来"礼典无宗"的空白。常爽到平城后在温水岸边设置学馆，招收学生七百余人，并立劝罚之科，严格考课，使"京师学业，翕然复兴"，"尚书左仆射元赞、平原太守司马真安、著作郎程灵虬，皆是爽教所就。崔浩、高允并称爽之严教，奖励有方"。常爽编著《六经略注》，作为一部儒学教科书，"以训门徒焉"。常爽以"未有不由学而能成其器，不由习而能利其业"来策勉鲜卑贵族学习汉族文化，以之振兴北魏学风。

（四）风格造像

北魏灭北凉后，掳凉州僧徒三千，"沙门佛事皆俱东，像教弥增"。由凉州到达平城的河西僧人玄高、慧崇、昙曜、师贤等，对北魏佛事的影响很大。尤其是文成帝时期，凉州僧人昙曜以帝师之身份，主持开凿了著名的昙曜五窟，使得凉州石窟造像艺术得以在中原地区传承融合，对中国古代佛教造像艺术产生了深远影响。昙曜，凉州人，早年在在姑臧修习禅业，造诣深厚，后参与凉州石窟开凿活动，成长为精通石窟建造技艺的专业僧人。入魏后被文成帝敕为统领全国宗教事务的"沙门统"。依靠皇权支持，主持开凿营建象征北魏五帝的"昙曜五窟"。后期组织西域、凉州高僧开展"平城译经"，开启了北魏佛教禅理并重新风尚。创建寺院经济规制，推行"僧祇户"和"佛图户"管理制度，为隋唐寺院经济的繁荣奠定了坚实基础。云冈石窟第 16 窟至第 20 窟为凉州高僧昙曜主持营造，后世称为"昙曜五窟"。昙曜五窟是云冈石窟中开凿最早，气魄最宏大的窟群。规模宏伟，雕饰瑰丽，技法熟练，为云冈石窟艺术之精华。凉州石窟是云冈石窟造像的母体之一，由于有凉州僧团和工匠的参与，云冈石窟的造像在很大程度上继承了凉州模式。云冈石窟的窟制、龛形、题材内容、造像服饰、装饰与凉州石窟有明显的传承关系。第 1 窟、第 2 窟和第 6 窟呈现出典型的凉州模式中心塔柱窟风格，最具凉州特色的龛内交脚菩萨或交脚弥勒佛几乎贯穿云冈造像始终。昙曜五窟和太和造像都带有凉州造像中坐佛、立佛和一佛二菩萨为主的题材特点，造像服饰与凉州一脉相承。北魏迁都洛阳后，凉州工匠及后裔又参考云冈石窟，相继开凿龙门石窟，"凉州模式"随之弥散中原大地。

（五）文学光华

河西人士的文学创作，主要以实用性为主，保留了抒情的传统，给北魏文学注入了鲜活的血液，促使北魏文学形态发生变化。他们创作的许多优秀作品，成为北魏文学的重要组成部分。归附士人的诗歌以文传心，情景交融，体现较高的艺术水准。如宗钦的《赠高允诗》："履霜悼迁，抚节感变。嗟我年迈，迅逾激电。进乏由赐，退非回宪。素发掩玄，枯颜落蒨。"又如段承根的《赠李宝诗》："闻诸交旧，累圣叠曜。淳源虽漓，民怀余劭。思乐哲人，静以镇躁。蔼彼繁音，和此清调。"程骏的《庆国颂表》，句子长短不一，辞采华丽，是一篇具有骈文特色的文章。再如胡叟的五言诗《示程伯达》："群犬吠新客，佞暗排疏宾。直途既已塞，曲路非所遵。望卫惋祝鮀，眄楚悼灵均。何用宣忧怀，托翰寄辅仁。"对仗工整，比兴、用典得当，表达了内心的不满。当时的河西也成为北魏文学家向往的地方，他们纷纷在游历中为之吟诗称颂，如北魏到东魏时期文学家，"北地三才"之一温子昇有《凉州乐歌》二首，就是典型代表。其一为："远游武威郡，遥望姑臧城。车马相交错，歌吹日纵横。"其二为："路出玉门关，城接龙城坂。但事弦歌乐，谁道山川远。"

河西作为唐朝边关要塞之地，诸多怀有建功立业情怀的诗人如陈子昂、王维、高适、岑参皆在此地戍边驻守，创作了大量的反映凉州生活风貌的边塞诗。凉州本籍诗人李益的诗歌创作活动在唐朝具有重大影响，位列"大历十才子"而载入史册。唐诗品牌曲调《凉州词》，是五凉文化继续在凉州保存传承，进而在隋唐时期与中原文化再次交流融合而诞生的典型成果。凉州词又称"凉州曲"，是凉州歌的唱词，是盛唐时流行的一种曲调名。"凉州大曲"是"西凉乐"的发展和继续，也是在西凉伎乐基础上派生的多段大型歌舞音乐，是中国历史上真正产生的具有专业艺术水准和浓厚民族风格的第一个大曲。唐开元年间，音乐家郭知运将在凉州搜集的"凉州曲"曲谱献给唐玄宗，玄宗命教坊翻成宫廷乐谱并配以新词传唱，并以曲谱产生地凉州为曲调名，"凉州词"因之诞生。自此"凉州"作为一种文学意象进驻中国文学史，成为唐朝边塞诗的标志。唐朝时创作"凉州词"成为一种时尚，王之涣、王翰、孟浩然、张籍、薛逢、柳中庸等著名诗人皆有《凉州词》问世。"葡萄美酒夜光杯，欲饮琵琶马上催。醉卧沙场君莫笑，古来征战几人回""黄河远上白云间，一片孤城万仞山；羌笛何须怨杨柳，春风不度玉门关"，展现出壮阔苍凉的边塞景象、忧国忧民的爱国情怀。《凉州词》是千年历史陶冶下的不朽遗存，是经受汉风唐韵洗礼、五凉文化陶冶的文字精粹，是古城武威悠久灿烂的文化见证，千古传诵，至今不衰，彰显出独特的文化魅力，是凉州文化的一颗璀璨明珠，凉州因此也成为中国文人心头的一道永恒的精神边疆。

（六）乐舞艺术

北魏平定凉州之后，由于河西向中原内地输送了一大批"乐工""伶人"

等艺术人才，这批"乐工""伶人"及其后裔或集于庙堂之上，或散在村坞之间，承前启后，通过创造性的艺术活动，使得流行于河西地区的西凉乐舞风靡于中原内地，为魏周乐舞的复兴建立了功勋。《资治通鉴》记载："晋永嘉之乱，太常乐工多避地河西；夏克长安，获秦雅乐。故二国有其器服工人。"统一河西后，北魏继承了这份遗产，"魏世祖克统万及姑臧，获雅乐器服工人，并存之"。以此为基础，建立了乐仪制度。太武帝拓跋焘将河西《秦汉乐》改名称为《西凉乐》。《旧唐书·音乐志》载："（西凉乐）具有钟磬，盖凉人所传中国旧乐，而杂以羌胡之声也。"而后，《西凉乐》在北朝广泛传播，据《隋书·百官志》载，北齐中书省"司进御之音乐"中就有《西凉乐》。由此可知，《西凉乐》是由西域音乐和汉族音乐经过长期的融汇，逐渐形成的一种较为完整的套曲。据文献记载，《西凉乐》有许多风格独特的乐舞曲，其中名曲有《杨泽新声》《神白马》《永世乐》《万世丰》《于阗佛曲》《敦煌行》等等。由于《西凉乐》吸取了中西音乐的长处，具有旺盛的艺术生命力，因此在魏周之际，还被称为"国伎"，可见艺术地位之高，后来也理所当然成为隋唐燕乐中的一部大曲。《龟兹乐》《天竺乐》也成为隋唐国乐。《旧唐书·音乐志》记载："自周、隋已来，管弦杂曲将数百曲，多用《西凉乐》。"《乐府诗集》记叙得更加详细："隋自开皇初，文帝置七部乐：一曰西凉伎……至大业中，炀帝乃立清乐、西凉、龟兹……以为九部。唐武德初，因隋旧制，用九部乐……其著令者十部：一曰宴乐，二曰清商，三曰西凉……而总谓之燕乐。"凉州在隋代改称为武威郡，唐朝时复改为凉州。《新唐书·礼乐志》说："天宝乐曲，皆以边地为名，若凉州、伊州、甘州之类。"而《凉州》大曲便是这一时期在《西凉乐》的基础上发展起来的。当时除了"凉州大曲"，唐玄宗开元中，河西节度使杨敬述进献流行于凉州的大型歌舞曲"婆罗门曲"（天竺舞曲），受到长安社会各阶层的喜爱。此后"婆罗门曲"屡经加工提高，特别是得到了深通音律的唐玄宗李隆基亲自加工整理并将其改编为著名的《霓裳羽衣曲》，从此，被改编后的"婆罗门曲"成为大唐歌舞大曲的"领衔"之作而盛极一时。

（七）都城格局

北魏郦道元《水经注》记载："凉州有龙形，故曰卧龙城。南北七里，东西三里，本匈奴所筑也。及张氏之世居也，又增筑四城，箱各千步。东城殖园果，命曰讲武场，北城殖园果，命曰玄武圃，皆有宫殿。中城内作四时宫，随节游幸。并旧城为五，街衢相通，二十二门。大缮宫殿观阁，采绮妆饰拟中夏也。"姑臧城，本为匈奴所筑，南北七里、东西三里。前凉时期，经过张轨、张茂及张骏数代的增筑与扩建，逐渐形成了五城的布局规模，由东西苑城、北城、匈奴城、南城构成。里面有谦光殿、四时宫。规模宏大，拟于中夏，成为河西城邑的模范，曾是前凉、后凉、南凉和北凉都城。根据著名史学家陈寅恪先生的研究考证，这一时期的姑臧城一反传统都城的"南宫北市"格局，开创了"宫北市南"的都城新格局。北魏孝文帝迁都洛阳后，于太和十七年（493年），命司空穆亮、尚书李冲、大将董爵在魏晋城址基础上重建洛阳新都。尚书李冲因"机敏有巧思"，全面负责洛阳城的总体规划，是洛阳新都蓝图的设计者。李冲为西凉王李暠曾孙，深受河西文化熏陶，在营建过程中，把姑臧"宫北市南"的格局融入新都洛阳的营建中，延及后世，影响了隋唐长安城都城的布局，标志着都城建筑文化中"宫北市南"的五凉都城特色成为北魏洛阳城及后世都城营建的典范。这是五凉文化对中国传统文化的一大贡献，也是五凉文化中的精华之一。陈寅恪先生在《隋唐制度渊源略论稿》中指出："前后凉之姑臧与后来北魏之洛阳就宫在北而市在南一点而言，殊有相似之处。又姑臧本为凉州政治文化中心，复经张氏增修，遂成河西模范之城邑，亦如中原之有洛阳也。"

三、泽被千年河西

五凉文化在金戈铁马、波澜壮阔的如歌岁月中，历经大唐盛世、神秘西夏、大元一统、明清文风的洗涤，在武威这片神奇而富饶的大地上，五凉余音和着"书城不夜"的琅琅书声，伴着威武雄壮的攻鼓舞，文脉绵长，韵味悠扬，绽放出耀眼的光芒，谱写了"崇文尚德，包容创新"的武威城市精神的华丽篇章。

（一）英才辈出

五凉崇儒重教之风，历经隋唐、宋（西夏）至元、明、清，文风兴盛不衰。五凉之都，英华荟萃，人才辈出，张澍、聂守仁、李蕴芳、郭楷、潘挹奎、张美如、李铭汉、李于锴、李鼎文等一大批文化学者，书写出凉州文化千古流芳的壮美诗篇。

（二）匾额文脉

明清以来，武威文化教育繁荣，学风浓厚。在漫长的历史长河中留存和汇集了一大批匾额艺术佳作。这些匾额，以其博大精深的人文思想、精绝的艺术表现、精湛的制作工艺构成了一道绚丽多彩的文化景观。武威文庙文昌宫桂籍殿前廊檐下悬挂着 44 块匾额，匾文用典绝妙、寓意深刻，书写飘逸潇洒、朴拙雄健、遒劲俊美，可略窥一斑。

（三）非遗文化

五凉文化是河西地区许多非物质文化遗产的源头。贤孝、宝卷中的报应故事、孝悌事迹与儒释道思想的长期熏染不无关系，攻鼓舞、狮子舞继承了西凉乐舞的元素和特点。在姹紫嫣红的武威非物质文化遗产中，五凉文化可谓余绪其中。凉州贤孝演唱内容、音乐曲式保留着许多古老的唱词腔调，散发着五凉文化的余韵。凉州宝卷演唱内容大多源于敦煌变文，有着五凉时期佛教文化的影子。凉州攻鼓子其总体格调与古代西凉乐舞之"软""健"之风颇相吻合，具有典型的西凉乐舞遗风。五凉时期，杂技百戏经西域传入河西，后广为流行。狮子舞成为西凉乐伎中的一种特色舞蹈形式。

五凉文化是五凉时期河西地区汉民族和少数民族共同创造的生产生活方式以及精神产品。农耕文化、游牧文化和西域文化三个源头融为一体，制度文化、学术文化和大众文化三个层次贯通一线，内容浩繁，气象万千。其"上续汉魏西晋之学风，下开魏齐隋唐之制度，承前启后，继绝扶衰，五百年间延绵一脉",史不绝书,在一千六百多年的历史长河中闪耀着历久弥新的璀璨光芒。五凉文化特色鲜明,内涵博大,底蕴深厚,见证了丝路重镇武威的灿烂辉煌,是历史留给武威人民的巨大财富,为武威这片神奇的土地增添了无穷魅力。

参考文献

[1][北齐]魏收.魏书[M].北京:中华书局点校本,1996.

[2][唐]房玄龄,等.晋书[M].北京:中华书局点校本,1974.

[3][唐]李延寿.北史[M].北京:中华书局点校本,1996.

[4][北宋]司马光,等.资治通鉴[M].北京:中华书局点校本,1996.

[5][清]张澍.凉州府志备考[M].西安:三秦出版社,1988.

[6][清]汤球.十六国春秋辑补[M].北京:中华书局点校本,2020.

[7]汤用彤.汉魏两晋南北朝佛教史[M].北京:中华书局,1955.

[8]赵以武.五凉文化[M].兰州:甘肃文化出版社,2002.

[9]陈寅恪.隋唐制度渊源略论稿[M].北京:商务印书馆,2011.

[10]赵向群.史不绝书的五凉文化[M].兰州:甘肃教育出版社,2014.

[11]高荣.魏晋时期河西人口蠡测[M]//楼劲.魏晋南北朝史研究的新探索:中国魏晋南北朝史学会第十一届年会暨国际学术研讨会论文集,中国社会科学出版社,2015.

[12]冯培红.粟特人与五凉王国[M]//.冯培红.敦煌学与五凉史论稿.浙江大学出版社,2017.

[13]冯培红.敦煌大族与五凉王国[M]//.冯培红.敦煌学与五凉史论稿.浙江大学出版社,2017.

[14]赵向群.五凉史[M].贾小军,修订.北京:社会科学文献出版社,2019.

[15]李军.西凉大姓略考[J].兰州大学学报,1983(3).

[16]施光明.略论北魏政治改革家李冲的历史地位[J].内蒙古师大学报,1985(3).

[17]施光明.略论河西学者在拓拔族封建化进程中的作用与地位[J].兰州学刊,

1987（1）.

[18]施光明.论五凉文化与西域文化的交融[J].许昌师专学报，1990（2）.

[19]赵以武.五凉文化的影响概述[J].社科纵横，1992（4）.

[20]李国丰.凉州七城考[J].文史知识，1993（11）.

[21]陆庆夫.五凉佛教及其东传[J].敦煌学辑刊,1994（1）.

[22]殷光明.北凉石塔述论[J].敦煌学辑刊,1998（1）.

[23]李智君.五凉时期移民与河陇学术的盛衰[J].中国史研究,2006（2）.

[24]朱艳桐.五凉时期姑臧城的扩建与城市形态[J].中国历史地理论丛，2016（4）.

[25]朱艳桐.姑臧城空间布局与五凉河西政治[J].敦煌学辑刊，2017（2）.

第二章 出土文物中最著名的马:铜奔马

中国地大物博,历史悠久,文物众多,但要说到关于马的文物,最出名的,恐怕要算甘肃武威出土的铜奔马。它通高 34.5 厘米、长 45 厘米、宽 13.1 厘米、重 7.3 千克(甘肃省博物馆官网数据),体型不大,却是国内"文物重器"。五十多年来,学术界从历史学、考古学、美学、宗教学、铸造学、畜牧学等多种学科视野对铜奔马进行了研究,取得了丰硕成果。由于这些研究分散于各个领域,所以尚需进一步整合。另外,由于某些问题长期众说纷纭,例如铜奔马主人问题、身份问题、位置问题、名称问题等等,所以尚需进一步探索。本章广泛借鉴现有成果,尝试运用多种研究方法,力求在研究广度和深度方面有所推进。

第一节 铜奔马的发现、保护与成名

一、铜奔马的发现与移交

1969 年 10 月 19 日,星期天。这天上午,武威县"毛泽东思想宣传站"干部党寿山在县城北大街偶遇了金羊区政法干事张有。党寿山在县文化馆负责宣传工作,兼管文物。张有是县公安局的一名公安战士。两人以往曾多次配合保护文物,算是老朋友和老搭档了。闲聊当中,张有提到新鲜公社新鲜大队第

13生产队挖战备地道时在雷台下挖出一个"金马驹子"。一听说挖出文物了，出于工作责任感，党寿山当即约张有前往雷台，探个究竟。

雷台位于城北不远处，是一个高8.5米、南北长106米、东西宽60米的夯筑土台，因其上建有雷祖观而被当地百姓称为"雷台"。

图1　雷台东南角（A处为党寿山所示战备地道口位置，B处为1号墓墓道口位置）

第13生产队办公室就在雷台边上。党寿山和张有先到村办公室了解情况。当时队长王红上和会计杨发祥在场。他们询问出土文物情况，没想到，对方异口同声地否认，称没有挖出什么东西。他们又要求对方接通墓室内的电源，以便进现场查看，也遭到拒绝。二人只好无奈地退出办公室。

地道口在雷台南壁东部。党寿山和张有以火柴点燃废旧报纸，借着微弱而摇曳不定的光，进入地道。地道从东南向西北方向延伸。走了20多米，他们

见到墓室豁口，遂从此处进入墓道的前室及右耳室。（见图2）

整个墓室已是一片狼藉。铺地砖被掀开，土被翻了起来，后室几块腐朽的

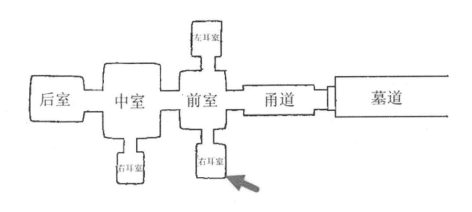

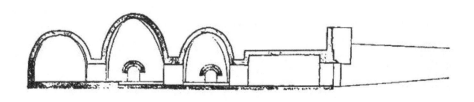

图2　1号墓平面及剖面示意图（地道方向和豁口位置如箭头所示）

棺材板斜三横四地躺着。除前室尚存一座绿釉陶碉楼、中室右耳室尚存少量陶器以及随处可见的铺地钱之外，未见其他随葬品。有着多年文物管理经验的党寿山有一个基本判断：如此大型多室砖券墓，随葬品绝不可能只有现在这些，更重要的随葬品已被转移。

如何才能见到那些珍贵文物？

从地道出来以后，党寿山和张有进行了简单商量，两人一致决定去找公社

和大队领导。不一会儿，他们便把公社革委会副主任王德喜、大队书记李明会请到了第13生产队办公室。经过大家反复动员，队长王红上的态度有了转变。他先是让会计接通电源，带领大家进墓室查看，又令保管打开库房，将相互叠压、细小部件受损的大批铜车马俑和铜质器具从一个压榨食用油的大木箱（大油柜）内一件件取出，展示给大家。

看到文物被如此对待，党寿山和张感到痛心。看到文物如此之多，且造型优美、制作精良，特别是看到那匹身材矫健的铜奔马时，他们又感到无比兴奋和惊喜。在清点了数目、做了详细登记后，两人要求将所有文物运送到县文物收藏单位收藏保管。

队长王红上虽然口头上答应交出，但心里极不情愿，他原本想着卖掉这些破烂铜器换钱买牲口呢。于是，他采取缓兵之计，以让社员参观为由，一连几天拖着不予交付。这可急坏了党寿山。在那个年代，破坏文物的事情屡有发生。如果不抓紧转移，真不知会发生什么变故。10月23日，心急如焚的党寿

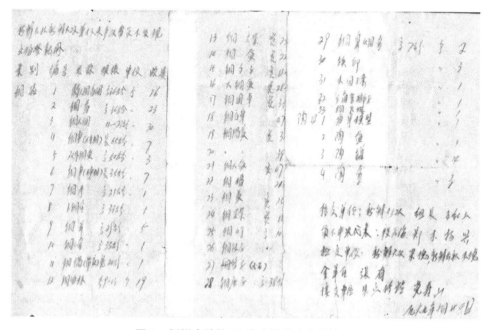

图3　新鲜大队第13生产队移交文物清册

山骑车十多公里,到金羊区请张有协助。二人又一起请公社革委会副主任王德喜、大队革委会主任梁德出面,做王红上的工作。

迫于领导的压力,也迫于"破坏文物"罪名的压力,王红上终于同意办理移交。在张有、王德喜、梁德等人见证下,王红上和贫下中农代表段云海、郑才、杨兴将文物移交给县宣传站代表党寿山。移交清册上除列名称、数量外,还有类别、编号、规格、单位等项目。

移交完成后,文物拉到宣传站管理的武威文庙文昌宫西廊房保管。途经宣传站时,党寿山找来一些破旧布料盖住文物,以防别人觊觎,并打电话给省政治部文艺办公室,报告了这一重大发现。当天下午,县革委会政治部主任黄克诚听取了党寿山的专门汇报,决定成立一个由政治部干部寇永倬任组长、保卫部干部张义生和党寿山任组员的三人工作组,继续调查出土文物情况。

10月27至29日,工作组在新鲜大队办了学习班。其中于28日晚上在第13生产队办公室召开了一次重要会议。一些接触过文物的干部、社员,围绕雷台墓葬的发现和出土文物的情况作了发言。发言大致分四个方面:古墓是如何发现的,如何挖掘清理的,出土了哪些文物,为何不上报不上交?党寿山做了详细记录,成为极具史料价值的文献。现转录如下:

> 王明(社员):我和蔡耀、陈伯祥、史福德、史才、杨胜利、史积德等是刚开始挖的。挖到靠砖的地方,让地富成员出去办学习班,我和会计他们又挖。挖开一个洞,响了一下,我就出来了……头疼着去吃药。里面有铜马,给女人们说了。开始我说用砖拦住,再不挖了,会计说要挖,自此后,我再没去过那里。我们1966年招过这个祸,跟上大伙哄(指东岳台下挖出白洋私分的事——党寿山注),给大家交代,对不起党和毛主席。
>
> 杨发财(社员):我和会计说已经挖到砖头上了,就再取一下。取开口后,我们用电灯看了一下,是铜车。前脚看着哩,后脚社员就来

了。有心报吧，社员们乱进哩，所以就说取到保管室。

蔡耀（社员）：王明说开了，杨发财把会计喊来说，把洞往大里取一下。会计先下去，后是杨发财，我还不敢下，灯泡子拿过来，我才下去了。我们看了一下，我就出来吃晌午去了。

杨发祥（会计）：地道是 8 月 19 日挖的。

王明（社员）：是礼拜一挖开的洞，礼拜一是 9 月 20 号（实际是22 日——党寿山注）。

杨发祥（会计）：挖到砖的地方，我到地里喊参加开地富成员会的人去了。杨发财喊我说，洞挖开了，有车哩。我回来，蔡耀、王明在洞口上。王明说："这是镇物，查住去吧！"

王明（社员）：原来有个雷坛哩，我估计挖到雷坛里了。

杨发祥（会计）：杨发财进来了，三个人辩着哩。我说"取大些"，取大后拿了个东西拨拉了一下，王明就出去了。我们三个人想：怎么办？不取，当干部的以为是镇物，又不破除迷信了……我就领头先下去，头里是我和杨发财，后头是蔡耀。里面参观了一下，我们三人就出来了。

从以上发言中，党寿山掌握了如下情况：地道是 8 月 19 日开挖的，于 9 月22 日上午发现了墓葬。第 13 生产队的某些干部社员一发现墓葬，就想自行处理。他们先让地富成员出地道办学习班，只留杨发祥、杨发财、蔡耀和王明四人继续挖墓，以免风声传出去。墓穴挖开后，杨发财喊来中间有事出去的杨发祥，商量如何办。王明主张用砖拦住，不要再挖，并以"镇物"告诫，而杨发祥则坚持要挖大些。双方起了争论，王明愤然离去。杨发祥带头，与杨发财、蔡耀一起首先下墓室"参观"。他们以"破除迷信"为由，准备提取墓室文物。

杨发祥（会计）：下午上了班，我把这件事对王组长谈了一下。蔡耀在门上蹲着哩。我领上王组长挨着参观了一下。那会子我们没主意了,怕人胡动。不是了就取,上级拿就算了,不拿,我们就卖铜,买牲口,当时想了个奸心,想吃个圈圈馒头。我连王组长研究了一下,分头通知挖了的人。我和蔡耀、杨发财进去,我登记,蔡耀、杨发财取着哩,王组长在门上看着哩。以后,朱发元进去了,我又拿灯,朱发元登记。到后来,进去的人就多了。

蔡耀(社员):下午5点钟,说要取这个东西哩,我装着哩,会计、朱发元登着哩,杨发财、蔡金全扛着来。铜坛子里有水哩,有些人舀了些。别的东西完全掉了,马上的鞍子这些碎得很,没有写,装在麻袋放到库房里了。

蔡金全(出纳、保管、原政治指导员):王组长叫我回来说:"腾两个麻袋去。"我到库房腾了三个后问他:"哪里去?"王组长指着地道说:"这里头进。"我推的车车子,史组长前头捞着哩。到洞口一看,里面绿莹莹的,进去后,杨发财不敢前走,尻子上掐给了一下,倒后缩上来了。我摸了一下棺材板,让杨发财挖,我看下面板上是一层灰,一铁锨扛出来,是三个名章,摔给张万福让他拿上;又扛,是手枪啊不是的东西;又扛,是簪子;又扛,是泡儿;再扛,是砖头,挖了两块砖,又抽了两块,我让杨发财用铁锨蹬,我摸是土,就说出去吧。斜里横里地拉了三车车子,一样儿也没差。

杨发财(社员):棺材头上是个大火炬儿,他们说是乌纱帽,是树叶子大的那种花儿叶子,上面是红锈,风一扫,就跌了下来,铁碗碗儿也在上面连着哩。

史祥(生产队领导小组副组长):这事开始我不知道,晚饭后老王(指组长王红上——党寿山注)说:"史祥,这里的情况你知道不?是些铜马、铜车、铜人,再就是些麻钱子。"这时,杨万福、杨兴也来了。我和杨兴等三人下去,里面黑着哩,会计把灯拿回来问:"谁一个?这时候,啥也没有了。"我对会计说:"这个东西不要胡搭手。"会计说:"这个登下账着哩。"我想:集体保管下,没大利也没大害。

听了这些言论,党寿山心里很气愤。古墓葬是当时人们物质生活和精神生活的反映,在清理墓室时,随葬器物一定要注意保持原位,在做好照相、绘图和文字记录并逐件编号后,随标签一一提取。而面前的这几位农民,在本无积土的砖室墓内用铁锨乱翻一通,把排列有序的铜车马俑和大批金、银、铜、铁、玉、石器等,在毫无包装的情况下一股脑儿装进麻袋里,而后又"斜里横里地拉了三架子车",又颠颠簸簸地拉至库房,倒在油箱里。这样,不但破坏了文物现场,打乱了文物的排列组合,而且使一些易碎的文物损失惨重。马腿、马蹄摔断了,马上所配有的马鞍鞴、镫、缰及全套带衔的马套具碎了,掉了,至于木器、漆器、纺织品等一些容易腐朽器物的残留痕迹,更是无影无踪,致使一些很有研究价值的资料散失了。

学习班结束四天后,省政治部文艺办于 11 月 3 日派省博物馆魏怀珩前来调运部分比较完整、造型较好的文物 25 件。魏怀珩在接收这 25 件文物的登记清单上是这样写的:

> 武威北关雷台汉墓出土文物,省政治部文办意见:调部分比较完整、造型较好的文物,经省上领导同志及有关同志鉴定后,准备向中央汇报情况。现将运往兰州的部分文物登记名单。
>
> 铜壶 1 个,铜俑(坐、立)共 3 个,铜甗 1 个,铜盘(方、圆)共 2 个,铜牛 1 个,骑马俑 4 个,铜碟 1 个,铜钵 1 个,铜耳环 3 个,铜马 5 个,铜车 2 个,印章 1 个。
>
> 以上铜器共计贰拾伍件。
>
> 甘肃省博物馆 魏怀珩
>
> 一九六九年十一月三日

据魏怀珩回忆,铜奔马即在这第一批调运的文物中。"经与县文教局协商,决定将铜奔马和其他不同类型的铜车马各送一辆,带回兰州,向省上领导汇报。当时装了一木箱,由党先生把我送到武威火车站,车票买好以后,他因有事返回单位了。在起运木箱时,发生了问题:文物不能按行李票起运。这个规定我们当时不知道。我只好改乘货运列车,亲自把这批文物押运返回兰州。"(魏怀珩,1997 年)

"那时县上没有文教局这样的机构",党寿山对笔者说,"而且我印象里文物是用汽车拉走的。记不清了。不过,有一点是肯定的。铜奔马不在第一批调运的文物中。它是第二批调走的。宣传站革委会主任杨志远当时问,其他文物可以全部调走,踏鸟的那匹马能否留下来?这句话我记得很清楚。县革委会主任姬治国态度很明确,下级服从上级。就这样,文物全部调走了。那时马还是完整的,鬃毛、马尾是插入式的,没掉。"

11 月下旬,魏怀珩、张学正持省革委会政治部宣传组的调运令,来调运剩余的文物。调运之前,党寿山配合省馆工作队对墓室又进行了一次全面清理,且有新的收获。在中室盗洞下的堆土中,清出了一些小件金银器和骨器,在墓门口清出铜镇墓兽,墓道两侧清出部分壁画。

敬祝伟大领袖毛主席万寿无疆

武威北关雷允汉墓出土文物，省政治部交换意见：调部分比较完整、造型较好的文物，经省上领导同志及有关同志鉴定后，准备向中央汇报情况。现将送往兰州的部分文物登记名单。

铜壶1个，铜俑（坐立）共3个，铜瓢1个，铜盘（方圆）共2个，铜牛1个，骑马俑4个，铜碟1个，铜钟1个，铜耳杯3个，铜马5个，铜车2个，印章1个。

　　　以上铜器共计式拾任件

　　　　　　　　甘肃省博物馆　魏怀珩

　　　　　　　　一九六九，十月三日。

图4　第一批调运文物登记清单

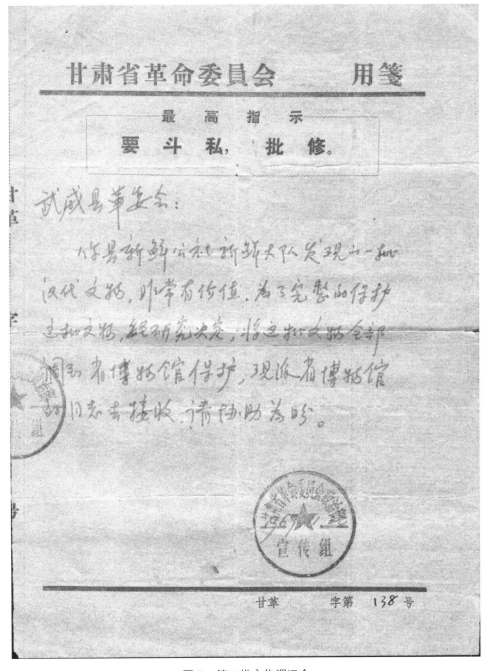

图 5　第二批文物调运令

12月12日，党寿山与魏怀珩、张学正共同整理、清点完所有文物后，办理了交接手续。移交文物名单上共列文物189件（不含钱币。钱币以斤计，"估计有百斤左右"）。其中，铜器151件，金器2件，铁器2件，玉器1件，陶器25件，石器5件，琥珀珠3件。连同11月移交的铜器25件，武威县总计向省博物馆移交文物214件。

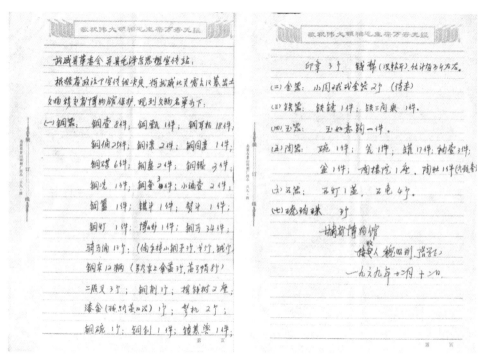

图6　第二批调运文物登记清单

二、铜奔马遇上"伯乐"

1971年9月中下旬，全国人民代表大会常务委员会副委员长、中国科学院院长郭沫若陪同柬埔寨王国民族团结政府宾努首相率领的政府代表团，访问中国西北地区。9月17日中午，代表团乘专机从乌鲁木齐飞抵兰州。尽管兰州的日程很紧，郭沫若还是提出，要抽时间参观一下甘肃省博物馆收藏的文物。9 月 19 日中午的外事活动结束后，郭沫若在当地领导陪同下来到甘肃省博物馆。

当郭沫若站在雷台出土的这组铜车马队伍面前时，一下子就被吸引住了。他对那件铜奔马作品，更是赞叹不已，拿在手中从各个角度反复地看了很久，连声说："太好了，太美了，真有气魄。"停了一停，他又向在场的同志们说："我到过很多国家，看到过很多马的雕像和骑士骑在马上的雕像，那些雕像最古的也只有几百年，从未见过超过一千年的。而我们的祖先，却在将近两千年前就制造出这样生动绝妙的铜像，无论从艺术构思的巧妙、工艺技术水平的高超，还是从结构力学角度来说，都达到了前所未有的水平，是我们民族的骄傲。"

图 7　甘肃省文化局文物科科长、省博物馆临时负责人王毅向郭沫若介绍文物

图 8 这张广为流传的照片推定为后期合成之作。通过与周围环境对比可知，马的形体过小，颜色过于明亮。更明显的破绽是，郭沫若在甘肃省博物馆观看铜奔马时，它还尚未修复，品相较差

坊间多有传闻，是郭沫若将铜奔马命名为"马踏飞燕"。然而，这一细节在秘书王廷芳的记述中并没有提及。事实上，命名者另有其人。他就是陪同郭沫若参观博物馆的从国家文物局到甘肃的文物专家、省文化局文物科长王毅。甘肃省博物馆初世宾回忆：这批文物在省博物馆初步整理期间，王毅正在省博物馆等候分派工作，他曾亲耳听到王毅将铜奔马称作"马踏飞燕"，这一时期他发表的文章也都称铜奔马为"马踏飞燕"。郭沫若来访时，铜奔马陈列在西一楼北厅进方厅假墙拐角的突出位置。负责布置展览的初世宾叫徐乐尧专写一较大卡片，墨书"马踏飞燕"四字，放置于一白色方形展台上，十分醒目。虽然郭沫若没有命名"马踏飞燕"，但是他肯定了这一名称，也是不争的事实。

"郭老对铜奔马赞不绝口，说回京要邀请'马踏飞燕'等甘肃文物参加全国文革出土文物展。在故宫武英殿，他曾对全国文革出土文物展筹展同志夸赞'甘肃马踏飞燕来了要压倒一切！'"（初世宾，2018 年）

9 月 24 日，回到北京的第二天，郭沫若就让秘书王廷芳打电话约请国家文物局负责人王冶秋到家里来，详细介绍武威雷台出土的那组铜器，特别是那件铜奔马。他们当场商定：马上将这组铜器调来北京，充实到正在故宫举办的"文化大革命期间出土文物展览"。几天后，郭沫若在人民大会堂陪同周恩来总理会见日本外宾，趁外宾到来之前，又向总理介绍了武威雷台出土铜器的情况，特别讲了那件铜奔马。当时，郭沫若向总理报告，他已和王冶秋商定，把这批文物尽快调到北京展览。

"文化大革命期间出土文物展览"是周恩来总理亲自策划发起的。"文革"开始以后，各地出现了一些破坏文物的情况。为了改变这种局面，周总理指示把文化大革命五年来出土的文物办个展览，和中外人士见面。总理调回在外地参加劳动锻炼的国家文物局局长王冶秋和故宫博物院院长吴仲超，把筹备展览的任务交给他们。接到任务后，吴院长紧急召回一批文物修复专家和技师，负责修复那些即将展出的文物。

三、铜奔马的修复与展出

赵振茂是青铜器修复流派"北京派"的第四代传人，技艺精湛。

当铜奔马送到赵振茂手中时，可谓"满目疮痍"：马头上的鬃毛（或为头饰）以及马尾掉下，颈部一平方厘米大小的孔洞有 7 个，3 个马蹄空着。

根据赵振茂、贾文超《记青铜珍品马踏飞燕的修复》、赵玉中《修复"马踏飞燕"纪实》回忆文章中的记载，修复过程大致如下：

1. 焊接鬃毛和马尾。将马头鬃毛和马尾断处，用小钢锉锉亮，抹上熟盐酸。电烙铁加热后，用焊锡焊接，然后将焊接处锉刻平，以砂纸磨光。

2. 补配马颈上的孔洞。将孔洞边缘锉亮，见新铜。用电铬铁烫上锡，沿孔洞边缘补配，直到补严。在清水里浸泡几小时，防盐酸腐蚀。将补配处锉刻平，以砂纸磨光。

3. 咬旧。用毛笔沾咬旧液涂抹在焊接及补配处，不要等干燥，即用清水浸泡，刷洗干净。

4. 填缝。用漆汁调立德粉与黄土细粉，使成稠泥，填抹焊锡的缝隙处。干燥后，用刻刀找平，以细砂纸打磨。

5. 做地子。用漆汁调砂绿、立德粉等矿石颜料，成色汤。把焊接、补配处全部做上原物色地子，晾干。

6. 做锈。在细黄土粉内兑入清水调泥，喷拨在地子处，晾干。调配与铜奔马锈色一致的漆皮汁色泥，喷射在原泥上。干后用水刷洗。再用毛笔沾色泥略加修饰，使喷射的锈色与铜奔马上的锈色浑为一体。

7. 补填空马蹄。在漆皮汁内兑入黄土、章丹红调成与原件铸模泥芯一样颜色的稠色泥，填满三个空马蹄。

1971 年 12 月，一批修复后的文物补充到"文化大革命期间出土文物展览"中，引起强烈反响。特别是那匹铜奔马，成了最耀眼的明星，吸引了成千上万中外观众驻足观看。很多外国政要访问中国期间，也慕名或被安排前来参观。

铜奔马在故宫展览时，使用的名称是"马踏飞燕"。其实，铜奔马送北京之前，初世宾就通过观察发现，"马踏飞燕"虽相当形象生动，叫起来也朗朗上口，但欠准确、科学。该马后蹄所踏之鸟，尾不分叉，明显是鹰隼一类。于是，由初世宾作主，在送京档案名称栏中将"马踏飞燕"改作"铜奔马"。自北京展览时起，文物界开始使用"铜奔马"名称，当然，"马踏飞燕"更能迎合普通观众的口味。

展览期间,有些国家正式提出,希望在他们的国家举办中国出土文物展。经过一段时间的联系和准备,决定首先在法国举办"文革"以来第一个"中华人民共和国出土文物展览"。1973 年 2 月,法、英两国同时派代表团到北京商谈文物展出的安排问题。商谈进行得相当顺利。当得知我方提出的展出目录中不包括铜奔马时,两个代表团的反应十分强烈,一再要求能包括这件珍品。在大使馆的斡旋之下,中国政府决定同意将铜奔马送往法英两国展出。

2 月 22 日晚上,郭沫若在人民大会堂会见了法国和英国两个谈判代表团。当郭沫若宣布中国政府的决定时,会见厅内一片欢腾,所有的客人都热烈鼓掌。

展览如期在法英两国举行,《人民日报》报道了当时的盛况:

其一

巴黎的珀蒂宫坐落在绿波荡漾的塞纳河与爱丽舍田园大街之间。这座半月形的宫殿,从一九○○年建成以来,经常用来举行重要的展览会。在今年五月八日开幕、九月三日闭幕的"中华人民共和国出土文物展览",就是在这里举行的。在近四个月的展览期间,每天平均有三千多观众前往参观,巴黎的报纸把它称为"一九七三年的盛事"。据记载,从本世纪初在珀蒂宫举行各种文物展览以来,参观人数超过三十万的,只有两个,就是埃及国王杜德·安克·阿门墓藏展览和这次中国出土文物展览……

在法国,这次展览被称为"中国艺术宝藏"的展出。有四十多种报纸刊物为这次展览发表了文章或出版了专辑、专刊。展览期间,在巴黎的街头和地下铁路车站都贴着印有汉代青铜奔马或金缕玉衣的彩色招贴画,吸引人们前往珀蒂宫。

这次展出的中国出土文物,是从旧石器时代直到元代依次排列的。在近四百件展品中，商周时代的青铜器皿、汉代的金缕玉衣和青铜奔马、唐朝的三彩陶俑以及宋、元的白瓷和青瓷最引人注意，最受人欢迎。人们对中国古代劳动人民精心制作的这些文物作了大量的描述和评价。《世界报》描述了奔马的神态并且赞扬道："青铜飞起来了。"……

中国出土文物展览不仅受到了法国人民的热烈欢迎，也受到了来自欧洲其他国家甚至美洲国家的观众的赞赏。七月和八月是欧美各国的休假季节，外国观众大大增加。有四十名观众从美国专程来巴黎参观这个展览。

（《中国出土文物在巴黎》，《人民日报》，1973 年 11 月 8 日）

其二

英国女王伊丽莎白二世十一月八日参观了中国出土文物展览。

女王在中国驻英国大使宋之光和夫人张如以及伦敦中国展览理事会主席杜维廉勋爵的陪同下仔细参观了所有展出的文物，她特别欣赏青铜奔马、金缕玉衣和唐三彩。女王说，这是一个不寻常的展览，许多英国人已经对这个展览表现出极大的兴趣。

……中国出土文物展览于九月二十八日开幕后，在六个星期中，接待了二十万零九千多名观众。展览的经管人皮尔斯说，这次展览观众之多，打破了以前伦敦一切艺术展览的纪录。

（《英国女王伊丽莎白二世参观我出土文物》，《人民日报》，1973 年 11 月 10 日）

从这些报道中，我们可以得知，国外观众更认可的名称是铜奔马。当然，这也与我国的对外宣传有关。

图 9　上为媒体所刊铜奔马较早照片，为原件；
下为甘肃省博物馆在展铜奔马照片，为复制品

继法国、英国之后，铜奔马又到罗马尼亚、奥地利、瑞典、墨西哥、加拿大、美国等国展出，观众累计达 500 万人次。观者如云，好评如潮，可谓"四海盛赞铜奔马"！凡有铜奔马参加的文物外展，都以它作为海报和宣传画的主图案。铜奔马成为当之无愧的"外交使者"，在那个特殊年代，与乒乓球一起，为推动国际交流做出了重要贡献。

1983 年，铜奔马侧面剪影被确定为中国旅游图形标志。

1996 年，铜奔马被国家文物局组织的专家委员会鉴定确认为国家一级甲等文物（国宝）。

2002 年，铜奔马被国家文物局列入《首批禁止出国（境）展览文物目录》。

如今，在甘肃省博物馆的一间展厅里，铜奔马被封闭在一个玻璃罩内，周围总是挤满了人，讲解员称它为"镇馆之宝"。

四、铜奔马符号应用与意涵赋予

（一）中国旅游标志

1983 年 10 月，铜奔马图形被国家旅游局确定为中国旅游标志，正式公布的名称是"天马"（《旅游报》）和"马超龙雀"（《人民日报》）。

中国旅游协会原常务副会长佟华龄："当时我们在选择这个方案的时候，觉得它的意义可能比长城和熊猫更好一些。因为铜奔马是代表奔腾的、发展的中国旅游业。这是一个。第二个就是，它有着中国悠久的历史文化，它是一个文物。所以，最后选中了铜奔马。"（记录片《考古中国·地下仪仗队》，2004 年）

《旅游报》题为《天马被定为中国旅游图形标志》的文章称：天马的意义还在于鼓励旅游者"寄游兴于天马，纵情参观游览"。

1998 年，第一批中国优秀旅游城市（共 54 个）名单产生。国家旅游局向这些城市颁发了奖杯。奖杯由铭牌基座、长城烽火台、浮雕地球、铜奔马四部分构成。如今，在我国几百个优秀旅游城市的显著地段，几乎都可以看到由奖杯按比例放大做成的雕塑。武威市于 2005 年入选第六批中国优秀旅游城市名单。这座城市并没有制作中国优秀旅游城市雕塑，因为武威城市标志雕塑铜奔马早就矗立在文化广场（1986 年建成）。铜奔马单一元素彰显着"中国旅游标志之都"的独特地位。

（二）商标

中国商标网显示，截止到 2019 年 7 月，国家知识产权局商标局共受理"马踏飞燕"商标申请 56 件，"马超龙雀"商标申请 23 件，"铜奔马"商标申请 7 件。另外，受理包含"天马"字段的商标申请 1403 件，包含"铜马"字段的商标申请 53 件。这些商标中既有文字标识，也有图形标识，涵盖的商品和服务五花八门。

中国旅游标志图形由国家旅游局发布，但是长期以来，国家旅游局相关部门并未对其进行商标注册，结果，这一标志被滥用，有的企业还进行了抢注。国家旅游局信息中心于 2006 年 6 月 29 日向国家工商行政管理总局商标局提交了《关于请对中国旅游标志图形"马踏飞燕"进行法律保护的函》。2006 年 8 月 25 日，国家工商行政管理总局商标局的复函中指出："自即日起，其他任何人将该标志或标志相似的图形作为商标申请注册，我局将予以驳回；对未经授权使用的，你局可请求地方工商行政管理部门予以制止，但是，你局对'马踏飞燕'享有的权利，不得影响此前申请或已注册商标的使用。"

（三）邮票

1973 年 11 月 20 日发行的《文化大革命期间出土文物》编号邮票第六枚图案为浅棕色衬底上的铜奔马侧视图（图 10-1）。这是铜奔马首次成为我国邮票设计元素。1992 年 4 月 17 日发行的《'92 中国友好观光年》纪念邮资明信片邮资主图为深棕色衬底上的白色铜奔马侧面剪影（图 10-2）。明信片上还印有吉祥物"阿福"。1997 年 1 月 1 日发行的《中国旅游年》纪念邮票图案为长城上空腾飞的彩色铜奔马侧面剪影（图 10-3）。2002 年 1 月 10 日发行的普通邮资明信片邮资图为铜奔马侧视图，上下辅以祥云（图 10-4）。2012 年 8 月 1 日发行的《丝绸之路》特种邮票第三枚"大漠雄关"近景配图为铜奔马侧视图（图

图 10　国内外铜奔马邮票示例

10-5）。2013 年 5 月 19 日，第三个"中国旅游日"到来之际，中国邮政发行个性化服务专用邮票，主票图案为铜奔马侧视图（图 10-6）。

国外发行的铜奔马邮票目前所见有两种。一种是联合国 1996 年发行的纪念联合国协会世界联合会成立 50 周年邮票。图案为浅棕色衬底上的灰白色铜奔马侧像（图 10-7）。有意思的是，我国发行的邮票均为铜奔马左侧像，而联

图 11　铜奔马纪念章示例

合国发行的邮票则为铜奔马右侧像。另一种是保加利亚 2014 年发行的纪念保中建交 65 周年小型张邮票,图案为铜奔马侧视图。小型张印有保加利亚岩刻艺术作品"马达尔骑士"以及中、保两国国旗(图 10-8)。

(四)纪念章

这里展示的几种纪念章分别为:1974 "中华人民共和国出土文物展览"中英友好纪念章【图 11-1(正)、11-2(反)】;70 年代中国旅游纪念章【图 11-3(正)、11-4(反)】;70 年代青城山旅游纪念章【图 11-5(正)、11-6(反)】;

图 12 "马踏飞燕"艺术品与文创产品示例

1992 中国友好观光年纪念章【图 11-7（正）、11-8（反）】。

（五）艺术品与文创产品

这里展示的艺术品包括"马踏飞燕"题材的蜡染、漆器、玉雕作品以及不同风格的绘画作品；文创产品有手表和奖牌。

（六）宣传语

2018 年 6 月 2 日，"天马行空，自在武威"被确定为武威市文化旅游形象主题宣传口号。这里的"天马"显然指"马踏飞燕"或"铜奔马"的那个"马"。

选择该口号并非偶然。在诸多应征作品里面，"天马"符号格外醒目。再如："古道丝绸路，天马载传奇"；"探秘天马故里，心醉丝路传奇"；"一带一路天马魂，一生一世武威情"；"马踏飞燕，壮美武威"；"马踏飞燕故里，丝路旅游胜地"；"旅游标志之都，武威真诚永驻"；等等。旅游文化资源富集的凉州区文化旅游形象主题宣传口号着力呈现的也是"天马"符号："天马故乡，醉美凉州"。与图形标识中铜奔马的左侧被大量应用的情况相吻合，在文字表达中，这一面的"潇洒俊逸"内涵也被充分解读和开发。但是，铜奔马还有另外一侧。它的右面展示的"攒劲拔力"形象，其意义尚有待于进一步挖掘和诠释。历史上的武威曾经非常辉煌，如何再现辉煌？"奋起直追，奔腾武威"，或许是来自于铜奔马的另一种昭示吧。

图 13　铜奔马

第二节　萦绕在铜奔马身上的迷雾

一、铜奔马主人考证

研究铜奔马主人问题，或雷台1号墓墓主人问题，墓葬断代是关键。以往提出的"张江说""张奂说""张绣说"等等，都是基于雷台1号墓为汉墓的基本判断。

《武威雷台汉墓》一文认为雷台1号墓为汉墓，有三条理由。

1. 铭文。出土的39匹铜马中，8匹身上刻有铭文，位于前胸位置。内容分别为：守左骑千人张掖长张君骑马一匹，牵马奴一人；守左骑千人张掖长张君小车马，御奴一人；守张掖长张君郎君阿那骑马一匹，牵马奴一人；守张掖长张君前夫人辇车马，将车奴一人，从婢一人；守张掖长张君后夫人辇车马，将车奴一人，从婢二人；冀张君骑一匹，牵马奴一人；冀张君小车马，御奴一人；冀张君夫人辇车马，将车奴一人，从婢一人。这里提到的"张掖长"与"左骑千人"均为东汉时期武威郡属县级官职，且"左骑千人"的建制不见于东汉以前，也不见于东汉以后，为东汉时期所独有。

2. 墓制。从墓葬形制看，此墓为带有封土和斜坡墓道的多室砖券墓。这种墓制，在甘肃、陕西、河南、河北、内蒙古等地都发现过，年代大都属东汉后期。随葬的铜器、陶器形式与上述地区也相类似。陶罐、陶壶、陶瓮、陶灶以及铁镜等，与洛阳烧沟"建宁三年"墓（M1037）出土文物极为接近。前、中、后三墓室皆作盝顶，顶部彩绘莲花藻井，与山东沂南汉墓相同。

3. 钱币。此墓出土铜钱两万多枚，其中主要是东汉五铢，尤以东汉晚期流行的剪轮五铢和磨郭五铢为多。七枚"四出五铢"的发现，更带有年代特点，《后汉书·灵帝纪》：中平三年（186年），"又铸四出文钱"，一般认为就是这种"四出五铢"钱。

综合以上证据，《武威雷台汉墓》一文推定，1号墓应是东汉灵帝中平三年至献帝期间（186—219年）下葬的。

图 14　铜马刻文为一列或两列，此刻文最长，有 21 字

　　在此基础上，又根据龟钮将军银印、随葬品丰富与豪华程度、棺木痕迹等因素，推测此墓应为比二千石的某某将军夫妻合葬墓。再从陶碗刻文"张家奴字益宗"判断，墓主人应姓张。

　　因此，雷台 1 号墓为东汉"张某将军"夫妻合葬墓。

　　后来的许多研究把铜马刻文作为断定墓主人的根据，实际上是错误的，《武威雷台汉墓》一文亦未作此主张。首先，刻文中提到的人与入葬人无关。"守左骑千人张掖长张君""守张掖长张君"实为一人（含"守张掖长"的三条铭文因字数太多而不得不省略"左骑千人"四个字），儿子是"守张掖长张君郎君阿那"、两位夫人分别是"守张掖长张君前夫人""守张掖长张君后夫人"。他们四人组成了一个家庭。"冀张君""冀张君夫人"则组成另外一个家庭。两个家庭、六人，显然不存在合葬的可能性，与棺木数也不符合（棺木只有两具）。刻有铭文的铜车马及附属御奴、从婢等，应为墓主人下属或亲属赙赠的随葬物。其次，也是更重要的，此墓的营建规模及其众多的随葬陈设，绝非相当于县级的三四百石的官吏所能拥有。

1992年8月9日，《中国文物报》刊登了何双全研究员的文章《武威雷台汉墓年代商榷》。此文根据墓葬结构、形制、随葬品特征，提出了河西地区区分汉墓、晋墓和前凉墓的一般断代标准，进而认为：雷台墓规模、结构、形制都与晋墓一脉相承。"甚至那些细微处也不例外，如仿木建筑照墙、藻井图案墓顶、用砖、筑墓法、室内装饰，随葬品中的陶器、铜叉、铜削、琥珀珠等与敦煌辛店台晋墓出土者基本相同。又如铜俑、铜马、铜独角兽、木牛（原文如此，疑为"铜牛"——引者注）与武威旱滩坡19号前凉初期墓中的木俑、木马、木牛、木独角兽，不论是造型，还是着彩都基本一致。又如所出钱币与嘉峪关、酒泉晋墓出土者亦相同。所有这些共性，明确告诉我们雷台墓非汉墓，其相对年代应在晋末前凉初，即愍帝建兴元年（313年）以后。"

此文立足于河西地区发掘汉晋墓的经验，把雷台1号墓年代明确为"晋末前凉初，即愍帝建兴元年（313年）以后"，比《武威雷台汉墓》框定的"东汉灵帝中平三年至献帝期间（186—219年）"推迟了百年左右，可谓断代方面的重大突破。

北京大学吴荣曾教授从古钱学角度得出了和何双全研究员类似的结论。《"五朱"和汉晋墓葬断代》一文指出："值得注意的是，墓中出有小型的五朱，直径为1.6厘米。五朱出现于三国早期。如直径在1.5厘米左右的，其年代似更晚一些。这种钱在魏晋的窖藏钱币中很常见。出于墓葬者也不少，如西安田王晋墓中曾有出土，据简报墓的年代约为元康时。敦煌祁家湾321号墓也出

图 15　小五朱样币

这种小五朱，墓的年代为晋惠帝泰熙元年。上述两墓的年代都在公元 290 年左右。同样出小五朱的雷台墓，其年代也应靠近西晋为合适。"

这个证据可谓"铁证"。小五朱是东汉以后出现的货币，雷台 1 号墓中存在小五朱，因此，此墓绝非汉墓。

综合吴荣曾、何双全两位先生的看法，雷台 1 号墓的年代在"公元 290 年左右"到"313 年以后"。那么，这个"后"究竟后到什么时候呢?

似应认为，这个"后"至少可以后到前凉政权结束之际(376 年)。首先，西晋、前凉墓的区别只是相对的。"前凉墓墓葬结构、规模承袭晋代之风，高大宏伟、结构复杂，但仅仅是空架子。"就一般的平民墓而言，"砖墓渐衰，以土洞为主，无装饰，随葬物少而粗糙，金属品少见，大都用木器，钱币量少质劣。"(何双全，1992 年)但是，如果墓主人是诸侯甚至是国主级别，那西晋、前凉墓的区别就可以忽略不计了。其次，前凉沿用魏晋货币，小五朱出现在前凉墓中也是正常的。

因此，我们大约可以在"290—376 年"这个时段寻找一位"张姓将军"。

早在 1985 年，学者辛敏就提出过一个大胆假设：从东汉末直至西晋永宁初，在凉州州郡任过职的要员中，没有地位非常显赫的"张姓高级官吏"，没有人能配得上这座"王者之墓"，故应跳出这个范围另外寻找墓主人。如果雷台墓和前凉张氏有什么联系的话，它很可能是前凉第四世张骏之墓。

当时，在断代问题上尚未形成突破，所以"张骏说"还只是一个猜想。现在，它的可能性陡然上升。

我们先来看一下辛敏的论证：

第一，张骏在位期间（324—346 年），前凉处于鼎盛时期。"时骏尽有陇西之地，士马强盛"。张骏的日常生活，极力追求豪华。例如，"（张骏）于姑臧城南筑城，起谦光殿，画以五色，饰以金玉，穷尽珍巧。殿之四面各起一殿，东曰宜阳青殿，以春三月居之，章服器物皆依方色；南曰朱阳赤殿，夏三月居之；西曰政刑白殿，秋三月居之；北曰玄武黑殿，冬三月居之。其傍皆有直省内官寺署，一同方色。及末年，任所游处，不复依四时而居。"雷台 1 号墓墓制及随葬品无疑是当时强盛国力的反映。

第二，张骏生前曾接受过三次"将军"称号。一是太宁二年（324 年），他叔父张茂去世后，原晋愍帝司马邺的使者史淑正流落在姑臧。淑以晋室名义，拜张骏为使持节、大都督、大将军、凉州牧、领护羌校尉、西平公。二是太兴二年（319 年），东晋元帝司马睿拜骏镇西大将军，因驿道不通，直到咸和八年（333 年），张骏才受诏。三是咸和九年（334 年），东晋成帝司马衍派使者进骏大将军。

第三，张骏墓被盗的历史记载与雷台 1 号墓现场情况吻合。《二酉堂丛书·凉州记》有一条资料说："吕纂咸宁二年（400 年——引者注），胡安璩等发张骏墓，得真珠帘箔、云母屏风、琉璃榼、白玉樽、受三升、赤玉箫、紫玉笛、珊瑚鞭、玛瑙钟、黄金勒。"《二酉堂丛书》编者张澍按："《后凉录》胡安璩作胡璩，一作胡安枚。（吕）纂诛璩党五十余家，遣使吊祭骏，缮修其墓。"

图 16　雷台 1 号墓中室盗洞修补处

雷台 1 号墓中室盗洞曾作过修补，用原墓砖填砌，略较原壁凹入，与此记载相符合。另外，因为张骏墓内有那么多奇珍异宝，所以盗墓贼对那些铜器才不屑一顾或无暇顾及，这个解释也很合理。

在辛敏看来，前凉其他统治者并无可能是墓主人。

张轨在州十三年，艰苦创业，没有称"王"。临终前遗言：将他"素棺薄葬，无藏金玉"。张寔是前凉的建立者，在位仅六年，就为左右所谋害。张茂继承父兄遗志，继续艰苦创业，临终遗言说："然官非王命，位由私议，苟以集事，岂荣之哉！气绝之日，白帢入棺，无以朝服，以彰吾志焉。""帢"（音恰）是古代士人戴的一种帽子。其清廉如此。第五世张重华是张骏的儿子，在位十一年，享年仅二十七岁。在位时，"好与群小游戏，屡出钱帛以赐左右"。这么一个"玩娃娃"，不可能过早地料理自己的后事。第六世张曜灵，是重华的儿子，继位时年仅十岁，在位月余，即被其伯父张祚所废，十二岁时被祚杀害，"埋于沙坑"。第七世张祚是张骏的大儿子，篡位仅三年，因其"淫虐无道"，即被前凉将军宋混等所杀，"以庶人礼葬之"。第八世张玄靓，是张曜灵的弟弟，兴宁元年（363 年），被其叔父张天锡杀害，在位九年，时年十四。第九世张天锡是张骏的次子，前凉灭亡后，被送至长安；约在元兴三年（404 年），死于建康。

张骏是 1 号墓最可能的主人，笔者亦秉此观念。这里再补充几条来自"现场"的证据。

第一，贴金铁伞橑股饰有獬豸形鎏金铜华蚤（图 17-1），符合张骏以诸侯国王自居的做派。根据《汉语大词典》的解释：华爪，或华蚤，为"天子车盖四周所附的金花"。张骏称臣于东晋，而使用西晋年号，"舞六佾，建豹尾"，追求诸侯国王的生活方式，后称"假凉王"。

第二，铜壶刻文"臣李锺"（图 17-2），可反证张骏的国王身份。《甘肃武威雷台东汉墓清理简报》将一铜壶上腹正面篆文阴刻三字铭文识为"巨李锺"，张朋川研究员认为，"巨"当为"臣"，"臣"指"家臣"。根据《晋书·张骏传》

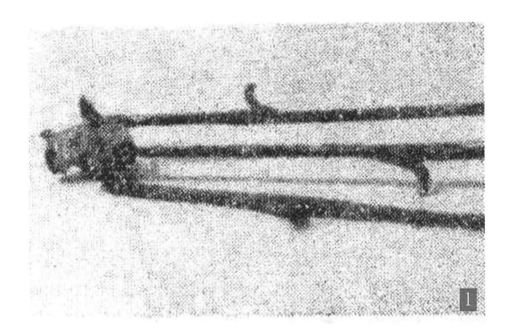

图 17 来自 1 号墓的其他证据

"境内皆称之为王"和"二府官僚莫不称臣"之类的记载，似乎也不应排除"臣"为"朝臣"之"臣"的可能。

第三，铜车马队伍中有一匹汗血马（图 18-3），而西域也曾向张骏进贡汗血马。"西域诸国献汗血马、火浣布、犎牛、孔雀、巨象及诸珍异二百余品。"（《晋书·张骏传》）这匹汗血马在队伍中格外醒目。高 51 厘米、身长 41.5 厘米，尺寸明显大于其他马匹，气势上也更胜一筹。两条前腿略微错开，似有行走之意。脖颈高挺，肌肉健硕，昂首嘶鸣，霸气外露。《甘肃武威雷台东汉墓清理简报》和《武威雷台汉墓》称为"主骧"或"主骑"。

"东汉说"有条证据，"左骑千人"官职为东汉所独有。随着断代问题上的突破，这一证据已经不再重要。张骏"所置官僚府寺拟于王者，而微异其名"，这里面是不是也包括"张掖长""左骑千人"之类的官职，尚可继续考证。

虽然辛敏、何双全、吴荣曾诸先生提供的证据可以互相印证，形成了证据链，但是，仍然缺乏直接证据。包含墓主人姓名的墓志或记载随葬品清单的木（简）牍文牒始终未出现。在间接证据方面，仍需要继续借助其他考古发现，如对于东岳台、灵均台的发掘，以及对于雷台墓葬的进一步发掘，比较参鉴，以证实或证伪张骏的墓主人身份。

二、铜奔马的身份

初世宾、张朋川先生认为，雷台 1 号墓出土的铜车马俑——39 匹马、14 辆车、17 个武士、28 名奴仆，还有 1 头牛——可以按照组别"连缀成一支立体的车马出行队伍"。其中，1 匹主骑、4 匹从骑，还有铜奔马，构成第二组"墓主人骏马良骧"。铜奔马的造型"代表的可能是一种狩猎的场面，应称为'猎骑'"。

走马飞鹰是古代文学艺术经常着意刻画的一个题材。张衡《西京赋》"青骹（骏鹰）挚于韝下，韩卢（猎犬）噬于绁末"；夏侯湛《猎兔赋》"尔乃鹰鹞翻以飘扬,劲翼谡而下犹;马释控以长骋,郁腾虚而陵厉";曹毗《马射赋》"奔电无以追其踪,遗羽不能企其足"。这些诗句无疑是奔马的最佳注释,它正是鹰鹞飘忽穿掠马蹄一瞬间的凝铸。(初师宾、张朋川,1982 年)

笔者完全同意把铜奔马放置于整个车马队伍之中加以理解的做法。考虑到以往存在着大量脱离该语境的任意想象,所以首先确认这一点就显得特别重要。

从头部、尾部造型看,铜奔马与队伍中的大部分马匹相同。头饰雄胜,面戴护具,尾打飘结,状如流星(马尾有两种造型,除 8 匹赗赠马的马尾为"M 斧形"之外,其他均为"M 锥形")。这明确表示,它是队伍中的一员。"奔马原有鞍具、辔勒,已失。"它除了姿势之外,并无其他特殊之处。

但是,如果把铜奔马的身份解释为"猎骑",仍会遭遇一些困难。

(一)假如马踏之鸟为鹞鹰,它处于飞翔状态吗?

图 18-2、18-3 中的鹰、燕,处于飞翔状态,翅膀舒展,与身体垂直或略成钝角,背部平坦,头向前伸(左右仅可微动);图 18-4、18-5 中鹰、鸽,处于静止状态,翅膀顺着身体的方向合拢或微张,背部高企(实为翅膀抬起或背部羽毛打开),头向后转,角度可达 180 度。

事实上,没有任何一只处于飞翔状态的鸟,能够像马蹄下的那只鸟一样(图 18-1),翼展角度、面积如此之小,背部抬起如此之高,以及转头幅度如此之大。通过观察与比较,我们不难得出结论,在这件写实风格的作品中,鸟处于静止状态。因此,一切基于鸟的速度解读马的速度的做法都是不可靠的。

(二)假如铜奔马在狩猎,它会采用对侧步姿势吗?

马有四种基本步法或步态:慢步、快步、慢跑、快跑,速度越来越快。它们的共同点是:身体同侧的两条腿先后向前移动,或者对角的两条腿同时向

图 18　飞翔之鸟与静止之鸟姿态示例

前移动。它们的区别在于：走，速度较慢，跑，速度较快；走，至少两足着地，跑，可四蹄腾空。

　　这四种步法以外，有的马天生或通过后天训练还掌握其他步法，例如对侧步——身体同侧的两条腿同时向前移动，之后是另一侧。它可慢可快（可比快步马），可两足着地，亦可四蹄腾空。虽然对侧步兼有走姿和跑姿的特点，但通常被界定为走姿，在中国西北地区更是如此。武威市天祝县每年举行的赛马大会，将比赛项目明确区分为走马比赛和跑马比赛。走马，即以对侧步姿势行进的马（对侧步马）。

处于狩猎状态的奔马无疑会追求最快的速度，正如初、张文所引曹毗《马射赋》："奔电无以追其踪，遗羽不能企其足。"铜奔马的姿势显然并非在呈现这一意象。奔马题材的作品往往通过鬃毛的飞扬来表现其速度，而这匹铜奔马的鬃毛却处于贴伏状态。调查数据显示，天祝县岔口驿马1200公尺骑乘速度实测数据为：跑速记录为1分53.7秒，对侧步记录为2分19.9秒，两者相差26.2秒。（崔埇溪、李振武，1959年）

（三）假如铜奔马为猎骑，它与队伍的其他部分是何关系？

纵观整个车马队伍，铜奔马显得特别另类，不能融入"出行"的场景之中。确切地说，是"准备出行"的场景之中。除铜奔马外，其他的马均处于静止状态。以该马现在的位置看，它马上就要撞上前面的马。我们并不清楚，它是如

图 19　武威市天祝县的走马比赛，马有明显四足腾空动作

图 20 《雷台东汉墓的车马组合和墓主人初探》一文所绘车马俑组合图

何凭空出现在当前位置的。猎骑的形象与队伍其他部分的画面语言没有任何联系，在逻辑上难以解释。

铜奔马身份还是理解为从骑为好。

目前认定的从骑有 4 匹。在 39 匹马之中，铜奔马与它们的造型最为接近、气质最为吻合。从腿部特征看，只有这 5 匹马的腿部有动作。铜奔马三足腾空（亦可理解为四足腾空），4 匹从骑一足提起。其中，1 匹为左前足提起，3 匹为右前足提起。从头颈部特征看，只有这 5 匹马颈部是扭动的，从而带动头部偏向一侧。铜奔马头部偏向左侧。4 匹从骑中，1 匹头部偏向右侧，3 匹头部偏向左侧。这些身体特征表明，5 匹马之间有彼此呼应、交流之意。另外，这 5 匹马的装束、配饰也完全相同。均有鞍、辔等马具，只是出土时已大多残缺不全。

那么，作为从骑的铜奔马出现于队伍的哪个位置才最符合逻辑呢？

三、铜奔马在出行队伍中的位置

《武威雷台汉墓》一文最早尝试将凌乱的车马队伍变成有意义的组合，排定的次序如下：

1. 铜武士、骑马。各 17 件。

2. 铜奔马。1 件。

3. 主骑、从骑。主骑 1 匹，从骑 4 匹。

4. 斧车、轺车。斧车 1 辆，驾马 1 匹；轺车 4 辆，驾马 4 匹；御奴 5 人，从婢 2 人。

5. 冀张君及夫人乘骑车马。骑马 1 匹，小车马 1 乘；辇车马 1 乘；牵马奴、御奴、将车奴、从婢各 1 人。共 3 马、2 车、4 俑。

6. 守张掖长张君及夫人乘骑车马（实为守张掖长张君郎君阿那及守张掖长张君夫人乘骑车马——引者注）。骑马 1 匹；辇车马 2 乘；牵马奴 1 人，将车奴 2 人，从婢 3 人。共 3 马、2 车、6 俑。

7. 守左骑千人张掖长张君乘骑车马。骑马 1 匹，小车马 1 乘；牵马奴 1 人，御奴 1 人。共 2 马、1 车、2 俑。

8. 大车。3 辆。由 3 车、3 马组成。

9. 牛车。1 辆。由车、牛和 1 名驾车奴组成。

10. 奴俑。8 件。背刻"张氏奴"。

在这个队伍中，大概可以划分出四个组别。1 为第一组——武士仪仗队伍。2、3、4 为第二组——墓主人车马队伍。铜奔马被放置于该组的最前端，但身

图 21　《武威雷台汉墓》一文所示铜奔马位置

份不明。5、6、7为第三组——臣下及亲属赙赠车马队伍。8、9、10为第四组——后勤保障队伍。为何这样排列?《武威雷台汉墓》一文并未给出理由,只是含混地解释:"依照它们的组合关系,推测其前后行列。"

《雷台东汉墓的车马组合和墓主人初探》一文根据"《后汉书·舆服志》的车马舆服制度和一些同期壁画墓的车马出行图的典型实例"对上述顺序进行了调整。变化较大的是前两个组别。原第二组的车马被调入第一组,所余主骑、从骑、铜奔马构成第二组,并且铜奔马的身份被明确为"猎骑"。四个组别依

图22 铜奔马目前流行的摆放位置

次为：墓主人的车骑导从——墓主人骏马良骥——墓主人亲属家吏的车马——粮物辎重车辆。但是，铜奔马为何被放置于第二组末尾，仍然没有给出任何理由。

事实上，无论铜奔马处于何种位置，只要它在队伍之中，就不可能得到合理的解释。因为，跑动中的马很快会撞上前面的队伍。

于是，不知从什么时候起，铜奔马被提到了队首位置。前面没有任何阻挡，似乎可以任性狂奔了。然而，其他的马都站着不动，你一骑绝尘，是什么意思？

队前、队中都不符合逻辑，可考虑的位置还有队后及左右两侧。经过综合研判，本文认为，铜奔马最符合逻辑的位置是队伍的右后方，也就是位置○附近。何以故呢？

第一，该位置的铜奔马不会与队伍相撞，这是最基本的条件。

第二，铜奔马脖子偏向左侧，表示与队伍有所呼应。

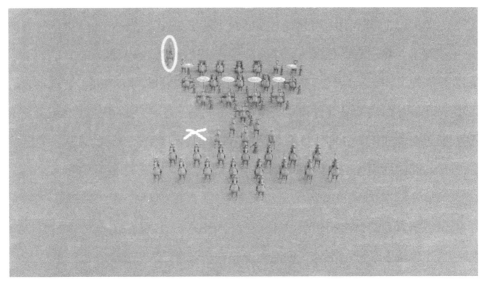

图23　铜奔马位置示意图。〇为实际位置，X为目标位置
（因受制于现有阵形，故只能标示大致区域）

第三，铜奔马大幅度的腿部动作以及夸张的面部表情（从右侧看最明显）说明，从实际位置○到目标位置 X 尚需跑动一段距离。

第四，铜奔马与铜牛同在前室，这意味着铜奔马在队尾附近。《甘肃武威雷台东汉墓清理简报》："这批出土器物，由于过去被盗窃扰乱，有的位置不清，但多数文物的放置部位，尚能知道。在前室右耳室中（左耳室空无器物），有铜武士骑马俑 17 个，轺车、辇车等铜车马 8 辆；前室放置铜车 6 辆及铜奔马、铜牛和铜俑等。"这里明确指出，铜奔马与铜牛均放置于前室。铜牛拉的是粮物辎重车辆，出现于队尾，故铜奔马的位置也应该在队尾附近。由此也可以知道，整个队伍是朝向南方的。

至此，一个完整的、有意义的、故事性很强的画面呈现出来了。

一支队伍整装待发。仪仗队已经就位，眼看队长就要发出前进的指令。突然，主骑发现，一匹从骑不在队伍中。它昂首发出一声嘶鸣，呼唤同伴。其他的马也跟着嘶鸣起来。与这匹马关系最为要好的另外几匹从骑，扭动脖子，更为大声地呼唤，同时焦躁不安地刨蹄……这匹迟到的从骑非常着急，一边嘶鸣着回应，一边跨着大步迅速跑向自己的位置。你看它——双目圆睁，鼻孔奋张，左侧的两个蹄子刚刚抬起，右侧的两个蹄子正在下落，整个马处于短暂的腾空状态。忽然，右后足触碰到了一只停在路上的鸟。这只鸟全神贯注地看热闹，根本没有注意马的到来。当马蹄子与鸟接触的一瞬间，鸟儿本能地拱起后背，并吃惊地回头。马儿好像也有所感觉，将右后腿膝盖尽可能弯曲，避免重踩，同时，加速下按右前蹄，使之尽快落地，以承载整个身体的重量。它能成功吗？鸟儿的命运究竟如何？……

四、铜奔马的命名问题

首先，从小学课本中的两篇课文说起。

介绍铜奔马的文章两次入选小学语文课本。一篇名为《马踏飞燕》，另一篇名为《天马》。前者见于人教版 2001 年小学《语文》第 12 册（已停用），作者不详。后者见于北师大版五年级《语文》上册（在用），作者陈树青。我们撷取两篇课文中的核心片段，看看它们是如何解读铜奔马的。

> 这是一匹奔跑中的骏马。怎样表现它的速度之快呢？作者构思奇妙，让马的右前腿大步前跨，左后腿向后平伸，以表现它正在快速奔跑。快到什么程度呢？艺术家匠心独运，让马的后蹄踏在一只飞燕上。这样就把"快"具体化了，连飞燕都来不及躲闪，是跑得快啊！马蹄踏在飞燕上，飞燕竟安然无恙，可见这匹马几乎是四蹄离地，风驰电掣般地飞奔。（《马踏飞燕》）

课文《马踏飞燕》采用的是一种最经典的叙述样式，它在 1972 年发表的《甘肃武威雷台东汉墓清理简报》一文中就已经出现了：

> 此马为一罕见的古代艺术品，造型异常矫健精美，作昂首嘶鸣，飞跃奔驰状。头微左扬，长尾飘举，三足腾空，右后足蹄踏一飞燕，飞燕展翅回首，注目惊视。这一造型设计充分显示了此马奔腾飞跃已超于飞燕之疾速……

此文未见"马踏飞燕"名称。同年出版的《文化大革命期间出土文物》一书收录了署名甘叔勃的文章《雷台东汉墓出土的成组铜车马》，文中使用了"马踏飞燕"：

> 更引人注目的是一匹奔马，此马头向前冲，前两蹄跃起，后左蹄伸出，右蹄踏着一只飞燕，尾巴翘起，作昂首嘶鸣、飞腾跳跃状，体型十分矫健，神态生动，神势若飞。"马踏飞燕"是象征快马奔腾超过了飞燕，反映了古代劳动人民丰富的想象力和高度的工艺水平。

虽然"马踏飞燕"至今仍然流行，但某些研究者们早就注意到，马踏之鸟尾端齐平不分叉，不符合燕子尾部特征。另外，鸟的形体明显比燕子要大。比较来看，鹰隼之类的可能性更高。

> 龙雀是传说中的神鸟，也叫飞廉。古书上有"明帝至长安，迎取飞廉并铜马"的记载。我们不敢肯定汉明帝迎取的就是这件工艺品，但至少可以说，这种题材的工艺品在当时就是非常珍贵的。龙雀是风神，飞行急速，马却踏着它，赛过它，这真是匹天马了。(《天马》)

课文《天马》的叙述样式与《旅游报》《人民日报》等官方媒体对于中国旅游标志的解读一脉相承——

> 《天马被定为中国旅游图形标志》："天马的图形标志是根据一九六九年在甘肃武威出土的一件东汉青铜雕塑设计的。该青铜雕塑原称铜奔马，又称马踏飞燕。后经考证，该马所踏的并非燕子，而是古代传说中的龙雀（即风神），而马也非凡马而是神马，故正名为天马。"（《旅游报》，1983 年 10 月 25 日）〔很多人并未留意（其实笔者最初也未留意），这篇报道的作者也叫陈树青，与《天马》的作者应为同一人。〕

> 《"马超龙雀"被定为我国旅游图形标志》："武威出土的马超龙雀，原称马踏飞燕。后经考证，所谓飞燕并非燕子，而是古代传说中的龙雀，而马亦非凡马，而是神马，即天马。早在汉代张衡的《东京赋》中，就有'龙雀'和'天马'的说法。马超龙雀是东汉时期的一件青铜瑰宝。"（《人民日报》，1983 年 12 月 5 日）

这两篇报道关于"天马"和"马超龙雀"的描述，反映了兰州大学教师牛

图 24　陕西何家村出土鎏金葵口飞廉纹银盘（唐）

龙菲的研究成果。牛龙菲把铜奔马铸像视为已被董卓熔毁的东汉平乐观"飞廉并铜马"的"副本"，并根据张衡《东京赋》中"龙雀蟠蜿，天马半汉"的记载，解释了作品的含义："此武威雷台之半汉天马，不仅无须有待于'生物之以息相吹'者的自然之风，而且也不屑于与飞廉风神相提并论。它自然凌骞于天汉之半，无所待而作逍遥之游。其四蹄疾于飞廉，神威震慑龙雀。在其一蹄之下，'龙雀'——飞廉风神正处于回首惊视的一刹那之间，而同一瞬间，此半汉天马却早已超越其前。"（牛龙菲，1984 年）所谓"马超龙雀"，刻画的正是"行空天马超越风神龙雀"的瞬间景象。这个名称在牛文中并未出现，而是来自于

《人民日报》记者李肇芬的概括。

"马超龙雀"虽轰动一时，但终未被学术界接受，约有两个原因。一是"龙雀"形象与马踏之物形象严重不符。"龙雀"（飞廉，风神）据汉末学者注释，龙身豹尾，双翼似足，兼有龙蛇、鸟雀之形。二是"龙雀蟠蜿，天马半汉"中的"龙雀"与"天马"并无直接关系。由三国薛综及唐人李善、吕延济的注解可知，"龙雀""天马"是由西汉中央官署铸造、分属不同宫殿建筑单元、历经西汉末年战乱劫余的两件精美铜铸艺术品，表现龙雀蟠蜒太空、神马遨游云汉之意，而不是同一件艺术品的两个组成部分。

"马超龙雀"名称不恰当，是否意味着"天马"名称也不恰当呢？

对此问题不能一概而论。"天马"除了指神马外，也可以指良马、骏马。在后一种意义上，称铜奔马为"天马"，毫无问题。汉武帝曾作《西极天马歌》："天马来兮从西极，经万里兮归有德。承灵威兮降外国，涉流沙兮四夷服。"这里的"天马"指的是大宛马。此外，汉武帝还以"天马"称呼过渥洼马、乌孙马。它们都是良马、骏马，而非神马。

"铜奔马"是文物界和学术界广泛使用的名称。这个名称虽短，但包含质地、特征、器形信息，符合文物定名规范。它的缺陷在于，对特征的概括不太准确。

"奔"是马的一种步法，有严格的定义。"对侧步"也是如此。对侧步可以是"跑"，但绝不可能是"奔跑"。

1982年3月，丹麦Pasklubben VAKUR赛马协会主席金斯·伊伏生（Jens Iversen）在看了武威县文物管理委员会编的一本介绍铜奔马的小册子后，给管委会写来一封信，专门谈"对侧步跑"和"奔跑"的区别，并由此质疑铜奔马命名的合理性。

中文大意为：

……你们的小册子，把这尊铸像称为铜奔马，对此我们感到惊奇。我们的看法是，这匹马以对侧步的步法在跑，而不是以奔的步法在跑。对侧步是两拍步法,而奔是三拍。马跑对侧步的时候,两条右腿同时移动,接着是两条左腿。马奔跑的时候,左后腿先发动,接着是左前腿和右后腿同时移动,最后是右前腿。

在我们看来,对侧步和奔的区别很明显,所以,我们非常想知道,你们为什么把这尊铜像称为奔马,而不是对侧步马。

无独有偶,"铜奔马"名称的制定者初世宾也意识到它的局限性。"雷台铜奔马问世后,最初称'马踏飞燕',后经笔者改订为'奔马'。但其步法为同侧二足一齐进退,两侧交替,驯马术称之为'对侧步',与通常所谓'飞奔'不同。称'奔'不甚确切,今据情节、形象拟改此名("猎骑"——引者注)。"但"铜猎骑"这一名称显然并没有流传开来。

无论是"马踏飞燕""天马""马超龙雀",还是"铜奔马""铜猎骑",以及目前见到的几乎所有名称,讲述的都是关于速度的故事,其要义无非是通过所踏之物的速度之快反衬马的速度更快而已。就这一点来说,这些名称没有实质性的区别。但是,正如笔者所分析的那样,此鸟并非处于飞行状态,而是处于静止状态;马的对侧步姿势,不可能跑出太快的速度;马的速度越快,与整个队伍的矛盾就越大。所以,一切强调速度的故事均不成立。

在现有名称之中,笔者倾向于使用"铜奔马"。"铜奔马的命名已使用40多年,并被国际国内认可和接受,是享誉世界的明星文物,其名称不宜轻易改动。"当然,"文物的命名也属于学术问题,现有定名不影响社会各界对文物的研究探讨,社会各方均可参与研究、各抒己见。这样既可以为收藏单位准确命名提供有价值的参考,也有利于深入挖掘揭示文物价值内涵"。受此番言论的感召,笔者根据国家文物局《第一次全国可移动文物普查工作手册》(以下简称《手册》)中的文物定名规范,特别是铜器类文物的定名规范,尝试另制新名,以求最大限度上"观其名而知其貌"。

《手册》指出,文物命名应包含三大要素:年代、特征、通称。"年代。指文物的制造年代或使用年代。特征。指文物的地域、人文以及有关的工艺技法、文饰题材、形态质地等本体属性信息。器物的通称，一般指物品的器形或用途。"《手册》还明确了三者的排列顺序："文物定名一般按照时代、特征、通称顺序排列。"

具体到铜器定名，《手册》细化为以"年代"＋"特征"（含工艺）＋"质地"＋"器形"定名的一般规则（将"质地"从"特征"中析出单列），并举两例：（1）西周晚期嵌松石龙首纹铁刃铜戈；（2）唐瑞兽葡萄纹铜镜。很明显，例（1）中的"西周晚期"属于"年代"，"嵌松石""龙首纹""铁刃"属于"特征"，"铜"属于"质地"，"戈"属于"器形"。例（2）中的"唐"属于"年代"，"瑞兽""葡萄纹"属于"特征"，"铜"属于质地，"镜"属于"器形"。

关于铜奔马的年代，前文已做过考证，判为前凉时期。关于质地和器形，并无争议，分别为（青）铜和马。制名的关键在于准确概括铜奔马的特征。

与出行队伍中的其他马匹相比，铜奔马有两个最明显的特征，一个是"对侧步"，另一个是"踏鸟"。"对侧步"不仅是此马区别于队伍中其他马匹的核心特征，也是区别于同类作品中其他马匹的核心特征，具有强烈的指向性和标识性，所以必须在命名中加以体现。对于"踏鸟"特征，我们也可以这样说。我们不拟深究鸟的具体类型和名称，主要基于两点考虑。

1. 仅凭鸟的形状无法做出准确判断。鹰隼类似乎最有可能，但也不能排除鸠鸽类以及乌鸦、喜鹊等的可能性。

2. 鸟的主要功能是支撑。也就是说，鸟首先是个底座，然后才是一只鸟。铜奔马四足腾空，需要一个支撑物（鸟的存在使它看起来更像是"三足腾空"）。底座扩大了铜像的受力面积，有助于保持平衡和稳定，而铜像铸造的年代，恰好流行奔马与鸟形底座的组合。当然，这种搭配很合理。在绘画作品中，我们之所以看不到马足踏鸟的自然构图，原因其实很简单——不需要。马儿既不需要借助鸟儿表现四足腾空，也不需要借助鸟儿保持平衡和稳定。这是由二维艺术与三维艺术、或者说平面艺术与立体艺术的区别造成的表现

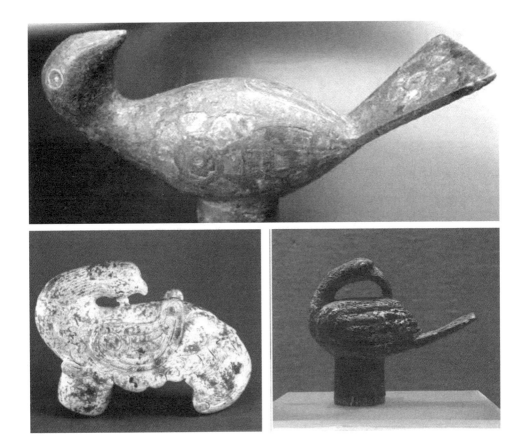

图 25 汉晋鸠杖杖首"鸠回首"造型

方式差异。

上述两个特征中,"对侧步"更为关键,属于马的"本体特征"。作为限定词,"对侧步"的位置应该比"鸟座"更靠近中心词。

综上所述,我们为铜奔马制的新名为:前凉鸟座对侧步铜马。其中,"对侧步铜马"是主干部分,可单独使用。根据武威本地称呼"对侧步"的习惯,可以将该马简称为"铜走马"。

五、铜奔马观察与思考

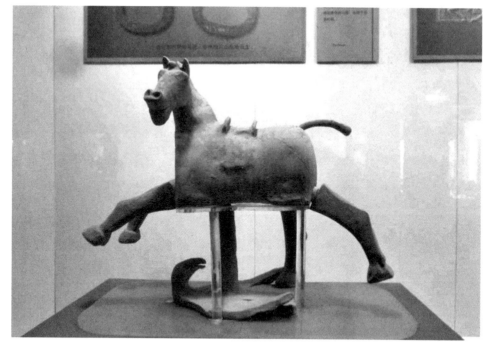

图 26　武威出土的与铜奔马同时期的陶奔马（鸟作为底座的特征更明显）

（一）铜奔马原型为改良马

从秦始皇登基到汉武帝崩逝，中间仅百余年。在如此短暂的时间内，中国马的形态发生了很大的变化。从秦代陶俑来看，那时的马普遍四肢粗短，躯干短，脖子也短。这种体型的马偏向挽用（拉车），但并不适合拉战车。虽然可以骑乘，但速度不快。为了抗击匈奴以及彰显汉朝的文治武功，也为了自己的兴趣爱好，汉武帝派人到处寻找良马，甚至不惜为此发动战争。正是通过两次战争，李广利将军在大宛国（今费尔干纳盆地，位于今吉尔吉斯斯坦）获得"善马数十匹，中马以下牡牝三千余匹"（《史记·大宛列传》），可惜归国途中损折大半。

根据《史记》所载，大宛的"善马"以"汗血"为特征。马为什么会"汗血"呢？关于这个问题，现在已经有了比较明确的答案。它其实是由某种寄生虫所致的病理现象。寄生虫钻入马的皮下组织后，该区域会出现往外渗血的小包，当马奔跑时，血就顺着小包上的毛孔流出来，与汗调和，成沫状，浸染皮肤，形成"汗血"现象。马的汗血部位，实际上也就是寄生虫所在部位。当然，也有别的观点。例如，一种观点认为，马出汗后局部毛色会显得更加鲜艳，给人造成汗血的感觉，实际上是一种视觉误差。（侯丕勋，2016 年）

无论如何，汗血马并不是马的一个品种，而只是根据"汗血"特征对大宛良马的一种称呼。杜甫有诗赞大宛马:"胡马大宛名，锋棱瘦骨成。竹批双耳峻，风入四蹄轻。所向无空阔，真堪托死生。骁腾有如此，万里可横行。"从这首诗中，我们除了可领略到大宛马快意驰骋、凌厉奔腾的风采，还可以了解到大宛马的一些体貌特征，例如，体型瘦削，骨相外露，两耳尖耸，状如斜劈的竹片，等等。

如今，在中亚一带仍生存着汗血马，译作"阿哈尔捷金马""阿克哈塔克马""铁克马"等等，主产地为土库曼斯坦。近年来，土库曼斯坦先后三次向我国国家领导人赠送汗血马。根据相关资料，铁克马有如下特征:躯体精悍而瘦削，肌肉和筋腱发达而凸起;头部线条清晰，比例十分和谐，侧影垂直，额头宽而略有突起，眼睛大而灵活;耳朵通常比阿拉伯马的更长。颈部高高抬起，健壮有力，背部垂直而健壮，臀部长，经常略显瘦削，尾巴贴身。四肢精悍而比例和谐，相比之下比阿拉伯马的更长;脚趾有时太长。脚上有短丛毛，蹄子小而坚硬。与纯血阿拉伯马相比整体略显粗野，美感次之，但是另一方面，它通常躯体更大。铁克马以鬃毛非常短和体大为特征，通常体高在 1.60 米以上。（雷蒙诺夫、莫尔戴，2017 年）

有观点认为，铜奔马的原型是来自大宛国的天马或汗血马。通过比较，我们不难发现，两者的体貌特征并不吻合。铜奔马体型近似于岔口驿马。"岔口驿马头正直，中等大，额广，眼大而亮，颈形良，长中等;鬐甲长，高中等，背长，宽中等，腰宽而有力，前胸宽，胸廓深而有适度的广和长，尾广，稍斜，腹部充实;四肢等长，肢势端正，后肢微外向。"（李国智、崔堷溪、杨再、门正明，1990 年）岔口驿马体高、身长与大宛马相比均相差较大，但肌肉更厚

图 27　铁克马（1）与主骑（2）、岔口驿马（3）、铜奔马（4）体貌特征对比

实、身躯更粗壮，也可以说"集速度和力量于一身"。在所有铜马之中，只有那匹堪称"高头大马"的主骑与汗血马的体貌特征是吻合的。

甘肃农业大学崔堉溪教授认为，铜奔马之形体兼有西域马和蒙古马种特征，乃汉武帝以来引进西域马杂交改良之结果。（初世宾，2018 年）这种改良马有两个较为明显的特点。

一是挽乘兼用、军民两用。"一个是进行拉车，进行农耕活动，一个就是拉战车，还有武士骑乘，进行行军打仗。"崔泰保教授介绍，铜奔马原型，就是根据挽乘两方面的需要，把两种在体型上完全不相同的马结合在一起而培育出来的典型的中国马，它代表着中国古代育马的最高成就。（纪录片《考古中国·地下仪仗队》，2004 年）

二是善于走对侧步。岔口驿马有走对侧步的遗传稳定性。马驹生下来，自然会走这种步伐，当地百姓称之为"胎里走"。"武威东汉墓出土著名的'踏飞鹰铜奔马'以及唐'昭陵六骏'之一'特勒骠'模型都表现出这种步伐，说明该性状的马古代已有遗传至今。"（李国智、崔堉溪、杨再、门正明，1990 年）"它骑上以后，人不是上下颠簸的，人是左右摇摆。左右摇摆的情况下，牧民有一句话说，'骑马走路如睡觉'，有些人说'骑马走路如上轿'，是非常舒服的。边关将士骑着走对侧步的马的时候，他甚至可以在马上自然而然地睡着了。他就可以休息。所以这种马非常适合当时骑乘的需要。"（纪录片《考古中国·地下仪仗队》，2004 年）

（二）铜奔马铸造工艺蠡测

《武威雷台汉墓》介绍:"俑、车、马均用范模铸型;先分铸不同部位，然后焊接或铆连。如武士为身、腿、手分铸，'牵马奴'为身、臂、手分铸，'张氏奴'为身、臂分铸。轺车的车舆铸成一体。大车的舆輢、舆轸、舆底，系分铸铆接。辕、轴、轮、辐、毂分铸，采用焊接或铆连。马的头颈、躯体、四肢分铸，然后焊接而成。马耳、马尾和雄胜，分别另铸，然后在马身上打孔插入。部分马体内尚存沙内范。车轭、马鞍，皆铸成。车马挽具，如銜、勒、

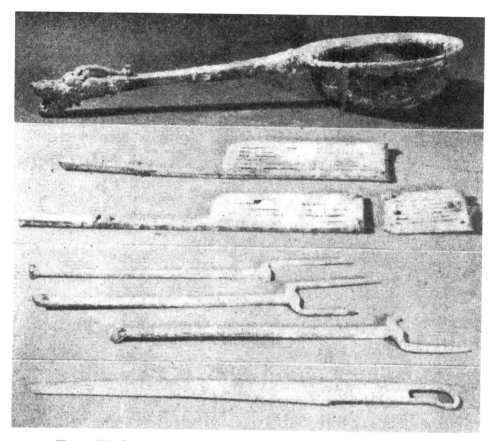

图 28　墓中出土的"奇怪"工具（它们也许在铸造铜奔马的过程中使用过）

衔、镳等，以及环、勾等附件，均用铜丝或熟铜片裁割造形，然后附着于车马上。"

从上述介绍可知，铜奔马与其他马匹的制造工艺是一样的，采用范模铸造法。范模铸造法，简称"范铸法"，因为范的材料主要是陶土，所以也称"陶范法"。由于外范往往分为若干块，所以陶范法的主体又是"块范法"。

根据《中国青铜器》（马承源主编，2003 年）、《雄奇宝器——古代青铜铸造术》（吴来明、周亚、廉海萍、丁忠明，2008 年）等文献介绍的工艺流程，我们可以推测出铜奔马制造过程如下。

第一步：分铸。由制模、制范、合范、浇铸等多道工序组成。现以马头铸造为例略作分解。

（1）制模。以陶泥（含沙、植物纤维及其他材料）做成马头的模型，阴干及烘干。

（2）制外范。在模型上敷以陶泥，压实，这样马头的形状及细部特征就会反印在陶泥上。待陶泥半干，将其分为两块，取下，阴干及烘干备用（必要时可补刻花纹）。

（3）制内范。内范是比马头模型小一号的泥芯，可将泥模削去一层而得，同样需要阴干及烘干。内范与外范之间的空隙即为马头铸件的壁厚。

（4）固定内外范。在内外范之间设置支钉或垫片，把两者固定为一个整体。另外，通过捆绑、围泥等方法加固外范。

（5）浇铸。将熔炼好的铜液浇入内外范之间的空隙。

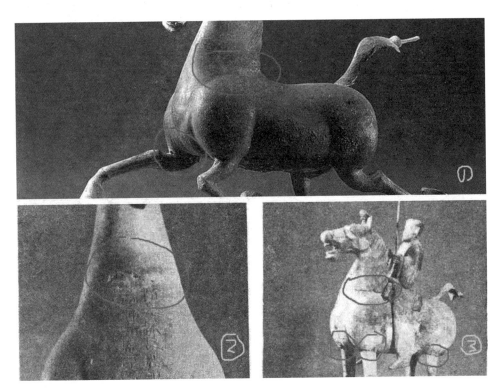

图29　铜奔马与其他马的精致程度比较

图30　刻有"臣李锺"三字的铜壶

（6）去范。待铜液冷却后，去除内外范以及固定内外范的多余支撑物，得到马头铸件。

第二步：连接。将铸造、锻打好的其他部件，躯干、四肢、马耳、马尾、雄胜、底座等，通过焊接、铆接或打孔插入的方式连在一起。

第三步:后期加工。包括打磨、整形、抛光、彩绘等。从残痕来看,包括铜奔马在内的所有铜马"身上都用朱、白、黑色加以涂绘,如口腔、鼻孔涂朱,牙涂白,眼内周角涂朱,眼珠涂白,黑墨点睛,并用墨线勾勒唇、须、鼻、目、眉、鬃等处,然后视部位施彩以增强神态之生动效果;在马腹鞍边亦残存有朱、白彩绘痕,似为画鞯的残迹。"(甘博文,1972年)鸟尾上的未透之孔,臀部的两块印记,怀疑是固定内外范的垫片之类留下的痕迹。

虽然同为陶范法制造,但铜奔马(以及主骑)的制作工艺更精良,这是毫无疑问的。它器形简洁,各部分比例恰当,平衡稳定而充满张力。器壁厚薄均匀,外表光滑而富有质感,接缝处过渡自然。身体丰满圆实,神态生动传神,细部特征准确清晰,可谓"形神兼备,气韵生动,形妙而有壮气"(常书鸿语)。正因为铜奔马特别精致,所以也有观点认为,它为"失蜡法"铸造。此观点不足信。若为失蜡法铸造,应该为浑铸,一次成型,不应存在焊接痕迹。

(三)铜奔马与"臣李锺"的可能关系

在雷台1号墓出土的铜器之中,有铜壶四式九件。其中三件,直口、圆腹、假圈足,腹部有三组瓦纹和对称的兽面衔环铺首两个,造型相类,列为一式。三件之中有一件,腹上部刻篆书"臣李锺"三字,不仅使它区别于其他铜壶,也使它区别于其他所有铜器。这是唯一一件以"臣某某"留名的铜器。"臣李锺"的"臣"字,《武威雷台汉墓》识为"巨",后经张朋川研究员改正。

如果是朝臣、家臣赙赠之器,为何仅此一件留名?此物原本平常,为何不为"奴"所献,而以"臣"名刻之?

这三字的字体与其他铭文全然不同,为篆书。东汉时期,篆书基本被隶书所取代。雷台1号墓年代更晚,大部分铭文已呈现出由隶书向楷书过渡的特点【图31-2、31-3、31-4】。这些文字写得比较随意,"张家奴字益宗"更是如此,堪称潦草。它们与"臣李锺"的工整与严谨形成了鲜明对比。字体的差异性也可以说明,铜车马并非出自一人之手,而是由百工完成。"臣李锺"绝非普通

图 31 "臣李锺"与其他铭文对比

工匠，而应是百工之长（工师大匠）或这批铜器的监造者。作为落款，篆书含有正式、恭敬之意。"臣"有可能是张骏的"朝臣"，专司营造之务。

在祭器、冥器上镌刻监造官员、主造官员、工匠姓名的做法，并非个案，可以看作秦汉以来"物勒工名"制度的延续。《吕氏春秋·孟冬纪》："物勒工名，以考其诚。工有不当，必行其罪，以穷其情。"秦朝对制作兵马俑的工匠实行"物勒工名"制度，要求工匠在自己制作的陶俑身上刻名。这本是统治者稽查陶工制作陶俑数量和质量的手段，结果却让一大批艺术匠师青史流芳。前凉晚期宫中所用之物金错泥箭底部即刻有"灵华紫阁服乘金错泥箭升平十三年十月凉中作部造平章墼帅臣范晃督臣綦毋务舍人臣史融错匠邢苟铸匠王虏"47字长文，不仅有平章墼帅、督、舍人之名，甚至有错匠、铸匠之名，可见"物勒工名"制度仍在延续。

由于李钟是所有器物刻名中唯一有可能与铜器制作有关的人物，且镌刻此名的器物与同类相比更为精致，由此联想到此物可能为李钟所造，又由此联想到那些做工最为精细的铜器——包括主骑和铜奔马——也可能为李钟所造，恐怕不能算是毫无道理的臆测吧。即便不是亲手制作，至少也是监制吧。

无论铜奔马的制造者和监制者是谁，他们都一定是有着丰富生活阅历和实践经验，以及有着敏锐观察力、丰富想象力和强大创造力的浪漫现实主义艺术家。

以上两节九个部分，既包含铜奔马的发现、成名、理解、符号应用等历史研究，也包含铜奔马的主人、身份、位置、名称、原型、工艺、制作者等理论问题的探讨。

参考文献

［1］［汉］司马迁.史记［M］.北京:中华书局点校本，1959.

［2］［唐］房玄龄，等.晋书［M］.北京:中华书局点校本，1974.

［3］马承源.中国青铜器［M］.上海：上海古籍出版社，2003.

［4］［英］埃尔温·哈特利·爱德华兹.马［M］.猫头鹰出版社，译.北京：中国友谊出版公司，2007.

［5］吴来明，等.雄奇宝器——古代青铜铸造术［M］.北京：文物出版社，2008.

［6］国家文物局第一次全国可移动文物普查工作办公室编.第一次全国可移动文物普查工作手册［M］.北京：文物出版社，2013.

［7］侯丕勋.汗血宝马研究：西极与中土［M］.兰州：甘肃文化出版社，2016.

［8］党菊红.武威雷台汉墓文物移交转运经过［M］//.党菊红.武威文物及其背后的故事，甘肃教育出版社，2016.

［9］［俄罗斯］雷奥尼德·德·西蒙诺夫，［俄罗斯］让·德·莫尔戴.世界良马［M］.张放，译.北京：商务印书馆，2017.

［10］崔堉溪，李振武.甘肃优良马种——岔口驿马［J］.甘肃农业大学学报，1959（2）.

［11］甘博文.甘肃武威雷台东汉墓清理简报［J］.文物，1972（2）.

［12］甘肃省博物馆.武威雷台汉墓［J］.考古学报，1974（2）.

［13］初师宾，张朋川.雷台东汉墓的车马组合和墓主人初探［J］.考古与文物，1982(2).

［14］牛龙菲.说武威雷台出土之铜铸"天马"［J］.敦煌学辑刊，1984（1）.

［15］辛敏.武威雷台墓主人再探［J］.兰州学刊，1985（6）.

［16］李国智，等.甘肃青海相连祁连山东段地方品种马的种质种态种源的研究（下）［J］.家畜生态，1990（3）.

［17］王廷芳.郭沫若是发现铜奔马的伯乐［J］.郭沫若学刊，1991（3）.

［18］魏怀珩.铜奔马出土及参展回顾［J］.丝绸之路，1997（4）.

［19］张朋川.雷台墓考古思辨录［J］.陇右文博，1999（2）.

［20］吴荣曾."五朱"和汉晋墓葬断代［J］.中国历史文物，2002（6）.

［21］党寿山.铜奔马保护纪实［J］.丝绸之路，2004（1）.

［22］陈树青.天马被定为中国旅游图形标志［N］.旅游报，1983-10-25.

［23］李肇芬."马超龙雀"被定为我国旅游图形标志［N］.人民日报，1983-12-5.

［24］何双全.武威雷台汉墓年代商榷［N］.中国文物报，1992-8-9.

［25］赵玉中.修复"马踏飞燕"纪实［N］.中国文物报，2005-4-29.

［26］宋喜群，姚昆.铜奔马还是"马踏飞燕"？［N］.光明日报，2018-6-12.

［27］初世宾.也说说铜奔马的名称［N］.中国文物报，2018-6-19.

第三章　佛经翻译巨匠鸠摩罗什的凉州缘

鸠摩罗什是世界著名的佛教翻译家，位列中国四大佛经翻译家之首。前秦建元十九年（383 年），鸠摩罗什在龟兹宣讲佛法，"道流西域，名被东国"。中土大地的前秦国王苻坚崇信佛教，遂"遣吏诣龟兹以求之"而无果，即遣骠骑将军吕光发兵攻伐龟兹，鸠摩罗什遂得抵达凉州，而后驻锡凉州度过了十七年时光。

鸠摩罗什在凉州内蕴佛法思想，外修文化语言，完成了入秦后大规模翻译佛经的准备工作。探究鸠摩罗什成长经历，若轻描淡写其凉州弘法的艰难现实，其长安所译的三百余卷经典就失去了根由。若忽视凉州地域文化在鸠摩罗什译经功业中打下的精神奠基，鸠氏对文化传播的贡献就显得单薄浅显。探究佛经翻译巨匠鸠摩罗什的凉州缘，挖掘其在凉州的成长经历，剖析其深蕴的佛法修为和坚韧的人格素质在凉州得到成长的精神源薮，具有一定的历史意义。

第一节　由龟兹到凉州

国学大师季羡林将龟兹历史分为"鸠摩罗什前时代""鸠摩罗什时代"和"鸠摩罗什后时代"。"鸠摩罗什前时代"是龟兹佛教文化初创时期，也是小乘佛教风行时代。而至"鸠摩罗什时代"，大乘佛教和人民生活紧密相关，极大地促进了佛教文化的发展。佛法伎乐艺术的传播发展逐渐形成了龟兹先民能歌善舞、性格爽朗的民族性格，伎乐壁画标志着龟兹音乐舞蹈艺术日趋成熟，反映出龟兹文化繁荣发展的兴盛局面。鸠摩罗什离开龟兹后，历史进入"鸠摩罗什后时代"，佛教文化逐渐衰落。日本佛学专家金冈照光在《丝路佛教》中指出："鸠摩罗什离开之后，龟兹佛教史上曾留下一个巨大的空白。"但是，鸠摩罗什来到凉州却开启了佛教传播历史的新局面，佛教文化终于向古老而神秘的东方古国缓缓打开。鸠摩罗什在凉州系统学习汉语文字，形成汉地文化的深厚素养，而其佛教思想更趋完善，为后来"长安译经"的辉煌事业打下了雄厚的学术基础，最终成长为具有一定佛法思想的一代宗师。

一、诞生在西域龟兹古国

龟兹位于天山南麓塔里木河北岸的丝绸之路要道上，在今新疆库车县。东通焉耆，西通姑墨，北通乌孙，西域诸国中颇为强大。汉武帝初年，张骞通西域到达龟兹，后在西汉军事胁迫下成为中原王朝的属国之一。自东汉建初九年（84年）班超西征之后，龟兹世代向中原王朝纳贡称臣，关系和睦融洽。前凉建兴二十三年（335年），张骏遣征西将军杨宣率兵攻伐焉耆、龟兹诸国，"疆理西域"，西域诸国属前凉高昌郡所辖。此后，龟兹国循例遣使赴姑臧向前凉朝贡，在西域与凉州经济文化交流史上发挥了积极作用。

前凉建兴三十二年（344年），鸠摩罗什诞生在龟兹首都延城。鸠摩罗什九岁的时候，前凉王张重华病逝，而后前凉王室成员忙于内部权力纷争，无暇顾及西域诸国。中原战事频繁、内乱不断，漠北草原的各部族之间亦不相统属。继而前秦崛起，力量日渐强大，逐渐统一中国北方，和东晋对峙，势同水火。此期西域诸国间的邦交政策及政治格局也悄然发生变化，龟兹国出现了政治相对独立、经济迅速发展的最佳历史时期。当时龟兹的冶金、纺织、制陶、酿造等手工业已经相当发达。北魏著名的地理学家郦道元在《水经注》中称，龟兹冶铁业供应西域三十六国之用，其冶铁技术在西域诸国独领风骚。龟兹还盛产瓜果，以果物酿酒，尤以葡萄酒为著。《旧唐书·西戎传》载："（龟兹国）饶蒲萄酒，富室至数百石。"

龟兹是佛教传播源远流长的西域古国。至少在东汉初年，龟兹已有佛教流传，而且首先是龟兹王室信仰了佛教，而后才传至民间。东汉永元三年（91年）西域长史班超攻破月氏，降服龟兹王尤利多，后立白霸为王。自此龟兹王室多以白或帛为姓，那时候龟兹王室已然皈依佛门，以至白姓或帛姓僧人均来自龟兹，且多为王室中人。白纯当政时，龟兹已然成为塔里木盆地以北的绿洲诸国中佛教最盛的地方，俨然世界佛教中心。龟兹王带头崇奉佛教，王侯贵族率本族吏民开凿石窟，建造佛像。国内政局稳定，人民生活和乐安定。《出三藏记集》卷十一《比丘尼戒本所出本末序第十》记载："拘夷（龟兹）国寺甚多，修饰至丽。王宫凋镂，立佛形像，与寺无异。"历代国王均对佛教倾注巨大热情，甚至把宫殿装饰得如同寺庙一样，促进了佛教艺术的兴盛与发展。

佛教传播使龟兹出现了文化繁荣局面，大量遗落在库车、拜城一带的佛教寺址石窟便是龟兹佛教兴盛留下的历史遗迹。白氏王朝在长达七百多年的统治岁月中，佛教成为国家的一种特殊的文化形式，承载着特定的民族心理、风俗习惯、意识形态和思维方式，始终占据着社会生活的主导位置。王室君臣辈代更迭，而佛教文化始终是龟兹国的主流文化，构成了王国从宫廷到民间的最基本的文化生活形态，从而对龟兹的历史发展产生了不可忽视的重要影响。

二、佛学造诣高深，咸共崇仰

鸠摩罗什的父亲鸠摩罗炎原为天竺（古印度）贵族后裔，祖父鸠摩达多是笈多王国当朝宰相。按照王国世袭制度，达多的宰相之位将由长子罗炎继承。罗炎信奉佛教，拒绝继宰相位，毅然逃离天竺来到龟兹。未料来到龟兹后，国王白纯却强行将自己的亲妹嫁给罗炎。据史书记载，多年来不为求婚者所动的耆婆竟然宣称罗炎为自己的心爱之人，王室宗亲自然欣喜不已，而国王白纯也动了两国宗室之间相互联姻的念头。鸠摩罗炎最终答应娶耆婆为妻。可见，鸠摩罗什的诞生其实是天竺和龟兹两个文明古国政治联姻的结晶。而在《高僧传》中却有十分奇特的记载，认为罗什的诞生是佛陀旨意，是耆婆"体有赤黡，法生智子"的神秘结果。

《高僧传》载，鸠摩罗什自幼天资超凡、聪慧卓异。六个月大时能说出清晰的话语，三岁时能识得梵文文字，似乎是无师自通。五岁时，就开始独立阅览经卷，显出了头脑灵活、智力超群的"神童"禀赋。东晋永和七年（351年），七岁的鸠摩罗什随同母亲耆婆一起出家，皈依佛门。耆婆在阿丽蓝比丘尼寺修习佛法，鸠摩罗什则被送到雀离大清净寺，拜佛图舌弥为师。据说，鸠摩罗什在随同佛图舌弥修习《阿毗昙经》时，如同成年人阅读幼儿园的大字课本一样，极为容易。鸠摩罗什每天能熟读并背诵一千偈，每一偈是三十二个字，一千偈就是三万二千字，此种能力除过目能诵的天才之外，常人实难做到。近代大儒梁启超曾对鸠摩罗什生平做过考证，认为鸠摩罗什仅在幼年时能背诵出的佛经就达四百多万字！鸠摩罗什天资聪慧，能无师自通而解悟佛理，一时在龟兹传为佳话。

鸠摩罗什的艰苦磨炼从童年时代就已开始。永和九年（353年），耆婆带着九岁的鸠摩罗什离开龟兹，游学他国。《高僧传》载，"时龟兹国人以其母王妹，利养甚多。乃携什避之"。他离开龟兹后的经历颇具传奇色彩。曾在罽宾拜高僧拜盘头达多学习《阿含经》等小乘佛法。后来经过一场辩经活动成为罽宾国师。数年后，受邀疏勒国讲经说法，逢到著名佛教学者佛陀耶舍和须利耶苏摩。佛陀耶舍精通"说一切有部"小乘教义，又兼修"诸大菩萨众"大乘佛法。在他学问思想的影响下，鸠摩罗什对大乘佛法产生了浓厚兴趣。后来又拜须利耶苏摩为师，学习大乘经典《方等大集经》等著作。经过苏摩的悉心教导，鸠摩罗什很快领悟出了大乘佛法的精要所在，思想发生了根本性逆转，由小乘转习大乘。

在疏勒学法一年之后，白纯敦促耆婆母子返回龟兹。离开疏勒路过温宿国时，温宿国王闻鸠摩罗什大名，遂迎鸠摩罗什抵王宫为其讲经说法。当时有一位在西域诸国颇有声望的僧人也在温宿活动。此人专习小乘教法，在西域素有"神辩莫秀，振名诸国"的声誉。听说佛学渊博的少年鸠摩罗什到温宿，就和鸠摩罗什进行了一场著名的"辩经"活动。鸠摩罗什运用《方等》大乘诸经中的所言"一切法皆无"的空宗奥旨，和温宿僧人的"说一切有部"理论展开辩论。温宿僧人渐趋败落，垂首认输。最后，这个偏激自负的"高僧"心悦诚服地俯拜于地，虔诚地请求鸠摩罗什收之为徒。一个有名望的成年僧人拜十三岁的小沙弥为师，在西域诸国堪称奇迹。

鸠摩罗什十四岁从温宿回到龟兹，国王白纯在王宫修建寺庙，称为王新寺，令鸠摩罗什驻锡王新寺，讲经说法，声名大振，俨然高僧。当时，鸠摩罗什讲经说法时，僧众一万多人"疑非凡夫，咸推而敬之，莫敢居上"。西域诸国信众皆来听经，"伏什神俊，咸共崇仰"。当时西域三十六国中，于阗、疏勒皆为佛教传播较为盛行的国家，而别国信众涌入龟兹闻听罗什讲经，可见其声誉在西域地区极为隆盛。

三、"师旅以延之"，被逼破戒

太元元年（376年），前凉国最后一位国王张天锡投降前秦，西域诸国遂得脱离前凉统辖。一年后，符坚在长安自称大秦天王，史称"前秦世祖宣昭皇帝"，改元永兴。建元十三年（377年）正月，符坚例朝，太史启奏，有一巨星灼闪，耀亮于外邦天空分野之际。朝中文臣奏曰，此乃祥瑞之兆，当有大德智人自外国入辅中国。符坚乃悟曰："朕闻西域有鸠摩罗什，将非此耶？"这一年，名重西域诸国的鸠摩罗什虽然只有三十四岁，就已经"声满葱左，誉宣河外"了，连前秦国王符坚都已知其大名。

《晋书·符坚传》载，建元十八年（382年）二月，车师前部王弥寘和鄯善王休密驮来到长安朝见符坚。符坚赐以朝服，引见西堂。二王游说符坚，表示愿意为向导，以伐西域诸国。符坚同意了他们的请求，遂遣骁骑将军吕光、陵江将军姜飞等率兵七万，西伐龟兹。出征前符坚对吕光说："朕闻西国有鸠摩罗什，深解法相，善闲阴阳，为后学之宗，朕甚思之。贤哲者，国之大宝也，若克龟兹，即驰驿送什。"

建元十九年（383年），鸠摩罗什四十岁的这一年，吕光统兵经过长途跋涉刚刚进兵至高昌，苻坚就迫不及待地发动了进攻东晋的"淝水之战"，结果铩羽而归。淝水战败后，慕容垂率先发难，其族人皆拥兵呼应，一时间前秦境内风云突变，乱兵如潮。先前那些部族酋豪、亲信旧臣纷纷反叛自立，中国北方再度陷入四分五裂的局面。

僧肇在《什法师诔序》中指出，"恬愉弘训而九流思顺，故大秦苻姚二天王师旅以延之"，明确交代吕光攻打龟兹和姚兴发兵进攻凉州的军事行动，皆为揽延鸠摩罗什而发起的宗教战争。

《凉州记》载，建元二十年（384年）七月，吕光大军攻陷龟兹首都延城。据传，吕光见到鸠摩罗什后大为惊讶，当时的鸠摩罗什看上去明眸皓齿，灵秀青春，与吕光心目中老态龙钟的法师形象很不一致。吕光疑惑之后，开始对鸠摩罗什萌生轻蔑之意，于是极尽戏谑玩弄之态。吕光执意要让鸠摩罗什出丑，强迫他骑在牛背上，或骑上烈性的汗血马，看着鸠摩罗什摔落地上的狼狈样子就得意大笑。面对各种凌辱和折磨，鸠摩罗什均坦然应对，似乎什么样的折辱方式都能等闲视之。鸠摩罗什的态度更加激怒了吕光，于是他另外想出了一个折辱方式。

吕光要让新任龟兹王的白震给鸠摩罗什娶妻，要他和龟兹国阿羯耶末帝公主结婚。为了强迫鸠摩罗什犯戒，吕光先把鸠摩罗什灌醉，和阿羯耶末帝公主关在同一间屋子里。此前数天，鸠摩罗什秉烛待旦，毫无乱行。可是，吕光持续威逼，甚至放出话来，如果继续抗拒，就将他和公主双双杀死。在黑沉的屋子里，鸠摩罗什想起了母亲说过的话，也想起自己当年在母亲面前发下的誓愿。为了弘扬佛法，无论面对多大的灾难和痛苦，一定要到东方去！要像一块在火炉里熔化的黄金一样，不管成为什么样的形状，终究不能失去固有的价值。此情此境之下，鸠摩罗什沉默地屈从了吕光，答应娶阿羯耶末帝为妻。

鸠摩罗什被逼破戒后备受折辱的心情究竟如何，历史典籍中没有留下片言只语，不得而知。但是破了大戒，并且和崇奉大乘佛法的阿羯耶末帝公主成婚，曾经独自执掌大乘讲席的"佛法国师"将以何种面目行走于西域大地？这对于七岁就皈依佛陀、聪睿博学、以弘传佛法为宏愿的大德智者而言，破戒造成的创痛和失落之感肯定极为强烈。后世曾有人推测，如果鸠摩罗什真正要以身殉法了，佛教大乘和"三论宗"的经义会推迟很多年才能传入东土。鸠摩罗什被逼破戒，感觉自己的佛法信仰世界顿时塌陷了半边天空。

四、东归途中的故事

（一）中路必有福地可居

建元二十一年（385 年）九月，鸠摩罗什离开龟兹。这一年，这位刚刚过了四十一岁生日的佛家弟子，这位"道流西域，名被东国"的大德高僧已经没有了一丝半毫的优雅和从容。相反，在承受了长时间的惊惧和无休止的折辱之后，这位享誉佛界的高僧安坐于一乘驼轿之上，随同吕光大军离开了龟兹。

《高僧传》《晋书》等史料记载鸠摩罗什是被吕光"掳掠"到凉州的，后世许多专家学者也秉持这样的观点。根据当时的情形推定，离开龟兹到中土，或恐也是鸠摩罗什自己所愿，并主动向吕光提出的。因为，到中土弘法是母亲耆婆对鸠摩罗什的期盼，也是当时西域佛学专家的一种普遍宏愿。《高僧传》载，鸠摩罗什十六岁时耆婆离开龟兹去天竺学习佛法，临行前耆婆曾和鸠摩罗什有过一次长谈。耆婆告诉罗什，像《方等》这样的大乘佛学才是佛教中最精辟的教义，值得佛学大师去宣扬。而要想真正应化佛陀意旨，就必须到遥远的中国去。但对个人而言，这又是一种非常艰苦的磨炼，需要牺牲许多美好的东西。耆婆的话语体现了当时印度和西域大多佛法学者的一种普遍认识，他们认为到中国弘法度人、成佛济世是最能体现佛陀精神的大德善行。所以，此前已有不少印度或西域的佛家弟子到中国弘扬佛教，仅《高僧传》记载抵达中原弘法的域外高僧就不下二十人。鸠摩罗什对母亲说"虽复身当炉镬，苦而无恨"。鸠摩罗什认为，一个有使命感的人是不会在乎个人得失的。只有让大乘佛法在东边日出的地方流传下去，才能洗净那里人世间的尘垢和罪恶。就像一块在火炉里熔化的黄金一样，不管变成什么形状，黄金终究还是黄金。所以他一定要去东土大地，即使身当炉镬之苦也不怕！

当时鸠摩罗什已经被逼"破戒"，对于戒法严谨的西域佛界而言，即便"声满葱左，誉宣河外"的高僧，恐怕也难有立锥之地。另一方面，新国王白震信奉小乘佛教，对于终生以弘传大乘佛法为己任的鸠摩罗什而言，离开龟兹到中土大地，就成了当时的必然选择。

当时，吕光军事上取得重大胜利，"抚宁西域，威恩甚著"，又见此地富饶安乐，"欲留王西国"。鸠摩罗什洞察到吕光的想法，就主动劝告吕光说："此凶亡之地，不宜淹留！推运揆数，应速言归，中路必有福地可居。"鸠摩罗什主动劝告吕光返回中土，其中也渗洇着自己愿意随返中原的隐约之念。

（二）旃檀瑞像和佛骨舍利

吕光带着鸠摩罗什离开龟兹时，特意带上了龟兹王新寺里供奉的优填王旃檀瑞像和佛骨舍利，这样的情形在《红史》等藏文史籍中留下了重要的信息：

> 大军到达该地时，该地之王问道："上国与我等并无仇怨，大军为何来此？"将军回答说："要取觉外佛像、佛祖舍利、班智达三者，若不与即行交兵。"国王说道："我处实有觉卧佛像和佛骨舍利，可以送上，但班智达已于去年去世，遗有一子，名叫鸠摩罗穷哇，年届十八，也可送上。"将军统兵将这些带回。

"班智达"梵文原意是博学和智慧之意，后来将所有博学的佛法学者统称为班智达。史料中进兵至龟兹的将军就是吕光，他对国王说明来攻伐龟兹的三个目的，"要取觉外佛像、佛祖舍利、班智达三者"。"觉外佛像"便是鸠摩罗炎从天竺带至龟兹的佛国至宝优填王旃檀瑞像。佛祖舍利是否存于龟兹，史料中没有记载。不过，前文已述，孔雀王朝第三任国王阿育王曾将统治势力扩展到龟兹，阿育王赐龟兹为太子法益的封地。当时阿育王在全国各地兴建了八万多座奉祀佛骨的舍利塔，在太子法益的封地龟兹国建有佛舍利塔也是情理之中。日本两位考古学者渡边哲信和掘贤雄于1903年在雀离大寺遗址曾经发掘出了一只佛祖舍利盒，至今仍收藏于日本东京国立博物馆。当时，发掘后发现舍利盒内空空如也，佛祖舍利的流落去向二人无法推测，后来另有文史专家推测佛骨舍利可能被吕光带至凉州。又有考古学家认为这只盒子是唐朝年间盛装高僧舍利的一只盒子，争论不休，遂成千古谜案。

陕西法门寺"真身宝塔"塔基下的地宫里就供奉着释尊指骨舍利，考古学者认为此枚佛指真身舍利存世仅此一枚。有人推测，此舍利即吕光从龟兹带至凉州，后来吕隆向姚兴投降时便把佛祖舍利送到秦地。《晋书·吕隆载记》称，吕隆曾遣吕超率骑二百，奉赍珍宝，往长安请迎姚兴。其中珍宝名单中，佛祖舍利或恐为其中之一。史料中的"老班智达"当指鸠摩罗什父亲鸠摩罗炎，而"鸠摩罗穷哇"即鸠摩罗什，说其时鸠摩罗什年届十八恐笔误所致。这则史料也旁证鸠摩罗什东行确实是一次宗教背景下的战争胁迫事件，但对于佛教传播历史而言，却翻开了划时代的崭新页面。从此，佛门向古老而神秘的东方缓缓打开，浑厚苍凉的西北大漠在这个充满理想的佛法时代里开始焕发出勃勃生机。

（三）白马驮来的大德智者

东归途中，吕光感受到了鸠摩罗什的智慧，《高僧传》中记载了诸多这样的故事。

大军刚出龟兹国境，吕光有意勒住座下战马，和坐在驼轿上的鸠摩罗什并辔缓行。这时，押运辎重的士卒驱赶着一群从西域掳来的战马也赶来了。群马疾驰中有一匹褐色的战马驻足仰天长嘶一声，边上的一匹纯白的战马也随之长嘶一声。鸠摩罗什缓缓道来："褐色战马是一匹母马，有一匹小马驹因贪玩奔行至马队前列，母马担心它在众军列中迷路，故向小马驹发出呼唤。那匹白马也帮忙寻找呼唤。"吕光对鸠摩罗什此语似存疑惑。没想到片刻之际，果见路边有一匹小马驹正在吃草，那匹白马又长嘶一声，那小马驹立即奔跑过来跟靠到褐色母马身边。吕光由此对鸠摩罗什产生敬信之意，传示专管辎重的部将拘住那匹白马，配好鞍鞯，戴上辔头，让鸠摩罗什骑乘后随行于自己左右。

吕光大军渐至高昌，高昌太守杨翰在高桐、伊吾两个关口设有重兵把守。于是，吕光指挥军队在山下一块平地上扎营屯驻。鸠摩罗什座下白马却嘶鸣不已，鸠摩罗什遂对吕光说："不可在此屯营，要把军队迁往高原地带，否则将有难料之灾。"吕光说："此地一马平川，如遇不测，骑兵可迅速出击。高原上哪有这样的地利优势？"当晚，大雨滂沱，山洪暴发，浪头达数丈之高。洪波汹涌而下，冲毁营栅，将士死伤无数。此时，吕光再次感受到鸠摩罗什的先见之明。 这两件事在藏文史籍《红史》中均有记载，《高僧传·鸠摩罗什》中也详细记述了后一件事。

鸠摩罗什座下的白马是一匹纯白如雪的大宛宝马。据传此马形神俱佳，静如白云被盖、明月在鞍；动如银龙逐日、紫燕追风，极尽威武矫健之态。白马就这样驮着鸠摩罗什离开龟兹，穿越西域漫漫戈壁，来到东土。在佛教史上，素有"白马东来佛法兴"的说法。据载，汉明帝夜梦金人之后，汉使及印度二僧曾以白马驮经抵达洛阳，汉明帝敕令在洛阳雍门外建造了著名的白马寺。凉州民间传说，驮经白马途经河西走廊时，曾在大河驿北边的大湖滩饮水吃草，此后当地信众曾在此间修筑白马寺，寺址位于今武威市凉州区清水乡蚂蝗村。凉州城内大云寺中保存的《凉州御山瑞像因缘碑记》就有凉州白马寺的记载。一代佛法宗师鸠摩罗什从西域抵达中土时也骑乘一匹白马，而其胸中的佛法经卷可谓车载斗量。鸠摩罗什骑乘白马抵达凉州的故事，在佛教史上创造了又一个"白马驮经"的美好传说。

据传，鸠摩罗什随大军行至敦煌时，他座下的白马就不再进食饮水。七天七夜后，鸠摩罗什夜梦所乘白马来到面前，自称本是上界天骥龙驹，受佛祖之命送之东行。现已进入玉门关东土之境，佛祖使命业已完成，即将辞行升界。

次晨梦醒，白马果然已死。鸠摩罗什和当地佛教信徒遂葬白马于敦煌城下，修塔以纪念，取名"白马塔"。白马塔位于今敦煌古城遗址城内南部。白马塔共九层，高约十二米。现存白马塔为道光年间重建，刻石有"道光乙巳桐月白文彩等重修"等字样。

第二节 在凉州的日子

建元二十一年（385 年）九月，鸠摩罗什随同吕光大军来到凉州。吕光闻听长安被姚秦占领，苻坚也被后秦主姚苌缢死，便占据凉州，以姑臧为都创建了"后凉"割据政权。鸠摩罗什从此寓驻凉州，度过了其生命中最艰难也最重要的十七个春秋。凉州是一代宗师鸠摩罗什成长经历中极为重要的一个地域符号。没有凉州，就没有世界历史名人鸠摩罗什。更进一步说，没有凉州十七年的坎坷经历，鸠摩罗什就不会对佛教信仰萌生更深层次的感受与领悟，就不会如此近距离地接触、掌握和精通汉语文字以及众多中原文化典籍，就不会积累丰厚渊博的汉地知识储备作为后世译经的思想基础，就不会造就中国佛教译经大师第一人，也不会出现比较系统的汉文佛教经典。因为凉州，鸠摩罗什才成长为中国乃至世界佛教史上具有划时代意义的佛法宗师。

一、从抄写佛经到学习汉语

后凉太安元年（386 年），鸠摩罗什建议吕光在姑臧修建了一座寺庙，规模宏大，当时称为姑臧大寺。河西各地僧人仰慕鸠摩罗什之名前来拜访者络绎不绝，西域和中原高僧也常来凉州交流研习佛学。因为大寺住持为西域胡僧鸠摩罗什，河西吏民便把此寺称为"鸠摩罗什寺"。

吕光是个有谋略的军事家，却是一个很糟糕的"凉州王"。从后凉建国伊始，王室权力争斗和境内动乱事件就没有停息过。吕光只知道凭借武力和暴力统治凉州，从来不会采取任用群贤、保民安境、教化天下的措施来消解境内愈来愈烈的深重矛盾。他拒绝听从鸠摩罗什"悯民宽政、禁绝滥杀"的建议，对鸠摩罗什在凉州创建道场、设坛讲法、弘传大乘的建议更是置之不理。

在那些暗懋的岁月里，鸠摩罗什开始抄写佛经，只有抄写佛经的时光能让他沉实笃定。名曰抄写，其实是默写，即将自己幼年时熟记于胸的那些佛经一边暗诵，一边用古老的龟兹文字书写出来。龟兹文据传是公元三世纪到公元九世纪居住于新疆的吐火罗人所创，故而又称吐火罗文。

鸠摩罗什精通梵文，在抄写的过程中又对照遗落在后凉宫廷里的梵文原经订正了许多错讹。有一天，当抄写规整的龟兹佛经叠放在面前时，他就想，如果把这些佛教经典用汉字抄写出来，中土识文断字的人们就能够读懂佛教中的深奥义理，然后会把领悟到的心得体会讲给他人，这样口耳相传，佛法经义就会得到空前的传播与弘扬。

鸠摩罗什决计开始学习汉语和文字，他频频出现在姑臧街巷、集市、茶舍和庙会上，有意识地用汉语和凉州邑民说话交流，缓慢而顽强地开始学习汉语。他常常出城云游至远乡僻地观看凉州农人的农耕活计，用生涩的汉语艰难地和乡下农人交流，了解他们的生产习俗和生活情形。从那时起，鸠摩罗什融进姑臧的百姓之中，逐渐体会了汉地语言在不同的生活场景中的精微含义。后凉时期，曾有一些西域商人和邑民先于鸠摩罗什来到凉州，具有"胡汉两娴"的语言能力。鸠摩罗什通过他们的翻译帮助，学习汉语的进度提高很快。鸠摩罗什原本聪慧超常，语言领悟能力很强，未至一年，汉语口语交流能力就达至圆熟流畅的程度。而后，鸠摩罗什跟随后凉宫廷里的一些文官学习汉字的认读和书写，两年后，鸠摩罗什就能够阅读后凉宫廷里收藏的一些汉文经卷了。

麟嘉五年（393 年），鸠摩罗什在后凉宫廷发现了一本汉文经卷《首楞严经》，经书后记中写道："凉州刺史张天锡在州出此《首楞严经》，时译者龟兹王世子帛延善晋胡音。延博解群籍，内外兼综。"读了后记，鸠摩罗什心下涌起一波热浪。这本经书就是鸠摩罗什的故国龟兹舅家世子帛延所译。帛延来凉州讲经弘法的那一年，鸠摩罗什二十七岁，已经结束了第二次游学西域的活动回到了龟兹。帛延在姑臧寓驻译经的地方位于后凉王宫谦光殿东侧的正听堂湛露轩。吕纂当政后改谦光殿为龙翔殿，改正听堂为湛露堂。湛露堂是王宫里会见宾朋的厅堂，鸠摩罗什曾在此堂和吕纂共同度过了一些饮茶弈棋的闲适时光，曾经留意过舅家前辈佛法大师帛延的译经场所。

《首楞严经》全称《大佛顶首楞严经》，又称《楞严经》。在佛教史上，有"开悟的《楞严》，成佛的《法华》"的说法。据说《楞严经》可以帮助众生明心见性和避免魔障的干扰，这是证道的前提。《法华》可以帮助众生树立圆顿的一乘见地，这是成佛的基础。《金刚经》可以帮助信众开启智慧之门，这是修道的指针。在大乘学者眼里，这三部经典处于大乘"纲宗"地位。所以，大乘僧人终生都要修习研读这三部经典。但是，鸠摩罗什披阅这部汉本《首楞严经》时遇到了很大的困难。《首楞严经》是一部宣化"禅""净""律""密""教"等内容的经典，鸠摩罗什对经义原本极为熟稔，可帛延译成的汉文典籍中竟有部分经义不能很好地理解，有的地方感觉和佛陀本意有所出入。鸠摩罗什经过苦苦思悟，想通了问题的症结：一是自己对《首楞严经》中关于"律法"和"密咒"的经义没有吃透，经义理解层面仍存隔膜；二是帛延译经时汉语表述能力存在障碍，需要汉人儒士帮助书写才能翻译完成。翻译时口笔分途，口授者非娴汉言，笔受者罕明梵音，于是，出现了经义不合原旨的讹误。

《首楞严经》后记中也说，凉州儒士赵浦、马奕、来恭政以及寺僧释慧常等参与了译经活动。他们助译而成的经典中又掺杂了大量的汉地传统文化所固有的典故、传说、俗谚和成语等，而鸠摩罗什理解汉语典籍的能力还较薄弱，所以不能很好地理解这部凉州译本。

二、披阅汉文典籍

凉州译本《首楞严经》中，蕴含了汉地文化典籍中的叙述技艺、典故传说、文言俗谚等方面的知识因子。不能通达汉语，自然难以解悟这些汉译经本中所载佛陀的箴言妙句。为了解读汉译经本，也为了深刻谙习中原文化中薪火相传的处世智慧，鸠摩罗什开始耗费时间研究散落于凉州大地的历史文化典籍。他广泛接触凉州儒士，在耳濡目染中受到儒学熏陶，感知、领略并掌握汉族儒士的诗文辞赋技艺，理解其中承载的儒道义理。

东晋十六国时期的凉州和中原其他地方相比，是一个儒士云集、书籍贮存丰富的地区。早在西晋元康年间，处于京都洛阳皇权中心的朝臣张轨对政局混乱的西晋王朝的命运和自己的前途极为忧虑，决计效法西汉末年窦融出牧河西。张轨避祸凉州之举，也惊醒了诸多中原士人。既然"伴君如伴虎"，那么身居京都就如同蜗居于虎狼窝中。不如赶紧像张轨一样，离了京师，找一处世外桃源颐养天年。当时的凉州，就成了文人儒士避离乱世的桃源之所。直至后凉创建初期，凉州仍是十六国时期中原文化的三大据点之一。中原汉人儒士携带大量汉文典籍汇聚于凉州，凉州成为汉族主流文化的荟萃交融之地。唐代史学家李延寿撰《北史》时曾发出惊叹："区区河右，而学者埒于中原。"文人儒士来到凉州时携带的书籍数量可观。

难能可贵的是，五凉政权的统治者都有"崇尚文教"的特点，在倡导儒学的同时，也十分重视自身的文化学习，具有很高的汉族文化素养。前凉王张骏是凉州历史上见诸史载的第一位创作诗歌作品的诗人，也是五凉时期中国北方重要的作家之一。西凉王李暠也颇具文学才华，著有《述志赋》《槐树赋》《大酒容赋》《辛夫人诔》等数十篇诗赋，具有东汉抒情小赋的特点，称得上是魏晋六朝抒情赋篇中的上乘之作。即使后凉君王吕光，虽然不重视佛法教化却也有"崇尚文教"意愿，自己也能诗善文，从《晋书》本传存录的吕光创作的《平西域还上疏》《下书讨乞伏乾归》《遗杨轨书》等文章来看，尽管都是应用文，然甚有文采，颇值一读。

后凉宫廷中也有大量汉人儒士担任官职，如敦煌人宋繇任侍中、金城人宗钦任内史等。此外"博览群书，满腹经纶"的张资为中书监，"博涉史传"的诗人段业为著作郎。作为后凉国师的鸠摩罗什常常出入于王廷宫室，自然有便利机会读到这些诗文，也很容易就和这些名重河西的文人学士相互来往。鸠摩罗什在耳濡目染中受到儒学熏陶，逐渐领略并掌握汉族儒士的诗文辞赋技艺。

鸠摩罗什羁縻凉州，许多人认为是大不幸。从其后世传承于世的佛法思想及弘扬佛教的卓越贡献而言，留驻凉州，实乃鸠摩罗什之大幸。这个阶段，他向后凉宫廷儒士借阅藏书，对借来的书籍大都进行抄录和批注，特别是《左传》《战国》《论语》《诗经》《尔雅》《文赋》等大量的汉文经典让鸠摩罗什爱不释手。为了全面掌握汉文经典的文字表述技巧，鸠摩罗什拜访当时的饱学之士，常邀请张资、段业等儒士来大寺喝茶论道，在和这些文人的交流中全面领略汉文经典中的文言章法，理解并掌握汉族文化的精粹与灵魂，从而感受他们的那种深植于内心的书卷气息和儒雅风度。后来，鸠摩罗什已能够熟练地用汉字书写诗词文章，不仅文辞顺达还兼具一定的文学韵味。

三、形成高超的汉语读写能力

很多学者在谈及鸠摩罗什寓驻凉州的经历和意义时，皆轻描淡写地称之"学会了汉语"，为翻译佛经打下了基础。

鸠摩罗什寓驻凉州的经历和意义仅是"学会了汉语"？且不说此番论调的肤浅、偏狭和武断，仅就翻译佛经而言，一个西域僧人只要"学会了汉语"，就具备了翻译佛经的基础条件？

翻译佛经是一项复杂又艰巨的精神活动，需要不断探寻佛陀和信众的心灵，而后才能磨砺出佛法的生命之火和智慧之光。隋朝时在洛阳主持译经的彦琮法师在《辩正论》中指出，翻译佛经之人必须具备八个基本条件，其中一个条件是"旁涉坟史，工缀典词，不过鲁拙"。即要求译经人要通晓中国经史，具有高深的文学修养，才不疏拙于通译文字表达规律。不仅佛经翻译，所有的双语翻译最基本的要求是要熟练精通两种语言和文字，才能熟练地将彼此所承载的思想内容进行巧妙而艺术的转换。传译者的知识越广博，越能精确表达原著的义旨。如前所述，鸠摩罗什在凉州不仅学会了汉语，而且大量披阅汉文典籍，理解并掌握了汉地文化典籍的精粹与灵魂，形成了高超的汉语读写能力。

那么，鸠摩罗什的汉语读写能力究竟有多"高超"呢？僧叡在《大品经序》中描述，鸠摩罗什译经时"手执胡本，口宣秦言，两释异音，交辩文旨"。鸠摩罗什手里拿着梵文经本直接脱口译出汉语，还要分别向弟子解释佛经在梵汉两种语言环境中的不同文旨。可见鸠摩罗什使用汉语的水平已经达到极为纯熟的地步。

有人把使用语言的水平由低到高分为三个层级，依次是准确熟练、清晰简明和艺术美感。鸠摩罗什的汉语读写能力事实上已经达到了最高层级，即具备了汉语表达中的鲜明生动的艺术美感。鸠摩罗什写给慧远法师的书信不仅合于汉地传统文章的章法结构和文言句式，而且颇具文采。所撰写的《十喻诗》《赠慧远偈》等偈诗皆具有一定的古典诗歌的意境与韵味。即使佛经中的一些佛陀偈语，鸠摩罗什也翻译成中国短诗的形式，如出自《金刚经》中的最末一首偈言，鸠摩罗什译为"一切有为法，如梦幻泡影；如露亦如电，应作如是观"。形象生动，极富艺术感染力。

鸠摩罗什曾用汉语写过一首《赠沙门法和》的偈诗："心山育明德，流薰万由延。哀鸾孤桐上，清音彻九天。"全诗以比喻言志，"心山"比喻自己的内心世界，"薰"本意是香草，古人常以此喻品德高尚的人。所以，鸠摩罗什用"流薰"一词喻指传播佛法功德无量之意。本诗前两句鼓励沙门法和什么时候都要心存"明德"，将佛法的"流薰"传承万里之遥。后两句以"哀鸾"自况，表述了自己孤高坚定的弘法意愿。"哀鸾"是佛国净土中一种能发出微妙柔软、和雅美声的圣鸟，所演唱的是清净法音。鸠摩罗什以哀鸾自况，其一生传译佛经，有流布法音之功。通观全诗，寥寥数语，传递佛法领悟心得，却意境优美，具有"言有穷而意无尽"之感，深得汉魏六朝诗歌精微深婉的风致。

五凉文化是以传统儒学为主的汉文化与西域文明相互融合而形成的独特文化类型，既保留了汉地文化的精华内容，又吸收了外来文化的新鲜成分，兼备众学，融贯中西，富有西北地域特点和中原时代精神。在兵连祸结、动荡离乱的十六国时期，五凉文化无疑是最先进的文化类型。鸠摩罗什原本天资聪慧，学博超人，悟性非常，在五凉文化的熏陶下自然形成了较高水平的汉语文学素养。故而，后期在长安主持译经时，所译经文义理周详，文从字顺，辞藻优美，既通俗易懂又富于文学色彩。这种独具特色的译经范本使鸠摩罗什赢得了"佛教翻译第一人"的声誉，并对中国语言文学产生了深远的影响。

四、"神通"与谶言

《高僧传》载，后凉太安二年（387 年）正月，姑臧忽地刮起遮天蔽日的大风，鸠摩罗什见风向异常，就对吕光说："不祥之风，当有奸叛，然不劳自定。"意思是说，这是不祥之兆，有人要反叛作乱，但不用劳师动众，自会平定下来。吕光想起在龟兹时，鸠摩罗什说"中路"必有福地，预言自己回国途中必逢"福地"，后来，果然在凉州据地称王。现在闻听鸠摩罗什的判断，便深信不疑。颇为神异的是，鸠摩罗什的预测很快就应验了。不久传来消息，梁谦发动叛乱，最后被部将杀死，内乱自然得到平息。

鸠摩罗什真有预测未知的神异之功吗？或许是聪颖的鸠摩罗什通过吕光的内政形态感觉到了后凉政权蕴藏的民族矛盾和政治危机，然后借助玄怪的自然现象提醒吕光。佛教弟子的禅法修习教义中含有若干神秘因素，认为修禅达到高级阶段，能够获得五种"神通"，即"神足通、天眼通、天耳通，他心通、宿命通"，就能见人所不能见，闻人所不能闻。大乘弟子为了利于普及佛法，曾吸取了在古代民间流行的巫术，增添了佛教传播中的神秘文化因素。鸠摩罗什的星算占卜之术就是融合了禅法要素修习而成的一门神秘学问，吕氏集团因而尊之为"推算神验"的卦师。

龙飞三年（398 年）四月，临松卢水（今甘肃张掖）匈奴人沮渠蒙逊和沮渠男成拥戴建康郡（今甘肃高台县西骆驼城）太守段业反叛后凉。段业派沮渠蒙逊领兵攻打后凉重镇西郡（今甘肃永昌西），一举而克。北凉军队兵威将猛，气势如虹，威震河西。晋昌郡守王德和敦煌太守孟敏等闻讯，皆举郡而降。吕光准备派他的儿子、时任秦州刺史的吕纂率精兵五万前去讨伐。鸠摩罗什却告诉吕光："吾观察此行，未见其利。"吕光闻鸠摩罗什如此一说，遂打消了派吕纂出师的念头。后来，段业又遣王德和孟敏合兵攻打张掖，张掖郡王吕弘兵败弃城逃离，张掖失守，后凉举国震惊。吕光大怒，仍遣吕纂率精兵五万前往征伐，结果吕纂进至合黎（甘肃高台县）就中了沮渠蒙逊埋伏，全军覆没。吕纂仅带几名亲兵突出重围，逃回姑臧。吕光懊悔未听罗什之言，经此一役，后凉军队遭受重创，境内败绩已现。

张资是敦煌人，自小聪颖好学，成年后博览群书，满腹经纶，精通文略。吕光征召张资入仕，官拜中书监。一天张资突然重病缠身，卧床不起。吕光心中非常焦急，招募各地名医前来救治，都无效果。吕光曾向鸠摩罗什询问张资之疾，鸠摩罗什沉默无语。为了预知张资患病后的最终结果，鸠摩罗什便在吕光面前行起了占卜法术。他先用五色细丝拧成绳结，烧成灰末，投入水中。对吕光说，如果灰末渗入水中化为无形，张公之疾料无大碍。如果灰末浮出水面复成绳结，任谁也难以治愈张公痼疾。过了一会儿，灰末真的浮出，又恢复成绳结原来的样子。吕光看到这样的结果十分无奈，不久张资果医治无效而死。

隆安四年（400年），凉州大地接连发生许多奇异的怪事。《晋书·鸠摩罗什传》载：

> 光死，纂立。有猪生子，一身三头。龙出东箱井中，于殿前蟠卧，比旦失之。纂以为美瑞，号其殿为龙翔殿。俄而有黑龙升于当阳九宫门，纂改九宫门为龙兴门。罗什曰："比日潜龙出游，豕妖表异，龙者阴类，出入有时，而今屡见，则为灾眚，必有下人谋上之变。宜克己修德，以答天戒。"纂不纳。

吕光逝世后，吕纂当了国王。不久，姑臧郊野农户人家有一头母猪，于夜间产下一只"一身三头"的怪物，人莫名之。几天后的一个夜晚，巡行士卒发现，有一条犹如龙形的庞然大物酣卧于谦光殿阶前平地，黎明时分，逾墙呼啸而去。朝中大臣皆曰："龙翔凉国，此为祥瑞之兆。"吕纂大喜，就把谦光殿更名为龙翔殿。满朝纷乱的谄媚礼贺声中，只有鸠摩罗什一个人出言反对。他说："潜龙异常现身，猪以妖态现形，这是警示国王，有人会发动叛乱，谋害国王。国王应勤修德政，加强防备，以应上天的劝谶。"可惜吕纂刚愎自用，对鸠摩罗什的提醒置若罔闻。不久果然发生了吕弘谋反叛乱事件，吕纂想起鸠摩罗什的劝箴之言，暗佩其识见非常。

隆安五年（401年），吕纂被堂弟吕超刺杀而死。此前一月，吕纂和鸠摩罗什一起下棋，吕纂吃掉鸠摩罗什的一颗棋子，就说"砍掉胡奴的头"。这本是棋坛上的戏谑玩笑之语，意指鸠摩罗什是西域胡人。鸠摩罗什也不恼怒，平静地说："胡奴的头是砍不掉的，只恐怕胡奴要砍掉别人的头。"鸠摩罗什这句话本来是提醒吕纂要心存警戒，因为吕超的乳名叫"胡奴"，要防备吕超可能会给他带来的不测。鸠摩罗什预知未来，不便明言，借用魔术和隐语预言吉凶。可惜吕纂不以为意，后来果然被吕超刺杀身亡。

五、苦难岁月里形成佛法"深解"

（一）由宫廷走向民间的佛法学者

鸠摩罗什在凉州发生的最大的变化就是由高贵的宫廷国师变成了沦落民间的佛法学者。在龟兹时，顶着"佛法国师"桂冠的鸠摩罗什胸中贮有万卷佛经。在凉州，胸中的佛经义旨开始渗进血肉灵魂之中。当他看到弥漫的战火中弃耕的土地，看到流浪的邑民在荒凉的土地上蹒跚的身影，他们无助的面容以及面对苍天无语的悲愤，心中感叹，护持佛法的明王在哪里？弘传佛法的正道又在何方？

后凉建国伊始，吕光以关陇氏族首领身份统治凉州，又运用暴力驱役吏民，自然不会受到河西著姓望族的拥戴。军事统治手段意味着以少数氐人统治众多的河西汉族、羌族与鲜卑等各族人民，必将陷入民族对抗斗争的汪洋洪流中。鸠摩罗什奉劝吕光采取悯民宽政方针、禁绝滥杀无辜，境内即可吏民安乐，盗寇不起。吕光却不以为意，鸠摩罗什极为失望。佛法讲究"缘起"，要获得清净安乐就必须谋求清净平和的因缘。从"因果循环"的角度而言，如果自己残暴杀生，无论如何也不会求得清净安乐的生活环境，如果肆意加害他人，便和受害者结下恶缘，未来将痛苦不堪。《无量寿经》云："强者伏弱，转相克贼。残害杀戮，迭相吞噬。不知修善，恶逆无道。后受殃罚，自然趣向……世有常道，王法牢狱。不肯畏慎。为恶入罪，受其殃罚。求望解脱，难得免出。"但是，吕光乃一世豪酋，从不理会鸠摩罗什讲析的这些佛理法言。

后凉太安二年（387 年），后凉发生了一场史所罕见的严重饥荒。《晋书》中记载"时谷价踊贵，斗直五百，人相食，死者太半"。仅仅"人相食，死者大半"即可想象到大饥荒带来的饿殍枕藉、哀鸿遍野的惨状。大饥荒过去仅两年，后凉又发生了蝗虫灾害。《后凉记》载，凉王吕光麟嘉二年（390 年），以沮渠鸠摩罗仇为西宁太守。往年蝗虫所到之处，"产子地中，是月尽生。或一顷二顷，覆地跳跃，宿昔变异"。十多年后，又一次的大饥荒降临凉州，凉州大地再次沦为人间地狱。《魏书》载：

> 沮渠蒙逊、秃发傉檀频来攻击，河西之民，不得农植，谷价涌贵，斗直钱五千文，人相食，饿死者千余口。姑臧城门昼闭，樵采路断，民请出城，乞为夷虏奴婢者，日有数百。隆恐沮动人情，尽坑之。于是积尸盈于衢路，户绝者十有九焉。

和十年前的历史记载相比，当时"谷价踊贵，斗直五百"，这一年的饥馑之灾似更严重，已经"谷价涌贵，斗直钱五千文"。都是"人相食"的惨状，十年前"死者大半"，这一年竟然"饿死者千余口"。更加不同的是，姑臧饥民不愿坐以待毙，纷纷请求出城"乞为夷虏奴婢者，日有数百"，这里的"夷虏"就是卢水胡人沮渠蒙逊和河西鲜卑首领秃发傉檀。后凉统治者焉能许之，于是就把这些请求出城的邑民全部活埋了，以致"尸盈于衢路，户绝者十有九焉"。这样看来，后凉王国已经耗尽了基本的社会资源，政权崩溃只在旦夕之间了。

当时的凉州，由于连年战乱导致土地荒芜、衰草连天、农舍疏落，没有一丝富庶繁茂气息。荒野上三三两两地走着些避灾躲难的流民，一个个鸠形鹄面，面呈菜色，衣衫褴褛。鸠摩罗什目睹了流浪的邑民在凄惨的岁月里的诸般生存苦状，更真切地感受到了弘扬佛法的现实意义。据《高僧传》载，鸠摩罗什虽然精通医道，可是后凉吕氏集团却宠信江湖术士，甚至连后凉重臣张资都因轻信江湖术士贻误疾病而死。鸠摩罗什很有智慧，能洞悉时局的发展规律并准确推知事物发展的结果，但吕氏王国首领大都刚愎自用，鸠摩罗什只好借用魔术和隐语预言吉凶。鸠摩罗什也因而游离于王权中心，抹下了"佛法国师"的桂冠，由高层走向低谷，由宫廷走向民间，具有了审视人间苦难和弘扬佛法的崭新角度，也具有了更自由、更宽阔的佛法眼界。

鸠摩罗什斡旋于吕氏王廷，冷眼目睹了吕氏兄弟间角逐、残杀、颠覆王权的一幕幕荒诞闹剧。《法华经》曾训喻佛教弟子对苦难众生要予以救度，对饥饿的人们施以食物，对病苦的人们施以药剂，对愚痴的人们施以弘法教化。把慈悲喜舍的福荫带给众生，使沉溺于生死苦海的人们脱离苦境，这样就拥有了成佛必具的菩萨心。鸠摩罗什是《法华经》的翻译者，在吕氏兄弟的颠覆闹剧中感受到芸芸众生的苦难与无奈，逐渐生成了弘扬佛法以解除众生的愚痴、痛苦和迷惘的菩萨心境。

鸠摩罗什面对后凉吕氏治下种种的乱象，灾疫频传、战争不断，人们犹如处于暗无天日的囚牢之中，惊恐于每一刻的无常变化，内心难得片时安宁。他一直思忖，一定要燃亮佛法的明灯，驱走充斥世间的黑暗无明，解开众生的痛苦迷惘。以佛法之光明，引领众生皆得脱离黑暗之窟，步步趋向光明之途。正是凉州这个酷烈战场，鸠摩罗什目睹了战争给人间带来的无数灾难，感受到了动荡离乱时代里的不安与冷漠、残酷与偏执、恬淡与血腥，更加觉得弘传佛法的必要性和迫切性。

（二）是否真的"无所宣化"

龙飞三年（398 年）夏，后秦国王姚兴遣使来到姑臧，携带大量珍宝礼物谒见吕光，请求迎接鸠摩罗什到长安传播佛法。吕光拒绝接受姚兴礼物，也不同意鸠摩罗什到长安。《高僧传》载，"诸吕以什智计多解，恐为姚谋，不许东入"。因为在崇奉佛法为国教的十六国时期，精通"三藏"的鸠摩罗什是"国之大宝"，诸国皆愿得之。因其"智计多解"，若敌国得之对凉国自然形成不利因素，故而鸠摩罗什的活动范围曾受到吕氏集团的监控与禁锢。那个时代，其他僧人皆可在王国之间自由出入，从事佛法活动，唯独鸠摩罗什的活动则被限制在后凉境内。

鸠摩罗什在这种相对封闭和冷寂的佛法环境中，孤独悟法，淡然度过十七年的羁縻时光。修禅悟法和弘扬佛法总是一个温和的、缓慢的、恒久的过程，鸠摩罗什常常告诫自己，不必焦虑，不必彷徨，独自调伏己心，蕴蓄形成具足智慧，待缘起时方可大弘佛法。所以，在"无所宣化"的环境状况下，鸠摩罗什独居荒凉枯寂的姑臧大寺，独自求索思考佛教义理，搜集整理佛法典籍，培训佛教人才，在一定范围内开展了必要的弘法传教活动。

1. 搜集整理佛经

十六国时期，河西地区的佛教已经有了较大发展，凉州也成为当时的一个译经中心。释道安在东晋宁康二年（374 年）所编的《综理众经目录》收录有"凉土异经"五十九部，计七十九卷。而当时三十岁的鸠摩罗什仍在龟兹讲经说法，可见凉州译经开始得比较早，并且具有一定的规模。所以，有大量的佛经抄本散落于凉州民间及宫廷之中。鸠摩罗什曾在后凉宫廷里发现并搜集到龟兹王世子帛延翻译的《首楞严经》，而后鸠摩罗什开始致力于搜集、整理梵本经籍。凉州文史工作者李林山先生曾经研究指出：

> 鸠摩罗什在凉州抄撰了《众家禅要》，后来译成《坐禅三昧经》三卷。此经在凉州流传多种抄本，鸠摩罗什悉心甄别，订正"初四十三

偈"。《大智度论》"原本有十万偈，每偈三十二字，共三百二十万字"。鸠摩罗什在凉州收集了其中的一部分，另在长安搜集小部分，后译出初品三十四卷，其余为略译。还在凉州搜集到《摩诃般若波罗蜜经》的异译本《放光般若经》《光赞般若经》。《首楞严三昧经》原是前凉所译，凉州流传最广，鸠摩罗什考其"事数"之异，也重新进行了翻译。在凉州搜集到的《中论》古本，释文是古印度青目著，鸠摩罗什后来翻译时作了删改。（李林山《鸠摩罗什的传奇弘法生涯》，载《甘肃日报》2016 年 7 月 12 日）

研究者认为，鸠摩罗什在凉州多方搜集到的还有《妙法莲华经》《弥勒成佛经》《富楼那问经》等。可以说，鸠摩罗什译经时的参考本，大多数是在凉州搜集到的，有些是在凉州通过西域胡商邮驿而来。此文虽为一家之言，结论及论据仍有存疑之处，但鸠摩罗什在凉州搜集整理佛经是不争的事实。

2. 供奉旃檀瑞像并培养弟子

姑臧大寺修建之后，鸠摩罗什将从龟兹带来的举世闻名的旃檀瑞像供奉至大寺正殿里。

元人程钜夫在《敕建旃檀瑞像殿记》中指出，旃檀瑞像在"西土 1285 年，龟兹 68 年，凉州 14 年，长安 17 年，江南 173 年，淮南 367 年"。北宋太平兴国八年（983 年），日本著名高僧奝然到扬州时也反复考证说："瑞像佛约在龟兹 60 余年，在西凉吕光城 14 年。"明万历丁酉（1597 年）秋八月鹫峰禅寺《旃檀瑞像来仪记》碑和康熙五年（1666 年）四月二十九日弘仁寺所立《旃檀佛西来历代传祀记》中均有详细记载。从公元 385 年到 401 年，旃檀瑞像在凉州实际供奉了 17 年。

鸠摩罗什和凉州信众为佛像进行了开光仪轨法会，远近吏民闻旃檀瑞像乃佛之真像，皆前来拜谒佛像。在姑臧大寺旃檀瑞像的影响下，鸠摩罗什的大德盛名在凉州大地传播开来。当时，有许多弟子从西域跟随而来，长期留驻在凉州诵经学佛。吕光过世之后，凉州及北方一带的佛法弟子也慕名来到凉州随从咨禀佛法。

吕纂当政时期，已有数百名弟子从西域跟随鸠摩罗什来到凉州，长期留驻，诵经学法。河西僧人也多慕鸠摩罗什之名前来咨禀佛法，大量北方僧人从千里之外翻山越岭来到姑臧，慕名求教者络绎不绝。鸠摩罗什最初感受到汉地佛教文化和西域佛教文化在凉州形成了富有创造意义的激荡与碰撞，开始启迪鸠摩罗什佛学修悟中迸发出璀璨的智慧之光。

汤用彤在《汉魏两晋南北朝佛教史》中根据来源地把鸠摩罗什的弟子分为"原在关中的弟子""从北方来的弟子""从庐山来的弟子""从江左来的弟子"和"不知所从来的弟子"。其中"从北方来的弟子"中就包含那些从凉州随鸠摩罗什的弟子。后来，声名远播汉中大地，连僧肇都听闻鸠摩罗什之名而从长安专程来到凉州。

鸠摩罗什悉心搜集梵本佛经，研读佛学经义，培养佛教弟子。通过弘法活动，使佛教渐渐融入后凉宫廷和民间，为后来北凉昙无谶的译经活动奠定了社会基础，也为入秦后大规模从事佛经翻译做好了准备工作。

3. 在凉州初译佛经

隆安四年（400年）冬天，十七岁的少年僧肇从长安出发来到凉州。僧肇俗姓张，年少聪慧，擅长书法，因家道清贫，就受人雇佣以抄书为业。因为这个特别的职业，少年在缮写典籍之时得以遍观经史，备尽旨趣。后来见到凉州高僧竺佛念在长安翻译的《维摩诘经》时，披寻玩味，欣慰地对人说"始知所归矣"，于是就在长安出家为僧。《高僧传》载，僧肇游历长安寺庙学法时，闻听游僧说起寓居凉州的鸠摩罗什，遂从长出发，往凉州寻师学法。

僧肇来到凉州，汉地佛教文化和西域佛教文化的激荡与碰撞更加强烈。僧肇结合其深厚的汉族古典文化修养和鸠摩罗什切磋佛法，令鸠摩罗什感觉新奇而又形象，暗暗佩服中原文化的博大精深，也暗暗佩服僧肇对中国古典文化深刻的理解。鸠摩罗什讲说大乘佛经时，僧肇才发现，面前的大师确是传说中的博闻强识之人。

东晋十六国时期，只有通过知识僧人手工抄写方能将部分佛经留存于世，手工抄写的经本史称"写本"。事实上，"写本"记载的佛经数量非常少，大多经本全凭师徒间的口耳相传、口诵心记方式相与传授。鸠摩罗什幼年即暗诵各类经典数百万言，至凉州后仍每日暗诵不辍，重要佛典已经烂熟于胸。僧肇发现，鸠摩罗什虽年过半百犹口诵流利异常，不得不惊叹罗什的超强记忆之功。

师徒传习经典时，鸠摩罗什先口诵梵文或胡语，再口译为汉语。译成汉语的术语有疑惑的时候，二人就反复切磋，找到一个最得当的汉地语汇。这样教学相长之下，鸠摩罗什初步形成了熟练的佛法翻译能力，僧肇得到了严格专注的佛学理论的培养修炼，后成一代名僧。

根据《高僧传》的记载，弘始三年（401年）十二月二十六日，鸠摩罗什来到逍遥园仅五日，僧叡等一些佛学素养较高的僧人就向鸠摩罗什请教修禅之法，他在很短时间里就编纂翻译出了中原大地上的第一部《禅经》。又仅用了不到两个月的时间，于弘始四年（402年）农历二月初八日译出了《阿弥陀经》一卷。而后翻译佛经呈"井喷"之势，在不到一个月的时间里又翻译完成了《贤劫经》七卷。如果没有在凉州对这些经本的思考、整理和初译准备工作，鸠摩罗什在长安的译经工作就很难呈现"井喷"之势。因为，"井喷"需要内蕴积久的贮量和能量，鸠摩罗什就在凉州十七年里蕴积了深邃泓阔的佛学感悟和佛法思想，形成了译经弘法的渊博贮量和浑厚能量。

自此，僧肇一直在凉州陪侍鸠摩罗什，终其一生奉鸠摩罗什为师。通过僧肇，鸠摩罗什也了解了前秦苻坚和后秦姚苌在长安早期的佛教传播状况，明确了内地佛经的翻译以及各派之间的理论纷争和中原佛经翻译的历史和发展现状。

凉州是鸠摩罗什成长的精神驿站。在这所胡汉文化杂糅并蓄、动乱与安定交相更迭的社会大学里，鸠摩罗什整整进修了十七年。他的学问思想和人格境界就浸染了底层众生固有的生活气息，浸染了民间生存哲学的普适经义，佛法见解和佛法修为已经不能和初离龟兹时同日而语。《高僧传》称鸠摩罗什在凉州"蕴其深解"，应该是指其在凉州后期的佛法修养状态。鸠摩罗什初到凉州的那几年，并没有"深解"可蕴，至凉州后期特别是僧肇来到凉州的前后这个阶段，鸠摩罗什才算是"蕴其深解"。在鸠摩罗什离开凉州的时候，已经博杂熔铸了中原传统文化典籍中的英华精粹，蕴蓄形成了"普度众生"的具足智慧，令平常学僧和普通译师难以望其项背。鸠摩罗什已经由一个执掌大乘讲席的经师变成了具有独立哲学思想高度的一代宗师，然后才开启了长安十二年的辉煌时代。

第三节 罗什塔与舌舍利的传说

一、"舌不燋烂"：对所译经典的自信

弘始十五年（413 年）农历四月十三日，鸠摩罗什逝于长安草堂寺。

通过《高僧传》的记载，可以看出鸠摩罗什临终前心理活动，他自忖暗愍微弱的生命之光难以映亮芸芸众生的人生世相，所以勉强背负起弘法译经的重任，最后总算译出佛经三百多卷。只有《十诵律》一部还没来得及删繁就简，但保其本来面目肯定没有差错。鸠摩罗什唯一的希望就是自己翻译的佛经能够流传到千百年以后，让普天下有缘之人共同弘扬佛法。他郑重发下誓愿："若所传无谬者，当使焚身之后，舌不燋烂。"

据《出三藏记集》所载，鸠摩罗什翻译的佛经共 35 部，294 卷。隋费长房所撰《历代三宝记》中称罗什译经有 98 部，425 卷，唐《开元释教录》作者智昇经过考订，认为罗什译经为 74 部，384 卷。三百余卷浩繁梵文佛典从鸠摩罗什笔下化作曼妙的汉语，弘传辽阔的中土大地，一千六百多年来未曾增删改易一字，足证"所传无谬"，从而成为佛界千古传奇。

鸠摩罗什"舌不燋烂"的誓言，是对自己一生译经事业的反思总结之后的一种极度自信的心理表白。在十二年的译经生涯中，鸠摩罗什反复思悟翻译语

言艺术的特性和规律，力求佛法翻译"所传无谬"。他孜孜以求佛教翻译的准确性和艺术性，临终前自信所译经卷不会出现任何错误，故而有"舌不燋烂"的誓言。具体而言，他在佛经翻译中运用"意译""删繁"和"文采"的译经规则。

（一）意译：选用适合两地风俗习惯的语句格式，准确反映佛教意旨

弘始七年（405年），鸠摩罗什翻译完成《小品般若经》，中原佛教学者将鸠摩罗什翻译的经本称为"新译"，将此前学者道安、竺法护等翻译的经本称为"旧译"。僧叡在《小品般若经序》中认为，佛经原本清雅质朴，按梵本语序格式翻译，结果失去了经本应有的华丽之风，鸠摩罗什的佛法新译则更好地发挥了经本的"雅质"特点。鸠摩罗什也指出："天竺国俗，甚重文制，其宫商体韵，以入弦为善。凡觐国王，必有赞德见佛之仪，以歌叹为尊。经中偈颂，皆其式也。"如果生硬地保存原意译成汉文，就失掉了原来的韵律美感了，这样译出的经本既不准确也不优美。佛经新译，表现出了鸠摩罗什洞悉天竺和中原不同风土人情之后的一种文化自信。

鸠摩罗什主张译经时要紧盯原文意旨，务求语言准确、旨义精确。在凸现佛法本经义旨的基础上，对梵本的翻译完全可以"依实出华"。如《大庄严经论·卷二》中原"诸仙苦修行，亦复得生天"的句子，在梵本中原有一个固定称呼天竺古仙的专用名词，由于秦地众人难以理解，鸠摩罗什翻译时果断改称为"诸仙"。《高僧传·僧叡传》载，鸠摩罗什翻译《正法华经·受决品》时，竺法护曾将一个句子译为"天见人，人见天"，鸠摩罗什反复诵读这句经文，认为这个句子和西域语义应该一致，只是语句略显朴拙。僧叡认为可以译为"人天交接，两得相见"。略加比较，竺法护的直译生硬死板，缺乏意境，而僧叡的意译颇得汉语精微准确之妙，鸠摩罗什大为赞赏。在《金刚经》中，竺法护将一个句子译为"大众团团坐，努目看世尊"。鸠摩罗什则译为"瞻仰尊颜，目不暂舍"。同一个梵本译为同样的汉语，前者鄙俗拙陋，后者雅丽工巧，旧译和新译真有霄壤之别。

为了佛经义旨能够快捷通达地在中土大地传播，鸠摩罗什将部分梵本原经中繁难生涩的内容处理成适应"秦人好文"的趣味样式。陈寅恪先生曾指出，在不影响梵本经旨本质的前提下，鸠摩罗什创造了"文偈两体之用"的翻译体式。鸠摩罗什自己也说，翻译《维摩诘经》时"存其本质，必无差失"，所以僧肇评价《维摩诘经》具有"陶冶精求，务存圣意"的特点，是中原佛界的最好译本。可见，鸠摩罗什是中国佛经翻译实践中遵循"信达雅"翻译标准的第一人。胡适是颇为自负的文化大家，读了鸠摩罗什翻译的佛经，也非常佩服。他在《佛教的翻译文学》中指出："鸠摩罗什的译本所以能流传一千五百年，成为此土的'名著'，也正是因为他不但能译得不错，并且能译成中国话。"

（二）删繁：保证佛经原典内容的精练和完整

鸠摩罗什认为，翻译佛经时适用简约的文字，可以更好地发挥佛经在中土文化中的交流作用。他深知"天竺国俗甚重文藻"，对于崇尚简约文风的中土之人来说就显得过于烦琐庞杂。僧肇在《注维摩诘经卷第一并序》中载，"大秦天王（姚兴）每寻玩兹典以为栖神之宅，而恨支竺所出理滞于文，常惧玄宗坠于译人"。意为姚兴遗憾支谦和竺法护的译本常将义理滞涩于烦琐散乱的文句之中，惧怕译匠反而把经典玄奥的宗旨遗落了。

《高僧传》载，"梵文委曲，皆如初品。法师以秦人好简，故裁而略之"。鸠摩罗什总结自己译经成果时也说："几所出经论三百卷，唯《十诵》一部未及删繁。"表明他在从事翻译佛经的生活历程中，删繁是始终秉持的一项重要的操作规则。陈寅恪先生发现，鸠摩罗什对佛经原文繁复冗赘之处多有删略，如"今《大庄严经论》译本卷十末篇之最后一节，中文较梵文原本为简略，而卷十一首篇之末节，则中文全略而未译"。翻译《大智度论》时，鸠摩罗什明确提出了适合中原僧众心理意愿的"删繁"规则。《大智度论》梵本有三百二十万言，近一千卷。鸠摩罗什却只译为一百卷，三十万言，只相当于全文的十分之一。

鸠摩罗什的删繁原则，是深刻理解原典内容意义的基础上遵行的一项翻译规则。虽对梵本经典加以删繁，却仍能保证佛法原典内容的精练和完整，做到"文约而诣，旨婉而彰"。如《大智度论》的《初品》就占了本书的三十四卷，鸠摩罗什将解释《初品》的文字内容全盘采用，其余诸品皆予删繁后进行简略译介。因为《大品般若经》中的《初品》内容主要阐述名相法理事数，恰是二百多年来，中国佛学家一直难以解悟的关键性、纲领性的哲学内容。

后世唐玄奘翻译佛法时，将梵本经文中很多冗繁语句原样保留了下来。对照他们都曾译过的《金刚经》就会发现，鸠摩罗什的译经活动体现出了明显"删繁"特色。如玄奘将一个句子译为"尔时世尊于日初分，整理裳服执持衣钵，入室罗筏大城乞食"，鸠摩罗什则译为"尔时世尊食时著衣持钵入舍卫大城乞食"。这样合多句为一句的例子在罗什的译本中存有很多。又如玄奘翻译的《说无垢称经》其实就是鸠摩罗什翻译的《维摩诘经》，属同经异名译本。玄奘将一个句子译为"妙吉祥与诸大众俱入其舍，但见室空，无诸资具门人侍者，唯无垢称独寝一床"。鸠摩罗什将此句译为"文殊既入其舍，见其室空，无诸所有，独寝一床"。鸠摩罗什的译文显然比玄奘的译文简洁流畅，且从上下文意来看，鸠摩罗什的省略适度合理，读起来更具美感和韵味。

从译介传播的效果、价值和意义方面来看，鸠摩罗什的新译经本更适合中土文化背景和僧众的诵读习惯，体现了佛教文化传播的现实性与时代性。直至今日，佛教场地选择念诵的佛法经本中仍以鸠摩罗什译本为最多。所以，复旦大学陈引驰教授认为："佛典要想广泛的传播，文字必须自然流畅，悦人耳目。在中国历史上，罗什的译本较之玄奘后出转精的译本甚至更为流行，就说明了这个道理。"

（三）文采：保证文意准确、语句顺达而富于文采

鸠摩罗什的佛经新译不只是要求译成的经本文意准确、语句顺达，还须兼具一定的文采。"文采"规则，就是指译成的汉本具有一定的文学性，以增强佛经译本的可读性。

僧肇在《注维摩诘经》中通过对竺法护翻译的《佛说维摩诘经》与鸠摩罗

什的译本对照，指出鸠摩罗什的译本具有"其文约而诣，其质婉而彰，微远之言，于兹显然"的特点。其中的"文约而诣"道出了鸠摩罗什简约、精微而准确的特点，而"质婉而彰"则点出鸠摩罗什译本婉约含蓄、意境优美且富有文学光华。

如果将竺法护的旧译与鸠摩罗什的新译相比较，鸠摩罗什译本中通俗、顺畅、文质彬彬的特点是非常明显的。如《佛说维摩诘经》，竺法护将一句经文译为"蚑行喘息人物之土，则是菩萨佛国"，鸠摩罗什则译为"众生之类是菩萨净土"，前者晦涩费解，后者通俗简明。又如，竺法护经文中有"譬如有人欲度空中，造立宫室，终不能成"的句子，鸠摩罗什则译为"譬如有人，欲于空地，造立宫室，随意无碍;若于虚空，终不能成"。竺法护译文仅一层意思，即空中造立宫室终不能成。而鸠摩罗什译文则含有两层文意，意为空地造立宫室随意无碍，虚空则终不能成。后者更易诵读，语意更完备，更接近佛经原旨。

鸠摩罗什所译的经典，在古今翻译史上都已成为罕见的名译，至今仍未失其光华。《金刚经纂要刊定记》卷一指出，"然此一经，罗什所译，句偈清润，令人乐闻，至今长幼高卑盈于寰宇，靡不受持此经也"。意为鸠摩罗什翻译的《金刚经》句法严整，语言清润，文辞华美，令人喜欢诵读。《金刚经》有五个译本，但至今鸠摩罗什的译本最见流通。特别是永存后世的《妙法莲华经》，可算是鸠摩罗什译本中的高峰作品，在以后长达一千六百多年的时间里，一直广泛地为人们所读诵传赏，依然向芸芸众生传递着源远流长的佛法光芒。

梁启超指出:"此种(翻译)文体之确立，则罗什与其门下诸彦实尸其功。若专从文学方面校量，则后此译家，亦竟未有能过什门者也。"他认为鸠摩罗什翻译佛经形成的"文章构造形式"，开辟了新的领域，色彩浓厚的"外来语"与本地固有的"文学眼"相结合，具有一种别样的"调和之美"。这种佛经译本体式，则是鸠摩罗什翻译佛经给中原文学界带来的新变化和新气象。

二、罗什寺塔建造及历代重修小考

（一）鸠摩罗什舌舍利塔

谚云"天下名山僧占多"，名刹古寺大多肇建于人迹罕至的山野之地。佛教子弟为参悟智慧，多愿避居于清悠空寂的深山老林，荒刹古寺更是他们修行悟法的福德之地。但是，凉州鸠摩罗什寺却坐落于繁华的都市中心。寺内有高三十三米的八角十二层砖塔，称为"鸠摩罗什舌舍利塔"，据传为鸠摩罗什的葬舌之地。

鸠摩罗什舌舍利塔为空心砖砌，塔座呈八角形，塔门朝东，从下起第三、五、八层均设门，最上面朝东设一小龛，龛内供佛一尊。每层都用平砖叠成腰檐，八角翘首，饰以绿色瓦罐，下系风铃。顶部是葫芦形的铜质宝瓶，虽历经风雨，仍色泽如初，熠熠生辉。

关于鸠摩罗什舌舍利塔的建造年代，至今无史料可考。

（二）唐朝贞观年间修建鸠摩罗什寺塔

民国二十三年（1934 年）凉州吏民曾在舌舍利塔下发现了一块石碣碑，上书"罗什地基，四至临街，敬德记"，考古学家认为此碑系尉迟敬德于大唐贞观年间所立。由此推定，唐朝贞观年间，曾对鸠摩罗什寺及舌舍利塔予以重修。

尉迟敬德是大唐功臣，他为何从长安来到凉州主持修建鸠摩罗什寺塔呢？原来，唐太宗李世民和长安草堂寺及鸠摩罗什颇有渊源。《新唐书·太宗本纪》载，早在隋大业二年（606 年），九岁的李世民久患目疾不愈，其父李渊亲到草堂寺为李世民祈佛疗疾，后目疾痊愈。李渊曾造石佛一尊送入寺内供奉。这些经历在李世民幼小的心灵里打下了深刻的烙印。后来念念不忘儿时的这段患疾经历，登基后便莅临草堂寺，曾撰写《赞罗什法师》一诗，赞美鸠摩罗什的功德大业，抒发了唐太宗对般若义理的赞赏之情。据载，唐太宗发现草堂寺历经南北朝兵燹之灾，凉州鸠摩罗什舌舍利塔也遭毁损，仅剩塔基。于是他颁旨修复长安草堂寺大殿和凉州鸠摩罗什舌舍利塔，并命唐朝开国功臣尉迟敬德亲往凉州监管修塔工程。

凉州民间流传着尉迟敬德主持重修鸠摩罗什舌舍利塔的美好传说。《武威地区志》载，据传尉迟敬德到河西巡视时，看到罗什寺院内塔基上有一根硕大的铁棒，据说历代没有一个人能拔出来。尉迟敬德自忖力大无穷，想把铁棒拔出。结果受到鸠摩罗什寺第二十五代住持云高法师的阻拦。云高法师说本寺前代长老曾留下法帖，上有一首偈言，称"先圣八月秋，吕王镇凉州。力士撼铁柱，宝塔英名留"。如果有人能拔出这根铁柱，罗什寺从此毁弃；如果拔不出来就要依约在立柱之地重新修建舌舍利塔。尉迟敬德闻言大笑，傲然上前，躬身抱住铁柱，大喝一声，欲倾尽全力拔出铁柱。一瞬间，风沙骤起，天摇地动，北城楼上的铜钟都摇得隆隆作响，而那铁柱却纹丝不动。尉迟敬德只好认输，便奏请唐太宗拨款修建鸠摩罗什舌舍利塔，自己亲任监修官。

（三）明清重修鸠摩罗什寺

《明重修罗什寺碑记》载，永乐元年（1403年），明代军户出身的鄱阳僧人石洪来到凉州，发现"州之北隅有福地，浮屠存焉"。可知，当时鸠摩罗什寺塔仍完整存于凉州大地。石洪主持修葺寺庙时，进入佛塔攀至塔顶，才"于顶心得银牌，凿字记其额曰罗什寺"，始知此为姚秦时三藏法师鸠摩罗什寺塔。石洪询问凉州邑民竟鲜少知道凉州鸠摩罗什寺者，原来元末明初因兵燹战乱凉土邑民或死于战乱，或流徙他乡，其后居民乃明初从江南大规模移民而至，故不知罗什寺塔。

史载，石洪为"鄱阳军户"。所谓军户，即明朝规定凡籍为军户必出一丁赴卫当兵，非经皇帝特许或官至兵部尚书皆不得改籍。军户耕种的军田在三顷以内者黜免杂役。因为军户出身，石洪少年即依律从军，至张掖戍边。后流落河西一寺庙，出家为僧。永乐元年（1403年），石洪来到凉州，发现一座佛塔，"其下寺堂基址，瓦砾堆阜，榛莽荒秽，比丘不存"，遂发愿在塔基寺址上修建寺庙。永乐六年（1408年）修复工程全面竣工，雕塑彩绘，一应俱全。经过这次重修，鸠摩罗什寺建构宏丽，布局合理，显示出"河西第一寺"的雄浑气象，佛陀香火再度兴盛起来。永乐十七年（1419 年）三月，凉州举人廖处在浙江为官，返回故里逢石洪，石洪揖请"为作文以刻石"。廖处极为感慨，欣然命笔，撰写碑记。此碑后佚，碑记录入《凉州府志备考》，后收录于《武威地区志》。

康熙二十六年（1687 年），甘肃都督孙克思等主持重修鸠摩罗什寺，邑人刘祚久撰《清重修鸠摩罗什寺碑记》，称："于永乐七年间，有主持僧石洪修建大殿，迨正统十年，则颁赐藏经全部。"因为石洪重修寺庙，鸠摩罗什寺"塔光倒影，屡显奇异，历代相沿，兴替不一"。所以，正统十年（1445 年）二月十五日，明英宗给凉州卫颁下一道圣旨，钦定凉州鸠摩罗什寺为陕西凉州大寺院，称："刊印大藏经，颁赐天下，用广流传，兹以一藏，安置陕西凉州大寺院，永允供养。"明英宗圣旨今存武威市博物馆。

（四）新中国成立后重建寺庙并修缮寺塔

1992 年 9 月 15 日，全国政协原副主席、中国佛教协会原会长赵朴初先生来到凉州鸠摩罗什寺，题诗一首："译经存舌思罗什，犯难忘躯念奘公。千古凉州豪杰地，故应天马自行空。"1997 年，武威佛教协会原会长、武威海藏寺方丈理智法师决定重建鸠摩罗什寺。在他的辛劳奔波下，来自日本、新加坡及国内各个地区的佛教信徒广施恩助，寺院终于重建完成。2012 年 6 月，在新任住持理方法师的带领下，凉州邑民对鸠摩罗什舌舍利塔进行了大规模修缮。修缮后的古塔巍然屹立，塔角的梵铃叮咚作响，回荡在辽远的古丝绸之路，仿佛诉说着曾经发生在古老岁月里的传奇往事。

鸠摩罗什译经弘法，使佛教同中国儒道传统文化融合发展，最终形成了具有中国特色的佛教文化，在宗教信仰、哲学观念、文学艺术和礼仪习俗等诸多方面产生了深远影响。

鸠摩罗什是千年不遇的高僧，是妙悟难及的天才思想者，是舍己利他的坚定的弘法者，又是度一切苦厄的伟大的忍辱者。其出身高贵却又历经困厄，声名显赫却又饱受争议。他的弘法经历构成了一部独特的人生传奇，其精深的佛法修为和博大的佛学思想，开启了一代又一代佛徒及信众的心灵智慧。鸠摩罗什历尽磨难、勇猛精进的坚韧精神，为中国知识阶层树立了一座开拓进取、不畏磨难且具有勇敢担当精神的卓越丰碑。

参考文献

［1］［梁］僧祐．出三藏记集［M］．苏晋仁，等，点校．北京：中华书局，1995.

［2］［梁］慧皎．高僧传［M］．汤用彤，校注．北京：中华书局，1992.

［3］［隋］吉藏．三论玄义校释［M］．韩延杰，校释．北京：中华书局，1987.

［4］［唐］房玄龄，等．晋书［M］．北京：中华书局点校本，1974.

［5］［唐］道宣．广弘明集［M］．上海：上海古籍出版社，1991.

［6］［唐］道世．法苑珠林校注［M］．周叔迦，苏晋仁，校注．北京：中华书局，2003.

［7］［清］汤球．十六国春秋辑补［M］．北京：商务印书馆，1936.

［8］新疆库车县志编纂委员会．库车县志［M］．乌鲁木齐：新疆大学出版社，1993.

［9］释理智．三藏法师鸠摩罗什与武威罗什寺［M］兰州：敦煌文艺出版社，2000.

［10］［日本］高楠顺次郎，等．大正藏［M］．东京：大正一切经刊行会，2001.

［11］新疆龟兹学会．龟兹文化研究（第一辑）［M］．香港：天马出版有限公司，2005.

［12］新疆龟兹学会．龟兹学研究（第二辑）［M］．乌鲁木齐：新疆大学出版社，2007.

［13］梁启超．佛学研究十八篇［M］．南京：江苏人民出版社，2008.

［14］杜继文．佛教史［M］．南京：江苏人民出版社，2008.

［15］汤用彤．汉魏晋南北朝佛教史［M］．北京：商务印书馆，2010.

［16］蒋维乔．中国佛教史［M］．北京：商务印书馆，2010.

［17］彭自强．从"格义"到"得意"：佛教般若学与魏晋玄学交融的主线［J］．佛学研究，1999（1）.

［18］尚永琪．优填王栴檀瑞像流布中国考［J］．历史研究，2012（2）.

［19］陈楠．鸠摩罗什生平事迹新证：汉藏文献记载比较研究［J］．世界宗教研究，2013

（2）．

［20］程对山．《什法师诔》的史学价值和文学意义［J］．河西学院学报，2018（4）．

［21］李林山．凉州姑臧城·鸠摩罗什的传奇弘法生涯［N］．甘肃日报，2017-07-12（4）．

第四章　中国佛教石窟的"凉州模式"

　　天梯山位于武威城南约五十多公里，这里山势陡峭，道路崎岖。山有石阶，形如悬梯，故称天梯。攀上天梯山的东南部的山口望去，一泓澄碧无际的水域倒映着蓝天白云，荡漾在人们面前，这片水域现在称为黄羊河水库。水库西北面是一片连亘的山峰，有着层层堆叠的褶皱纹路，如同画家笔下的铅笔画一般。山的南边，一马平川，禾黍萋萋，绿树环合，村舍俨然。更远处，祁连山的皑皑雪峰隐现天际，雪峰南部又有一些山峰嶙峋嵯峨，气势不凡。水库东北岸山体轮廓犹如一只出水大龟，当地人称金龟山。据地质专家考证，金龟山约有四千万年之久的历史，山体属红砂岩地质结构。北凉时期，沮渠蒙逊安排僧人和工匠在此开凿石窟"为母造丈六石像"，史称"凉州石窟"。而后，沮渠蒙逊先后开凿了张掖马蹄寺石窟、金塔寺石窟、酒泉文殊山石窟等。1986 年 7 月，著名考古学家宿白先生对河西石窟考查研究，指出沮渠蒙逊在天梯山开窟造像，在新疆以东地区形成了现存最早的佛教石窟"凉州模式"。

第一节　沮渠蒙逊与凉州石窟

　　沮渠蒙逊（368—433），临松（治今甘肃张掖）卢水人，匈奴族，史籍多称"卢水胡人"。后凉龙飞二年（397 年），沮渠蒙逊聚众起兵，拥戴段业在骆驼城

（今张掖市高台县）建立北凉政权。三年后取代段业成为"北凉王"，后迁都张掖，被众推为大都督、大将军、凉州牧、张掖公。永安十一年（411年）攻占姑臧，称河西王。玄始九年（420年）灭西凉，统一河西。沮渠蒙逊才德智慧众皆佩服，其施行勤政安民政策使北凉国力迅速增强。执政时期，敦崇佛教，开凿石窟。至北凉末年，建造佛像的僧人和工匠就达三千多人。天梯山石窟的建造特征充分反映了北凉佛教造像的宏伟气势，昭示着沮渠蒙逊治下的北凉王国的魄力、胸襟和品格，也从侧面反映出北凉王国政治稳定、国力强盛、社会升平发展的宏弘气度。

一、沮渠蒙逊开窟因缘

（一）十六国时期凉州具有深厚的佛教文化土壤

沮渠蒙逊攻占姑臧并统一河西之前，佛教已在凉州得到相当程度的弘扬普及。早在前凉张轨时期，佛教已经传播至凉州大地。《魏书·释老志》载："凉州自张轨后，世信佛教。"至前凉王张天锡当政时，凉州佛教已空前发展。那时候，张天锡组织僧人净明等在宏藏寺抄写佛经，出现了最早的佛经写本。前凉亡国后，前秦刺史梁熙统治河西。此期凉州高僧慧常、慧辩在姑臧发现了西晋高僧竺法护在凉州译出的《光赞般若经》，抄录后辗转至驻锡襄阳的佛学家道安。道安"寻之玩之，欣有所益"，并把它与《放光般若经》比较，感到"互相补益，所悟实多"。而后道安又发现在长安流传的大量佛法经本皆为凉州所译。经其勘验、考证和校定，共整理出59部，共79卷，将之命名为《凉土异经录》，后世又称《凉土译经录》。凉州高僧竺佛念在长安译经，《开元释教录》称"自安世高、支谦之后，莫逾于佛念"，国内学者称竺佛念为"译人之宗"，意为在鸠摩罗什入关之前，他是最权威的佛法翻译大师，对苻姚二秦时代的译经事业做出了突出贡献。

后凉吕光统治河西时，龟兹高僧鸠摩罗什驻锡凉州十七年。当时，十七岁的僧肇自长安来到凉州，随从鸠摩罗什学习佛法。鸠摩罗什和从西域追随而来的僧人在凉州传经弘法，开坛讲经。河西僧人仰慕鸠摩罗什之名，前来拜访和求教者络绎不绝，西域和中原高僧也常来凉州交流研习佛学，凉州成为这一时期丝绸之路上最重要的思想传播和文化交流场所。当时，大量域外僧人也追随罗什来到凉州，如卑摩罗叉、佛陀耶舍等，后成为长安僧团中的重要成员。鸠摩罗什寓驻凉州期间，法显从长安出发，经过凉州，至西域天竺寻求戒律佛法，凉州僧人智严、宝云随法显到天竺寻经学法。南凉秃发傉檀占领姑臧后，僧人昙霍曾在凉州弘法，他辅助君王治理国家并劝勉国主禁绝战争与滥杀的言行，体现了一代高僧慈悲弘法的精神境界。

从前凉以来弘扬传播佛教的史实可以看出，沮渠蒙逊据有凉土时，凉州已具有极为浑厚的佛教文化土壤，为沮渠蒙逊弘扬佛教、开凿佛窟奠定了社会基础。

（二）沮渠蒙逊尊崇佛教

沮渠蒙逊原为匈奴贵族后裔，其祖先在匈奴王室任"左沮渠"官职，后来便以沮渠为姓。沮渠蒙逊虽为北方夷族，却博览史书，颇晓天文历法。《晋书》称之"才智出众，有雄才大略，滑稽善于权变"。他是十六国时期很有建树的一位国君，执政时期劝课农桑，关注民生，难能可贵的是他能够时时反省自己的政治得失，检讨刑狱和赋敛中存在的问题。建立北凉后，采取安民修政方针，使北凉国力生产得到提高。占领姑臧后，设置官署，建起诸城门楼，修缮寺庙，采取弘扬佛法以教化天下的治国方略。

东晋十六国时期，少数民族（胡人）国王普遍尊崇佛教。少数民族首领建立割据王国，为了对抗中原士族对于胡族的文化蔑视，遂刻意抬高佛教地位，以有别于中原儒家文化的佛教思想来确立自身的主体精神价值。佛教还是调和胡汉矛盾的文化工具，促进社会平和的精神良药。后赵皇帝石虎曾说："朕出自边戎，忝君诸夏，至于飨祀，应从本俗。佛是戎神，所应兼奉，其夷赵百姓有乐事佛者，特听之。"这种"戎神"思想也代表了匈奴"皇帝"沮渠蒙逊治理凉州的统治思想。

蒙逊母亲车氏的祖居地是西域龟兹，是高僧鸠摩罗什的祖籍地。蒙逊事母极孝，其母病重时曾颁布"罪己诏"痛责自己过失。蒙逊母亲是一位忠实的佛教弟子，蒙逊受母亲影响素来尊崇佛学。因为他治国有方，故而北凉国力大盛。北凉建国二十年之后，沮渠蒙逊率兵攻陷敦煌，西凉灭亡。北凉占领了整个凉州地区，控制范围包括甘肃西部、宁夏、新疆和青海的大片地区，成为河西一带最强大的王国势力。攻灭西凉后，蒙逊从敦煌迎请高僧昙无谶抵达姑臧，拜为国师。昙无谶在姑臧汇聚了浮陀跋摩、昙无舒、沮渠京声、智猛、慧嵩和道朗等许多杰出的佛学专家，形成了十六国时期的凉州译经僧团，在中国佛教史上具有一定的影响力。国学大师汤用彤在《汉魏晋南北朝佛教史》中称，当时"长安之译者有鸠摩罗什，凉州之译者有昙无谶，俱集一时名宿，其影响并及于南北"。北凉时期的匈奴游牧民族吸纳中原文化精华，再度使姑臧成为繁荣富庶的河西大邑，从而使凉州具有了重要的战略地位，并成为当时西北地区除长安之外的又一个佛教文化中心。

（三）佛教传播兴盛局面促进北凉石窟建造活动

沮渠蒙逊是个非同寻常的匈奴首领，文武兼备，足智多谋。他崇奉佛教，为战乱中的臣民找到精神慰藉的依怙之所，以此稳定邑民思想，进而促进社会安定发展。沮渠蒙逊拜昙无谶为国师，当北魏迎请昙无谶抵平城（今山西大同）宣讲佛法时，曾当即拒绝："此是门师，当与之俱死，实不惜残年。"他对僧人礼遇甚高，为他们开辟传播佛教的场地，大力修建佛窟寺塔。玄始十年（421年）攻克敦煌之后，他把佛教"转轮王"观点作为治世理想，将高僧昙无谶作为发展转轮王事业的主要策划人。昙无谶在凉州译出大涅槃之主要护法经典，译经活动促进了北凉开窟造像的宏伟事业。

在印度，早期佛教徒遵从"外乞食以养色身，内乞法以养慧命"制度，白天到村镇说法，晚上回到山林树下专修禅定。后来摩揭陀国的频毗沙罗王为僧人布施迦蓝陀竹园，印度才有了寺院等佛教建筑。印度人称佛寺为"僧伽蓝摩"，主要有"精舍式"和"支提式"两种形式。精舍式的僧伽设有殿堂、佛塔，殿堂内供奉佛像，周围建有僧房。支提式僧伽是依山开凿的石窟，内有佛塔和僧侣居住禅室。两种形式的佛教建筑随着佛教传播进入中原汉地，精舍式建筑演变为塔庙，支提式则演变为石窟寺。岩窟石质比较坚固，冬温夏凉，比用砖瓦建筑寺庙节省费用。石窟又处在人迹罕至、环境幽雅的僻静山林，非常有利于修行者坐禅诵经和静心修行。故而僧人多喜欢开凿石窟，修建塔柱、开凿佛堂、静修禅室并举办佛事活动，来传播和弘扬佛教。更因其坚固而耐风化，具有希冀佛法能永久传世、护国护教之寓意。沮渠蒙逊认为"以国城寺塔，修非永固，古来帝宫，终逢煨烬……乃顾眄山宇，可以终天"。于是，安排高僧开凿石窟，先后开凿了天梯山石窟、马蹄寺石窟、金塔寺石窟、文殊山石窟和敦煌早期石窟等。

二、"凉州南山石窟"在哪？

沮渠蒙逊开窟造像的最早记载者为北魏史学家崔鸿，他在《十六国春秋·北凉录》中指出："先是蒙逊王有凉土，专弘事佛，于凉州南百里崖中大造形像，千变万化，惊人眩目。"后来唐代名僧道宣在《集神州三宝感通录》中载："凉州石崖瑞像者，昔沮渠蒙逊以晋安帝隆安元年（397年）据有凉土三十余载……于州南百里，连崖绵亘，东西不测，就而斫窟，安设尊仪，或石或塑，千变万化。"崔鸿指出沮渠蒙逊在"凉州南百里崖中大造形象"，道宣也称沮渠蒙逊在"州南百里，连崖绵亘"开窟造像，后世人们将蒙逊所造石窟称为"凉州南山石窟"。

沮渠蒙逊最早的政治据点为张掖，后迁至凉州中心都城姑臧，再后来攻灭西凉李暠，据有包括酒泉、敦煌在内的河西大地。在北凉统治时期，辖境内从东往西出现了武威天梯山石窟、张掖马蹄寺石窟、肃南金塔寺石窟、酒泉文殊山石窟和敦煌"北凉三窟"。南朝梁代高僧、佛学家慧皎在《高僧传·昙无谶传》中指出："蒙逊先为母造丈六石像，像遂泣涕流泪。谶又格言致谏，逊乃改心而悔焉。"后来，唐代名僧道世在《法苑珠林》之《观佛部》中也称，"北凉河西王蒙逊为母造丈六石像，在于山寺，素所敬重"。道世和道宣皆把"凉州南山石窟"称为"凉州南洪崖窟"。那么，"凉州南山石窟"或"凉州南洪崖窟"究竟在什么地方？沮渠蒙逊"为母造丈六石像"又在哪一座石窟之中？这一切，成了后世考古学家争论不休的学术话题。

（一）关于"凉州南山石窟"的四种说法

从唐代以后，"凉州南山石窟"或"凉州南洪崖窟"不再见于经传史料，因之逐渐生疏。由于对上述史料理解认识不同，加之部分专家学者并未做过实地考察，或者虽对有关石窟做过一些考察，但对遗存的彩塑壁画未能实地鉴别研究。于是关于"凉州南山石窟"和蒙逊"为母造丈六石像"之窟的地理识别就出现了四种说法。

第一种说法：武威天梯山石窟为"凉州南山石窟"。因为天梯山石窟恰好位于凉州州治姑臧城南约百里，石窟中石胎泥塑佛像遗存与过去记载基本相符，特别是原存 13 个洞窟中有两个在北朝早期比较流行的中心柱窟，开凿时间与北凉比较接近。

第二种说法：分布于祁连山脉一带的肃南马蹄寺、金塔寺、千佛崖、文殊山等早期石窟以及武威天梯山石窟等，都是凉州南山石窟。因为这些石窟均处于北凉时期凉州南面山崖中。公元 397 年至 412 年，沮渠蒙逊的活动中心在张掖，位于张掖以南百里临松山下的马蹄寺、金塔寺、千佛崖等，很可能开凿于此期，而天梯山石窟则应开凿于 412 年迁都姑臧以后。如果将某一处石窟称为"凉州南山石窟"，则不具备史料所载"连崖绵亘，东西不测""或石或塑，惊人眩目"的特征。

第三种说法：肃南金塔寺石窟为"凉州南山石窟"。因为沮渠蒙逊迁都姑臧后，晚年对崇佛信仰已有动摇，与在早年张掖活动时的虔诚心理具有天壤之别，因此"凉州石窟"的开凿应在他以张掖为都时期。天梯山是凉州名山，在北凉建国之前早见于史书记载，如确在天梯山开凿石窟，则不会不言天梯山。此外，"凉州南山石窟"或"凉州南洪崖窟"应是同一石窟，文献中的"洪崖窟"

就是"红崖窟"，而开凿金塔寺石窟的山崖属红砂岩，几近朱红色泽，因此证实"洪崖窟"即今日的金塔寺石窟。

第四种说法：还有专家学者认为，安西榆林窟、玉门昌马石窟为"凉州南山石窟"。后经权威学者加以辩驳，此论很难成立，这里不再引述。

从前面所引各条史料来看，"凉州南山石窟"的开凿方位、地点、造像内容和艺术形象都完全一致，可以肯定沮渠蒙逊开凿的"凉州南山石窟"只是一处，而不是几处。那么，凉州石窟究竟在那里？北凉王沮渠蒙逊"为母造丈六石像"又在哪一座石窟之中？这一度成为专家学者争论的焦点。

（二）"凉州南山石窟"的开凿时间、山体特点及得名分析

沮渠蒙逊大规模开凿石窟是在张掖为都时期还是姑臧为都时期？由此入手，便可探究出"凉州南山石窟"的位置之谜。迨至20世纪80年代，随着天梯山石窟遗迹不断发掘及考古史料的不断出现，经诸多文史专家考察研究，"凉州南山石窟"为天梯山石窟渐成定论。

开凿石窟是王国的一件大事，特别是开凿"连崖绵亘，东西不测"，"或石或塑，千变万化，惊眩心目"的规模宏大的石窟。修建石窟应该是沮渠蒙逊崇佛心理最炽之时，更应该是北凉王国比较安定和具有相当经济实力时期。沮渠蒙逊杀段业移都张掖时，北凉政权并不巩固，经济实力也相对弱小，当时东部有比较强大的后凉吕氏政权，西面有汉族李暠的西凉国，南有鲜卑秃发氏的南凉国。沮渠蒙逊刚称王不久曾发生酒泉、凉宁二郡投降西凉李暠的事件。特别是南凉秃发傉檀为了争夺地盘总和北凉发生无休止的攻杀争战，据统计在沮渠蒙逊建都张掖的十二年中，比较大的战事就发生了二十多次。沮渠蒙逊大多时间都在率兵征战之中，此种境况难得专崇佛事，焉有闲暇余力开窟造像？迁都姑臧后，虽然仍有战事但相对而言国事比较安定。随着北凉国力不断强盛，才恭请高僧建立译经场所，从而开启开窟造像之宏伟基业。只有躬逢国力强盛且社会安定之时，才能创建出如此气势宏伟、"连崖绵亘"的石窟。故其大规模开凿"凉州石窟"时间只能在412年迁都姑臧之后，而非张掖为都时期。因之

认为肃南马蹄寺、金塔寺为"凉州南山石窟"说法，显然欠妥。

曾有学者认为，"洪崖窟"即"红崖窟"，似与洞窟所处山体崖壁颜色有关。肃南金塔寺开凿在红色崖壁上，或可推定金塔寺便是道宣、道世所说的"洪崖窟"。事实上，不仅金塔寺所处的山体崖壁是红色，马蹄寺、千佛崖、上中下观音洞和天梯山石窟所处的山体崖壁都是红色。根据黄羊河水库的地质资料表明，天梯山为第三纪上新统砖红色砂岩及土黄色砾砂岩和砂砾角岩与黏土胶结形成的二元结构地层，因此天梯山石窟也是名副其实的"洪崖窟"。天梯山确实是凉州名山，早在北凉建国之前已常见于《十六国春秋》之《前凉录》《后凉录》中，《北史》《南史》《晋书》《魏书》以及《资治通鉴》中亦有记载。但其与巍峨的祁连山诸峰相比，不过是一座小山头而已。沮渠氏开凿石窟为皇家石窟，不论在说明凉州佛教兴盛方面，还是佛教艺术发展史上皆为隆盛大事，因此忽略天梯山之名而称"于凉州南百里崖中大造形像"，或直接冠以更加著名、较为响亮的"凉州石窟"，也是王国必然的文化心理。

（三）沮渠蒙逊"为母造丈六石像"在天梯山石窟

临松山下的张掖马蹄寺附近千佛崖第 8 窟中心柱前有一大立佛，虽然窟内立佛未达"丈六"之高，但窟形较早，石胎泥塑造像较古，有人认为此为沮渠蒙逊为母所造丈六石像。另有人将已经毁坏的马蹄寺北寺站佛殿（第 8 窟）说成是沮渠蒙逊为母所造石像。综合沮渠蒙逊生平经历及社会背景考查，此论缺乏史料支撑和考古实证，显为主观臆断之说。

史载，沮渠蒙逊母亲病故时北凉已迁都姑臧。按照封建习俗，不论汉族或少数民族国王对自己和皇太后的陵寝都是非常重视的，要选择最好的"风水宝地"安葬，沮渠蒙逊死后就葬在所谓的"元陵"。但是，沮渠蒙逊母亲葬于何处史无所载，而张掖或临松所在地民乐县地方志资料中皆未提到沮渠蒙逊在临松山造像之事。另一方面，沮渠蒙逊既已在"州南百里"为供奉尊仪而开凿石窟，此窟即相当于北凉王室家庙，因此也不会再往别地"为母造像"。《法苑珠林》曾述，沮渠蒙逊在世子沮渠兴国死后，曾愤恨"以事佛无灵"。正当"下令毁塔寺，斥逐道人"之际，忽闻为母所造之像"涕泪横流"，沮渠蒙逊闻讯往观，"见像泪下如泉"。由此可知其造像和"山寺"必然距姑臧不远，决不会在远离姑臧的马蹄寺石窟。

敦煌研究院和甘肃省博物馆编纂的《武威天梯山石窟》一书之第三章《天梯山石窟保存状况》指出，天梯山第15窟、第17窟皆为北凉石窟，第15窟中留有一尊立佛造像的石胎残躯，高达3.4米以上，厚重古朴，双腿下部的泥层及赤裸的双脚和莲台保存较好。按石胎残躯高度加上头部和足底莲台尺寸计算，则与记载中的沮渠蒙逊"为母造丈六石像"恰好吻合。第17窟比第15窟更加雄伟壮观，拥有天梯山石窟群中规模最大的窟室，所处位置显赫突出，窟内遗存也较丰富，绝非一般平民所建。1959年10月，在天梯山石窟清理搬迁工作中，有专家推测第17窟为沮渠蒙逊"为母造丈六石像"之窟。但是，参与清理搬迁工作的考古学者张学荣、何静珍等人认为，第15窟内大像石胎残躯尺寸与"丈六石像"的尺寸基本符合，所占位置也非常显赫，还是将第15窟大像定为沮渠蒙逊为母所造石像更为妥当。

《光明日报》2018年10月9日载，首都师范大学考古系教授宁强在天梯山石窟考察时，发现一尊约5米多高的站立佛像。佛像位于方形殿堂窟内正壁中央，身体略微前倾，体型饱满厚重，头部已经严重毁损，但身躯保存较为完整。佛像双腿并立，右臂斜下垂，左臂抬起（已残），身体两侧有袈裟长袖残痕。特别值得注意的是，该佛像乳房突出，呈现出成年妇女形体特征。宁强认为这尊佛像与古代文献记载相吻合，正是北凉王沮渠蒙逊为其母祈福所造的"丈六石像"。文章没有载明窟室编号，结合上引《武威天梯山石窟》资料，宁强教授看到的佛像或为第15窟中大像石胎残躯，只是将3.4米之高度加上头部和足底莲台尺寸判断为5米多高。有学者认为，宁强教授对沮渠蒙逊为母所造石像的发现和识别，打破了相关研究长期停滞的局面，是汉地佛教艺术起源研究的重大突破。

（四）"凉州南山石窟"就是武威天梯山石窟

自唐代高僧道世和道宣在著述中予以描述之后，此后史籍中再无对"凉州南山石窟"的记载。后世许多佛教史学家和美术专家在谈到东晋十六国的佛教和佛教艺术时，总会根据史书记载谈到"凉州石窟"，但对凉州石窟的地理位置及基本艺术风貌缺少肯定而详细的考证资料。甚至明清时编纂《凉州府志》《武威县志》时，对其地理位置和存在状况也未予记述。

20 世纪 40 年代初期，著名考古学家向达先生到西北考察，曾怀疑距武威城东南 40 公里的天梯山大佛寺即沮渠蒙逊所开的凉州石窟，终因时间仓促、交通不便而未能前往。1952 年，甘肃省人民政府邓宝珊主席到武威，曾向唐发科副县长问及凉州石窟，唐发科推测天梯山大佛寺或为凉州石窟遗址。此后甘肃著名学者冯国瑞先生到天梯山下做过一次短暂的访问和了解，后在《甘肃日报》上发表一篇题为《记武威境北凉创始石窟及西夏文草书墨迹与各种刻本》的报道，最早提出武威天梯山石窟即北凉著名的"凉州石窟"。

1954 年 7 月，著名美术史学家史岩先生来到武威，利用 6 天时间对天梯山石窟残存的 13 个洞窟逐个进行编号，并依序进行勘察清理，保留了珍贵的文字、测绘和摄影资料。次年，史岩在《文物参考资料》（1955 年第 2 期）发表《凉州天梯山石窟现状及保存问题》，正式揭开凉州石窟之谜。这是自唐代以来关于凉州石窟第一份较为详尽的记录和报告，对凉州石窟的勘察研究起到了起始发轫作用。史岩先生根据当时所存石窟的形制、壁画和塑像的重修层次以及文献记载进一步明确肯定，武威天梯山石窟就是北凉著名的"凉州南山石窟"。遗憾的是，史岩先生因时间关系未能对废石荒土掩盖的大型佛窟进行发掘，没能看到规模庞大的窟室。最后得出"蒙逊的石窟应该是在天梯山，换句话说天梯山石窟是蒙逊首先创凿的，可是他所创凿的石窟已经不存在"的结论。

1958 年至 1960 年武威地区为确保黄羊镇一带农田水利灌溉，决定在天梯山石窟下面修建一座大型水库，省政府决定对天梯山石窟进行抢救性的搬迁保

护。搬迁工作从 1959 年 11 月下旬开始，经过二十多位专家学者和各方面专业
人员将近半年的努力，对原有 13 个洞窟逐个进行清理、测绘、临摹、摄影和
文字记录外，对窟内所存 130 多平方米各代壁画和 30 多身比较重要的塑像经
过精心搬离、剥取和初步加固后，全部运往兰州。这次清理搬迁工作中新发现
了将近 5 平方米的北凉壁画，还在窟群右侧的西北端清理出了 5 个洞窟，重新
编号为第 14 窟至第 18 窟。特别是新编第 15 窟、第 17 窟和第 18 窟，窟室规
模宏伟，遗存丰富，显为沮渠蒙逊主持开凿的"皇家石窟"。这些壁画和洞窟，
对确定"凉州南山石窟"及进一步了解北凉以后各代开凿和重修洞窟状况，提
供了翔实可靠的依据。

综上所述，天梯山石窟正是崔鸿在《十六国春秋·北凉录》中所说的开凿在
"州南百里"的石窟，即唐代高僧道宣、道世所说的"凉州南山石窟"。

三、如何理解天梯山石窟是"石窟鼻祖"

天梯山石窟是较早见于史籍的一座非常重要的石窟，在中国石窟发展乃至
佛教艺术发展史上，均有非常重要的地位。天梯山石窟是中国美术史上著名的
"凉州模式"标本石窟，因其对中原石窟产生深远影响，故被专家学者称为"石
窟鼻祖"。史载，天梯山石窟开凿于北凉时期 412 年至 439 年之间，而新疆的
部分石窟开凿于东汉时期（25—220 年），莫高窟的开凿始于 366 年。从开凿时
间上看天梯山石窟为"石窟鼻祖"似不妥当。但是，如果以石窟建造史上的艺
术影响力进行评析，天梯山石窟完全当得起"石窟鼻祖"称号。

公元 3 世纪之前，中国新疆（西域）地区受犍陀罗佛教艺术影响，开始开
凿石窟，新疆石窟成为中国石窟起源的重点区域。从公元 4 世纪开始，石窟建
造艺术从龟兹传入河西，"凉州模式"渐趋形成。太延五年（439 年），北魏灭
亡北凉的悲惨局面竟然开创了佛光东渐的兴盛局面。史载，拓跋焘从凉州迁徙
宗族吏民三万余户至平城，其中就有建造佛像的僧人和工匠三千多人，凉州高
僧玄高、师贤和昙曜皆在此次长途迁徙之列。随着佛教文化的传播，具有浓郁

河西特色的石窟艺术风格逐渐波及中原。从 6 世纪至 9 世纪，中国石窟雕凿达到极盛时期，完成了中国石窟艺术由"凉州模式"向"平城模式"的发展，并最终在洛阳龙门、巩义等中原大地完成石窟造像中国化的全部进程。

据《魏书·释老志》及《世祖纪》《高祖纪》记载，凉州高僧师贤到平城后，任管理宗教事务的官职"道人统"，于 452 年建议并主持雕造帝王化的佛教石像。460 年师贤去世，高僧昙曜继其职任为"沙门统"，开始开凿皇家规格的云冈石窟。昙曜带领凉州僧人及工匠只用了五年时间就完成了云冈石窟的代表作品"昙曜五窟"。之后陆续开凿形成 53 个洞窟，雕刻佛陀、菩萨、飞天等造像 5.1 万多件。云冈石窟兼有北方少数民族和汉族文化特色，经历代开凿成为规模最大的石窟群，被誉为中国"石窟之冠"。

北魏太和十八年（494 年），孝文帝拓跋宏迁都洛阳。由此而历经东魏、北齐直至明清的营建，形成了规模宏大的龙门石窟，后来又开凿了洛阳东部的巩义石窟。龙门石窟的建造艺术风格渗透着天梯山石窟和云冈石窟的特点，具有强烈的南朝文化和中原传统文化色彩，又有浓厚的北方文化因素。龙门石窟体现了佛教艺术进一步中国化的建造特点，以鲜明的民族风格和中原特色区别于中国早期石窟。因此天梯山石窟是云冈和龙门石窟的源头，而云冈和龙门石窟则是天梯山石窟的继续和发展，是石窟艺术中国化的标志，所以将天梯山石窟称为内地或新疆以东地区的"石窟鼻祖"是当之无愧的。

莫高窟正式开建标志石窟为"北凉三窟"。据唐李克《让重修莫高窟佛龛碑》载，敦煌石窟开凿始于前凉升平十年（366 年），有高僧乐僔在鸣沙山东麓开凿了一个洞窟，在此驻锡讲经。此类窟型称为禅修窟，而非塔庙窟，当时未能形成规模及影响。从年代上看天梯山石窟要比莫高窟的开凿整整晚了五十多年，但北凉至北魏时期的莫高窟规模甚小，未能对云冈、龙门产生直接影响。凉州僧人及其主持开凿的天梯山石窟，不仅对云冈、龙门、巩义等石窟产生过重大影响，同时也对莫高窟和敦煌佛教的发展产生过一定影响。所以，有专家学者认为莫高窟虽为内地较早的石窟艺术开创地，但其正式开窟建寺的时间要从 420 年北凉灭西凉之时算起。其时，沮渠蒙逊组织僧人工匠大力开凿天梯山石窟，而后陆续在河西各地开凿金塔寺、马蹄寺、千佛崖、文殊山甚至敦煌早期石窟，从广义的地域角度和特定的时间联系来说皆可称作凉州石窟，皆具"凉州模式"。但是，以上诸窟中天梯山石窟是皇家石窟，规模最大。北魏灭北凉后，以天梯山石窟为代表的"凉州模式"深刻影响了中原石窟的营建风格。

内地早期石窟开窟的高峰都在北魏时期，莫高窟中现存北凉风格的洞窟仅3 窟，在历史上出现的第一个开凿盛期是北魏孝明帝时期（516—528 年），其时开窟规模才达到 13 个，即使构成敦煌艺术重要组成部分的姊妹窟西千佛洞和榆林窟也开凿于此时。当时洛阳的官宦、僧侣和工匠在敦煌大兴开窟之风，莫高窟自此带有浓郁的中原汉风遗韵，而此时规模宏大的天梯山石窟凿建完成已逾 100 多年。直至 7 世纪唐朝时，受中原石窟的"反传"影响，莫高窟才形成一定规模，始有"千佛洞"之称。

所以，内地石窟的影响过程是天梯山石窟→云冈石窟→龙门石窟→敦煌石窟。通过影响、源流关系及中国石窟的发展脉络，可以认为天梯山石窟为"石窟鼻祖"。为了避免出现讹误，也可以换种说法，即天梯山石窟是"凉州模式"的杰出代表，是中国新疆以东地区的"石窟鼻祖"。

第二节　"凉州模式"详解

探析"凉州模式"的形成历史及文化渊薮，可进一步彰显"五凉古都"凉州的地理文化意义。西汉置"河西四郡"中，敦煌是西域南北两道佛教艺术东传中原的首要交汇站，但开启新疆以东最早石窟造像模式的不是敦煌却是凉州。这个现象反映出社会发展中政治中心吸收和消融外来文化的力度，标志着国都文化的主导地位。十六国时期的凉州汲取了龟兹、于阗两地佛教艺术之精华，成为西域大小乘佛教艺术的汇聚地。但是，"凉州模式"并非仅是对西域佛教艺术的传移模写，而是将龟兹、于阗两地佛教艺术在河西大地上融会创新而产生的一种新的石窟造像模式。此种模式第一次将西域和中土两种异质文化类型结合起来的尝试，从而使"凉州模式"具有较为明显的汉地文化色彩。

一、"凉州模式"样本

著名考古学家宿白先生于 1986 年撰写《凉州石窟遗迹和"凉州模式"》一文，指出："综合武威天梯山第 1 窟和第 4 窟、酒泉敦煌吐鲁番所出北凉石塔和肃南金塔寺、酒泉文殊山前山这三座石窟的资料，我们初步考虑在我国新疆以东现存最早的佛教石窟模式——凉州模式。"为了更进一步诠释说明"凉州模式"建造艺术风格，从而印证"凉州模式"特征，宿白先生运用和北凉同期开凿的西秦炳灵寺石窟及遍布河西及西域部分地区的北凉石塔资料。考古学家张学荣在《凉州石窟及有关问题》一文中又以肃南马蹄寺石窟和敦煌北凉三窟为例加以论述。所以，武威天梯山石窟、肃南金塔寺石窟、马蹄寺石窟、酒泉文殊山石窟、敦煌北凉三窟、炳灵寺石窟和河西及吐鲁番所出北凉石塔为"凉州模式"的研究样本。

（一）天梯山石窟

位于武威市城南约 50 公里的天梯山崖体中部，今黄羊河水库东岸。洞窟比较集中，上下共分 4 层。最上层距地面约高 60 米，最下一层距地面 14.5 米。洞窟所处的岩体，为第三纪上新统砖红色砂岩和黄土色砾状砂岩以及砂砾角岩与黏土胶结成的二元结构地层。据《重修凉州广善寺碑铭》记载，在明英宗正统年间，尚有窟室 26 个。后经地震及地质灾害，部分石窟毁损。史岩先生在 1954 考察天梯山石窟时，发现仅存 13 个洞窟。1959 年修建黄羊河水库时，对天梯山石窟进行抢救性的搬迁保护。甘肃文博工作者在搬迁时对原有 13 个洞窟逐个进行清理、测绘、临摹、摄影和文字记录时新发现了将近 5 平方米北凉壁画，并从窟群右侧的西北端又清理出 5 个洞窟，加上当地群众居住占用的 1 个石窟，天梯山现存 19 个窟。这些壁画和洞窟对确定沮渠蒙逊开凿石窟及进一步了解后世各代开凿和重修洞窟情况，提供了真实可靠的研究资料。

（二）金塔寺石窟

位于张掖市肃南裕固族自治县，坐落在马蹄寺东南面。石窟包括东西两窟，距地表60余米。东窟宽9.7米，残深7.65米，高6.05米。窟顶为覆斗式，中间有一中心方柱，众多的高肉雕佛、菩萨、飞天把中心方柱装饰得华丽辉煌。中心柱四面均为三层开龛造像，每层主题各有突出。西窟形制与东窟基本相同，但规模略小于东窟，宽7.9米，残深3.9米，高4.3米。窟内中心柱也分三层开龛造像。分布于三层的佛陀、菩萨和飞天造像各具情态。东西两窟除中心柱塑像外，窟顶和四壁均绘有壁画，东窟现存两层，西窟现存三层，具有很高的艺术价值。壁画自然亮丽，着色淡雅明快，菩萨和飞天的发式、衣饰等细节带有浓郁的犍陀罗艺术特征，充分展示出石窟造像的形体之美。

（三）马蹄寺石窟

马蹄寺石窟位于肃南裕固族自治县马蹄区，现存石窟包括上观音洞、中观音洞、下观音洞、千佛洞等7个部分。石窟以马蹄寺为中心，分布在周围崇山峻岭之中。各石窟现存窟龛多者二三十个，少者两三个，7个石窟总龛数达70多个。最早的石窟开凿于前凉时期，《晋书·郭瑀传》载有郭瑀"隐于临松薤谷，凿石窟而居"，有学者认为薤谷石窟即马蹄寺石窟。马蹄寺石窟群所在地山岩多系红砂岩，石质结构粗糙，易风化，各窟造像主要为泥塑。它最早开凿于北凉时期，以后北魏、西魏、隋、唐、西夏、元、明、清等时期都有修建。千佛洞位于马蹄寺北寺西北约3千米马蹄河西岸陡峭崖壁上。现存窟龛依山崖形势自然分为南中北三段，南段包括第1窟、第2窟、第3窟和第4窟；中段有第5窟、第6窟、第7窟和第8窟；北段为浮雕舍利塔群共87座。窟形分为中心柱窟（第2窟、第4窟和第8窟）、大像窟（第1窟）、三壁三龛窟（第3窟）等。

（四）文殊山石窟

位于张掖市肃南裕固族自治县祈丰乡，距酒泉城西南约15公里，又称酒泉南山石窟。《肃州县志》载，"城西南三十里的山峡之内，凿山为洞，盖房为寺，内塑佛像，旧称三百禅室，号曰小西天"。始建于北凉时期，是一处规模较大的佛教石窟群。洞窟依山势开凿于文殊山前后崖壁，分布于南北 1.5 公里，东西 2.5 公里的范围内。现存窟龛 100 多个，其中有早期中心柱窟 8 座，禅窟 1 座，窟前寺院遗址 28 处。现存前山和后山千佛洞、万佛洞、古佛洞等，皆为穹隆顶、平面近方形的中心柱窟。前山千佛洞高 3.6 米，宽 3.94 米，深 3.8 米，中心塔柱窟形。中心柱下层为方形台基，上面两层每面凿圆拱龛，龛内塑一佛像，龛外塑二胁侍菩萨，造像躯体健壮古朴。洞窟四壁及顶部彩绘壁画，题材有千佛、说法图、七佛、伎乐天、供养人等。窟顶绘伎乐飞天，窟壁上层大面积绘千佛，中部绘一佛二菩萨说法图，下部绘供养人像。壁画采用西域晕染画法，强调色彩的明暗对比和人物形象的立体效果。万佛洞高 3.7 米，宽 3.55 米，深 3.8 米，中心柱四周开龛造像，壁画内容丰富，有西夏时绘制的大型"弥勒经变"画及"镇窟四天王"像。

（五）敦煌"北凉三窟"

莫高窟第 265 窟、第 272 窟和第 275 窟是敦煌现存最早的洞窟，考古学家断定为北凉开凿，合称"北凉三窟"。第 268 窟为多室组合的禅窟，中央是一个纵长方形过厅，后壁开一小龛，内有交脚佛像。窟顶是连续不断的浮雕平棋图案。南北两侧各开两个窟室，为僧人禅修之地，最初仅作为坐禅修行场所故无佛像和壁画。第 272 窟平面方形，窟顶近似覆斗形，窟内宽敞明亮，适于聚众讲经和瞻仰礼拜。此种窟形从北凉到元代一直采用，是莫高窟中最常见且延续时间最长的一种窟形。第 275 窟与第 272 窟相连，甬道接主室，主室平面为纵长方形，正壁为大型佛像，窟顶为盝顶，由于后代重修，最初的窟顶结构不是很明确，大致可判断顶部中央为纵长方形，四边有略向下倾斜的斜坡顶，残存有部分仿木构的椽子，似为仿汉式建筑的四坡顶屋顶，这种形式的洞窟在莫高窟仅此一例。洞窟四壁上方或藻井四周壁画绘有天宫奏乐歌舞的天人形象，称为"天宫伎乐"，敦煌早期洞窟几乎都有"天宫伎乐"的题材。

（六）炳灵寺石窟

炳灵寺石窟，位于临夏回族自治州永靖县西南约四十公里处的积石山大寺沟西侧崖壁。正式建窟于西秦建弘元年（420年），最早称为唐述窟，是羌语"鬼窟"之意。唐代称龙兴寺，宋代称灵岩寺，明朝永乐年后称炳灵寺，"炳灵"为藏语"仙巴炳灵"的简化，是"千佛""十万弥勒佛洲"之意。石窟上下四层，分布在长约200米、高约60米的崖壁。存有窟龛183个，共计石雕造像694身，泥塑82身，壁画约900平方米。石窟由位于悬崖高处的"自然大佛"以及崖面中段的中小型窟龛构成主体。西秦、北魏、唐代和明代是炳灵寺石窟开凿史上最为兴盛的四个时期。西秦石窟主要有第169窟、第192窟和第195窟。因其地处北凉造像"凉州模式"东缘，又距后秦国都长安较近，北凉姑臧和后秦长安地区均为佛教传播中心，而西秦国力较弱，缺乏吸引高僧弘扬佛教的优越条件，故西秦石窟中的造像组合题材是受到邻国北凉高僧及工匠造像风格影响建造而成。

（七）北凉石塔

北凉石塔发现于酒泉、敦煌、武威和新疆吐鲁番地区，是中国目前发现最早的佛教文物。据统计，现在存世的北凉石塔共14座，其中敦煌石塔5座，分别为□吉德石塔、索阿后石塔、沙山石塔、王□坚石塔和岷州庙塔，除索阿后石塔现藏美国克林富兰艺术博物外，其余四塔分藏于敦煌市博物馆和敦煌研究院。酒泉石塔6座，分别为马德惠石塔、高善穆石塔、田弘石塔、白匣双石塔酒泉残段塔和程段儿石塔，现分藏于中国历史博物馆、甘肃省博物馆和酒泉市博物馆。武威石塔1座，现藏武威市博物馆。吐鲁番石塔2座，分别为宋庆石塔和小石塔，现藏德国柏林国家博物馆。

由于北凉大像窟内中心塔柱多有毁损，保存完好的北凉石塔则成为中心塔柱造像题材及艺术手法借鉴比照的实物，成为宿白等考古学家研究凉州模式的重要样本。北凉石塔体现着佛教初传中国时的雕刻模式、审美观念与宗教内涵，部分石塔刻有八卦符号，表明早期佛教依附和借助中国本土宗教进行传播的特点，在中国艺术史和宗教史上具有极为重要的研究价值。

二、"凉州模式"特征

沮渠蒙逊尊崇佛教，为佛教传播活动弥上较为强烈的国家统治色彩，处于北凉国都姑臧的天梯山，首先营建出皇家石窟寺院，并推出鲜明的造像样本，继而推动佛教石窟的开凿发展，最终形成以皇家石窟建造技艺为主体特征的造像模式。"凉州模式"是北凉石窟艺术中带有地域化烙印和时代化痕迹的造像模式，此种"模式"不仅具有"风格""样式"的含义，还具有"典范""楷模"意义。这些模式不仅凝聚北凉皇家石窟的造像特征，也是同时代其他地区开窟造像的楷模，对继之而起的石窟造像艺术发挥着重大影响作用。

为了切实把握凉州石窟造像艺术的总体风貌，以著名考古学家宿白先生为代表的诸多学者曾通过窟制、造像题材、布局、组合、表现手法和造型风格五个方面，深刻揭示了"凉州模式"的内涵特征。

（一）窟制多为设置大像的佛殿窟和塔庙窟，而以塔庙窟居多。窟形多呈方形或长方形，部分塔庙窟内设有前室，窟内中心塔柱呈上宽下窄特点

设置大像的方形佛殿窟和塔庙窟是凉州模式的窟制特点，沮渠蒙逊塑丈六大像于天梯山石窟，炳灵僧人贴塑大像于永靖岩壁，肃南金塔寺、酒泉文殊山前山千佛等处皆有方形或长方形塔庙窟。方形石窟中的中心柱窟为凉州模式的主体窟形，分别见于天梯山石窟、马蹄寺千佛洞、金塔寺石窟和文殊山石窟等。这些中心柱窟的共同点是平面方形，中有方形塔柱连接窟顶和地面。

天梯山第1窟、第4窟和第18窟开凿于北凉时期，为方形中心柱式洞窟的典型代表，其中以第18窟最大也最特殊。从现存状况来看，整个洞窟分前室和后室两部分。前室较大，作横长方形，横宽14米，残深5.2米，在西壁上部有明显的人字形坡顶残痕。在左侧东壁前部靠门处亦有明显的两根方形塔柱残痕。后室略小，横宽10米，进深9米，亦呈长方形。后室正中有4.5米的方形中心柱，柱体基座较矮，仅高50厘米。柱身分上中下三层，上层高1.2

米，中层高 15 米，下层高 1.7 米。最下两层的四面各开三龛，而至最上面第三层每面各开五龛，呈现出上宽下窄的显著特点。

肃南金塔寺东窟亦为长方形石窟，窟顶覆斗式，中间有一中心方柱，四面均为三层开龛造像。马蹄寺千佛洞开凿于北凉的第 1 窟、第 3 窟为大像窟，第 2 窟、第 4 窟和第 8 窟为中心柱窟。酒泉文殊山前山千佛洞中就有北凉中心柱窟 8 座，其中佛殿窟 1 座（第 11 窟）为小方窟，禅窟 1 座（第 6 窟）亦为覆斗顶方形窟。凉州模式的中心塔柱近似于塔，塔底部一般设置基座，柱体四壁开龛，塔体分布为上宽下窄的三层，每层各开一龛，如天梯山第 1 窟和第 4 窟。部分窟室内柱体不分层，每面开三层龛，如金塔寺东西二窟。此外还有比较特殊的四层龛，如马蹄寺千佛洞南二窟和文殊山千佛洞等。龛形有尖拱和圆拱之分，龛楣多为宝珠形，如金塔寺东窟和文殊山千佛洞等。结合北凉石塔资料比照，有纪年的酒泉高善穆石塔（428 年）和酒泉田弘石塔（429 年）皆无龛楣装饰，而酒泉白双且石塔（434 年）出现火焰龛楣，或许反映出龛形及其装饰不断发展变化的情况。

（二）窟内佛像主要有释迦、交脚菩萨装的弥勒。其次有佛装弥勒、思维菩萨和成组的十佛、阿弥陀三尊，除成组的十佛为立像外其余皆为坐佛

天梯山现存最早的造像为第 1 窟的北凉小佛，为释迦坐像，坐落在该窟西壁上部靠前阶梯式最上一层的小石台上，双膝及腿部有一定残损，着土红色通肩式袈裟，双手施禅定印，其衣纹坐式与北凉石塔造像多有相似之处。第 18 窟中层龛内存二十五身佛像，有三身完好佛像作塔形三重式螺发高髻，宽额方圆大脸，斜披袈裟，袒露右肩，衣襟裹膝，结跏趺坐于比较宽大的仰覆莲座上，双手在脐前相重作禅定印。敦煌"北凉三窟"之第 272 窟的主题是"三世佛"，北壁为过去佛（迦叶）、南壁为现在佛（释迦）、西壁为未来佛（弥勒），皆为彩塑坐像。金塔寺东窟中心柱西面二层中又有高达 1.25 米的弥勒坐像，雕塑矫健饱满、雄强刚劲，体现出典型的凉州式造像特点。

佛教经义中将交脚菩萨称为弥勒菩萨或"未来佛"，交脚菩萨装的弥勒佛

像是凉州模式的突出特征。敦煌"北凉三窟"之第 268 窟中央是一个纵长方形过厅，后壁开龛，内塑一身交脚佛像。第 275 窟正壁为交脚菩萨像，头戴三面宝冠，项饰璎珞，上身半裸，下着羊肠裙，肩上有披帛。一手平伸于膝一手上扬，交脚坐于双狮座上，高达 3.34 米，是北凉石窟中最高的彩塑菩萨造像。此窟南北壁各有阙形龛 2 个，龛中也各塑一身交脚弥勒菩萨，造像风格与主尊基本一致。北壁上部凿有"双树龛"，内塑思维菩萨一尊，交脚菩萨和思维菩萨造型都呈现出典型的犍陀罗艺术风格。

酒泉文殊山前山千佛洞下层为方形台基，上面两层每面凿圆拱龛，龛内塑释迦坐像，龛外塑二胁侍菩萨，造像躯体健壮古朴。千佛洞中出现成组的十佛（十方佛）和阿弥陀三尊。肃南金塔寺东窟中心柱四面三层开龛，中层每面并排凿三个圆拱形浅龛，每龛内各塑一佛，称为"坐佛三身"，南东西三面龛外各塑一胁侍菩萨，北面三龛外塑千佛。上层除中心柱西面为元代补塑的五佛而外，其余各面均塑成组的十佛、十菩萨，皆为立像。十佛形态多样，十菩萨或凭栏眺望或虔诚恭立，个个生动活泼，极富生活情趣。此外，炳灵寺第 126 窟正壁为释迦多宝并坐像，北壁主尊为交脚弥勒菩萨，南壁主尊为一佛二菩萨，东壁门上部分两层雕刻，其中下层雕七佛。窟内四壁分层浮雕千佛、菩萨和供养弟子等。第 128 窟正壁为释迦多宝并坐，南北两壁各雕一佛二菩萨，东壁门上部为两层浮雕造像，上层雕六尊跏趺小佛坐像，下层组合七佛则为立佛像。

（三）壁画内容以"千佛"为主，在千佛行列中央多绘阿弥陀三尊，下部绘供养人像

大乘佛教有三世三千佛之说，简称"千佛"，有些千佛像旁还写有佛名，佛名出自《佛说决定毗尼经》《过去庄严劫千佛名经》《未来星宿劫千佛名经》等经典。千佛壁画数量巨大，贯穿北凉境内的河西石窟，成为凉州模式的重要特征之一。

天梯山第 1 窟东壁保存壁画层数最多，考古人员对壁画层级进行剥离，发现第一层为北凉时期所画千佛，计 2 排 19 身，位于现存墙面的中部靠前，距

地面 1.2 米处。上排存千佛 9 身，下排存千佛 10 身，其中比较完整和清楚的有 12 身。每身千佛从宝盖到莲座高 32 厘米，以背光的外缘为界，各宽 27 厘米。同窟西壁靠前中下部最底一屋壁面上也剥出了北凉时期的 6 身千佛，其中 3 身比较完整，每身千佛上绘简单的横长方形宝盖，下绘单瓣莲座。所有佛像均穿通肩式袈裟，正襟危坐，全施禅定印，与炳灵寺第 169 窟右侧前壁千佛形象基本相同。

炳灵寺第 169 窟为北凉同时期的西秦石窟，第 12 号壁画为一佛二菩萨说法图。主佛上部绘千佛，左侧菩萨头上部绘一交脚菩萨。第 24 号为千佛中间绘"阿弥陀三尊"。壁画周围画千佛，壁画下方墨书题记："比丘慧妙道弘等共造此千佛，教化众生弥勒初下，供事千佛成众正觉。"壁画内容与 12 号壁画一样，表现的是释迦、释迦多宝、弥勒、千佛题材。炳灵寺石窟壁画和文殊山千佛洞壁画可以看出千佛往往和阿弥陀三尊（一佛二菩萨）说法、伎乐天、供养人等相与结合，构成完美画面。特别是文殊山千佛洞前壁和北壁保存完整的壁画，提供了比较全面的壁画题材布局信息。窟顶是形体较大的飞天和伎乐，壁面自上而下分为四层，一层为贤劫千佛，在千佛行列中央或绘一佛二菩萨，二层为立佛，三层为供养人像，四层为三角垂帐纹边饰，这种绘画布局分段模式为敦煌北魏洞窟所承袭。

莫高窟第 272 窟南北东壁大部壁画都绘有千佛，窟顶绘伎乐飞天，中部绘一佛二菩萨说法图，下部绘供养人像。供养人像又称供养菩萨，天梯山第 4 窟中心柱壁画共 7 层，第 1 层北凉壁画上部两侧各绘一身飞天，其下部则各画一身呈向里"胡跪"样式的供养善萨。北凉是卢水胡匈奴人建立的王国，供养善萨为胡人装束且呈"胡跪"样式，具有明显的时代印迹。莫高窟第 275 窟北壁下层也绘一排男性供养人行列，多达 33 身以上。这些世俗供养人均为同样装扮，头戴圆筒形高帽，帽后悬一布条，上身紧身窄袖衣，下着紧腿裤，体现出便于骑射的匈奴胡人装扮。段文杰先生认为，这是统治北凉的匈奴贵族的装扮，他们各手持一枝长茎花朵，依次整齐排列，姿态恭谨，双手合十，很是虔敬。

（四）释迦和菩萨造像面相浑圆，双目细长，深目高鼻，身躯健壮。菩萨和飞天姿态多样，飞天形体较大，造型生动

天梯山石窟的北凉雕塑造像大多被毁，还有部分经后代多次重修，现已无法窥其原貌。但从同期的炳灵寺石窟和金塔寺石窟的现存雕塑发现，"凉州模式"中的佛像较多受到古印度犍陀罗造像风格影响。如炳灵寺第169窟23龛并列有五座佛，其中二身佛像额阔大眼、鼻直唇厚，身着圆领袈裟，施禅定印，佛像坐姿及袈裟样式具有犍陀罗风格，呈现出端庄肃穆乃至神秘的气息。

从各类塑像的总体水平看，北凉雕塑尚处于起步阶段，手法尚不纯熟，雕塑显得敦厚朴实乃至稚拙。如金塔寺东西二窟的雕像集中在中心柱内外龛中，均为泥塑，虽属贴壁塑类型，但很多造像脱壁而出，近似圆雕，或端坐或恭立，平稳、端庄、肃穆、质朴无华。在形象塑造方面注重广额高鼻，大眼方唇，粗颈宽肩，雄健浑厚，颇具龟兹风范。菩萨造像则无过多仪规限制，在丰腴健壮之外，具有更多的河西本土特色。如人物造像双目细长与龟兹的弯眉圆眼大不相同，鼻子呈纵三角形也与龟兹的鼻梁细高形成差别。所有菩萨下颌丰满，整个脸型具有汉地邑民眉清目秀的审美意趣，全身比例也具有汉族头大身长腿短的造型传统。

金塔寺东窟中心柱西面二层坐佛雕像是"凉州模式"中的杰作，尤其突出对不同形象的典型雕造。如北壁龛中雕塑的弥勒坐佛矫健饱满、雄强刚劲，而南壁龛中的苦修迦叶像则经络毕现，瘦骨嶙峋，两者形成鲜明对照，反映了凉州工匠不仅注重造像的神态形貌，也同时注重造像躯体各部的结构表现，充分展示了凉州工匠基于对现实人物的观察提炼而建造佛像的卓越才华。

凉州模式中的菩萨和飞天姿态多样，菩萨和飞天下着贴体长裙，上身祖露，饰以粗率的项圈、短璎珞等，上身斜披宽广络腋短襟，既独具风采，又符合汉民族不尚裸体的审美追求。天梯山第4窟中心柱下层龛外右侧壁上绘有一身高0.86米的立式菩萨，这是天梯山石窟中最完整最优美也最典型的北凉

菩萨。菩萨头绾扇圆形发髻，下束帛带，卷发蓬松作波浪纹自然垂落双肩。脸型椭圆，双眉修长，眉眼之间距离较大，整个额头几乎占了脸面的一半，上眼睑较平直，下眼睑如弓作平缓的长弧形。鼻梁隆起，鼻准突出，嘴大唇厚，嘴角向上翘起。双耳戴硕大的宝珠耳饰，耳饰与白色宽大的项圈相叠在一起，宛如挂在双肩上的宝镜一般。颈项粗短，中间画一道细细的印痕线，在印痕上下略施十分清淡的朱红与白色晕染。整个菩萨，上身全裸，下着灰绿色紧身长裙，左肘内屈，掌心向上，拇指跷起，其余四指舒展后指尖略向上弯。右手下垂，提长颈圆腹圈式净瓶，腰身向左扭动，躯体呈明显的弧状曲线，身形非常优美。

天梯山第4窟柱檐上部绘有两身飞天，头部向里，相对平飞，飞天体形浑大，弯眉大眼。高鼻小口，下颚丰润。在丰腴的颈项下面除戴有比较大的串珠项链外，还佩有直达腹下的串珠式璎珞。双耳戴又圆又大的耳环，下身系折叠束带和黄色网状半圆形腰甲，束带在两侧挽成环结，腰系青略带色的披飘带，从身旁飘落下来。从左侧飞天的发型来看，两身飞天皆为束带插花大圆，波状长发蓬松而整齐地分披双肩。两身飞天身形僵直，尽管腰部也略呈弯曲之意，却毫无飞扬舞动之感。这种造型的飞天对研究我国佛教艺术中飞天造型的发展与演变，具有相当高的研究价值。

壁画上菩萨和飞天的衣纹表现有两种方式，一种是贴附泥条式的圆凸衣纹，一种是刻画深浅的阴刻衣纹。前者为金塔寺和莫高窟第275等窟的佛像和弥勒菩萨所用，后者为菩萨的长裙和被帛所用。飞天继承龟兹上身高跷、裸足等特点，但双腿又不似克孜尔石窟的水平摆置，而是僵直地上翘，双臂也往往僵直伸展，整体造型为上体较长、下肢粗短、给人以率真拙朴之感。凉州模式的石窟建制在很大程度上继承了龟兹传统，佛像的雕塑、千佛和菩萨在内的众多造像的艺术表现都渗透了汉族艺术精神，由此才形成继承龟兹模式又具凉州特色的造像风格，这种风格随着北凉灭亡而悉入北魏平城。

（五）石窟藻井、窟顶装饰及边饰花纹有连续式忍冬及莲花化生图案

忍冬纹是凉州石窟壁画装饰图案中的重要题材，为早期石窟主要纹饰。忍

冬纹在凉州石窟藻井装饰中具有非常重要的作用。凉州模式早期和中期藻井形式多样，而其中最典型的样式为"飞天忍冬藻井"，翻卷的忍冬纹则常被用在藻井周边。如莫高窟第272窟藻井为三重方井套叠构架，方井边框为泥质浮塑，向上凹进。方井中以绿地示意莲池，绘轮形大莲花。边框涂为红色，绘单叶连续忍冬纹、四叶连续忍冬纹、双叶波状忍冬纹、双叶交茎套联忍冬纹等。

石窟建筑的窟室顶部及心中柱壁画装饰中，也大量采用忍冬纹作为装饰图案。文殊山前山石窟甬道顶部壁画装饰多为忍冬纹间杂对鸟纹，中上部绘有两身飞天。右壁中栏绘一佛二菩萨说法图，下栏绘供养人行列。中栏和下栏之间，绘有连续忍冬纹和三角垂帐纹。

北凉石窟中心柱的四周壁画格内装饰以莲花为中心，且层层饰以连续忍冬纹花边。天梯山第1窟柱体基座绘有一块壁画，竖长0.85米，横宽0.6米，上部横向绘有一条忍冬纹花边，下面绘长三角纹图案。说明在北凉时期基座一周常绘忍冬纹花边和三角纹图案。第4窟中心柱下层柱体和中层柱体之间的柱檐上，也绘有一条忍冬莲花化生童子花边，残长1.6米，宽0.23米。阔叶忍冬从下向上相对卷曲张开，在中间所绘的莲花蕊中端坐一化生童子。整个图案中的忍冬叶片、化生童子和飘帛等都直接绘于抹光压平的泥层上。花边的上下左右用深土红色绘边框一道，与忍冬叶片上下相连。天梯山第18窟中心塔柱正面中层和上层柱体之间，绘有忍冬莲花化生童子花边条，横长2.3米、高0.3米，在抹光压平的泥层上先用土红色作底，而后再直接用墨线勾出单瓣对称的忍冬叶。在相对的忍冬叶中间，上画头光，左右画飘带，下面画小莲花座的化生童子胸像一身。

三、"凉州模式"与犍陀罗艺术

犍陀罗相传为古印度十六列国之一，其核心区域包括今巴基斯坦东北部和阿富汗东部，地处印度河与喀布尔河之间，是古印度文明的发祥地之一。印度早期佛教不奉祀神灵也不塑造佛像，只把释迦牟尼奉为教主，佛教在民间传播极为缓慢。公元 1 世纪至 2 世纪时期，犍陀罗地区出现了受希腊雕塑艺术影响的佛陀塑像。此类佛像脸型浑圆，深目高鼻，薄唇长耳，鼻梁与额头连成直线，顶上肉髻覆盖着波浪式卷发，头后光环多朴素无华，通肩式袈裟襞褶厚重，手势和坐姿都有固定程式。这种融合了希腊、波斯、印度三种元素而自成一体的造像风格，称为犍陀罗艺术。

龟兹石窟是直接受到犍陀罗艺术影响而建造的早期石窟，于阗拉瓦克佛寺遗址残存的成排泥塑佛像呈现出明显的犍陀罗风格。随着佛教的传播，犍陀罗艺术经由西域龟兹、于阗地区通过凉州辗转传入中原。自公元 301 年西晋张轨任凉州刺史以来，凉州世信佛教。张轨之孙张天锡曾延聘月氏、龟兹高僧翻译佛经。前秦建元十八年（382 年）龟兹高僧鸠摩罗什被吕光掳至凉州羁留达 17 年之久。北凉国王沮渠蒙逊素奉佛法，遣其从弟安阳侯沮渠京声西渡流沙至于阗随印度高僧佛陀斯那学习禅法。中天竺僧人昙无谶经西域龟兹至凉州译经，备受蒙沮渠逊礼遇。至北凉末年，凉州高僧昙曜在天竺修习禅业，因禅学方面学养深厚，返回凉州后受到北凉太傅张潭礼遇。后来参与天梯山、马蹄寺等凉州石窟的开凿及营建等活动，成长为精通石窟建造技艺的专业僧人。可见，佛教从西域东渐中原途中，凉州起到了承先启后的中转站作用。凉州模式自然吸纳了经由西域龟兹、于阗等地传来的犍陀罗艺术表现风格。

金塔寺东窟中心柱西面下层坐佛、上层交脚弥勒形象与拜城克孜尔石窟第 80 窟中心塔柱正面的设计极为相似。文殊山前山千佛洞中心塔柱龛外与窟顶绘画或影塑大型飞天，前者多见于龟兹大像窟，后者在喀什噶尔河畔的脱库孜萨佛寺遗址中多有发现。炳灵寺和文殊山塑绘的立佛形象，既见于龟兹石窟，又发现于时间略晚的于阗北拉瓦克塔院遗址中。宿白指出："天梯、肃南金塔寺、酒泉文殊山前山千佛等处的方形或长方形塔庙，应都与龟兹有关，北凉石塔和凉州系统各窟龛所雕塑的释迦、交脚弥勒、思维菩萨等，也都见于龟兹石窟。"正是因为受到西域龟兹佛教造像风格的影响，犍陀罗艺术遂成凉州模式的造像圭臬。

炳灵寺第169窟是宿白笔下"凉州模式"的典型石窟，其北壁第6号龛内曾发现西秦建弘元年（420年）的墨书题记。西秦建弘元年正是北凉玄始九年，沮渠蒙逊于是年攻灭西凉统一河西大地。此类题记为中国石窟中最早的年代题记，标志着炳灵寺石窟开凿时代和北凉同期。窟内龛像可分为石雕、石胎泥塑或泥塑三种类型，造像多系一佛二胁侍菩萨，造型浑厚古朴，面形方圆，鼻直唇厚，颇具犍陀罗风味。东壁第7号龛内一躯泥塑的立佛，身穿单薄贴体的通肩袈裟，单线阴刻数道波浪形衣纹，体现出明显的犍陀罗佛像样式。第23号龛内并列5身禅定坐佛塑像，通肩袈裟单线阴刻衣纹均从左肩斜下放射状展开，显然是受犍陀罗风格影响。窟内绘有说法图、诸佛、菩萨、飞天、供养人等西秦壁画，人物造型、色彩、构图均与龟兹石窟早期壁画相近，犍陀罗艺术手法极为显明。

天梯山第4窟是中心柱北龛左侧下方北凉供养菩萨壁画，双手合十作胡跪的样子。胡跪原本是西域人半蹲半跪的一种姿态，后来演变为一种古代僧人跪坐致敬的礼节，右膝着地，竖左膝危坐，倦则两膝互换。供养菩萨皆为短发，带有光晕，有着胡人样貌。壁画人物造型体态健硕，用晕染法来表现立体感，人物形象均以土红色泽线起底稿，赋色后以深墨铁线定型，线条细而有力，艺术手法颇具犍陀罗造像粉本特色。直至5世纪中叶或后半叶敦煌石窟第275窟、第254窟、第251窟和第259窟等早期石窟残存的彩塑佛像，仍然延续着凉州石窟的造像模式，带有极为明显的犍陀罗艺术特征。

四、从"凉州模式"看佛经的翻译与流传

"凉州模式"造像题材发展变化与佛经翻译传播关系密切。匈奴首领沮渠蒙逊占据繁荣富庶的河西都邑姑臧之后，迎请高僧昙无谶主持翻译佛经，在凉州汇聚了浮陀跋摩、昙无舒、沮渠京声、智猛、慧嵩和道朗等许多杰出的佛学专家，形成了十六国时期的凉州译经僧团，使姑臧成为当时西北地区重要的佛教文化中心。

在昙无谶来凉州之前，由于"凉土译经"等因素，北凉已经风行从龟兹传入的"小乘"佛教经本。所以，凉州石窟的造像题材、布局和组合中多与小乘佛教内容有关，特别是壁画内容中出现诸多小乘思想元素。如莫高窟第275窟壁画中有许多"佛本生"故事，体现出佛陀舍身求法的境界。文殊山前山石窟壁画中也有《佛本生》故事中之"尸毗王割肉贸鸽""须达挐太子恩赐"及"贤愚变"等故事内容。这一切皆标明自前凉开始"小乘"佛教传统经典《佛本生经》《阿含经》《贤愚经》等已在河西广为流传。

凉州模式中常见十方佛、阿弥陀三尊、无量寿佛、思维菩萨、千佛等造像题材的出现，标志着大乘经典《阿弥陀经》《无量寿经》和《法华经》等大乘经典在凉州广为流行。佛陀造像中最具代表性的为金塔寺东窟，下层为释迦坐佛，中层东西两面诸龛中为交脚弥勒坐佛，上层塑大型千佛一排，佛后配以菩萨或飞天。这种下为释迦、上为弥勒的布局形式是按照僧众禅观的要求设计的。至于四周壁画的布局，马蹄寺千佛洞、金塔寺和天梯山石窟、敦煌"北凉三窟"中皆有一佛二菩萨、供养弟子、供养菩萨、千佛、飞天等外形象。文殊山千佛洞前壁和北壁及窟顶保存较完整的壁画提供了大乘佛教重要元素。窟顶是形体较大的飞天和伎乐，壁面自上而下分为四层，一层为贤劫千佛，在千佛行列中央或绘一佛二菩萨，二层为立佛，三层为供养人像，四层为三角垂帐纹边饰等。

阿弥陀三尊又称"西方三圣"，出自《阿弥陀经》和《无量寿经》。《阿弥陀经》是鸠摩罗什于402年从凉州到长安后译出的第一本经典，后在中国北方广为传播。无量寿佛和思维菩萨出自大乘《无量寿经》。《无量寿经》宣扬听闻领悟大乘佛法"入唯识见"离不开"善思维"和"慧辩才"，故称佛陀诸菩萨弟子中，上首菩萨为"思维菩萨"和"辩才菩萨"。此外，最早描述"飞天"的佛经为西晋末年凉州高僧竺法护翻译的《普曜经》。飞天是佛教中乾闼婆和紧那罗的衍变体，二位神列"天龙八部"。当佛陀讲经说法时他们便在天空中飞舞散花，佛经中称为"飞天伎乐"。史载，西晋末年"八王之乱"招致京师陷入兵燹战乱之中，竺法护带弟子竺法乘避乱姑臧，将所译经本《普曜经》《无量寿经》《光赞般若经》等带到凉州，广为流传。

玄始十年（421 年），沮渠蒙逊从敦煌迎请高僧昙无谶至姑臧。昙无谶在凉州设置译场，带领高僧慧嵩、道朗等译经团队翻译佛教。历时数年，翻译完成《大般涅槃经》三十六卷、《方等大集经》三十卷。凉州僧团所译的《大般涅槃经》基于"一切众生皆有佛性"的思想，弘扬"涅槃佛性"观点，影响远及长安和建康，开启了中国佛教史上的"涅槃学派"（亦称涅槃宗），使姑臧成为西陲的义学重镇。昙无谶在北凉主持的译经事业影响了北凉开窟造像的建造内容，其所译佛经成为北凉开窟造像的重要依据。

凉州模式中交脚菩萨、七佛、千佛、供养菩萨等大乘经典内容开始出现在石窟造像题材中。佛教学者认为交脚菩萨像就是弥勒菩萨像，所谓的交脚弥勒其实就是转轮王早期最典型的造像。《大般涅槃经》宣扬佛陀涅槃后，护法重任则落在下生佛及众生肩上之经旨。《妙法莲华经》也说日月灯明如来会下生护法，涅槃系称下生佛的护法为法身供养。护法转轮王的形象就是交脚弥勒，龟兹石窟中最早出现的弥勒交脚的造像坐姿是摹仿鄯善王坐像雕塑而成，凉州模式中诸多石窟及北凉石塔雕塑和壁画中在生身供养部位出现交脚弥勒菩萨、七佛等下生佛像形象。《方等大集经》主要宣扬"生身供养即是塔像"思想，北凉开窟造像甚至建造石塔是沮渠蒙逊接受大乘转轮王佛学理论的结果。有佛教学者曾将北凉晚期的敦煌第 254 窟和第 275 窟称为"转轮王窟"，是由佛教造像的护法模式衍生出来的重要石窟。可以说，凉州模式出现的主要原因是北凉建国者沮渠蒙逊统一河西之后，笃信《大般涅槃经》《方等大集经》《妙法莲华经》，把佛教转轮王观作为他的理想，开凿石窟的工匠和僧人为了迎合国王心意，石窟造像中出现很多交脚弥勒菩萨、七佛、供养菩萨等大乘涅槃系佛教题材。

昙无谶除翻译《涅槃经》《方等大集经》外，还相继翻译完成《悲华经》《金光明经》《优婆塞戒经》等，总计所译佛经共 11 部 112 卷。这些翻译十分华丽，富于文藻。道朗在《涅盘经序》说昙无谶"临译谨慎，殆无遗隐，搜研本正，务存经旨"。《悲华经》的翻译传播，对北凉转轮王像及转轮王窟的建造影响最大，敦煌第 254 窟交脚转轮王像所佩带的饰物便可证明。第 254 窟南壁完上的交脚已有《悲华经》提到转轮王佩带的饰物如阎浮提锁及龙头缨。据考证，此窟是开凿于 430 年后的作品，对后世云冈石窟造像风格产生的影响较大。云冈石窟之交脚转轮王像，包括第 17 窟的主尊及其他不同姿态的转轮王像差不多都佩带这两种饰物。

考古学家宿白等人认为，凉州模式的造像内容于 430 年之后变化较大，石窟造像形成了完备的护法模式或供养模式，这与北凉《大般涅槃经》《方等大集经》《悲华经》《金光明经》等经典的翻译传播有很大关系。

第三节 "凉州模式"的影响

北凉是中国始用后贵霜佛教形态即"造像弘法"发展模式的开启者，对中国佛教的发展具有重要的促进作用。北魏太延五年（439 年）是"凉州模式"东移的时间节点，太武帝攻灭北凉曾俘掠凉州僧徒三千人及信教吏民三万余家迁往平城，为平城经济、文化发展输送新鲜血液。北魏全盘接受带有凉州印迹的中原文化，也接受了河西佛教文化的洗礼，开启了在北魏举境崇仰佛教的社会局面。北凉佛教兴盛的历史，直接影响了北魏佛教的发展。凉州僧人师贤和昙曜参与了北魏佛教管理和宗教制度的制定，前者聚徒建寺，再兴佛法，后者带领凉州工匠和僧人以"凉州模式"开凿出举世瞩目的云冈石窟。北魏迁都洛阳后，凉州工匠及后裔又参与建造龙门石窟。至北魏熙平年间，又在洛河北岸开凿出巩义石窟，"凉州模式"随之弥散中原大地。

一、对云冈石窟（平城模式）的影响

《魏书》载，北凉亡国后拓跋焘下令"徙凉州民三万余家于京师"，凉州高

僧玄高、师贤和昙曜也因而徙至平城。北魏素有尊崇佛教的社会传统，开国皇帝拓跋珪曾听从高僧"如来即为当今皇帝"的建议，在平城推行佛教。拓跋焘执政时期佛教得到很大发展，专门建立佛教管理机构，称之为"道人统"，后改称为"沙门统"。师贤是北魏"沙门统"的首任僧官，其殁后昙曜继任。昙曜经历过北魏"太武灭法"，更能深刻理解石窟造像的意义。为了佛教事业免遭毁灭之祸，他提出"礼佛即礼皇帝"的主张，以获取北魏帝王支持。北魏正平二年（452 年），文成帝拓跋濬敕令建造云冈石窟。

云冈石窟古称武州山石窟，这里最早是北魏皇室主持建造的皇家寺院，位于大同市西郊 16 公里的武州山南麓。石窟营建初期，昙曜走遍了云冈一带的山山水水，发现武州山岩壁的水平层为砂岩石结构，适合雕刻石佛。和平元年（460 年），昙曜带领工匠在武州山开凿石窟。他熟悉凉州石窟的建造体制，构思起来有例可循。但又不以旧例为原版，而是在借鉴原版的基础上融进自己丰富的想象，创造出了宣示佛陀伟仪且又寄寓现实祈福的雄伟工程。担任雕凿的人员多为凉州徙来的工匠，有着娴熟的技术和丰富的经验。昙曜仅用了五年时间，就完成了云冈石窟的代表作品"昙曜五窟"。

"昙曜五窟"含有为北魏太祖以来"五帝"祈福的意义。主佛像均模拟道武、明元、太武、景穆、文成五世皇帝形象，表达皇帝是如来佛化身的象征意义。各窟大佛周围雕有诸多大小不等佛像，象征群臣簇拥皇帝。顶部创设巨型浮雕，刻有手执乐器、凌空飞舞的飞天，把大佛衬托得更加雄伟庄严。"五窟"中的巨型露天坐佛高约 13.7 米，面部丰满，造型雄伟，双手安放腹前，着袒右肩袈裟而右肩覆衣角，下着僧祇支衣边缀珠纹，此种样式常见于凉州地区，故称"凉州式袈裟"。整座佛像与背部山形相连一体，造型手法简约凝练，颇具天梯山大佛气象，是云冈石窟中最为宏丽的雕像代表作品，后世遂成云冈石窟的标志佛像。昙曜在天竺学法时深受印度佛教艺术影响，所造五窟以印度风格着袒右肩袈裟的佛陀为主，辅之以凉州模式中犍陀罗通肩大衣风格的佛像。

凉州僧团是雕凿云冈石窟的主力，窟制、龛形、题材内容、造像服饰与凉州石窟有明显的传承关系。可以说，凉州石窟造像技艺是云冈石窟造像的母体之一，部分石窟典型呈现出凉州石窟所特有的中心塔柱窟风貌，龛形和造像题材大多类似凉州模式。最具凉州特色的龛内交脚菩萨或交脚弥勒佛，几乎贯穿云冈造像始终。特别是中心塔柱塔庙窟，在云冈石窟第1窟、第2窟和第6窟中得到再现，其佛像布局内容与凉州模式如出一辙。第6窟属于前后室中心塔柱窟，是凉州模式的升级版。无论造像的丰富与精美程度，都是凉州模式所不能比拟。凉州模式开启了云冈石窟造像的序幕，加快了石窟从印度风格向中国化风格的转变。凉州模式中较多的禅修窟在云冈模式中数量渐少，代之以尊像窟和佛殿窟成为主流窟型。此种转变从侧面反映出在佛教信仰上追求静心修禅、注重自我修行的早期佛教在平城逐渐衰微，而以弘扬慈悲济世、普度众生为目的的大乘佛教成为北魏佛教的主流信仰。

　　云冈中心塔龛室在继承凉州模式的方形龛、圆拱龛、尖拱龛、屋檐龛的基础上也有所扩展，新添了华盖龛、帷幕龛、人字斗拱屋檐龛、塔柱龛等，装饰极为华丽。在凉州出现较多的方形龛在云冈减少，供奉交脚菩萨和弥勒佛的盝形龛大量出现，弥勒信仰盛极一时。这也是大乘佛教在平城流行的反映。凉州造像题材中的坐佛、立佛、一佛二菩萨、释迦多宝对坐、交脚弥勒、思维菩萨及七佛组合造像，在云冈石窟都有类似题材表现。云冈造像的服饰与凉州一脉相承，袒右肩袈裟、通肩大衣、裸上身的菩萨装束在云冈随处可见。平城作为新崛起的帝都，由于民族及工匠来源的多元，形成更丰富的信仰体系，可见云冈石窟的雕凿与凉州模式既有继承，也有变化和创新发展。

　　从昙曜开窟始，归属的北方游牧民族以及北迁的南朝士大夫都参与了石窟雕凿活动，从此出现了从昙曜五窟印度风格向孝文改制太和造像的中国化风格的转变。云冈鼎盛期的服饰出现了明显中原化的褒衣博带和南朝玄学影响下的瘦骨清像，并出现了袈裟衣缘褶皱繁复下垂悬裳的新样式。菩萨装束也出现了新的变化，供养人的帽子、发髻、靴子有了鲜明的游牧民族特点。如果说昙曜五窟的造像还保持着凉州的朴素与简约，而至北魏后期，云冈造像在昙曜五窟的基础上增加大量垂幔飘带、龛楣塔柱、窟檐明窗等精美装饰，这一时期的造像可以视为凉州模式的升华作品。

二、对龙门石窟、巩义石窟（中原模式）的影响

北魏太和十七年（493 年），孝文帝拓跋宏颇具雄才大略，颁令更改鲜卑姓氏为汉姓，借以推行鲜卑风俗、语言和服饰的改进或汉化。拓跋宏果断将都城从山西平城南迁至河南洛阳，并将谙熟精通佛窟开凿技艺的凉州工匠及其后裔也带到京师，在云冈石窟的基础上相继开凿出古阳洞、宾阳中洞、莲花洞等为代表的龙门石窟。龙门石窟远承凉州模式，近袭云冈风格，是印度石窟艺术与中国西域石窟艺术、凉州石窟艺术、云冈石窟艺术和深厚的中原文化长期交融的产物，是体现民族特色的中国式的佛教石窟艺术。

龙门石窟因承袭云冈石窟而受到凉州模式的间接影响。窟形方面多沿用凉州模式中的大像窟，多以三世佛为主，造型特点既保留凉州模式之犍陀罗风格，又具有北方游牧民族特点，服饰则具有古印度和凉州地区的风格。窟室形制虽然出现了藻井式的双窟或三窟制，但仍为塔庙窟和佛殿窟两种类型。塔庙窟延续了凉州模式中四面开龛的中心塔柱，佛殿窟则省去了中心塔柱，凉州模式中的前后室变为方形单窟室，窟内因无中心柱而由过去的局促狭窄变得宽敞明亮。窟顶由藻井式的平顶变为宝盖状的穹窿顶，中心绘制硕大的莲花，周围绕以飞天伎乐、莲花纹、忍冬纹、火焰纹、石榴纹等，飞天伎乐与忍冬纹的穿插装饰效果，使龙门石窟的建造风格仍带有凉州模式的显明遗迹。龙门石窟奉先寺卢舍那佛像高达 17.14 米，是龙门石窟中艺术水平最高、整体设计最严密、规模最大的一处。卢舍那佛两侧有胁侍菩萨、天王、力士等 11 尊大像，其佛教造像艺术无不体现着天梯山石窟和云冈石窟的特点，具有强烈的南朝文化与中原传统汉文化色彩，又融合浓厚的河西文化因素。

龙门石窟的造像题材也承袭凉州模式，大多采用"阿弥陀三尊"、"三世佛"、交脚弥勒菩萨造像题材。"三世佛"造像在宾阳洞中呈现较为典型，其沿

用敦煌"北凉三窟"之三壁三龛形制，即每壁一龛，每龛内雕一佛以及胁侍，三尊大佛及其胁侍构成全窟雕塑主体。"阿弥陀三尊"多出现在龙门早期石窟中，如古阳洞中两壁为重龛形式，正壁雕塑"阿弥陀三尊"（一佛二胁侍）。古阳洞的"法文法隆造像"为交脚弥勒菩萨，头戴高宝冠，上雕莲花图案，面容慈祥，充满笑意。菩萨腰系长裙，披巾于身前交叉，右手上举胸前，左手下置膝侧，交脚坐在方台座上，整个身躯挺拔修长，带有北凉菩萨的秀美风格。该造像底座高 66 厘米，造像题记反映交脚坐姿与当时的北魏帝王形象关系密切，为交脚造像中的珍品，也是龙门石窟北魏风格交脚弥勒菩萨像中的代表作。龙门石窟呈现出来的是对凉州模式和平城模式的继承和创新特色，是北魏孝文帝迁都洛阳后实施全面汉化政策在石窟建制上的具体体现。

继龙门石窟之后，北魏熙平二年（517 年）宣武帝又在洛阳东 50 多公里的芒山南麓洛河北岸主持开凿巩义石窟。石窟现存 5 个中型洞窟、3 尊摩崖大像、1 个千佛龛、250 个小佛龛，共有大小造像 4740 余尊。巩义石窟的窟形沿用凉州模式之大像窟特征，除第五窟外其余四窟都是中心柱窟。石窟造像题材花纹装饰也带有凉州模式的影响痕迹，窟内中心方柱四周凿龛造像，龛内均雕塑"阿弥陀三尊"（一佛二胁侍），石窟诸佛造像多为方圆脸型，神态文雅恬静，衣纹简练。中心柱四面各开帐形龛，内刻佛像，窟顶是浮雕出的平棋图案，分别雕出莲花、飞天、忍冬、化生等，四壁的上部雕刻千佛。千佛在凉州模式中曾以整壁形式呈现，巩义石窟第 1 窟正壁雕造礼佛图，其余三壁或上方为贤劫千佛，下方并列凿开四大龛或全为千佛小龛。作为北魏后期的中原石窟，巩义石窟以其石刻内容之完备和雕刻艺术之精美，在中国石窟雕刻艺术中占有十分重要的地位。特别是其石刻中的飞天形象，充分体现了凉州模式和中原模式相互交融的完美形式。

龙门石窟、巩义石窟中所见佛像比凉州石窟所见显得瘦削，但高鼻深目特征以及袒右肩式袈裟则保留了凉州模式的造型和服饰特点。壁画中"飞天"造型体现大乘佛教之"天宫伎乐"的特色和凉州模式一脉相承，但较之凉州模式，龙门石窟中飞天伎乐均身材窈窕，长裙裹足，为轻盈飞舞之姿。巩义石窟第 3 窟中心柱正面佛龛上部雕刻两身飞天形象，下方皆雕刻一条忍冬纹带，以此衬托飞天轻盈曼妙的手法也和凉州模式一脉相承。造像的服饰特征有所变化，早期造像仍以袒支衣边缀珠纹的"凉州式袈裟"，发展到后期融以中原汉服风格。造像衣着装饰渐渐少了凉州模式中西域胡服的痕迹，并将佛座前下垂衣裾拉长，使之与坐佛上身比例几乎相等，从视觉上加大了坐佛的高度，强化了坐佛的瘦削感。从古阳洞、莲花洞、宾阳中洞到后期巩义石窟造像可以看出这种发展迹象，完全形成了造型"秀骨清像"和服饰"褒衣博带"的中原特色风貌。

三、对响堂山石窟（北齐模式）的影响

公元 534 年，北魏分裂成东魏和西魏，550 年之后东魏和西魏又分别被北齐和北周取代。响堂山石窟为东魏、北齐时期皇家贵族先后在山间开凿石窟而形成的石窟群，后发展成为北齐模式中的典型石窟。石窟位于河北省邯郸市峰峰矿区境内，包括北响堂、南响堂和小响堂 3 处。北响堂石窟依鼓山西麓北端开凿，南响堂位于鼓山南麓，两地相距 15 公里，各存主窟 7 座，小响堂仅 2 座。北响堂石窟保存较好的 3 窟为北齐首位皇帝高洋所开，南响堂石窟开凿于北齐末年。

凉州模式通过云冈、龙门石窟间接影响了北齐石窟。窟室形制中仍以中心柱和三壁三龛佛殿式窟形为主，体现凉州模式特色。中心柱采用正面开龛或四面开龛，而三壁三龛式佛殿窟皆为方形窟室。龛内列像五尊到七尊不等，因龛浅而宽，几呈平行列置。窟门券面设计一类沿袭云冈模式的尖拱门相，两倒立柱旁布列二力士的形式，另一类为四门塔式的立面设计，称作塔式窟，为北齐独创。就造像艺术而论，初期建造时沿袭凉州模式，在造像组合上仍以"阿弥陀三尊"为主体的组合造像。后来发展到"阿弥陀五尊"（一佛二胁侍二弟子），及至北齐末年，响堂山石窟出现一佛二弟子四菩萨或一佛四弟子二菩萨的"七尊"造像。这种造像组合愈益增多的情形，开启了隋唐多尊造像组合流行的时

代趋势。

人物造型风格上，响堂山石窟摆脱了龙门石窟清癯削瘦造像风格，具有"回归"凉州模式的迹象，佛陀和菩萨的造型方面呈现出崇高健壮之美。佛和菩萨面型圆浑，深目高鼻，胸部隆起，两肩宽大，肢体丰腴，有拙朴厚重的犍陀罗造像之美。服饰不再是中原模式那种内外披挂重重，衣袂宽博双扬的样式，呈现出轻薄光滑、柔软适体的丝绸质感。在表现手法上强调单一线条向立体描摹方向发展，使造像具有圆转浑厚的凉州模式特征。在石窟装饰纹样中除使用龙纹外，大多采用凉州模式中纤巧多变的连续忍冬纹。如北响堂山第七窟为塔式塔庙窟，中心柱三面开龛。龛形皆为圆拱帷幕式，两侧完柱上下皆饰波状忍冬纹，中为束莲，下为仰莲，柱础异兽，柱头雕莲花火焰纹。窟顶置覆钵，覆钵之上由连续忍冬纹、莲花纹、火焰纹和陀螺状相轮组成塔刹。整窟采用高浮雕、浅浮雕、线刻和减地平级等多种表现手法，造成一种繁密精致、变化万千的艺术效果，是石窟装饰中不可多见的精美之作。

北齐是汉人建立的政权，但由于高氏"累世北边，故习其俗，遂同鲜卑"，属于高度鲜卑化的汉人，加之建国北方，自然在文化上以北方为尚，反映在石窟造像上更多体现出凉州和云冈石窟中粗犷雄健的形体和简率质朴的装束为特色。由此可以看出，从凉州模式以来，北朝造像走过了一个由粗犷健壮、薄衣贴体转到秀骨清像、褒衣博带再转而回归丰润质朴、薄衣透体的历程，这种发展轨迹意味着北齐模式具有某种"回归"凉州模式的意味。

在凉州模式的直接或间接影响下，中国石窟艺术的发展相继经历了平城、中原和北齐等模式，其中每一种模式都承载着中国早期佛教艺术的一段演进历程，反映出以凉州模式为基础发展变化的曲折历史，也标志着中国石窟造像风格不断探索、演进、发展的艺术历程。

参考文献

［1］［梁］僧祐.出三藏记集［M］.苏晋仁，等，点校.北京:中华书局，1995.

［2］［梁］慧皎.高僧传［M］.汤用彤，校注.北京:中华书局，1992.

［北齐］魏收.魏书［M］.北京:中华书局，1974.

［3］［唐］道宣.广弘明集［M］.上海:上海古籍出版社，1991.

［4］［唐］道世.法苑珠林校注［M］.周叔迦，苏晋仁，校注.北京:中华书局，2003.

［5］敦煌研究院，甘肃省博物馆.武威天梯山石窟［M］.北京:文物出版社，2000.

［6］樊锦诗.莫高窟史话［M］.南京:江苏美术出版社，2009.

［7］汤用彤.汉魏晋南北朝佛教史［M］.北京:商务印书馆，2010.

［8］王镛.中外美术交流史［M］.北京:中国青年出版社，2010.

［9］杜斗城.河西佛教史［M］.北京:中国社会科学出版社，2010.

［10］王其英.凉州历史文化散论［M］.北京:大众文艺出版社，2013.

［11］史岩.凉州天梯山石窟的现存状况和保存问题［J］.文物参考资料，1955（2）.

［12］董玉祥，岳邦湖.马蹄寺、文殊山、昌马诸石窟调查简报［J］.文物，1965（4）.

［13］宿白.凉州石窟遗迹与"凉州模式"［J］.考古学报，1986（4）.

［14］张学荣.凉州石窟及有关问题［J］.敦煌研究，1993（4）.

［15］陈锽.试论魏晋南北朝佛教石窟造像模式［J］.新美术，1995（3）.

［16］秦春梅，姚桂兰.金塔寺石窟中的早期遗迹概述［J］.敦煌学辑刊，1996（6）.

［17］陈卫国.巩义石窟中的飞天艺术［J］.甘肃高师学报，2013（6）.

［18］赵昆雨.昙曜身世研究［J］.山西大同大学学报，2018（5）.

［19］杨俊芳.凉州石窟模式对云冈石窟造像的影响［N］.中国民族报，2019-07-13（4）.

第五章　西夏辅郡凉州

　　西夏是中国古代历史上以党项羌族为主体建立于西北地区的一个少数民族政权。北宋宝元元年（1038 年）建国，南宋宝庆三年（1227 年）被蒙古所灭，立国时间长达 189 年。西夏极盛时期，疆域广大，包括今宁夏全部、内蒙古和甘肃的西部、陕西北部、青海和新疆的东部。西夏虽然是地处西北一隅的少数民族政权，但其立国的近两百年时间里，重视发展民族文化，典章制度多仿唐宋，崇尚儒学，信奉佛教，又仿汉字创制西夏文字，大量翻译汉文典籍和佛教经典，创造了特色鲜明的西夏文化。

　　北宋景祐三年（1036 年）7 月，西夏完全占领河西走廊，疆域面积迅速扩大，版图基础基本确立。西夏倚仗河西走廊独特的地理环境，有效阻隔了吐蕃、回鹘等势力对西夏东进中原的掣肘。河西走廊宜农宜牧的优良自然条件，为西夏提供了马匹、粮草等重要的战略物资和生产生活所需，使其能够与宋、辽、金等大国长期对峙。凉州（今武威）是河西走廊的东大门，丝绸之路重镇，也是西夏重要的政治、军事、经济、文化和佛教中心，地位仅次于西夏首都兴庆府，是西夏辅郡。西夏碑载"大夏开基，淹有西土，凉为辅郡，亦已百载"，明确了凉州自西夏建国以来的政治地位，也反映出这一时期凉州经济、文化和佛教的繁荣发展。

　　民族特色和地方特点鲜明的西夏文化，是构成多元一体格局的中华文明不可或缺的重要元素。西夏辅郡凉州在西夏历史发展进程中，乃至对后来元朝对西藏的统一，产生过重要的实际影响，其所具有的较高的历史地位和文化影响力越来越引起国内外学者的关注与重视。

第一节　西夏时期的凉州历史

一、西夏辅郡

（一）谋取凉州

党项族是我国最为古老的一个少数民族羌族的支系。魏晋时期居于今四川、西藏、青海等省的交界地区，以游牧为生，部落众多，互不统属。后来党项族拓跋部势力逐渐强盛，在贞观年间归附唐朝，被封为西戎州都督，赐李姓，驻松州（今四川松潘）。青藏高原上的吐蕃崛起后，不断向东扩张，党项族被迫向内地迁徙，在今甘肃南部、宁夏和陕西北部一带落脚。唐中和元年（881年），党项族首领拓跋思恭因帮助唐朝镇压黄巢农民起义有功，被封为定难军节度使，管辖夏（今陕西横山县西）、银（今陕西米脂县西北）、绥（今陕西绥德县）、宥（陕西靖边县）、静（宁夏永宁县）五州之地，治所设在夏州。拓跋贵族在辖境内征收赋税，任命官吏，"虽未称国，而王其土"，开始了事实上的地方割据。

宋朝建立之初，统治者借鉴唐朝末年藩镇割据乱国的教训，收回党项夏州政权占领的五州之地，并强制党项贵族全部迁居内地。此举引起党项首领李继迁的不满，他率领家族亲信数十人逃出银州，来到党项族聚居的地斤泽（今内蒙古鄂托克旗东北），纠合部族，公然打出抗宋的旗帜。在与宋朝征战的二十多年里，李继迁势力逐渐强大，不但夺得了失去的五州之地，又在宋咸平五年（1002年），夺取了宋朝重镇灵州（今宁夏灵武），改为西平府，建立党项政权新的统治中心。此后，野心勃勃的李继迁将"畜牧甲天下"的凉州视为下一个进攻目标。

凉州是河西走廊的东大门，中西交通的咽喉要道，地理形胜，自然条件优越。南部祁连山脉高大险峻，易守难攻。发源于祁连山冰雪融水的石羊河流域诸河流，呈扇形分布，河流经过的地方，形成了祁连山北麓的森林草原、河谷的绿洲平原，这里地势平坦，土地肥沃，水草丰茂，是天然的好牧场。

安史之乱后，包括凉州在内的河西地区陷于吐蕃的统治，时间长达一百年之久。从张议朝起义收复失地，到西夏完全占领河西走廊，又是一百七十多年，其间凉州六谷部、回鹘、党项等政权，在这里征战角逐，河西地区长期与中原隔绝。张议朝收复河西后，经过了短暂的治理，河西重又成为六谷吐蕃的牧场。北宋建立后，虽然在凉州设西凉府，但并未进行过实质性的管理，政权依然控制在六谷吐蕃和折逋氏家族手中。宋至道元年（995年），在吐蕃首领的请求下，北宋朝廷派丁惟清任凉州知府。至道二年（996年），李继迁劫掠凉州，被知府丁惟清与凉州吐蕃首领折逋喻龙波打退。

咸平四年（1001年），李继迁遣使诱降势力最强的凉州六谷吐蕃首领潘罗支，未果。咸平六年（1003年）冬十月，李继迁用声东击西之计，扬言攻甘肃环县，暗中移兵，攻占凉州，杀死知府丁惟清，驱赶居民于城外，尽取府库物资运回西平府。潘罗支见凉州城破，诈降李继迁，暗中联合六谷与者龙族数万兵力，突然攻击，继迁大败，中箭而亡。

宋景德元年（1004年），23岁的李德明继位，他是一位颇具韬略的国王。继位之初即派兵与潘罗支内部的党项族里应外合，攻杀潘罗支，报了杀父之仇，并乘胜将潘罗支弟弟斯铎督占领的凉州收回。又借"兵复西凉，国威已振"机会向宋朝称臣纳贡，保持与宋朝的友好往来。宋朝每年赐给他白银万两、绢万匹、钱三万贯、茶二万斤，还允许他在宋夏边境开设市场，发展贸易。德明称臣后不但没有遭受损失，反而换来宋朝大量财物，势力更加壮大，开始集中力量向西部开拓。

李德明取得凉州不久，即被回鹘攻占。此后二十多年，德明与回鹘展开了对凉州的争夺战，几番易手，皆败于回鹘。德明见凉州不易得，于是改变策略，先出兵攻下甘州（今张掖）和沙州（今敦煌），切断回鹘增援。回鹘首领孤立无援，势不能抗，率部归附德明。宋明道元年（1032年）九月，德明最终从回鹘手中夺回了凉州。

（二）确立辅郡

北宋天圣十年（1032年）李元昊继位，他是一位具有雄才大略的少数民族皇帝。史料称之"性雄毅，多大略""晓浮图学，通蕃汉文"。24岁时，他奉父命率兵攻打回鹘，夺取甘州，切断中西交通。他又采取声东击西的战术，突袭凉州，失去支援的回鹘势力孤单，寡不敌众，率部归降。夺取了甘州、凉州，李元昊控扼了中西交通，又相继攻占瓜（今安西县）、沙、肃（今酒泉县西）三州，占领了整个河西走廊，为西夏王朝的正式建立奠定了版图基础。"德明立国兴灵，不得西凉，则酒泉、敦煌诸郡势不能通，""得西凉则灵州之根固"。自此，凉州成为西夏西部的政治中心和军事重镇。

李元昊英勇善战有智谋，很受父亲李德明的赏识。他被封为太子后，常劝父亲改变对宋称臣的做法，建立独立政权。他常说："衣皮毛，事畜牧，蕃性所便，英雄之生当王霸，何锦绮为？"继位后李元昊立即着手改革，仿照北宋制度建立官制，立文武班。完善兵制设十二监军司，更定礼乐服饰，确定封建等级关系，创制西夏文字发展民族文化。

李元昊的改革，揭开了党项历史发展的新篇章。夏广运二年（1035年），元昊分西夏为左、右厢，在全国境内的各个军事要塞，设置十二监军司，驻重兵守卫;在凉州设立的右厢朝顺军司，负责管理西夏西部地区的各监军司;又升凉州为西凉府，地位仅次于首都兴庆府，确立凉州西夏辅郡的地位。党项西夏一直青睐凉州，不仅因为凉州独特的地理位置和优越的自然条件吸引了西夏少数民族，更为重要的是，在党项人的传说故事中，凉州是他们的祖先发迹的地方。从西夏建立伊始，凉州便开始了作为西夏辅郡的历史，直到西夏灭亡。

一切准备就绪，李元昊接连对北宋和辽用兵，开拓疆土，扩大势力。在与北宋和辽的几次大的战役中，西夏取得了决定性胜利。宋、辽被迫议和，承认西夏的独立地位，并每年赏赐给西夏大量的白银、茶叶、丝绸等物品。西夏通过战争，不但取得了政治上的合法地位和经济上的红利，而且疆域迅速扩大，"东尽黄河，西至玉门，南接萧关，北控大漠"，占据今天宁夏的全部、内蒙古、甘肃、陕西、青海的部分地区，先后与宋、辽、金鼎足而立，发展成为西北地区较为强盛的一个少数民族地方割据政权。

公元 1038 年，李元昊正式称帝建国，国号"大夏"，改元"天授礼法延祚"。建国不久，李元昊就率领皇族大臣前往西凉府祭祀祖先。

（三）蒙古灭西夏

李元昊之后，西夏进入母党专权的特殊历史时期。毅宗谅祚、惠宗秉常、崇宗乾顺，三位皇帝均为幼年继位，政权掌握在以皇太后和母舅为首的母党手中，时间长达半个世纪之久。在此期间，统治者对外穷兵黩武，内部权力斗争不断，百姓苦不堪言。直到西夏永安二年（1099 年），在辽国的帮助下，专权的梁太后被鸩杀，崇宗李乾顺亲自执政，西夏的发展才逐步走向正常。

崇宗乾顺和其后的仁宗李仁孝是西夏历史上在位时间最长的两位皇帝，他们二人执政时间加起来长达百年有余。在位期间，西夏与宋、辽两国大体上保持和睦相处，友好往来。两位皇帝都崇尚儒学，着力吸收和借鉴中原先进生产技术和传统文化，发展经济，振兴民族文化，扶持弘扬佛教，西夏出现了中兴盛世局面，科学技术和文化教育、佛教发展，都达到了高峰。

西夏末期，皇室内部政变频发，统治阶级内部矛盾激化；西夏与金的关系破裂，相互征战，经济凋敝。内忧外患的西夏，国力衰微，政权岌岌可危。蒙古在漠北高原崛起后，迅速南下扩张，西夏成为他们的第一个目标。从公元 1205 年到 1227 年的 22 年时间里，蒙古军队六次攻伐西夏。西夏光定七年（1217 年），蒙古军队围攻西夏首都中兴府，神宗李遵顼命令太子李德旺据守，自己逃往西凉府避难，并遣使请降，蒙古兵退后，方才返回首都。西夏宝义元年（1227 年），蒙古军围攻西凉府，守将斡扎箦率领军民拼死抵抗，最后力屈而降。至此，凉州为蒙元政权统治。

蒙古军队六伐西夏，每次都遭到守军的殊死抵抗，恼羞成怒的蒙古军队在攻下西夏城池后，所到之处，烧杀抢掠，"免者百无一二，白骨蔽野"，生灵涂炭，哀鸿遍野。西夏这个曾经在西北大地上强盛了近二百年的民族，迅速消亡，历史湮灭，文化散佚，西夏文字也成为无人能识的死文字。直到清代武威学者张澍在大云寺发现西夏碑，人们才开始了解西夏、研究西夏。

二、兴灵右臂

凉州是西夏通往河西走廊地区的咽喉要道，是西夏管理西部地区的重要枢纽，在西夏的军事防御、政令传达、交通贸易、内部交流等方面，发挥着极为重要的作用。西夏建国之初，对凉州在军事上的依赖最为显著，凉州成为西夏西部地区的政治中心和护卫首都的屏障。

（一）西夏西部的政治中心

建国前期，党项族建立了以陕北和宁夏为中心的夏州政权。党项夏州政权与宋、辽接壤，是西夏和宋、辽频繁征战的地区，长期处于动荡不定的战争状态，党项政权急需一个稳固的后方作保障。河西走廊是中西交通的咽喉要道，集畜牧与农耕屯田之利，控制了河西走廊，就握住了中西交通的命脉。凉州是河西走廊的东大门，是内地和西域之间往来的必经之地。自汉辟河西四郡以来，历代统治者都曾在凉州设郡置县，管辖一方的军政事务。十六国时期的前凉、后凉、南凉、北凉四个政权还建都于此，有较为完善的政权基础，既有利于屏蔽关陇，经略西域，又有利于隔绝羌胡，割据自保。对西夏来讲，凉州的战略防御功能和其对周边地区的政治辐射力是其他地区不能比的，建立凉州政治中心，既有利于加强对灵夏的拱卫，对整个河西走廊的稳定和发展也有积极的意义。

党项统治集团很快便确立了"西掠吐蕃健马，北收回鹘锐兵，然后长驱南牧"的战略规划。从李继迁开始，李德明、李元昊祖孙三代，对凉州"毕世经营，精神全注于此"。公元 1032 年，李元昊最终从回鹘手中夺取甘州、凉州，切断中西交通，进而控制整个河西走廊。李元昊继位后，即升凉州为西凉府，又仿照唐宋制度，在西凉府下设县、乡、卡、社等各级基层行政机构，层层负责，各司其职，进行正式的行政管辖。

西凉府的职能部门是西北经略司。经略司是西夏在京师以外设置的、主管若干州郡军民事务的衙门，地位仅次于中书、枢密。西夏境内共设有两个经略司，分别是凉州西北经略司和灵州东南经略司，两司成犄角态势，拱卫首都中兴府。凉州西北经略司的管辖范围，是西夏首都中兴府以西的西夏西部地区，范围非常之大。位于内蒙古额济纳旗的黑水城遗址中，发现的多件西夏诰谍文书表明，黑水城属于凉州西北经略司管辖。其中一件佛经发愿文，内容说的是乾祐二十四年（1193年），西夏仁孝皇帝去世后的三七之日，西北经略司的最高行政长官西经略使，在凉州组织了规模盛大的法会进行悼念，参加人员有提点、副使等文武官员和禅师等僧众三千多人，印施佛经二千余卷，设置各类道场供养，读诵佛经七日七夜超度。如此大规模的聚会，表明当时凉州西北经略司具有相当的政治势力和经济实力。

武威考古发现也表明了西夏时期凉州西北经略司的存在和地位。1977年武威西郊林场发现两座西夏墓葬，都是小型砖室墓，装殓骨灰用的葬具是形制独特、制作精巧的八角形彩绘木缘塔。从木缘塔题记可知，墓主人刘德仁和刘仲达，生前都曾担任过西夏西经略司都案一职，是西夏地位较高的文职官吏。墓葬中丰富的陪葬器物，也表明两人生前地位较高。

西凉府西南面是一山之隔的青海吐蕃势力，为了加强防御和治理，西夏在地处凉州与青海交界的山口设置关卡，严格管理。武威张义乡附近的山中，曾发现了一座西夏修行洞遗址，清理出写有"经略司计料官通判"的便条，以及该关卡当差的"司吏"和"乐人"的请假条。这些文献表明，西夏的基层机构，虽然远离政治中心，但是却实施了实质和有效的管理，特别是对当差的办事人员，执行严格的请销假管理制度，而且职责分明。其中一张请假条，记载了一位乐人因患伤寒病告假的事。西夏法典记载，西夏有"番汉乐人院"，是专门管理西夏礼乐的机构。这张请假条说明，西夏在首都以外，也设有礼乐管理机构，并设"监乐官"管理"乐人"。这是目前仅见的一件关于西夏礼乐机构设置记载的实物资料，内容也折射出凉州西经略司规格较高，机构健全完善。

（二）控制西蕃的战略要地

西夏地域广阔分散，为了便于军事管理，建国之初，李元昊在境内的各个重要地区、边境要塞设置十二监军司，后来增加为十七个监军司，作为军事攻防要塞；每个监军司相当于一个军事战区，分别设都统军、副统军、监军使各一名，委任党项豪右为统帅执行防御。西夏以战争立国，全国总兵力多达五十多万，国内诸州所属的部分兵力作为常驻军，驻守在监军司执行防务。西夏的监军司按照地域划分为左右两厢，分别归灵州和凉州统一辖制，灵州的左厢神勇军司统辖西夏东部地区各监军司，凉州的右厢朝顺军司统辖西夏西部地区各监军司。西夏在河西地区共设置了四个监军司，守卫河西安全，分别是黑水镇燕军司（治所在今内蒙古额济纳旗黑水城）、右厢朝顺军司（治所在今武威市凉州区）、甘州甘肃军司（治所在今甘肃山丹县）、瓜州西平军司（治所在今甘肃省瓜州县东南锁阳城），后来又增设了沙州监军司。

西夏建国之前，周边强国环伺，东南是大国宋朝，北方是强国辽朝，西面和西南面是河西诸部回鹘、鞑靼和吐蕃。在夹缝中崛起的党项政权，为了尽快摆脱河西诸部的掣肘，南下进攻中原，开始征战河西。经过多次大的征战，李元昊最终夺取了包括凉州在内的整个河西走廊，控制了中西交通，建立了称雄西北的独立政权。正如史书记载，"元昊自凉州尽有其地，则控制伊西，平吞漠北，从此用兵中原，无后顾忧矣"。

面对西夏的日益强盛和扩张，宋朝凭借一己之力无法制驭西夏，于是开始笼络西北各少数民族势力，采取"以夷制夷"策略，结成反对西夏联盟，共同对付西夏。宋朝在政治上不断册封吐蕃、回鹘等少数民族的部落首领，经济上给予丰厚的馈赠，贸易往来中更是给予他们优惠待遇。宋朝的对夏战略，构成了对西夏右厢地区的威胁。清代顾祖禹《读史方舆纪要》载，"凉州不特河西之根本，实秦陇之襟要"。西部安则西夏安，凉州的战略防御关系到西夏政权的安危，西夏在河西一带驻扎的重兵，有"右厢甘州路三万人，以备西蕃、回纥"。控扼交通，抵御吐蕃、回鹘等少数民族与宋朝的往来联系。

解除了西部和西南部的西蕃侵扰之忧，西夏将攻略重心转向宋朝和辽朝。为了明确独立政权的地位，提高国威，扩大疆域，掠夺财物，李元昊先后发动了对宋、辽的战争。从西夏天授礼法延祚三年（1040年）开始，西夏先后出兵北宋和辽，在陕西和宁夏境内的三川口、好水川、麟州、府州、定川等地，大败宋朝军队；在河曲之战（内蒙古伊克昭盟境内）中，重创辽军。宋、辽两国被迫讲和，承认西夏割据政权的地位，册封元昊为夏国主，并每年赏赐给西夏大量财物。西夏取得军事上的重大胜利，在政治上也争得了与宋、辽平等的地位，成为中国西北地区的一个军事强国，形成了与宋、辽三足鼎立的局面。

（三）保障京畿的兴灵右臂

党项西夏政权的统治中心几经迁徙和改名。唐末五代时期，党项拓跋部以夏州为中心建立的夏州政权，是党项西夏发展的根基。北宋咸平五年（1002年）李继迁攻陷宋朝重镇灵州，因其地"北控河朔，南引庆凉，据诸路上游，扼守西陲要害"，李继迁不顾众大臣的反对，改灵州为西平府，执意定都西平，并大肆营建宫室宗庙，作为今后进取和成就一方霸业的资本。宋天禧四年（1020年），李德明采纳部下建议，将都城由西平府迁到怀远镇，并改名为兴州（今宁夏银川），正式在此建都。宋明道二年（1033年），李元昊升兴州为府，改名为兴庆，又大兴土木，营建殿宇，广修宫室，为建国称帝做好准备。西夏大庆二年（1037年）十一月，李元昊于都城兴庆府南筑台受册，正式称帝改元，国号大夏。西夏永安二年（1099年），十六岁的崇宗皇帝李乾顺，在辽国的帮助下，鸩杀了专权的梁太后，结束了西夏长久以来母党专权的局面，亲自执政，并将都城兴庆府改名为中兴府。直到公元1227年，蒙古大军围困中兴府，西夏国主献城投降，西夏灭亡。

西夏的疆域，从建国初期的"地方二万余里"，发展到鼎盛时期又有所拓展，向西占据回鹘的伊州（今属新疆哈密），向南到达青海湖畔，占据吐蕃的积石州（今青海循化），东南蚕食了宋朝沿边要塞定边军、镇戎军和丰州（治今陕西府谷）等地，境土面积达到五十多万平方公里。西夏都城兴庆府，旧名怀远镇，位于宁夏平原中部，西北有贺兰山之固，黄河绕其东南，地产富饶，是古丝绸之路商贸重镇。兴庆府东南是故都西平府，西南是西凉府，三大中心城市呈品字形分布，互为倚靠和增援。西夏在灵州设置的左厢神勇军司，和凉州设置的右厢朝顺军司，成为护卫京师的左右臂膀。

西夏历史上，共设置过四个府，都是作为政权中心而存在的。最早的是李继迁在灵州（今宁夏灵武）设置的西平府；第二个是李元昊在兴州设立的都城兴庆府，后来改为中兴府；第三个是在甘州设置的宣化府，专门管理境内回鹘、吐蕃等少数民族；第四个就是在凉州设立的西凉府。

西凉府位于西夏中西部，东面隔着贺兰山和黄河与首都兴庆府相接，是西夏首都的西部屏障，西面隔着焉支山与宣化府接壤，西北面和北面，深入内蒙古境内的阿拉善右旗沙漠、腾格里沙漠和巴丹吉林沙漠，与辽为邻，南面占据青海门源县，隔祁连山和乜六岭与吐蕃和北宋为邻。这里交通便利，物产丰饶，是西夏东进关陇，西通西域，北控大漠，南接河湟的交通枢纽，也是西夏西部的政治、军事、经济中心，自西夏建国，即成为保障首都京畿的屏障，直到西夏灭亡。西夏占据河西走廊，建立西部政治和军事指挥中心西凉府，切断了西面甘州回鹘，西南面凉州六谷吐蕃与宋朝的联系，宋朝、回鹘、吐蕃意图联合夹击党项的计划再无实现的可能。西凉府东面，隔黄河和贺兰山与兴庆府相望，既是首都地区的军事要塞，也是西夏重要的经济来源，和支援关陇和灵武地区的后勤保障。西夏立国期间，战争和自然灾害频繁，西凉府是西夏统治者点集人马兵力攻打宋朝的重要军事基地，凉州、甘州府库的粮食也是西夏赈济灾荒的重要粮食储备。

三、西部天府

西夏地处中国西北内陆，境内土地三分之二以上是沙漠戈壁，生存环境恶劣。其所以能与宋、辽、金等大国相抗衡，享国近二百年，倚仗的除了宁夏的兴灵平原，就是河西走廊沃野绿洲。

（一）凉州畜牧甲天下

西夏党项羌族长期游牧狩猎，积累了丰富的畜牧业生产经验。建国后的西夏，疆域扩大，草原面积增加，畜牧业也有了进一步发展。国家重视畜牧业生产，设立群牧司统管全国的畜牧业。西夏的牲畜品种主要有马、牛、羊、骆驼、驴等。马匹除了军事需要之外，还是与宋、辽、金进行贸易的大宗传统商品，宋朝初年与契丹等国的战争中，就曾大量购买西夏的马匹作为战争资源。马和骆驼也是西夏向宋、辽、金等周边大国朝贡的主要贡品。

河西走廊自然条件优越，宜农宜牧，汉武帝元狩二年（公元前121年），骠骑将军霍去病两次进军河西走廊，沉痛打击了匈奴势力，汉王朝正式占据河西走廊。匈奴在离开前悲伤地吟唱，"失我祁连山，使我六畜不兴旺；失我焉支山，使我妇女无颜色"，歌词表达的正是河西地区水草丰茂，畜牧繁盛的景象。凉州"善水草、益畜牧"，素有"凉州畜牧甲天下"之美誉，也是历代中原王朝良马的培育基地。唐代诗人元稹《估客乐》诗中，有对党项马的描述，"求珠驾沧海，采玉上荆衡。北买党项马，西擒吐蕃鹰"，说明在唐代，党项良马已经是当时著名的商品。西夏占据河西后，将西凉府确立为西夏辅郡，又着力经营，使其源源不断地为西夏提供着马匹、牛、羊、骆驼等军需和民用物资。宋皇祐二年（1050年），辽征西夏，"至凉州府，获羊百万，橐驼二十万，牛五万"。从这个可观的数字可以看出，凉州畜牧业的发展盛况。武威考古发现中有较多的党项马的图像资料。西夏碑碑座侧面，有浮雕的带翅天马，脚踩祥云，奔驰向前，其所表达的意象，与武威雷台墓出土的铜奔马有相同之处。武威西夏木版画上所绘的马的形象，更为生动，一匹枣红色的骏马，身佩马鞍，脖子上挂着铃铛，在秃发、穿毡靴的党项族驭马人的驱赶下，正昂首扬尾，奋力奔跑。在武威发现的塔儿湾西夏瓷窑遗址，也出土了几件瓷质的小马驹子。在武威亥母洞西夏石窟遗址，还发现了画在麻布上的西夏牧马图。这些考古发现，既说明西夏时期马匹在凉州的普遍存在，也是西夏对凉州自古以来养马事业的延续。

（二）粮食府库

党项族在迁徙以前，完全以畜牧和狩猎为生，《旧唐书》载其"不知稼穑，土无五谷"。直至唐贞观年间，迁徙到西北地区以后，畜牧业在其经济生活中仍占主要地位。西夏占领东起黄河、西至玉门的广大地区后，拥有了农业比较发达的兴、灵、甘、凉诸州，这些地区"地饶五谷，尤宜稻麦，甘、凉之间则诸河为溉。兴、灵则有古渠，曰唐徕、曰汉源，皆支引黄河，故灌溉之利，岁无旱涝之虞"。丰富的水资源，为农业发展提供了优越的自然条件。再加上汉唐以来长期生活于此的劳动人民，积累了丰富的农业生产经验。所有这些都有利于促进西夏农业的迅速发展，农业逐步成为西夏社会经济的主要部门，这两个地区也成为西夏两大重要的粮食生产基地，是故西夏"土境虽小，能以富强"。

河西走廊自汉武帝设郡置县，移民屯田以来，经过历代王朝的开发经营，到唐代时达到鼎盛，"是时中国强盛，自安远门西尽唐境万二千里，闾阎相望，桑麻翳野，天下称富庶者无如陇右"。凉州境内发源于祁连山冰雪融水的石羊河，是河西走廊第三大河，古称谷水，全水系自东而西，主要支流有大靖河、古浪河、黄羊河、杂木河、金塔河、西营河、东大河、西大河等，河流流经走廊平原形成的绿洲，土地沃饶，灌溉农业发达，适宜大麦等庄稼的生长，是西夏赖以生存的粮食供应基地，其"府库积聚，足以给军需，调民用，真天府之国"。西夏统治者对凉州、甘州地区的农业生产高度重视，迁徙人口，增加劳动力，兴修农田水利等，采取一系列措施发展生产。西夏碑铭中有"风雨时降，宝谷永成，地境安宁，民庶安乐"的祈祷词，说明统治者对农业收成的好坏看得很重。元代初期意大利旅行家马可·波罗曾到达凉州，他在游记中记载，凉州"出产小麦甚饶"，"地产野牛，身大如象……用以耕种，缘其力大，耕地倍于他畜也"。说明凉州从西夏一直到元代，农业在经济中占有主要地位。

西夏地处寒凉干燥的西北地区，境内种植的粮食和蔬菜品种，都要适宜当地的气候条件。糜子是西夏地区较为普遍的粮食作物。武威发现的一件西夏文文书，内容就是关于贫民在春夏之交青黄不接之时，向寺院僧人借贷糜子以度饥荒的典糜契约。党项人骨勒茂才编写的夏汉字典《蕃汉合时掌中珠》中，记载的粮食品种除了糜粟之外，还有麦、大麦、荞麦、稻、豌豆、黑豆、荜豆等，蔬菜品种有芥菜、香菜、蔓菁、萝卜、茄子、胡萝卜、葱、蒜、韭等。这些农作物和蔬菜品种，直到今天，西北地区依然在普遍种植。西夏人用于耕作的农具，与中原地区大致相同，主要有犁铧、镰、锄、锹、碌碡、子楼、耙等。西夏农业中已经普遍使用牛耕，安西榆林窟西夏壁画中有一幅牛耕图，图中二牛抬杠牵引犁铧，一人紧扶犁把，驱牛向前。武威发现的西夏时期的碌碡、磨盘等，也是目前西北农村常用的农具。

西夏境内旱灾、水涝、风沙、地震等各种自然灾害频繁，加上长期战争导致的饥荒，直接影响着西夏的农业生产和居民生活。丰年储粮，是西夏政府采取的重要的备战和防灾赈灾措施。西夏拥有完备的储备粮食的仓库制度，还建立了很多粮库和窖穴来储藏丰年积粮，并设置专门的机构和人员进行管理，以备征战和饥荒之用。西夏因自然灾害和战争引发饥荒的时候，统治者主要依靠境内调剂粮食的办法来解决饥荒。西凉府府库的粮食，在西夏饥荒年景，起了重要的作用。《续资治通鉴长编》记载，西夏大安十一年（公元1084年），银州、夏州大旱，三月不雨，民饥馑，群臣请求赈恤，惠宗下令调运甘州、凉州的粮食接济。西夏控甲数十万之众，为了拓展疆土，掠夺财物，立国期间战事不断，先后与宋、辽、金周旋抗衡近两个世纪，其丰厚的库藏存粮，为西夏政府的运转、军事的扩张做了有力的支撑。西夏粮仓多建立在宋夏交界处，宋朝和西夏交战时，宋军占领西夏地区后，往往要掘发当地的粮食窖藏，一般都能获得丰厚的窖藏粮食。西夏大安七年（1080 年），宋将李宪率大军围攻西夏，夏军力不能敌，纷纷溃逃，宋军占领号称西夏"御庄"的窖藏粮食的龛谷城（今甘肃榆中县南），发窖取谷和弓箭等兵器，乘胜攻入兰州。西夏贞观四年（1104 年），宋将陶节夫遣兵攻入西夏石堡砦，夺其窖藏粮食数千。西夏窖藏存粮之丰厚，正是来源于富裕的河套平原和河西走廊的丰年积粮。正如清代顾祖禹所言，"宋时河西没于西夏，夏以富强"，"夏得凉州，故能以其物力扰关中，大为宋患"。

（三）商贸都会

西夏占据河西走廊后，即构建了以凉州、甘州为中心的交通网络，不但发挥军事战略要地的作用，也成为其控制东西贸易的交通枢纽和中转站。

黑水城遗址发现了十多件有关西夏榷场贸易的文书，文书内容表明，凉州是西夏与宋朝及其他沿边贸易的重要市场，往来商人及其所贩卖货物，无论来自当地，还是来自中原宋朝，均要在凉州交易，交易前由榷场使兼拘榷西凉府签判检验所有货物，没有违禁，然后依例纳税，才能发放凭证。西夏碑铭记载，"武威当四冲地，车辙马迹，辐辏交汇，日有千数"，表明西夏时期凉州地区商业贸易繁荣发达。元代诗人马祖常的诗歌《河西歌效长吉体》，也记录了西夏时期河西地区的商业贸易情景："紫驼载锦凉州西，换得黄金铸马蹄。沙羊冰脂蜜脾白，个中饮食酒声澌。"

西夏的商业贸易，主要是与宋、辽、金之间的朝贡贸易和边境的榷场贸易，主要贡品和商品是马、牛、羊、骆驼等畜产品，商品贸易中使用的货币以宋钱为主，也有少量西夏钱币和银锭。

西夏境内流通的货币以宋代钱币为主，武威发现的西夏遗址和钱币窖藏中出土的钱币，大多为北宋钱币，数量占到 88% 以上。西夏也设立了专门机构"通济监"，负责管理钱币铸造。考古发现最早的西夏钱币，是毅宗谅祚时期铸造的西夏文钱币福圣宝钱。目前发现传世和出土的西夏文钱币共有五种，分别是福圣宝钱、大安宝钱、贞观宝钱、乾祐宝钱、天庆宝钱。这五种钱币都是铜质的小平钱，正面为西夏文，背面光背。考古发现的西夏汉文钱币有大安通宝、元德通宝、大德通宝、天盛元宝、乾祐元宝、天庆元宝、皇建元宝、光定元宝等十余种。西夏钱币，特别是西夏文钱币，铸造和存世数量稀少，弥足珍贵，但是这些种类的钱币在武威都有发现。

西夏通过宋朝岁赐、与宋朝贸易等方式获得大量白银，不仅用于对外贸易，在国内的商品交易中也流通使用。宋代的白银货币叫银锭，束腰形，正面记有地名、用途、重量、官吏、匠人名称等，大小不一，重量不等。1987年武威城内的一座西夏窖藏中，出土了数量不菲的西夏银锭，是西夏考古重要发现。武威西夏银锭形制与宋朝银锭相似，均为束腰形，大小、重量不一，最重的两千克，最轻的九百五十克，说明这些银锭不是统一模铸用于收藏的货币，而是在市面上流通的货币。银锭有素面的，也有砸印或錾刻戳记、文字符号等，这些文字和戳记，是西夏银锭流通经历的记录。如，砸有"使正""官正"戳记的，表明该银锭经过不同的官方审验机构审验。錾刻"行人某某""某某秤"等，表明这是由专司银两秤重人员经过称量，并证明银锭成色和重量。砸有"赵铺记""夏家记"的戳记，表明西夏和宋、金王朝一样，也有专门经营银锭的作坊或店铺。錾刻"真花银一锭""肆拾玖两捌钱"等银锭成色和重量的，表明白银的炼制与成色已经有了统一的标准。

西夏老百姓之间的经济贸易活动，如买卖、借贷、典押等，常常通过契约文书来进行。西夏文契约是普遍流行于西夏社会民间的一种社会文书，它是西夏社会底层老百姓之间关于借贷、买卖、典当等有关权利和义务的协议，是一种具有法律效力的社会文书。西夏契约文书沿袭了唐宋时期中原汉族的模式，有统一的形制和内容。武威发现的几件西夏文契约文书，反映的就是民间借贷粮食的、买卖耕牛和驴子的经济活动。武威契约文书，用行书或草书书写，正文内容顶格书写，签字降格书写。内容以立契时间开头，有买卖或借贷双方的姓名，买卖或借贷物品的名称、数量、利息、偿还期限与违约处罚。结尾是借贷人、同借人、担保人的签字画押。在我国，存世的契约文书，特别是少数民族文字的契约文书，稀有而珍贵，西夏文契约文书是研究我国古代的社会经济、法律制度、民事关系等内容的重要文献资料。

第二节　西夏时期的凉州文化

一、崇尚儒学

西夏统治阶级非常重视对中原儒学文化的吸收，用西夏文字翻译儒家经典，培养和教育弟子；推行庙学制度，提倡尊奉孔子；开科取士选拔人才。正如《续资治通鉴长编》所载："自契丹侵取燕蓟以北，拓跋自得灵夏以西，其间所生豪英，皆为其用。得中国（指中原）土地，役中国人力，称中国位号，仿中国官属，任中国贤才，读中国书籍，用中国车服，行中国法令，是二敌（指辽、西夏）所为，皆与中国等。"

（一）翻译印行儒家经典

西夏建国初期，李元昊为了发展民族文化，标榜民族特性，特命大臣野利仁荣仿汉字创制西夏文字。西夏文字形似汉字，但又是独立于汉字之外的一种全新的方块字，是西夏政权独立的象征，也是西夏民族文化统一和发展的体现。文字创制成后，李元昊即尊为国字，在国中大力推行。凡西夏的官方艺文诰谍，与他国之间的往来表奏，皆以国字为重。武威发现的西夏文蒙学课本、民间的买卖和借贷契约等文献表明，西夏文字在民间也广泛普及使用。

创制西夏文字后，李元昊便下令翻译《孝经》《论语》《孟子》《尔雅》等儒家经典著作和《三才杂字》等蒙学课本，作为教育培养党项弟子的教科书。西夏建立之初，党项统治者与其他入主汉文化地区的少数民族统治者一样，对汉文化采取抵触态度。李元昊建立蕃学，培养党项贵族子弟学习西夏文，就是为了突出民族特点，以党项族的"胡礼蕃书"与中原抗衡。但是长期以来各民族之间的相互影响，特别是西夏对中原王朝经济和政治上的依赖，中原传统的儒家思想已经潜移默化渗透到党项人生活的各个领域。名为推行胡礼蕃书，学习吸收的内容依然是儒家学说。《孝经》是儒学著作中封建意味最浓的一部著作，中原王朝往往强调以孝治天下，李元昊把《孝经》当作统治的重要经典首先加以翻译宣传，说明他吸收儒学思想的意识非常强。党项人骨勒茂才编写的西夏文和汉文的双语双解词典《蕃汉合时掌中珠》，是为了方便汉人和党项人互相学习对方语言，书中摘录了《孝经》中的经典语句，"父母发身，不敢毁伤也"，可见《孝经》中的儒学观点和思想已经对党项人产生了很深的影响。吕慧卿注本的《孝经传》，是中原汉族儒家经典之作，汉文本早就失传，但是其内容却通过西夏文本保存下来，弥补了汉文文献典籍的缺失。除了用西夏文翻译儒家经典，西夏还根据汉文典籍编译了《经史杂抄》《新集慈孝传》《德行集》等，甚至自己也编纂儒学著作《圣立义海》《新集锦合辞谚语》《正行集》等，虽然水平不高，但是对党项民族来说，已经是很了不起的进步了。

《三才杂字》是我国古代乡村私塾中常见的蒙学课本，西夏也仿照此体例，编写了汉文和西夏文的《三才杂字》，作为儿童识字课本使用。西夏人编写的《三才杂字》以天、地、人分三章，每章分若干部，每一部又包括若干词，一词四字。内容包括日月、星宿、山川、河海、飞禽、野兽、族姓、人名、屋舍、器皿等。该书在黑水城遗址、敦煌和武威都有发现，除了有多种刻本，还有多种写本，说明当时流行较广。武威发现的西夏文《三才杂字》，内容描述了一个孩童从出生到养育、学习、成长的过程，用四言诗体来叙述，如"父母智慧，选择师傅，使学诸艺。因有智福，立便升官，欢喜踊跃"等，文字精练流畅，大多数都能对仗工整，既朗朗上口，也具有较高的文学艺术水平。

（二）推行庙学尊奉孔子

为了教育和培养人才，李元昊在各州建立蕃学，选拔党项族和汉族官僚子弟入学学习，并亲自出题试问，"观其所对精通，所书端正，量授官职"。蕃学的建立，改变了党项族以前的世族相传和部族推举的陋习，以学问和才能高低为选拔任用官吏的标准，对抑制贵族豪强势力，提高党项地主阶级的文化水平有积极的意义。但是出自蕃学的贵族子弟，大多因出身高贵而"尚气矜，鲜廉耻"，崇宗李乾顺深为痛恶，他于蕃学之外又设立汉学，设置教授，收学生三百人，政府供给食宿，传播学习汉文化知识，量才录用。仁宗李仁孝是一个酷爱汉文化的少数民族皇帝，他执政的五十多年，尤其重视儒学教育，极力推广汉族文化，在全国范围建立学校，普及教育，培养人才，西夏的儒学发展达到高峰。仁孝时期设立的学校，有专门教育皇室子孙的小学，他经常到学校亲自授课；有培养地方人才的州、县学校，在校人数达到三千多人；他还设立了专门学习汉文化的高等学府大汉太学，并亲自到太学祭奠至圣先师孔子。西夏在州县建立的学校，到元朝初期，仅兴州、甘州、凉州尚存遗迹，其余大多毁于战火。从甘州保存的西夏黑河建桥敕碑记载可知，郡学建立后，甘州镇夷郡正亲自兼任郡学教授，负责教化学生。

西夏也仿照中原汉族，推行庙学制度。庙学制度是汉族传统教育的特点，在学校中建设圣庙，庙学一体，教化学子的同时，举行学礼祭拜至圣先师孔子，养成学子尊师重教的品行。我国的中原王朝，自唐朝追谥孔子为文宣王，后代沿袭封谥。西夏虽然是一个地处西偏的少数民族政权，其尊崇孔子之风气，不亚于中原，西夏仁孝皇帝把儒学先师孔子尊奉为文宣帝，这在中国历史上是绝无仅有的。仁孝还下令"州郡悉立庙祀，殿庭宏敞，并如帝制"。保存至今的武威文庙，是西夏在凉州设立郡学和推行庙学制度、尊奉孔子的实物遗迹，西夏蕃汉教授斡道冲的画像曾悬挂于此。从元代虞集《西夏相斡公画像赞》记载可知，西夏时期的凉州庙学，规模较大，元代尚保存殿及庑。不过西夏庙学中，除了沿袭中原汉制尊奉孔子等先师、先圣之像，还在廊庑中悬挂斡道冲等西夏大儒和贤达的画像陪祀孔子，这一点有别于汉族的做法，是西夏为了追求民族特色，突出国家的独立性而做的改良和创新。

（三）科举取士选拔人才

中国历史上的科举制度从隋朝开始，到唐、宋逐步发展和完备。西夏从仁孝皇帝开始，效仿中原科举制度，立唱名法，设童子科，开科取士，选拔官吏。唱名法始于宋朝，皇帝在崇政殿亲自面试进士，"按名一一呼之，面赐及第"。童子科是汉代以来选官取士的特设科目，东汉规定儿童年十二至十六岁，能"情通经典者"拜童子郎，授以官职。唐以后科举特设童子举，十岁以下能通经者、宋制十五岁以下能通经作诗赋者，皆可应试，及第后予以出身并授以官职。

西夏著名学者斡道冲，五岁即以《尚书》中童子科，他精四书、通五经，博学广识，通晓西夏文和汉文，曾用西夏文翻译《论语注》，还用西夏文撰写《论语小义》《周易卜巫断》等书，在国内流行。斡道冲是西夏儒学的一代宗师，他主张以儒治国，深得仁孝皇帝信赖，以他为蕃汉教授，后来擢升为国相，他以儒治国的主张在仁孝皇帝的支持下得到了很大发展。斡道冲去世后，家无私蓄，只留下很多书籍，仁孝下令图画其像，挂在学宫陪祀孔子，得以让学子们礼拜祭祀。

西夏吏部尚书权鼎雄是凉州人，他是西夏天庆七年（1200年）进士，进身授职，以文学名授翰林学士，负责为皇帝起草诏书，备顾问。权鼎雄才气很高，刚正不阿，襄宗安全篡位后，他弃官不做，隐居青岩山，以示对抗。神宗遵顼继位后，他奉召担任左枢密使之职，掌管全国军事机密和边防。在出使金国期间，金国接伴官轻视西夏使者，不按礼仪规矩办事，他据理力争，最终让金人心服口服，改变了对他的态度，维护了西夏国家的尊严和利益。升任吏部尚书后，他掌管全国官吏任免、考课、升降、调动以及朝廷中的礼仪、祭祀、宴享、学校等事务。这一时期，正是西夏战乱频繁、即将亡国的前夕，但他在乱局中始终能够坚持原则，注重澄清吏治，使官民都"无敢干以私者"，按照国家需要和标准选用人才，成为神宗时期的一代名臣。

西夏教育和培养的人才，也成为元朝统治者治理国家的中坚力量。西夏国相斡道冲的后代，几代中有多人在元朝为官，政绩显著。斡道冲之子斡扎箦曾为西夏史官，在蒙古灭西夏时镇守西凉府，为了百姓免遭战火涂炭，他率城中父老投降，被任命为蒙古中兴路管民官。在元军西进时，负责押运粮草，他承袭了父亲刚正不阿，清正廉明的品格，"运饷不绝，无毫发私"，为世人所称赞。斡道冲之孙朵儿赤，担任元朝中兴路新民总管，负责西夏故地农田水利，组织人力开垦因战乱废弃的田地，治理河渠，功绩显著，先后升任潼川府尹、云南廉访副使。他任职期间，爱抚士民，发展生产，和好少数民族，是一名开明的直臣良史。斡道冲的曾孙斡玉伦徒，是元代具有很高儒学修养的党项族进士，他的文章、诗歌被人称为表范，曾与元末著名的忠臣余阙一起参与编修《宋史》。

出仕元代且有史可据的西夏人物，共有370多人，其中祖籍河西地区的就有60人之多，出自凉州的高智耀功绩和声名较为显赫。高智耀出身于一个汉化已久的西夏官宦家庭，他的曾祖高逸是西夏科举状元，担任过西夏大都督府尹。祖父高良惠，官至西夏右丞相。他本人是西夏灭亡前一年的进士，自身具备很高的汉文化修养。西夏灭亡后，他隐居贺兰山中。元太宗窝阔台闻其博学多识，打算委以重任，他提出"请用儒士，蠲免其徭役"的建议，未被采纳，于是他谢绝任用回到故里。蒙古统一后，汉人和汉族文化不被重视，科举长期废止，儒士社会地位低下。元代文学家仇远的诗歌"末俗由来不贵儒，愚夫愚妇恣揶揄"，真实地反映了知识分子人尽可欺的社会现象。蒙古西凉王阔端镇守西夏故地凉州，征用境内儒生为驱户，强迫他们去服劳役。高智耀听到后很痛心，他专程来到西凉府求见阔端，请求他按照西夏国的旧例，免除儒生们的徭役。阔端听从了他的请求。宪宗蒙哥继位后，高智耀再次建议免除全国儒生的徭役，认为"自古有国家者，用之则治，不用则否，养成其材，将以资其用也。宜蠲免徭役以教育之"。蒙哥很高兴，答曰："善，前此未有以告朕者。"元世祖忽必烈早就对高智耀的才学有所闻，继位后马上召见并赞同其重视儒生的主张，任命高智耀为专门管理全国儒户的官员，负责免役儒户的管理；又授他为翰林学士，负责督促检查全国儒户的甄别工作。高智耀不辞辛劳巡行全国各地，释放沦为"驱口"（即失去人身自由，被分配服劳役，或给蒙古贵族充当使役的人）的儒生三四千人，并向忽必烈解释说，"士，犹如黄金，金色有浅深，谓之非金不可；才艺有深浅，谓之非士亦不可"。西夏儒士在蒙元时期受到优待，并被选任为官吏，高智耀功不可没。《重建高文忠公祠记》碑中记载："是时（忽必烈时）军旅未息，西北之儒多在俘虏中，公请于朝，皆遣为良民，或先以钱得之者，官出钱以赎，遣使检阅，得儒者数千人。"高智耀还奏请，在元朝廷设立御史台监察机关，以便朝廷及时掌握、监督、管理各地官员，整肃官纪，元朝封建统治机构更加完备。高智耀崇尚儒学，不畏强权，勇敢践行，为元朝保护了大批可用人才，儒家文化的社会地位得到提高，他后来被授予翰林学士，出任西夏中兴路提刑按察使。他的儿子高睿、孙子高纳麟、曾孙高安安，都具有较高的文化素养，是元朝颇有作为、受到器重的党项族官员，为元朝国家的建设，民族文化的融合发展，贡献颇丰。

西夏对文化教育的重视，对后来的元朝文化的发展产生了直接的影响，历史学家陈登原《国史旧闻》中言："西夏人才，初虽有资于宋，其后亦卓然有所自见，并启迪金源，蒙汉文化混合，西夏与有力焉。"

二、佛教兴盛

凉州自佛教东渐以来，积淀了深厚的佛教文化基础。西夏历代统治者的大力推崇和扶持，使凉州佛教得到进一步发展，藏传佛教兴盛，佛教文化遗存丰富。

（一）翻译印施佛经

西夏在发展佛教方面最突出的成就是大量翻译和刊印佛经。向宋朝求赎大藏经、创制西夏文字、翻译和刊印西夏文佛经，这一系列活动伴随党项西夏的发展而进行。建国伊始，李元昊开始翻译大藏经，到李乾顺时期，仅五十多年时间就译出三千五百多卷。举世闻名的汉文大藏经，从梵文翻译成汉文，用了将近一千年的时间，才译成六千多卷。西夏翻译佛经的速度，在世界译经史上都是一个惊人的创举。西夏文大藏经是我国第一部系统翻译的少数民族文字的大藏经，是我国佛教典籍中的宝贵财富。

考古发现最多、最完整的西夏文佛经，是 1909 年俄国探险家科兹洛夫在我国的黑水城遗址发现的，约三百多种，近两千卷。武威亥母洞石窟、天梯山石窟、张义乡小西沟等西夏佛教遗址中，也发现了四百多页西夏文佛经残页，内容包括《金刚经》《妙法莲华经》《大方广佛华严经》《金光明最胜王经》《佛说观弥勒菩萨上升兜率天经》《维摩诘所说经》等三十多部。

直接把藏文佛经翻译成西夏文佛经是西夏佛经翻译的另一个成就。唐末五代，吐蕃对凉州近百年的统治，使吐蕃人信仰的藏传佛教深深植根于凉州大地。党项、吐蕃，相互间密切的经济文化往来中，藏传佛教对党项西夏也产生了很大影响。武威发现的西夏文佛经中，有不少是译自藏文的佛经，如天梯山石窟发现的西夏文佛经《胜观自在大悲心总持功德依经录》《佛母大孔雀明王经》《德王圣妙吉祥增智慧觉之总持》《圣胜慧到彼岸功德宝集偈》等。武威发现的有些西夏文佛经内容较为独特，目前还没有找到可以对勘的文本，但其内容具有浓厚的藏传佛教色彩，如《大千守护经中说五种守护吉祥颂》等。

西夏人自己编撰的佛教文献，在武威也发现不少。《密咒圆因往生集》是西夏僧人智广等编辑的一部诸经神验密咒总集，这是存世的汉文大藏经中唯一一部由西夏僧人编辑的佛经。武威发现的西夏文佛经残页《十二因缘咒》和《阿弥陀佛心咒》就是其中的内容。《五更转》是西夏人仿照中原汉族流行的曲子词的形式，创作的宣扬藏传佛教教义的佛教作品。《志公大师十二时歌注解》也是西夏人对中原高僧作品的解读和阐释。

武威西夏遗址中还发现了少量藏文佛经，这是藏传佛教在西夏地区传播过程中留下的又一种稀有而珍贵的佛教文献。

西夏统治者除了翻译、刊印佛经，还经常作佛教法会，散施佛经。在凉州就曾有过两次规模盛大的佛事活动。第一次是在天祐民安五年（1094年）崇宗李乾顺时期，在重修凉州护国寺和感通塔的工程竣工后，皇帝和皇太后大作法会，剃度僧人、赏赐钱物、散施佛经、赦免死罪，并刻碑纪传。第二次是乾祐二十四年（1193年），仁宗李仁孝去世三七之日，西经略使在凉州组织大法会进行超度，法会共持续了七天七夜，参与活动的有高僧、官员以及在家、出家信徒等三千多人，僧人诵读番、汉、西番三藏经各一遍，然后救贫、放生。此次法会还专门雕印了西夏文和汉文的《拔济苦难陀罗尼经》二千余卷进行散施。

武威自古以来就是多民族聚居之地，各民族文化在这里不间断地交流、融合、发展、传播。在西夏故地武威发现数量众多的、不同民族文字的佛教文献，反映出当时佛教传播的兴盛，也表明西夏佛教信仰的多元化特征。

（二）重视礼遇高僧

西夏统治者大力提倡佛教，提高了僧人的社会地位，他们不仅有很高的政治地位，还享有很多的特权。西夏僧人可以不纳税或少纳税，可以免除劳役，犯罪时可以获得轻判等。许多人为了逃避税务，享受优待，出家为僧，西夏僧人数量迅速增加，造成严重的社会问题。为此，西夏法典专门制定了出家为僧的条件，对逃避赋税、非法入寺为僧者，处以重刑。西夏境内僧人的民族成分众多，除了党项族、还有汉族、吐蕃族、回鹘族、鲜卑族等，多民族僧人的构成特点，使得西夏佛教在广泛吸收各民族佛教内容的基础上，内涵更加丰富。

西夏僧人有严格的等级之分，地位较高的僧人，依次被封为帝师、国师、法师和禅师的称号，成为西夏僧侣的上层，作为统治阶级的一部分，主持西夏的佛教事务。他们具有较高的学识和声望，在推动西夏佛教发展方面起着核心作用。西夏僧人中，吐蕃僧人的地位最高。西夏的帝师，全部都由吐蕃高僧担任；西夏佛经发愿文中，在提到剃度各族僧人时，经常把吐蕃僧人列于首位，作大法会时念诵的佛经，藏文佛经也排列在先。

帝师是西夏佛教事务的最高负责人，为皇室讲经说法，主持宗教法事。西夏帝师均由藏族高僧充任，他们都是当时地位最高，学识渊博，著述浩繁的大师，他们对西夏佛教特别是藏传佛教的发展贡献卓著。西夏所封帝师不多，从文献记载看共有四位，其中两位曾到过凉州，对凉州佛教产生过重大影响。西夏仁孝皇帝时期，藏族高僧的弟子格西藏索哇曾来西夏传法，受到西夏王宠信，被尊为上师，后来成为西夏襄宗皇帝的帝师。西藏拔绒噶举派高僧桑吉热钦，在西夏传教达三十三年，被封为国师，在蒙古军队围攻中兴府时，他曾随驾神宗前往西凉府避难，因护驾有功，被晋封为帝师。帝师的设立是西夏的首创，其开创了中国历代王朝中封设帝师的先河，影响了后世元朝对帝师的设立。

西夏的国师，地位与朝廷中的中书、枢密职位相等，属于上等品位。他们精通佛法，懂得两种以上的语言文字，能够翻译和校勘佛经。西夏前期，封设帝师之前，国师的社会地位最高。传世的西夏译经图中，国师常常居坐高位讲译佛经，西夏皇帝和皇太后则分坐两旁听法。资料所见的西夏国师有十多位，武威发现的西夏文文献中，出现了两位国师的名字。一位是西夏高僧周慧海，他是仁宗时期的一位汉族僧人，曾担任西夏在家功德司副使的职务，获得显密法师的称号，后来升任国师。在西夏佛经翻译史上，周慧海是一位举足轻重的人物。他精通梵文、汉文、藏文、西夏文等多种语言文字，负责把佛经翻译成西夏文的工作。周慧海对西夏佛教的贡献主要表现在佛经的翻译上，他翻译的佛经很多，现存的、他参与翻译并有明确题记的佛经，有《圣观自在大悲心总持功能依经集》《胜相顶尊总持功能依经录》《圣胜慧到彼岸功德宝集偈》《如来一切之百字要论》《注华严法界观门深》等。他经常奉敕与西夏著名的佛经翻译大家贤觉帝师、五明显密国师胜喜、诠教法师鲜卑宝源等人共同翻译佛经，他的名字与帝师级别的高僧一同出现在西夏文佛教文献中，既说明其深通佛理，同时也表明其在西夏佛教领域的地位之高。

武威发现的一份公元1224年的西夏文典糜契约文书中提到一位讹国师，他是西夏末期的佛教僧人，驻锡在武威新华乡的亥母寺中传法。这一时期的西夏内忧外患，朝不保夕，百姓生活困苦，只能靠向寺院僧人借高利贷度日。契约记载的正是讹国师向百姓放高利贷的内容。

西夏的法师和禅师，是具有较高的佛学知识，通晓并善于讲解佛法，能够致力于修行传法的僧人。他们都是对西夏佛教传播做出过贡献的人。一些具有较高文化素养和熟练运用文字的僧人，还参与过西夏辞书和诗集的抄写工作，为西夏文化事业做出过贡献。

（三）兴修寺院佛塔

西夏时期在各地大规模新建和重修的佛教寺院和塔刹众多，以至明代诗人李梦阳发出"云锁空山夏寺多"的感慨。凉州境内的佛教寺院，城内有大云寺、罗什寺、海藏寺，远郊有亥母洞石窟及寺、天梯山石窟及广善寺、圣容寺、瑞像寺、崇圣寺等，这些寺院，除了亥母洞石窟及寺是西夏新建，其余大多都是前代所建，西夏都一一加以修葺使用。正如西夏碑中记述，"近自畿甸，远及荒要，山林溪谷，村落坊聚，佛宇遗址，只椽片瓦，但仿佛有存者，无不必葺"。大云寺是武威年代最早的佛教寺院，相传为阿育王时期所建，寺中宝塔中供奉佛祖的中性眼舍利，前凉时重建后称宏藏寺，唐代改为大云寺，西夏又称护国寺，是西夏的皇家寺院。西夏天祐民安三年（1092年），凉州大地震，护国寺及寺内的感通宝塔被震倾斜。崇信佛教的崇宗皇帝李乾顺和皇太后诏令维修，竣工后举行盛大的佛事活动庆赞，并刻碑记传，此碑即举世闻名的西夏文和汉文合璧的"凉州重修护国寺感通塔碑"。乾祐七年（1176年），仁宗皇帝李仁孝御驾西行，亲临甘州，祭祀水神等诸神。途经凉州，他曾亲自拜谒凉州大云寺金塔即感通塔中供奉的佛祖中杏眼舍利。

"凉州重修护国寺感通塔碑"简称"西夏碑"，是现存最完整、内容最丰富、价值最大的西夏碑刻。碑中记载了凉州宝塔自建立以来的诸多神灵感应故事，内容涉及西夏的语言文字、政治经济、军事历史、宗教文化、社会生活等多方面的内容。西夏碑的夏、汉文碑文，分别由西夏著名的书法家浑崴名遇和张政思书写，西夏文篆书碑额"敕感通宝塔之碑铭"，是目前保存最完整的八个西夏文篆字。西夏碑正面的1800多个西夏文字，与背面的汉文虽然不是逐字逐句的对译，但是大部分都能找到相对应的汉文释义。借助西夏碑碑文，人们释读出存世的西夏文钱币、确定西夏文碑刻、翻译西夏文文献等。在没有任何西夏文和汉文对照资料的情况下，夏、汉文合璧的西夏碑，成为当时人们解读西夏文献、探索研究西夏历史的"活字典"。学术界给予它非常高的评价，说它是"打开研究西夏学大门的一把金钥匙"。

三、科技发达

（一）金属冶炼

宋朝是中国历史上科学技术和发明创新高度发展的时代，许多重大发明如火药、活字印刷、指南针等，都产生于这个时代。国学大师陈寅恪先生曾评价："华夏民族之文化，历数千载之演进，造极于赵宋之世。"宋朝初期，我国已经拥有世界上最先进的火药配方和火器，火箭、火炮、蒺藜火球等十多种火器，是当时最先进的军事武器。

西夏历代统治者，重视发展军备，立国期间，积极吸收和借鉴宋朝先进的金属冶炼技术和武器制造技术，其军事武器装备，不低于宋朝水平。宋代的科学家沈括《梦溪笔谈》中记载了不少西夏有名的兵器，有射程远、穿透力强、威力巨大的"神臂弓"，有锋利无比，在当时闻名遐迩，号称天下第一剑的"夏国剑"等。武威西夏窖藏中发现的三件金碗，纯度很高，打磨光滑。碗底心和碗的口沿上，用錾刻的技法，分别刻出团花牡丹图案和缠枝花卉图案，线条纤细流畅，制作工艺精湛，说明西夏工匠已掌握了制模、浇铸、抛光、錾刻等高超的金属冶炼技术和铸造工艺。安西榆林窟的西夏壁画"锻铁图"中，锻铁工匠正在使用的双扇竖式木风箱，鼓风量比普通风箱更大，能提高炉火温度，是当时最为先进的鼓风设备，为西夏的金属冶炼和武器制造提供了保障。

西夏的火器制造技术也很熟练，已经达到了中原宋朝的技术水平。武威曾发现多枚西夏瓷蒺藜火球，蒺藜周身布满了逆刺，顶端有孔，中间空心，可以装置火药和引火线，爆炸以后达到的杀伤力非常大。北宋、辽和西夏都拥有炮兵部队，《宋史·夏国传》记载，西夏"有炮手二百人，号'泼喜'，陟立旋风炮于橐驼鞍，纵石如拳"。西夏的炮兵部队叫"泼喜"，负责旋风炮的发射，旋风炮安放在骆驼鞍子上，以石头为子弹，移动发射，这样的设计，集中了骑兵和炮兵的优势，使用、转移都非常灵活。

在西夏故地银川和武威，都发现了西夏铜火炮遗物。1980年5月，在武威一座西夏窖藏中发现的铜火炮，是现存年代最早、体量最大的金属管型火器，也是当时最先进的武器装备。铜火炮长 100 厘米，重 108.5 公斤，由前膛、药室和尾銎三部分组成，药室上面有小孔，可以放置引火线，尾銎两侧有对称的方孔，用来安装铁栓，连接支架。武威西夏铜火炮的发现，具有划时代的意义，标志着世界战争史已经从冷兵器时代向火器时代过渡，世界文明的脚步向前迈进了一大步。

西夏地处丝绸之路交通要道，是东西方文化交汇融合的驿站，也是历代王朝获取利益的战场。强悍的蒙古骑兵，六次攻打西夏，西夏军队能够与蒙古军队顽强抗争，威力巨大的铜火炮也发挥了巨大的作用。西夏铜火炮作为蒙古军队的战利品，广泛使用在蒙古的对外战争中。1220 年成吉思汗在攻打中亚花拉子模的战争中，1274 年和 1281 年蒙古军队两次攻打日本的战争中，都使用了铜火炮。统一全国后，元朝统治者把全国的火器制作工匠集中到京师，专门从事火器制作。20 世纪 70 年代以来，在内蒙古、河北、陕西、宁夏等地，先后发现了多件元代的金属管型火器，从其明确的制造时间、地点和编号可知，元代初期，已经开始生产金属管型火器来装备军队，而且具有相当规模。

宋朝发明了管型火器的制造技术，但是至今没有发现这一时期的遗物。西夏保存和传承了中原宋朝先进的火器制作技术，并通过蒙古军队向西方传播。蒙古军队在与西夏、宋、金的战争中，掌握了火器制造技术，随着蒙古人的西征和东西方的交往，火器制作技术经由中亚、西亚传入欧洲，对西方科学技术的发展起了重大作用。在这个传播过程中，西夏所起到的作用是不容忽视的。

（二）印刷技术

我国的雕版印刷始于隋朝而成熟于唐代，至宋代时出现了第一个高峰。宋太祖开宝年间，成功雕印中国早期印刷史上最大的一部书籍《开宝藏》。中原宋朝先进的印刷技术，很快被西夏借鉴使用，大量翻译印刷儒家经典和佛教典籍，西夏的印刷出版事业得到突飞猛进的发展。宁夏宏佛塔中发现的 2000 多块西夏文木雕版，是世界上现存年代最早、数量最多的木雕版。内蒙古黑水城遗址、宁夏、甘肃敦煌和武威等地，发现大量西夏文印本文献。这些考古发现都是西夏雕版印刷高度繁荣的例证。

雕版印刷术的发明和发展，极大地促进了教育的发展、文化和科学技术的传播。随着社会需求的扩大，它的缺陷也暴露出来。一部书籍的内容要全部雕刻在大小相同，表面平整的木板上，才能印刷。一块木板，刻错一个字，整块板子就要报废，费时费力费木料，而书籍印刷完以后，保存雕版要占空间，要防虫蛀防潮湿等，极为不便。这时候，活字印刷应运而生。北宋毕昇发明的泥活字印刷，在泥质的字模上刻字，按照书籍内容，捡字、排版、印刷。刻好的字模，可以重复使用，省时省料、方便快捷，最适合印制大宗书籍，是当时世界上最先进的印刷方法。

毕昇发明活字印刷技术后，迅速被西夏借鉴使用，印施西夏文佛经和儒家经典。1985 年在距离武威城区 15 公里的新华乡缠山村亥母洞洞窟中，发现了西夏唐卡、西夏文文献等文物文献上百件，其中泥活字印本的西夏文佛经《维摩诘所说经》是最重要的发现。西夏文泥活字印本佛经《维摩诘所说经》，共54 面，6400 多个西夏文字，有完整的卷首，卷首经题为《维摩诘所说经下集》，最为独特的是，经题后有西夏仁宗皇帝的尊号题款"奉天显道耀武宣文神谋睿智制义去邪惇睦懿恭"，题款是雕版印刷而成。西夏统治者崇信佛教，皇帝和皇太后经常亲自参与翻译、校勘和印施佛经，这些佛经往往会刻上他们的尊号题款。仁宗皇帝在位时期，西夏印刷事业最为发达，他校勘印施的佛经最多，佛经题款最多，他的尊号长达二十个字，都是对他的溢美之词。刻工们为了省时省力，把他的尊号雕刻在一块长板子上，作为一组活字，在每一部佛经中都能灵活使用。这是西夏文献上所独有的，是西夏人对活字印刷技术的改良和创新。在使用泥活字印刷的过程中，西夏人又在此基础上开始使用木活字印刷书籍。1991 年在宁夏贺兰山拜寺沟方塔中，发现的西夏文木活字印本佛经《吉祥遍至口合本续》，是世界上最早的木活字印刷实物。

西夏广泛使用汉族传统的雕版技术印刷西夏文书籍，又借鉴使用和改良泥活字印刷技术，创制木活字印刷技术，保存和发展了中原汉族优秀传统文化和技艺，这是西夏少数民族在中华民族印刷史上做出的重要贡献。北宋毕昇发明的泥活字印刷，被称为世界活字的鼻祖。但在浩如烟海的汉文典籍中，至今没有发现宋代的汉文活字印本。武威发现的西夏文泥活字印本《维摩诘所说经》，是世界上最早的泥活字印刷实物，填补了中国和世界印刷史上的空白。任何一种工艺都有一个从粗到精，从不成熟到成熟的发展过程。武威西夏文泥活字印本，所表现出来的活字初创时期的原始、简陋、粗放的特征，使我们得以了解古代活字印刷技术产生、发展、演变的历史。

西夏和回鹘都位于丝绸之路交通要道，两个民族之间经济文化往来频繁。1908年，法国汉学家伯希和率领法国中亚考察队，在莫高窟北区洞窟中发现了960枚西夏时期的回鹘文木活字。20世纪80年代，敦煌研究院对莫高窟北区洞窟逐一清理发掘，又发现48枚回鹘文木活字。这一千多枚木活字，成为世界上最早的活字实物，也是活字印刷通过西夏向西部回鹘地区传播的实物证据。回鹘文是字母文字，与西方的字母文字有很多相似之处，回鹘人根据自己民族的语言文字特点创造的活字，开创了字母文字活字印刷的先河。200多年后，德国人古腾堡又制作金属字母活字印刷书籍，并迅速在西方传播。

毕昇发明泥活字的时代，正是西夏独占河西走廊的时期，东西方贸易和文化交流，无不受到西夏的强烈影响。国内外收藏的大量西夏文活字印本文献，以及考古发现的西夏西部敦煌地区的回鹘文木活字，这些实物都证明，西夏对活字印刷技艺的传承和发展，以及向西方传播的过程中，所起到的重要的桥梁作用。

（三）瓷器制造

西夏瓷器制造业起步晚，发展速度较快。宁夏灵武窑和武威塔儿湾窑，是国内仅存的两座西夏瓷窑遗址。从遗址中发现的大量西夏瓷器来看，西夏瓷器在烧制技术、器物造型、装饰技法等方面，都借鉴和吸收了中原北方各个窑系瓷器的特点，同时又以粗犷豪放的大体量、简洁明快的装饰、极富民族特色的器型等特点，与中原瓷器形成了鲜明的对比，凸显出西北少数民族特有的民族文化内涵。

武威塔儿湾西夏瓷窑遗址，位于武威城南 35 公里的古城乡。遗址东西长 500 米，南北宽 260 米，遗址中清理出较为完整的和可修复的西夏瓷器 160 多件，反映出武威西夏瓷器制作的规模和工艺特点。塔儿湾窑发现的西夏瓷器以生活用具为多，器型多种多样，如碗、盘、碟、杯、罐、瓶、釜、钵、瓮、壶、炉、钩、纺轮等，几乎囊括了日常生活中使用的基本用具。不同类型的器物，又因为大小、釉色、装饰技法的差别而各不相同，使得器型更加丰富多样。窑址中发现的瓷扁壶，是仅见于西夏瓷窑中的一种器型，反映了党项少数民族游牧为主的生活习俗。扁壶腹部扁圆，肩部有两耳或四耳，便于穿绳提拿或游牧骑射时马上携带。窑址中发现的少量西夏供养人雕像，是典型的党项民族的秃发，这是西夏皇帝李元昊颁布实施"秃发令"最为具体和生动的历史佐证。塔儿湾瓷器多见体形硕大、高度在 50 厘米以上的罐、瓮和碗，这样的大体量瓷器，在国内发现的西夏瓷器中极为罕见，这是武威西夏瓷器与众不同的地方，真实地反映出居住在西北沙漠地区的凉州西夏居民粗犷豪放、乡土气息浓郁的生活状态。

以剔刻花为特色的装饰技法，是西夏瓷器最具特色的地方。塔儿湾窑址中发现的剔刻花瓷器，体量大，构图丰富别致，剔刻技法简单粗放，画风追求意境。四系褐釉牡丹纹瓷瓮，采用开光技法构图，在器物的腹部，用剔地法剔刻出对称的花瓣形开光和牡丹花纹饰，剔釉后的白地衬托出褐色釉的牡丹花；肩部刮釉后形成的一圈宽带纹，既可以做搭烧的连接处，又成为一种辅助装饰，色彩对比强烈，纹饰凹凸有致，立体感更强。四系黑釉牡丹纹瓷罐，腹部一圈剔釉，只留下缠枝牡丹纹饰，黑色釉的花瓣和枝叶自然舒展，在白色地纹的衬托下，主次分明。白地黑彩彩绘装饰是河北磁州窑的瓷器艺术特点，它把制瓷工艺和传统书画艺术两者结合在一起，题材是老百姓喜闻乐见的花卉、飞鸟，生动亲切，黑白色彩对比强烈。塔儿湾西夏瓷器，承袭了这一工艺特点，形成了武威西夏瓷器的独特风格。六系白釉飞鸟纹大瓷瓮，以白色釉为地色，腹部绘饰一圈褐色的飞鸟和祥云，肩部绘饰一圈莲花作为辅助纹饰。绘画技法简练朴拙，但是自然随意，民间生活气息浓郁。白地褐釉西番莲纹大瓷罐，黄白釉为地，腹部绘饰一圈褐色缠枝西番莲纹饰，硕大的花朵凸显在瓷罐腹部凸起的地方，格外的醒目夸张。白地褐彩小瓷瓶，以白色釉为地，通体绘饰褐色草叶纹和双弦纹，画面简洁疏朗，清新随意自然。磁州窑瓷器上多有题字，这一特点在塔儿湾西夏瓷器上也多有体现。西夏人活学活用，将自己民族的文字题写在瓷器上，使得塔儿湾西夏瓷器更具特色。党项人崇尚白色，这一特点也体现在瓷器制造上。塔儿湾瓷器釉色丰富，以白釉瓷器为多，且白色釉均施化妆土，这是因为西夏境内瓷土质量欠佳，瓷器胎色多呈现灰白色或浅黄色。为了克服这一缺陷，西夏白釉瓷均在瓷胎上先施化妆土，再施釉，这种方法也成为西夏白釉瓷独特的装饰技法。

宋代是我国瓷器生产的繁盛期，制瓷业空前发展，制瓷名窑迭出，瓷器品类繁多。西夏瓷器制造深受中原汉族的影响，制作工艺与中原一脉相承。为了体现民族特色，在器型、装饰等表现手法上又富于创新。武威地处西偏，气候寒凉，境内少数民族居多，性格粗犷豪放，崇尚饮酒的生活习俗由来已久。塔儿湾瓷器能够从实用的目的出发，进行瓷器的生产和创新，比如，多种造型和体量的酒具，其中底部有流孔的大件酿酒瓮最具特点。粗放的瓷器制作工艺，贴近老百姓生活的装饰图案等，这样的瓷器，富于浓郁的民间生活气息，既实用又能表达人们的情感和追求，很受老百姓的喜爱。

四、风俗独特

（一）发式服饰

生活在寒冷的西北地区的西夏党项羌族，以游牧为生的阶段，一直沿袭着"男女并衣裘褐，仍披大毡"的传统。随着与中原交流的加深，他们的服饰也发生了很大的变化。李元昊建国前夕，为了突出民族特点，下令强制国人秃发，"三日不从，许众共杀之"，他率先垂范，带头秃发。我国古代少数民族中有秃发习俗的，除了党项羌族之外，建立辽国的契丹族也秃发。不过契丹族的秃发，是沿袭了他们民族的古老的传统习俗。党项族发源于古老的羌族，羌人习惯"披发左衽"，他们的传统发式是披发，与鲜卑吐谷浑交往后，又接受了鲜卑族辫发的习俗。李元昊建国前的秃发，是为了标新立异，突出民族特点的一个手段，显然带有某种政治意义。

李元昊还效仿中原汉族，建立了严格的服饰制度，借以区分等级贵贱。西夏法典《天盛律令》明确规定，皇帝专用的衣服颜色、纹饰、贵重饰物等其他人不得使用。法典还规定了官、民服装的样式和颜色，规定文官"幞头、靴、笏、紫衣、绯衣"，武职"冠金帖起云镂冠，银帖间金镂冠，黑漆冠，衣紫旋襕，金涂银束带"，便服则"紫皂地绣盘毬子花旋襕，束带"。无官职的庶民只能穿青、绿色的衣服。

目前能够反映西夏党项人发式服饰的图像资料，有敦煌莫高窟和安西榆林窟的西夏壁画，还有内蒙古黑水城遗址和宁夏、武威等地发现的西夏绢画。武威发现的西夏木版画，是作为陪葬器物出现在西夏墓葬中，有替代墓葬壁画的作用。西夏木版画上的人物形象很丰富，有戴幞头、穿长衫的文官，有穿铠甲手持宝剑的武士，有牵马奔跑的驭马人。秃发的男侍从，和梳着高髻的女侍从，手里捧着各种物品，有水壶、盆、浴巾、衣服、奁盒、唾壶等，全是沐浴之物，表现的是墓主人生前生活的场景。另外还有代表太阳的三足乌、双首龙、金鸡等动物内容，和寓意鲜明的"蒿里老人"，表明墓主人祈愿死后升天的愿望。

木版画表现的多是处于西夏社会底层的普通老百姓，内容也反映了真实的西夏社会生活，也是目前发现的形式独特、反映西夏发式服饰的独一无二的图像资料。题名为"蒿里老人"的正面人像，是着便装的西夏文官形象。头戴黑色尖顶高冠，内穿圆领衫，外穿宽松的交领长衫，腰间系黑色束带，脚穿黑靴，手持竹杖，与宋代文官服饰相似。另一幅表现的是侧立的文官形象，红色面庞，戴黑色襆头，脑后垂带；内穿白色圆领衫，外穿灰蓝色交领宽袖长衫，腰间束带，拱手站立。

木版画中表现的西夏武士，均头戴贴红边白色毡盔，盔顶有红结绶，身穿红色宽袖战袍，肩披掩膊，身着重甲，红色束腰，垂蹀躞，脚穿云头靴，双手或执宝剑、或抱拳胸前。红色面庞，威武刚健。西夏武士的冠帽，以及腰间的蹀躞，显示出浓厚的党项民族的特点。蹀躞是一种功能性的腰带，上面悬挂短刀、解锥、弓矢等物品。《宋史·夏国传》《辽史·西夏》等文献中，都记载了西夏武士这种独特的冠帽和配饰。武威西夏墓葬中发现的铜制的剔指、挖耳勺等配饰和简单粗犷的镶绿松石金耳环，也间接地证实和补充了文献的记载。

"牵马图"木版画中的西夏男子，无论发式还是服饰，最具少数民族风格，头顶秃发，鬓角头发剪短向两边飞翘，余发辫扎垂在肩上。身穿绿色交领长衫，束黑色腰带，脚穿白色长筒毡靴。左手牵马，右手执鞭，表现的是牵马奔走的状态。"五男侍"木版画，表现的是地位较低的男侍从形象。五个男子立姿，秃发，穿圆领或交领长衫。有的背负长剑，有的背着包袱，有的怀中抱着大盘，有的双手举着痰盂，有的肩上搭着毛巾，双手抱拳，态度顺从。

西夏女子无论贫富贵贱，都流行梳高发髻，这是受回鹘传统的影响。元代诗人马祖常《河西歌》中的描述，"贺兰山下河西地，女郎十八梳高髻，茜根染衣光如霞，却召瞿昙做夫婿"，反映的正是西夏女子常见的发饰。莫高窟和榆林窟壁画中，常见西夏贵族女供养人，她们的高发髻上常见莲花形、桃形等冠，冠上有金珠装饰，冠后插花钗，显得格外华丽、高贵。木版画中表现的是身份低下的"侍女"，她们也梳高发髻，只是发髻上极少装饰。她们穿着交领窄袖长衫，腰下开衩，内穿长裙，腰间束带。这种装束，与宋代女子穿着打扮相似，显然是受到中原汉族的影响。

西夏多民族文化元素的发式服饰，折射出党项民族发展和变迁的历程。党项族从"披发左衽""服裘褐，披毡以为上饰"，到"衣锦绮"的过程，是其从游牧转向定居，从草原文化向农业文化转变，从落后走向文明的过程。这个过程，是党项民族与汉族和其他少数民族交往、融合的过程。

西夏发式服饰，也表现出浓郁的少数民族特点。党项族迁徙以前曾是藏族先民的一部分，他们的很多习惯，如戴毡帽、穿毛织布衣（褐衫）或皮袄等，这些与藏族牧民的装束相似。男子秃发、耳垂重环、戴各式毡冠、垂蹀躞等，这是党项民族服饰的特色，表现出党项少数民族崇尚武力的特点，和游牧生活的习俗。白河是党项族祖先的发源地，西夏诗歌中记载，"黔首石城漠水畔，红脸祖坟白河上，高弥药国在彼方"。党项族崇尚白色，这种信仰在党项贵族的服饰上也得到体现和延续。党项族首领李继迁常常"白衫纱帽"，西夏国王李元昊也喜欢白色服饰，常"衣白窄衫"，戴"白毡尖顶高冠"。

受宋代礼仪制度的影响，西夏也有严格的服饰制度，以体现其封建等级制度。西夏法律明确规定了文武百官和平民百姓的衣饰，西夏文官的服饰与唐、宋官员的服饰相似，武官的服饰则具有本民族特色。这些现象，反映了西夏建国初期的国情，文职官员多为汉族，武职官员以党项族为主，表明中原北宋在政治制度和文化方面，对西夏影响深刻。

（二）丧葬习俗

死生之事，人生之大事。历朝历代，各个民族都重视丧葬，西夏党项羌族也不例外。西夏的丧葬习俗，继承了党项族的古老传统，受到周边各个民族的影响，形成了形式多样、独具特色的丧葬文化。

《西夏事略》记载，因为战事频繁，居无定所，党项首领李继迁采用水葬这种特殊的方式，埋葬先祖。李继迁的水葬方式，不同于古代的"投尸水中"或者"撒骨灰于水中"，而是将尸体埋藏在河流中的石棺中。"（继迁）寻葬其祖于红石峡（今陕西榆林境内），障水别流，凿石为穴，既葬，引水其上，后人莫知其处。"

天葬是党项族对殉情男女的丧葬仪式。死者双方亲属，将殉情男女的尸体用彩缯包裹，外面再裹上毛毡，"乃以其草密加缠束，然后择峻岭，架木为高丈，呼为女栅，迁尸于上，云，于飞升天也"。双方亲属则击鼓饮酒，数日而散。

塔葬是西夏敬仰佛教高僧的一种方式。西夏全民信仰佛教，统治者尤甚，境内佛教高僧地位很高。高僧圆寂时端坐台上，尸体不火化，也不用葬具，修塔供养尸骨。这是一种高等级的丧葬方式，表示对佛教高僧的敬仰。黑水城遗址发现的一座藏式覆钵式塔，就是埋葬供养佛教高僧的一座塔墓。

石窟葬也是西夏佛教僧侣的一种安葬形式。甘肃永昌县花大门石刻塔群，是刻在山体崖壁上的、形式更为独特的西夏僧侣瘗窟群。石刻位于永昌县西北约 20 公里处的龙首山余脉的断崖上，山体长约 500 米，崖面上雕刻有 50 余座藏式佛塔，大小不一，造型各异，以覆钵式喇嘛塔为多，腹部开龛的石刻塔，就是安葬僧侣的舍利塔。永昌县是西夏故地，境内西夏遗存非常丰富，类似的石刻塔群，在县城周边的山崖上多有存在，但是在国内却是唯一仅存的。

党项族的水葬、天葬是较为特殊的个别事例，塔葬和石窟葬是用来安葬佛教僧人的葬式。西夏境内普遍流行的是火葬和土葬。

羌人实行火葬的习俗由来已久。《庄子》云："羌人死，燔而扬其灰。"《荀子·大略篇》亦载："氐羌之虏也，不忧其系累也，而忧其不焚也。"《后汉书》也记载，羌人"死则焚其尸"。直到中华人民共和国成立前，四川的羌族地区依然盛行火葬。西夏党项羌族沿袭了羌人这一方便经济的丧葬习俗，死后焚尸，把骨灰装到葬具中，名其为"灵匣"，再把灵匣埋入墓中。武威西郊林场发现的两座西夏小型单室砖砌墓中，葬具都是八角形尖顶佛塔式木缘塔，塔的内壁汉文书写了墓主人的生平，塔的外壁上，又书写了梵文咒语。这种集灵柩、佛教咒语和佛塔为一体的葬式，在我国古代极为罕见。该墓葬中的陪葬器物以木器为主，种类丰富多样，有桌、椅、衣架，还有木质的笔和笔架，最特别的是用于陪葬的 29 块彩绘木版画，内容丰富，有武士，有仆从，有驭奴，还有各种动物等，反映墓主人生前地位显赫。魏晋时期河西地区盛行在墓葬中用彩绘壁画或者画像砖，来表现墓主人生前的生活场景，西夏则用木版画代替墓葬壁画，用独特的丧葬方式，表达相同的愿望，即生前死后皆享安乐。此外，在武威发现的多处西夏墓葬中，还出现了各种样式的小型葬具，用来盛放骨灰，有小木棺、小木瓶、小瓷瓶等。

党项族迁居内地，特别是建国以后，长期与汉族杂居，吸收借鉴了汉族传统的土葬形式，用来安葬皇族。宁夏银川的西夏王陵，就是仿效唐宋帝王陵寝，修建的规模宏大的西夏皇家陵园。

西夏的葬俗，形式多样，有本民族的特色，也深受周边各民族丧葬风俗的影响，表现出多民族的、多元文化因素的特征，是西夏文化的一个缩影。

（三）占卜术

党项羌人崇拜鬼神，崇尚诅咒和巫术。建国以前，负责诅咒和占卜的是党项族部落的首领，称作巫师。巫师的职能很多，驱鬼、咒鬼、送葬、超度死者、占卜、招魂、消灾、还愿、治病等。建国后，占卜术依然在党项人中间流行，西夏政府还设置了专门管理佛教、道教以外的民间宗教信仰的官职，管理占卜一类的民间宗教活动，这个官叫作巫提点。

占卜是巫术的重要职能，在党项人的生活中占有重要地位。党项羌人占卜之风盛行，他们占卜的目的，是问凶吉，决疑难，特别是用来预测战争之胜负、六畜之灾祥、五谷之丰稔、买卖之吉利等。占卜的方法有四种：第一种是炙勃焦，由巫师主持，用艾叶烧羊胛骨，根据烧灼的裂纹和位置，来测定凶吉。第二种是咒羊，晚上对着羊念咒后，把它牵到安静的地方，第二天清晨杀羊，如果羊的肠胃畅通，则吉利，羊心有血，则是不吉。第三种叫擗算，把竹子摔到地上，看落地竹签的数字来定凶吉。中原汉族也流行这样的占卜术，不过不是数竹签，而是数揲蓍草来决定吉凶祸福。第四种是听弓，用箭敲打弓弦，听弓弦发出的声响，以此来决定吉凶。

随着与周边民族交往的增加，中原汉族中流行的卜算方法也在党项族境内流行。《周易》是我国先秦时期创作的经典著作之一，相传由周文王所作，内容是关于阴阳变化之规律，"推天道以明人事"，通过自然现象的变化，提出劝诫人的行为规范，是一部阐述个人道德修养、家庭伦理关系，乃至整个社会体系的渊源邃古、博大精深的哲学著作。其中蕴含的道德教育的思想内容，令我国伟大的教育家孔子也折服，孔子晚年勤学《周易》，乃至"韦编三绝"。

西夏创制本民族文字西夏文后，积极借鉴和吸收汉族文化营养，用西夏文翻译大量汉文典籍。《周易》是六经之首，西夏著名学者斡道冲熟读儒家经典，精通西夏文和汉文，他精研《周易》，撰写了西夏文的《周易卜巫断》一书在国中刊行。中原流行的运用《易经》原理占卜的易卜也传入西夏境内。在武威西夏遗址中曾发现过一页西夏文占卜辞，是关于买卖和出行的占卜词，汉释文为"卯日遇亲人，辰日买卖吉，巳日□□□，午日求财顺，未日出行凶，申日万事吉，酉日与贼遇，戌日有倍利，亥日心欢喜。"这种以地支计日的占卜方法，显然也是受到汉族传统文化的影响。

相面术和八字推命术都是我国古代古老的占卜术。内蒙古黑水城遗址出土的西夏文文献中，发现了一页相面图，和一页用八字推命术为一男子算命的占卜文书。说明这两种中原汉族古老的占卜术，也在西夏境内流行。

第三节　西夏历史文化的影响

一、促进河西地区经济发展

西夏在西北建立统一政权，结束了"安史之乱"以来河西地区数百年之久的分裂割据局面，凉州社会相对安定，经济、文化得到恢复和发展。

唐广德二年（764年）吐蕃攻陷凉州，又相继占领河西地区，直到唐咸通三年（862年）沙州豪族张议朝收复凉州，恢复中原正朔，吐蕃统治凉州长达百年之久。吐蕃统治凉州期间，不重视发展生产，百姓有地不能耕，生活困苦不堪，只好背井离乡，迁徙他地。凉州一带地旷人稀，劳动力缺乏。唐代诗人张籍《陇头行》，真实地反映了吐蕃占领凉州后，掳掠财物，奴役汉人的社会现状。"陇头路断人不行，胡骑夜入凉州城。汉兵处处格斗死，一朝尽没陇西地。驱我边人胡中去，散放牛羊食禾黍。去年中国养子孙，今著毡裘学胡语。

谁能更使李轻车，收取凉州入汉家。"

党项族夺取凉州和河西走廊的目的，就是想占据地理优势，控制中西交通，稳定河西，然后长驱南下，攻略宋朝。在西夏立国的近两百年时间里，河西地区战乱较少，基本保持着的安定局面。西夏在凉州设置辅郡西凉府，管辖和治理河西地区。西夏皇帝、大臣等统治者重视对河西的建设和发展，曾数次亲临凉州巡视检查。西夏开国皇帝李元昊登基后的第一件大事，就是长途跋涉，到西凉府来祭祀先祖神灵。西夏鼎盛时期的皇帝李仁孝，也曾御驾巡行河西，参拜凉州护国寺宝塔中供奉的佛祖中性眼舍利，亲临甘州祭祀神灵，保佑黑水河桥桥道久长，永息水患。公元 1217 年，成吉思汗亲自率兵围攻西夏首都中兴府时，神宗遵顼也出走凉州避难。根据西夏碑文记载，崇宗乾顺时期重修凉州护国寺和感通塔时，乾顺的舅舅、当时的权臣梁乙逋担任修寺主管，也曾到过凉州，管理监督修缮工程。统治者对凉州的重视，使其不仅成为西夏经营西北的重要政治中心和西北军事要塞，也促进了凉州和河西走廊经济贸易的发展。来自各地的商旅、使者，不仅给凉州带来了财富，也带来了先进的文化和发达的科学技术，为凉州西夏文化的繁荣和科技创新提供了可能。

二、传承传播中原文化

党项占领河西，以凉州为辅郡，大力发展文化，中原传统文化得以在西部地区再一次传播发展。

西夏文化是武威的地方特色文化，其根基是中原汉族传统文化。河西地区虽然地处西偏，多民族聚居，但是便利的交通为各民族、各地区人民的交流融合创造了条件，各具特色的民族文化也在这里交汇、发展。自东汉以来河西地区文化教育获得发展，至五凉时期达到全盛，以凉州为中心创造的史不绝书的五凉文化，在中国历史上占有重要地位。直到隋唐时期，河西文化遗风犹存。建立西夏的党项少数民族，以游牧狩猎为生，文化基础薄弱。但西夏统治者重视发展民族文化，对周边民族特别是中原汉族先进的科学技术和文化，采取开放包容态度，广泛吸收和借鉴，在此基础上，创造出富有民族特色的西夏文化。

西夏对中原先进文化的认同、借鉴、创新和发展，突出的表现在西夏的政治、经济、军事、文化和社会生活的方方面面。西夏文字是仿汉字创制的民族文字，对西夏民族的语言文字的发展、教育的兴盛、佛教的传播、文学的繁荣、印刷业的进步，都产生了直接和巨大的影响，也标志着党项民族走向文明和进步。用西夏文字翻译、注释、阐发的儒家经典，不但保存了中原优秀的传统文化，并有了创新和发展。西夏借鉴和使用北宋发明的活字印刷技术和火器制造技术，是当时世界上最先进的科学技术，但是在中原宋朝没有得以广泛传播，却通过西夏的使用和改良、创新得以传承，并向西方传播，在西夏故地武威发现的西夏文献、文物，就是最好的证明。在这个传承、发展和传播的过程中，西夏辅郡凉州起到的作用是不容忽视的。

三、为"凉州会盟"的成功奠定基础

西夏在佛教信仰方面，也采取兼收并蓄，博采众长的态度，无论是中原的汉传佛教，来自吐蕃的藏传佛教，还是在各地发展起来的不同佛教宗派，西夏都加以接纳和提倡，使佛教各派在西夏境内得以延续流传并发展。西夏碑文也有记载，"佛之去世，岁月侵远，其教散漫，宗尚各异，然奉之者无不尊重赞叹"。

藏传佛教在凉州的发展，对后来西藏和中原地区佛教的恢复和再次传播起到重要作用。西夏佛教兴盛之时，正是中原佛教衰落，西藏佛教受到压制和迫害而处于低谷之时。凉州位于西夏与吐蕃交界，既是接受藏传佛教的前沿，又是藏传佛教东传的重要过渡地带，藏传佛教各派先期在这里流行和发展，为西夏及中原藏传佛教思想流派的形成在实践上和理论上做了铺垫。吐蕃统治凉州近百年，藏传佛教对凉州影响深远。在凉州境内，吐蕃和西夏时期的藏传佛教文物遗存众多，特别是藏传佛教各宗派影响凉州的痕迹非常明显。武威亥母洞

石窟遗址中发现的西夏时期的唐卡，有十一面观音像，有文殊菩萨，以及上乐金刚和金刚亥母坛城唐卡等，这些内容反映的都是藏传密教在凉州传播的事实。文殊菩萨唐卡内容最为丰富，既有藏传佛教萨迦派上师和萨迦派尊奉的神灵大黑天，也有噶举派上师，还有戴黄色冠帽的西夏上师。唐卡内容表明，早在萨迦班智达之前，藏传佛教萨迦派和噶举派就已经在西夏凉州地区先期流行和发展。西夏对佛教宗派采取的宽和态度，也使得二者在西夏的传播和发展能够做到融洽与默契，也为后来凉州会盟的成功创造了条件。藏学专家陈庆英在《西夏及元代藏传佛教经典的汉译本》一文中曾考证论述，"在西夏活动的藏传佛教僧人以萨迦派和噶举派为主，这与元明时期在内地进行大量传教的也是藏传佛教萨迦派和噶举派僧人是一致的。因此西夏在藏汉佛教文化交流中的作用，对萨迦派和噶举派在藏传佛教文化东传中的地位应予以重新审视"。"可能正是有这样的基础，1240 年蒙古王子阔端从凉州派多达那波带兵进藏并诏请噶举派的止贡寺法台京俄扎巴回乃到凉州时，扎巴转而推荐了萨迦派的萨班"。

从 1206 年到 1227 年，短短二十年间，蒙古军队先后五次大规模用兵西夏，虽然最后占领西夏全境，但其间他们遭到了西夏军民的殊死抵抗。及至蒙古军队进军西藏，也因为藏地僧俗百姓的顽强抵抗而屡屡受挫。后来，元太宗窝阔台之子阔端受封凉州，治理西夏故地并负责西藏地区的管辖和经营。为了缓解西夏百姓对蒙古人的仇视，淡化民族对抗心理，阔端从西夏百姓普遍信仰的藏传佛教入手，缓和因为战争而引起的民族矛盾，西夏故地的藏传佛教信徒与各派高僧大德受到蒙元王公贵族的宠重，藏传佛教在西夏故地得以延续。基于藏传佛教萨迦派在凉州和西藏地区处于较高的地位，拥有更多的信众等原因，西凉王阔端诚恳邀请西藏萨迦派领袖萨班来到凉州，共同商讨，顺利解决了西藏归顺蒙古汗国的大事，并携其皇族大臣等接受了灌顶仪式，藏传佛教成为元朝统治国家的思想武器。在元朝中央政府的支持和推动下，藏传佛教得到了前所未有的发展，而凉州在其中所起的中介和桥梁作用至关重要。

参考文献

［1］［南朝宋］范晔撰，［唐］李贤，等注.后汉书［M］.北京:中华书局点校本，1973.

［2］［后晋］刘昫，等.旧唐书［M］.北京:中华书局点校本，1975.

［3］［北宋］薛居正，等.旧五代史［M］.北京:中华书局点校本，1976.

［4］［南宋］李焘.续资治通鉴长编［M］.北京:中华书局，1979.

［5］［元］脱脱，等.宋史［M］.北京:中华书局点校本，1977.

［6］［明］宋濂.元史［M］.北京:中华书局点校本，1976.

［7］［清］张澍.凉州府志备考［M］.西安:三秦出版社，1988.

［8］［清］吴广成.西夏书事校证［M］.龚世俊等，校证.兰州:甘肃文化出版社，1995.

［9］陈炳应.西夏文物研究［M］.银川:宁夏人民出版社，1985.

［10］史金波.西夏文化［M］.长春:吉林教育出版社，1986.

［11］戴锡章.西夏纪［M］.银川:罗矛昆，点校.宁夏人民出版社，1988.

［12］史金波.西夏佛教史略［M］.银川:宁夏人民出版社，1988.

［13］杜建录.西夏与周边民族关系史［M］.兰州:甘肃文化出版社，1995.

［14］王天顺.西夏战史［M］.银川:宁夏人民出版社，1996.

［15］杜建录.西夏经济史研究［M］.兰州:甘肃文化出版社，1998.

［16］王天顺.西夏地理研究［M］.兰州:甘肃文化出版社，2002.

［17］谢继胜.西夏藏传绘画［M］.石家庄:河北教育出版社，2002.

［18］牛达生.西夏活字印刷研究［M］.银川:宁夏人民出版社，2004.

［19］李范文.西夏通史［M］.北京:人民出版社，2006.

［20］史金波.西夏社会［M］.上海:上海人民出版社，2007.

［21］史金波.西夏时期的武威［M］//.杜建录.《西夏学》第七辑.上海:上海古籍出版社，2011.

［22］陈庆英.西夏及元代藏传佛教经典的汉译本［J］.西藏大学学报，2005（5）.

［23］梁继红.论西夏对凉州的经营［J］.固原师专学报，2006（2）.

［24］梁继红.西夏时期藏传佛教在凉州的传播及其影响［J］.西北民族大学学报，2007（5）.

第六章　长城逶迤贯全境

长城是古代极为重要的军事防御边线，曾在保境安民、抵御战争方面发挥过重大作用，更是中华民族精神和文化的重要历史和精神载体。

武威地处河西走廊东端，战略位置十分重要。陈寅恪《隋唐制度渊源略论稿》中称："但除文化一端外，其地域在吾国之西北隅，与西北诸外族邻接，历来不独为文化交通之孔道，亦为国防军事之要区。"可见，武威是历代中原王朝与少数民族军事争夺的前沿地带。汉明两朝为确保陆上"丝绸之路"的畅通，巩固边疆统治，都曾在这里大规模修筑长城，并且形成了丰富多彩的长城文化。

第一节　武威境内汉明长城分布状况

一、彰显武功军威的汉长城

河西走廊东西狭长，水草丰美、绿洲延绵不断，具有良好的畜牧条件，是匈奴人放牧的优良天然牧场。西汉经过汉初几十年的休养生息，至汉武帝时期已具备与匈奴作战的国力。从汉武帝元光六年到元狩四年（前129—前119年）的十年间，汉匈进行了十数次战争，最终迫使匈奴退居漠北，河西走廊一带遂为汉朝所据。为保障新开辟的丝绸之路畅通，西汉在其旧地设置了正式的行政机构——武威郡。《汉书》载："秋，匈奴昆邪王杀休屠王，并将其众合四万余人来降，置五属国以处之。以其地为武威、酒泉郡。"为了保卫新开拓的疆域以及与西域各国连通的道路，汉朝一边从内地迁徙军民戍边屯垦、发展农业的同时，一边开始修筑长城边塞堡垒。汉朝与匈奴以长城为界，例如汉平帝时，匈奴乌朱留单于曾说："孝宣、孝元皇帝哀怜，为作约束，自长城以南天子有之，长城以北单于有之。"

武威境内的汉长城，属于东部令居（治今永登县）至酒泉段，也是最早修建的一段，其贯穿于天祝、古浪、凉州区、民勤三县一区境内，形成了独特的长城文化景观。

（一）汉长城天祝段

天祝藏族自治县境内汉长城以壕堑形式存在，全长 49731 米，单体建筑 7 座。境内壕堑由永登县武胜驿村入境，从华藏寺镇界牌村四组西南 500 米大马营沟口起，大致沿庄浪河以西的马雅雪山余脉的东麓山前阶地和西山根延伸，大致呈东南—西北走向沿山麓蜿蜒延伸，经华藏寺镇南、石门滩村、岔口驿村，经打柴沟镇打柴沟砖厂、大庄村、深沟村、石灰沟村，在金强驿村石洞沟梁北麓山脚下拐为南—北走向，跨过金强河口，经安门组沿乌鞘岭南麓北上，经安远镇南泥湾村、大泉头村，逐渐拐为西南—东北走向延伸，进入古浪县黑松驿镇磨河湾村油坊台组。

（二）汉长城古浪段

古浪县境内汉长城有墙体和壕堑两种形式，全长 76483 米，其中墙体长 3035 米，壕堑长 73448 米，单体建筑 30 座。

境内墙体仅存四墩长城一段，起于黄花滩乡四墩村四组西北 1.30 千米（土门林场二苗圃西侧围墙边），止于黄花滩乡四墩村阳屲滩庄西北约 850 米（五墩烽火台东南 350 米）。

境内壕堑由天祝藏族自治县安远镇大泉头村入境后，呈西南—东北走向蜿蜒延伸，经黑松驿镇磨河湾村、称沟台村、十八里堡乡周家窝铺村、赵家庄村，在十八里堡乡东庙儿沟村拐为东南—西北走向，经十八里堡林场拐为西南—东北走向，经黄羊川镇曹家台村、定宁镇晓光村、星光村、再入晓光村，中间多次拐向，经黄花滩乡四墩村，最后进入凉州区吴家井乡吴家井村。

（三）汉长城凉州区段

凉州区境内汉长城有墙体和壕堑两种形式，全长 55131 米，其中墙体47950 米，壕堑 7181 米，单体建筑 14 座，关堡 4 座。

境内长城东南起于凉州区吴家井乡与古浪县永丰滩乡交界的七墩子（烽火台）附近，与古浪县四墩至七墩消失长城相接，在七墩子西北约 2 千米处以壕堑的形式向西北延伸，在头墩营城址东南，九墩子（烽火台）西北红水河西岸与红水河交汇，壕堑结止，壕堑总长 7181 米。在此汉长城以红水河为险，大致由东南向西北延伸，经长城乡红水村、西湖村、大湾村、岸门村、高沟村、上营村，在十二墩村一带越过红水河，在十二墩（烽火台）附近结止，水险长20900 米。在此汉长城开始修筑夯土墙体，大致由东南向西北延伸，在长城乡五墩村八组东北红水河东岸与明长城相交会，汉代墙体两侧被明代墙体所叠加，此后汉明墙体沿红水河东岸蜿蜒延伸，大致呈东南—西北走向，经五墩村十二组、九墩滩生态建设指挥部新建村、红水河村，在武威至民勤公路红水河大桥西侧进入民勤县境重兴乡境内，与民勤县扎子沟林场汉（明）长城相交汇。

（四）汉长城民勤段

民勤县境内汉长城大部分消失无存，现存墙体长 14817 米，单体建筑 26座，关堡 3 座。境内烽燧线有两条，总长 229500 米。

境内汉长城南线令居塞，基本与明长城一致，东南起于凉州区九墩乡与民勤县重兴乡交界的扎子沟林场东南武威—民勤公路红水河大桥西侧，与凉州区九墩滩汉长城 14 段相接，与凉州区九墩滩生态建设指挥部境内的汉长城一样，被明代改造利用，中间为汉代墙体，两侧为明代所叠加，大致由东南向西北延伸，经重兴乡扎了沟林场、蔡旗镇官沟村、蔡旗村、麻家湾村在小西沟林场西南侧进入永昌县境喇叭泉林场内，与永昌县喇叭泉林场汉长城一段相连。

民勤县的汉长城休屠塞从扎子沟林场 3 号敌台起，由西南向东北经红土墩、阿喇骨山墩、鸳鸯池墩、茨井墩、柳条湾墩、营墩、沙嘴墩、仲家墩、抹山墩、枪杆岭山墩，至古休屠泽（即今白碱湖西岸），此处以水险的形式拐向西北延伸，至青土湖南岸，然后拐为东北—西南走向，经民勤三角城城址、民勤连城城址、民勤古城、芨芨井墩、向西南至大西河西岸经井泉河墩、岔河子墩、小井子墩，下原墩、四方墩沿汉代民勤绿洲边缘，经黑水墩进入金昌市金川区境内。

二、构筑"九边重镇"的明长城

明朝建立后，为了抵御蒙元残余势力的侵扰，沿长城一线构筑起九个军事重镇。《明史》载："元人北归，屡谋兴复。永乐迁都北平，三面近塞。正统以后，敌患日多。故终明之世，边防甚重。东起鸭绿，西抵嘉峪，绵亘万里，分地守御。初设辽东、宣府、大同、延绥四镇，继设宁夏、甘肃、蓟州三镇，而太原总兵治偏头，三边制府驻固原，亦称二镇，是为九边。"

凉州地处甘州和肃州的中间，起着上下连接的纽带作用，是甘肃镇经略防守的重点区域。《明史·王复传》记载："永昌、西宁、镇番、庄浪俱有险可守。惟凉州四际平旷，敌最易入。"因此，明朝在历代长城的基础上进一步修筑完善，借此构筑边防军事体系。根据考古调查武威境内明代墙体全长431241米，其中保存较好10231米，保存一般24448米，保存较差67273米，保存差108032米，消失221257米，单体建筑327座，关堡19座，相关遗存2处。

（一）明长城天祝段

天祝县境内明长城墙体全长55899米，单体建筑50座，关堡3座。主要分布于县境东北部，墙体大体呈东南—西北走向，与汉长城并行，东南由永登县武胜驿入境，起点从华藏寺镇界碑村四组，甘新公路和兰新铁路的交会处开始，南与永登县武胜驿明长城相接，长城沿庄浪河（又名金强河）南岸经华藏寺镇、岔口驿、上三里墩和下三里墩村、铁腰村、打柴沟镇，至打柴沟镇深沟村跨过金强河至安门村三组南（刘家嘴）经宋家庄沿古永高速公路东侧至乌鞘岭沟口的安门村一组，沿乌鞘岭南麓爬攀而过，翻越垭口经乌鞘岭北麓的安远镇南泥湾村、柳树沟村止于安远镇大泉头村一组北约 250 米处的油坊台烽火台，与古浪县磨河湾长城相接。

（二）明长城古浪段

古浪县境内明长城墙体全长 151081 米，单体建筑 111 座，关堡 2 座，相关遗存 2 处。墙体分三条。第一条是古浪县西南部明朝正德年间修筑的长城（1506—1521 年），也称旧边。由天祝安远镇（乌鞘岭北麓）北过小龙沟河，至古浪县与天祝县交界的油房台烽火台入境，经磨河湾村，沿黑松驿镇的龙沟河东岸山岭而下，到十八里堡乡，过黄羊川河，上铁柜山，经黄家暗门、灰条湾、边墙岭、顺古浪峡东山岭而下，过石头沟口，沿定宁镇马家沿、长流村、定宁村、石家墩村、肖营村、韦家庄、土门镇中西湾村、来家湾，过古浪河，经贾家团庄、郑家楼、圆墩子入凉州区境内，全长 53266 米。

第二条长城称为"胡家边长城"，是经古浪河东岸胡家边一带另建的一道长城，沿古浪河（干河）东岸北上，由西南向东北延伸，经下西湾、贾家后庄、到胡家边村转而向东，再经任家庄、朱家西滩、土门镇新胜村的宁家墩、马家庄、到土门青石湾暗门（俗称马圈旮旯），与另一条从景泰县过来的明长城（新边）相接，全长 10962 米。

第三条是明万历二十七年（1599 年）修筑的长城，也称"新边"长城。从景泰县的保进墩西入古浪县境，经昌灵山北麓直滩乡的大岭村，裴家营镇岳家滩、哈家台、沙河塘、上下王庄、李家庄村，过大靖镇北青山寺、黄家台村，进入西靖乡山区地带的七墩台、赵家地沟、朱家湾、大台沟、马场村，到土门镇的台子村转而北上，经黄花滩乡二墩村、永丰滩乡的新西村、土门林场、新河村、新建村至古浪县与凉州区交界处的"满家豁口"进入凉州区境内，这段全长 86853 米。

（三）明长城凉州段

凉州区境内明长城墙体全长 63203 米，单体建筑 72 座，关堡 7 座。凉州区境内明长城有两条，主要分布于区境东北部。一条是由古浪县泗水镇圆墩村入境而来墙体，称旧边，大致为东南—西北走向，从黄羊镇长丰村起，以东南—西北走向经黄羊镇广场村、黄羊河农场一分场，在黄羊河农场一分场长城2段末段转为西南—东北走向，经甘肃省农垦农场、甘肃农业大学农场、清源镇新东村、清源镇新地村、长城乡前营村、岸门村，在月城墩附近转为西北—东南走向，经长城乡新庄村、高沟村、长城村、五墩村、九墩滩开发指挥部新建村、红水河村，向西北延伸至民武（民勤—武威）公路洪水河大桥西侧进入民勤县重兴乡扎子沟林场。

另一条是新边，由古浪县永丰滩乡新河村入境而来，大致为东—西走向，经黄羊河农场二分场至黄羊镇长丰村，与东南方向而来的旧边相交于"铧尖岔儿"，这一段长约 3 千米。

（四）明长城民勤段

民勤县境内明长城墙体全长 161058 米，单体建筑 94 座，关堡 7 座。墙体分两条，主要分布于绿洲边缘及中部一带。一条是从凉州区九墩乡红水河东岸过民勤—武威公路入境，经扎子沟林场、麻家湾、小西沟林场进入永昌县境，分布于县境南部，全长 14698 米。其中大部分为消失段，即扎子沟林场—小西沟林场长城，长达 11464 米，走向大致为东北—西南，呈弧线进入永昌境内。

另一条长城从扎子沟 3 号敌台起，经重兴乡扎子沟村、杨坝村，薛百乡河东村，石羊河林场，苏武乡的学粮村、五坝村、邓岔村的沙漠腹地，至于苏武乡龙二村，这段除沿线几个烽火台外，墙体全部消失，只残存扎子沟长城约 3000 米，大致走向为西南—东北。在重兴乡扎子沟村北转为南—北向，经重兴乡北红崖山水库，薛百乡河东村向东北，经苏武乡方家墩拐向西北，至龙二村，长城转为东—西偏南，经苏武乡下东川转为东南—西北，在苏武乡泉水村，墙体呈东—西偏南 15 度，经石羊河农场大滩分场，墙体呈东—西走向，至大坝乡八一村，又转为东北—西南走向，经大坝乡文二村至大坝乡城西村，墙体转折为由北向南延伸，经薛百乡张八村、甘肃民勤治沙综合实验站、薛百乡更名村、宋和村、河东村以北的沙漠边缘，南下至红崖山水库西侧转为东北—西南向，至花儿园乡的羊圈墩又转为东—西走向，经马棚圈墩、牛毛墩、至蔡旗乡野潴湾农场墙体又转为东北—西南走向进入永昌境内。这段长城大致呈一个"几"字形，绕民勤县城而过，全长 146360 米。其中整体消失两段，消失墙体 69740 米。

第二节　武威长城：伟大的建筑工程

一、汉代长城的基本结构

修建长城在选址、布局和施工等方面都遵循一定的原则，主要有以下四个方面：一是以险制塞的空间原则，二是就地取材的施工原则，三是纵深防御的布局原则，四是分段承包的施工原则。

河西地区的汉代长城是一个工程浩大、组织严密、行之有效的军事防御体系，汉代长城的走向尽可能选在戈壁中的绿洲、水草地带，阻止匈奴南进。汉代武威长城的建筑方法也是在最大限度上做到因地制宜修建。汉代武威长城是由墙、烽燧、坞障和城组合而成的。汉代边塞是以垣墙为主体，包括了城障、关隘、墩台、烽堠和粮秣武库等军事设施，具有战斗、指挥、观察、通信、隐藏等诸多功能。汉代长城大致可分为城墙、城障、亭隧、烽台及军用道路四个部分。

（一）汉代边墙

边墙是组成长城防御体系的主体部分，它是集阻碍、据守等功能于一身的军事防御建筑物。边墙构筑的材料和方法，因地形、地理条件的不同，存在着较大的差异，河西走廊独特的自然地理环境、修筑资源较为匮乏，故而边墙的修建并不能做到处处采用砖石，只能因地制宜，就地取材来建造。河西地区生长着大片红柳、芦苇、罗布麻、胡杨树等植物，在修筑长城时，就用这些植物的枝条和砂砾石为基本建筑材料，其建筑方法一般是一层植物茎秆一层砂砾，交层叠铺，一般每层的厚度为 20 厘米至 30 厘米，整个墙体的高度可达数米。部分保存较好长城遗址是因为墙体经长年的盐碱浸润已将砂石和芦苇枝、红柳枝条粘连在一起，十分牢固。

在戈壁地带修建长城时，是先挖城墙的基槽，找平后以砾石为基，然后利用当地所能生长的植物，铺上一层层芦苇或红柳枝条再夹层层沙砾石相互叠垒而成。汉代长城内侧有因挖取沙砾而形成的低洼槽，槽内则填有细沙，由戍边的士卒按时补充、翻耕，在汉代将此地带称为"天田"，是用以观察有无偷越长城的脚印痕迹，是汉代极为重要的边防检查措施。

在地势低洼湿润有积水的盐碱滩上，采用了挖掘壕沟直到见水作为防御匈奴入侵的障碍。《汉书·匈奴传》载："起塞以来百有余年，非皆以土垣也，或因山岩石，木柴僵落，溪谷水门，稍稍平之……"汉代利用建造塞墙、栅栏、壕沟和自然天堑等多种形式构成坚固的屏障，牢牢地控制了河西地区的水源、绿洲、牧场，使匈奴在河西走廊的周边地区难以生存。

（二）烽燧

烽燧在汉朝时又称亭隧，因为驻有戍卒又是望警的烽台。烽燧作为城障的耳目主要用于报警，是边塞体系中最基层的哨所，亦是边防瞭望系统的核心，地位十分重要。烽燧的主要作用是举火报警、传递消息，以防备敌兵的骚扰和入侵。汉代长城沿线的烽燧，可分为两类，一类是与长城同线的烽燧，主要作用是下传烽火警报、传递邮件、守护长城、保卫边境，它的主要任务是警备和固守边塞，兼有瞭望报警的作用，称之为塞烽；另一类是瞭望报警烽燧，延伸出长城的瞭望线，主要作用是在于候望及向郡府传递情报，瞭望报警，基本上不承担抗敌保境的战斗任务。备警烽燧从汉代以来就承担戍守新拓疆域、保卫武威郡等功能，延续了两千多年。备警烽燧一般都建在视野开阔之地，并十分注意利用天然形成的有利于观察四野的制高点。

汉代武威长城每隔 10 里筑有烽燧一座，多呈现出底宽上窄的方柱形，主要建在长城内侧。烽燧建筑一般是用土坯夹植物茎秆修筑而成，土坯长 40 厘米，宽 20 厘米，高 14 厘米，专用的名字称为"墼"。在修建烽燧时，一般不和泥作为黏合剂，现在称为干垒，即垒三层土墼后，夹一层植物茎秆，这样可以起到找平和相互牵拉的作用，使烽台不仅高而且更具稳定性。烽燧之间的距离依据地形，大概 3 公里一座，每座烽燧都有戍卒，遇有敌情，白天煨烟，夜晚举火，点燃报警，传递消息，所燃烟火 30 里内外都能看到。

（三）城障

汉代长城每间隔一定的距离，便选择自然环境相对较好、水草丰美的地方筑有一个城障，城障是某一段长城防线的守卫中心。城障一般都建在长城的内侧，但也有少数建在长城外侧，它们大多还建在长城防御体系内的防御要点上。《汉书·武帝纪》颜师古注曰："汉制，每塞要处别筑为城，置人镇守，谓之候城，此即障也"《汉书·李陵传》颜师古注曰："鄣者，塞上险要之处，往往修筑，别置候望之人，所以自鄣蔽而伺敌也。"城障实际上就是驻有戍卒守卫的长城沿线的支撑点，建在地势险要或位置重要之处。

塞墙、烽燧及城障是汉代边防军事设施的基本构成，它们之间紧密联系互为支持组成一个整体的防御体系。城障是这个体系的后盾。

二、明代武威长城的建筑结构

在古代长城修筑史上，明长城的建造水平达到了最高峰。明长城的关键是砖石结构，以其自身坚固的建造、完善的结构、科学的防御功能，令人叹为观止。

明长城是由城墙、关隘、城堡、墙台、烟墩和驿传等组成的完整军事防御工程体系。城墙是长城的主体，墙体材料区分为砖墙、石墙、夯土墙、铲山墙、山险墙、木柞墙、壕榨等，随地形平险和取材难易选择不同材料建造而成。城墙断面下大上小呈梯形状，高厚尺寸亦随形势需要而异。武威境内明长城多以夯土筑墙为主，城墙顶面，外设垛口，内砌女墙。女墙或叫女儿墙，又称墙栏，主要用来保护守城将士的人身安全，防止守卫巡逻的将士不慎坠落。

关城是出入长城的通道，也是长城防守的重点。关城与长城相连一体，其出口处一般以砖砌拱门，上筑两重或数重城楼和箭楼，箭楼之间用砖石墙连接成封闭的城池，城池内屯兵以备战时调用。关堡按等级分为卫城、守御或千户所城和堡城，按防御体系和兵制要求配置在长城内侧，间或有设于墙外者。卫城和所城之间相距约百余里，卫城周长2公里至4公里，千户所城周长约4公里至5公里。关城外设马面、角楼，城门建瓮城，有的城门外还筑有月城或正对瓮城门的翼城，以加强城门的守控。

在明代长城上根据地形和地势隔不远就设置一个敌台，亦称敌楼。敌楼跨越城墙而建，一般是在高出城墙数丈之上用砖砌成的方形墩台，分两层或三层，四面的垛墙上均开垛口。敌台上面，中间修有船型小屋，名曰楼橹。敌台和楼橹里面驻兵可以避风雨，也可存粮、储备武器。楼橹环以垛口，供瞭望之用。敌台据长城险要之处而设置，周阔十二丈，可容纳三四十名兵士。城台也是明长城的重要建设设施，城台是突出于城墙之外的台子，上小下大，略似马脸，所以又称为"马面"。在需要重点防守的地方，约间隔300米设一座，台面与城墙顶部相平。台上建有房屋，称为铺房，可供守城士卒巡逻时躲避风雨，使"兵夫得以安身，火器得蔽风雨"。墙台的外侧和左右两侧外沿砌有垛口，用以对攻城之敌进行射击。

长城沿线还筑有许多烽火台，明代也称烟墩。武威境内长城有"五里一墩，十里一堡"的说法。烽火台是报警的通信设施，具有守卫和瞭望的功能，是长城防御体系中的重要组成部分。烟墩也称烽燧、烽堠、墩台、烽火台等，是一种白天燃烟、夜间明火以传递军情的建筑物。多建于长城内外的高山顶，易于瞭望的丘阜或道路转折处。民勤境内现存的四方墩、野鸽子墩等长城遗址即为典型的长城烟墩。烟墩形式上是一座孤立的夯土或砖石砌高台，台上有守望房屋和燃放烟火的柴草，报警的号炮、硫磺、硝石、台下有用围墙圈成的守军住房。烟墩的设置有四种：一是紧靠长城两侧，被称作"沿边墩台"；二是向长城以外延伸的，称作"腹外接火墩"；三是向内地州府城伸展联系的，称"腹里接火墩台"；四是沿交通线排列的，称"加道墩台"，每隔 10 里左右设一台。

驿传在长城的防御体系中也是一项重要的辅助设施，它是人员流动或物资运输时重要的休息地点和中转点，还负责传递往来公文，起到上情下达、下情上传的作用。

明长城防御体系中壕沟也占有较为重要的作用，在武威的一些低洼地带，就用宽大的壕沟防御，深度多在 4 米左右，口宽达 10 米，替代城墙。壕沟同长城共同防御着关外侵略者的进犯，守护着关内的安全。

三、长城的修筑技术

长城作为我国古代最为重要的军事防御体系，对它的修筑不仅要适应战争，更要与具体实际相结合。

早期修筑的长城，结构简单，防御功能较少，为进一步适应战争的需要，并与当地的自然环境实际相结合，长城建筑者开始不断的钻研设计、改进结构、完善功能。如长城从平地修至高处，工事固然险要，但守边将士更要无冬无夏地跋山涉水站高冈，饱受风霜雨雪之苦。明代总治三镇（延绥、宁夏、甘肃）军务的杨一清，在长城上首创"暖房"（亦称"暖铺"），使哨所有了遮风避雨的功能，聊减兵士戍守之苦。

自汉代以后，长城沿线城堡的建设有了很大的改进，城墙普遍加高加厚；城墙四角伸出墙外，城墙中间每隔一定距离也要凸出一块，筑成可以监视城墙外侧情况的高台，人称"马面"。若兵临城下，容易发现，也自然形成三面夹击之势。有的城堡还在城门外加筑瓮城，有了第二道城门。外城门破，还可据内城门防守。也可诱敌入瓮，致敌为瓮中之鳖。

至明代中叶，随着城堡有了正式的城门、城楼、角楼、马面等，防御功能大大增强。在修筑长城时便将这些优点统统吸取过来，改进长城的建筑结构，很具有代表性的要算女真人修筑的金堑壕（也叫金界壕）。金堑壕墙体高厚，墙顶宽近 3 米，墙顶内外侧加筑矮墙，俗称"女儿墙"。城墙视地形和视力范围而定，每隔百余米，或二三百米建筑马面一个。马面不仅大大凸出墙外，而且高高耸立墙顶，既是瞭望台、烽燧台，也是作战据点。

长城的修筑方法也是较为典型的，为使长城坚固，筑城者先开挖基槽，把槽底夯实后，铺土、夯实，后依次重复，逐层铺筑，直到所需高度。修筑长城时，石夯锤和版筑法广泛运用，保证了长城的夯筑质量。石夯锤是在石锤装一个"丁"字形木柄。使用时，一人一锤，直立、双手握横杆，将石锤提起，借助石锤下落的重力惯性，再用力下夯。版筑法是夯土法的一大进步，是用两块木板（或用椽子一类木料拼排起来成板状）置于两侧，构成一个要求宽度的槽，填土于槽，逐层夯实，墙面平整美观。这种方法，延续至今。

第三节　武威长城的军事价值

长城作为古代一条重要的军事防御阵线，它的修建与沿边城镇村落、山川地形紧密结合，是建筑工艺和军事地理的伟大结晶。武威长城作为"万里长城"河西走廊西端的重要一段，有着极为重要的军事价值。

一、河西走廊及凉州的战略地位

河西走廊，地处甘肃西北部，依山脉分布呈西北至东南走向，东西约1000多公里，南北宽十几公里至百余公里，因其东连关陇，西通西域，北当匈奴，南接诸羌，是古代一条极为重要的战略通道。古代有"欲保秦陇，必固河西。汉人由此，而羌、戎宾服者二百余年"之语，若中原王朝占据河西，则可以切断北方游牧民族与河湟谷地诸羌及吐谷浑、吐蕃等部族的联系，打通与西域各国的交通要道。反之，如若少数民族占据，也可以据为依托，北通大漠，南连河湟，或西向控制西域，割据称王;或东向进逼陇右、窥伺中原。高荣先生总结道，"河西走廊是丝路交通的咽喉要道和重要的农牧业基地，在政治军事、经济贸易、文化交流和民族融合等方面都具有举足轻重的地位和作用"。

凉州自古胡汉杂居，水草肥沃，加之地处甘州和肃州的中间，起着上下连接的纽带作用，历来就是中原王朝控御河西走廊进而经略西北的重要军事要塞。如明朝初期，大将濮英和宋晟就在凉州一带训练士兵，作为明廷经图西进的后方基地和前线指挥中心，并在同西部蒙古各部族的用兵中取得了胜利。

明朝怀远将军宋晟自洪武十二年（1379年）出镇凉州时，"凡四镇凉州，前后二十余年，威信著绝域……（宋晟）报曰：'西北边务，一以委卿，非召命，毋辄来。'"《明史·王复传》亦载："永昌、西宁、镇番、庄浪俱有险可守。惟凉州四际平旷，敌最易入。又水草便利，辄轻年宿留。远调援军，兵疲锐挫，急何能济。请于甘州五卫内，各分一千户所，置凉州中卫，给之印信。其五所军伍，则于五卫内余丁选补。且耕且练，斯战守有资，兵威自振。"说明凉州战略地位极为重要，同时也受地形所限，容易遭受敌人袭扰。

因此，汉明王朝在移民戍边进行屯垦之际，借助天堑地势修筑边塞长城，重兵布防，构筑西陲边境的军事防御阵线。

二、西汉王朝构筑河西边塞防御体系

地势平坦、水草丰美的河西地区，原本居住着月氏、乌孙等游牧民族。秦汉之际，由于中原战乱频繁，匈奴势力趁机崛起，占据了河西，并对西汉王朝构成严重的边患威胁。西汉武帝时期，随着国力的积蓄，先后派霍去病等将领，发动了对匈奴的河西之战，将匈奴人赶出河西，并设置武威、酒泉、张掖、敦煌四郡，进行管辖。为了巩固、开发新开拓的河西疆域，针对游牧民族的骑兵，在点状防御不起任何作用的情况下，借助山川地形走势，修建塞、障、亭、燧在内的长城边墙防御工事，是其经略河西，构筑边塞防御体系的重要军事内容。

武威境内的汉长城，属于东起令居（治今甘肃永登县）西至酒泉的一段。汉长城上建有许多的"亭障"，供军事上防守瞭望之用，所以又叫"烽燧"。现

在长城遗址的一些村落名称中还仍然有"墩"字，比如古浪黄花滩乡四墩村、十二墩村，长城乡五墩村，凉州区九墩乡，民勤红土墩、柳条湾墩、沙嘴墩、仲家墩等。

烽燧修建时一般遵循"五里一小墩，十里一大墩"的原则，合理控制视线距离，但也不完全一样，如在沙漠等人烟稀少、自然环境恶劣的地缘有的也能达到五六千米。如有敌情，戍卒就根据不同情况，放起烟火信号，一排排烽燧配合在长城内外，可以将敌情以快于马跑的速度传递给各个军事据点，确保信息的及时传送以及作战军事部署。

《读史方舆纪要》称，"凉州不特河西之根本，实秦陇之襟要矣"。河西走廊东端石羊河流域，自古以来就是水草丰美、宜农宜牧的地区，由汉朝设郡开始，历魏、晋、南北朝到唐朝时，凉州已经发展成为河西的政治、经济、军事、文化中心。河西地区的内部诸州从属于凉州，凉州已超越其他州，成为河西"地域之核心"。在这一变化过程中，离不开境内汉长城的军事保障作用，如果没有长城的阻隔和军事预警，就不会出现繁荣局面。

武威汉长城和中段、西段汉长城互为一体，首尾相顾，共同守护了河西走廊丝绸之路的畅通。

三、明朝河西军事防御体系

甘肃镇是明朝西北四镇中建立最早的军事重镇，在四镇中的战略地位也是最重要的。甘肃在明代属于边陲地区，"孤悬天末，四面受警"的地理形式和复杂民族构成，使其虽远离明王朝政治中心，但战略地位并不亚于其他军事重镇。"甘肃一镇，自兰州渡河，所辖诸卫绵亘二千里，番虏夹于南北一线之路。夷羌杂处，寇盗无时，自昔号为难治。"

凉州一带凭借石羊河水发展出了河西最大的、农牧兼益的绿洲农业，自古就是多民族冲突融合之地，左扼古浪，右负西山，三秦屏障，五郡要冲。在甘肃镇狭长的地理分布中，凉州处于中段冲要之地，成为东西连接的纽带。凉州携东之古浪所城，西之永昌卫，东北之镇番卫，形成掎角之势。虽然守御强度很高，但凉州边外通蒙道路密集，几座重要城池之外均有多条道路和关口需把守，而沿边风沙极大，气候十分恶劣，一旦凉州一带被攻破，不但河西之屯粮不保，还会威胁到镇城甘州与东部之间的往来应援，使甘州孤悬，可谓"凉州失，甘肃非我有矣"。

河西明长城的修筑，持续了一百多年，明代河西长城东起自中卫至景泰一带，向西北方向延伸，经古浪、武威，继续西延，经永昌、山丹、酒泉，直至嘉峪关。明代甘肃镇河西长城东起兰州、西至嘉峪关，根据卫所军事制度共分五路防御，其中，凉州路起自今武威天祝县境内，武威正是连接明长城河西军事防御体系上的要塞节点之一。

尤以武威境内修建的松山新边，对整个河西军事防御产生的影响最为重要。《兰州府志》载："新边自靖虏卫县黄河索桥起至古浪县界土门山，共长四百里。"松山新边，在今天的武威天祝县境内，这个地方"重冈连阜，水草特多，垣御未设之先，特内地之瓯脱耳"。嘉靖到隆庆，松山新边有很多松山鞑靼，他们对河西走廊边境造成了隐患。《明史·达云传》里就提到："甘、宁间有松山，宾兔、阿赤兔、宰僧、著力兔等居之，屡为两镇患。巡抚田乐决策恢复。云偕副将甘州马应龙、凉州姜河、永昌王铁块等分道袭之。寇远窜，尽拔其巢，攘地五百里。"在取得军事作战的胜利后，鉴于此地重要的地理位置，明朝任命朝廷官员实地勘察，决定修筑边墙，"乃起于凉州之泗水，尽于靖虏之索桥，筑边三百七十里，谓之新边，环松山于内矣"。武威境内松山新边的修筑，使得这一地区战略价值更为凸显，"左拥兰靖，右护凉古，前逼庄浪。两河则腹心，甘镇则咽喉"。

因为长城的修筑连接周边驿站、隘口、烽燧等构成了有机完整的边境防御体系，使得明王朝有效抵御了北方游牧民族的进攻，减少了河西地区的边患，保障了人民生命财产安全。

从西汉到明清，以凉州为代表的河西地区不仅是帝国版图向西扩展的前沿，同时还为中华文明注入了新鲜的血液。汉明大一统中原王朝在此置郡县、设卫所、建墩台、修关隘，配合以城障台堡、烽燧亭堠，构筑起了西陲河西边塞严密的长城军事防御体系。在冷兵器时代，有效地减少了边境冲突，守护了丝绸之路的畅通，促进了各民族融合交流。

第四节　武威长城文化

长城在中国古代军事史上之所以能够有效地发挥防御作用，除了因为有坚固的墙体和无数的城、堡、塞之外，还因为有较为严密的军事信息传递系统。与长城有关的军事信息形成了极富特色的长城文化。

一、烽传文化

烽燧在汉代被称为亭隧，因为驻有戍守又是望警的烽台。汉代长城沿线的烽燧，按照形制和功用可分为两类：一是与长城同线的烽燧，主要作用是下传烽火警报、传递邮件、守护长城、保卫边境，它的任务主要是警备和固守边塞，兼有瞭望报警的作用，可称之为塞烽；另一类是瞭望报警烽燧，是一种延伸出长城的瞭望线，如伸向罗布泊的烽燧线，以郡府为中心，向郡境四周边作辐射状展开，四处延伸修建在各地制高点的烽燧，其主要作用在于候望及向郡府传递情报，瞭望报警，基本上不承担抗敌保境的作用。

烽燧传递报警消息是一项十分严肃的军事任务，为确保信息传递及时、有条不紊，汉代的郡府与都尉府都有制度适合本地区使用的《烽火品约》，品约中的品是指登记，约有约定之意，若未经约定，在传递信息上便又会产生另一障碍，汉代边塞将敌情分为五类：

1. 敌十人以下在塞外者。2. 敌十人以上在塞外，或一人以上、五百人以下入塞者。3. 敌千人以上入塞，或五百人以上、千人以下攻亭障者。4. 敌千人以上攻亭障者。5. 已被敌人攻下临近的障城。

与上述敌情分品相对应，蓬火信号亦随之对应约定为五级：

　　1. 昼举一蓬，夜举一苣火，毋燔薪。2. 昼举二蓬，夜举二苣火，燔一积薪。3. 昼举三蓬，夜举三苣火，燔二积薪。4. 昼举三蓬，夜举三苣火，燔三积薪。5. 昼举亭上蓬，夜举离合火。

　　这里的"蓬"是以缯布制作，白天有敌情，在烽火台下用桔槔或辘轳升起，使后方传递烽火信号的边士卒见而知之。苣火是用柴草堆积，白天有敌情，则在烽火台旁点火燃烧，白天可见烟起，夜间有敌情，则将苣薪插在烽火台上的木橛上点燃。烽燧戍卒在平日执行勤务时还要用土给积薪涂垩土以防止积薪被雨淋湿或者被大风吹散。发现临近烽燧有敌在烽火台下也燃烧一定堆数的积薪，以便后方望见火光而传烽，这也是一种重要的传递报警的方法。唯有"亭上蓬"和"离合火"分别为危急信号。当敌人已占领烽火台下的障城，烽火台受到直接攻击时，白天则在烽火台上挂起"蓬"，夜间则在烽火台上举离合火。

　　唐杜佑《通典·守拒法》中，详细记载了当时烽火台的结构和应用情况："烽台，于高山四顾险绝处置之，无山亦于孤迥平地置。下筑羊马城，高下任便，常以三五为准。台高五丈，下阔二丈，上阔一丈。形圆。上建圆屋覆之，屋径阔一丈六尺，一面跳出三尺，以板为上覆下栈。屋上置突灶三所，台下亦置三所，并以石灰饰其表里。复置柴笼三所、流火绳三条。在台侧近上下，用屈膝梯，上收下乘。屋四壁开觑贼孔及安视火筒，置旗一口、鼓一面，弩两张，抛石、垒木、停水瓮、干粮、麻蕴、火钻、火箭、蒿艾、狼粪、牛粪。每晨及夜，平安举一火，闻警因举二火，见烟尘举三火，见贼烧柴笼。如每晨及夜，平安火不来，即烽子为贼所捉。一烽六人，五人为烽子，递知更刻，观视动静；一人烽率，知文书、符牒、转牒。"

汉唐时期燃放烽燧的方法及报警制度，大同小异。唐章怀太子李贤注释《后汉书》时，对烽燧做了如下说明："边方备警急，作高土台，台上作桔皋，桔皋头有兜零，以薪草置其中，常低之，有寇即燃火举之，以相告，曰烽。又多积薪，寇至即燔之，望其烟，曰燧。昼则燔燧，夜乃举烽。"文中的"桔皋"是可引物上下的高架子，兜零指笼子。唐段成式《酉阳杂俎·广动植》："狼粪烟直上，烽火用之。"宋朝学者陆佃在《埤雅·释兽》中写道："古之烽火用狼粪，取其烟直而聚，虽风吹之不斜。"其实，大凡食肉兽的粪便，其烟都有这种特性。

因为古代燃放狼烟报警，在古代典籍中，"狼烟"竟成了"烽火"的同义语，"敌兵"的代名词。狼烟也成了边陲风光中最有代表性的景观。因为狼烟燃放得是否准确及时，直接影响到边关乃至内地的统帅们对敌情的了解和判断，影响到战斗的胜负，所以古代军事家们对狼烟的燃放做过认真研究，在有名的《卫公兵法》中，就对燃放狼烟的烽火台的选址、建造和相互间距做了详细的说明，并且规定，即使兵马行军途中宿营，也要在营寨百里之外设临时性烽火台。王维有一首题为《陇西行》诗中称："十里一走马，五里一扬鞭。都护军书至，匈奴围酒泉。关山正飞雪，烽戍断无烟。"此诗描写的就是河西边防上紧急报警的情形。一方面军情紧急，另一方面边关又风狂雪暴，隔断了烽火上联络、报警的狼烟，边防警哨没有办法点燃烽火报告军情，只得用驿骑策马扬鞭，一站一站地火速往下传递紧急军情。可见烽燧制度影响深远，对诗歌、建筑、讯息等的出现提供了不少的素材。

二、驿传文化

驿传，在我国起源很早。据相关专家学者考证，在殷商时期就有了驿传制度，殷墟出土的甲骨文就有"驲传"的记载。所谓"驲传"就是指驿站专用的车辆，《说文通训定声》称"车曰驲，曰传，马曰驿，曰遽"，因为传递文书讯息主要是用车用马，故驿站亦称驿传、传驿或置驿、置传、邮驿等。《韩非子·难势》中则描绘了古代驿传的基本建置和传递速度，"夫良马固车，五十里而一置，使中手御之，追速致远，可以及也，而千里可日致也"。

汉代，在各地传舍（即邮差休息的房子）15 公里置一驿，供驿传者休息、停留，并由邮亭传递公文信息，在嘉峪关出土的魏晋驿使画像砖就描绘了"折花逢驿使，寄与陇头人"的生动场景。我国在 1982 年 8 月 25 日曾发行过一枚邮票，邮票图案采用的就是这幅《驿使图》，此幅《驿使图》不仅对史书中关于驿传的记载相印证，而且也成为我国邮政史的珍贵图片资料。

自隋以后，驿传隶属于兵部，直至清末，可见驿传与军事联系密切，邮驿在唐代得到空前大发展，当时官办的驿站以京都长安为中心四方并联，15 公里有一驿，还在水路设水驿，驿有驿田，设驿长。

明时驿递也十分发达，各州府县均设驿站，有水驿、马驿、急递铺、递运所之分，驿站所需人夫、马骡、车船等，作为差役，由当地州县府官府向民户编派。武威著名的古驿站就有大河驿、靖边驿、黑松驿、岔口驿等，驿传制度所带来的驿传文化，对清朝以前文书的传递、交通设施、军事制度等都产生着不小的影响。

三、戍边、屯田文化

河西走廊地势平坦，水草丰美，自古以来就居住着从事畜牧业兼营农业的各种民族。羌、月氏、乌孙和匈奴等游牧民族是河西早期的居民。秦汉之际，匈奴逐走月氏、乌孙，控制河西。西汉时，经过河西之战，匈奴被彻底击败，降汉匈奴被西汉政府安置在陇西（今甘肃临洮）、北地（今甘肃宁县西北）、上郡（今陕西榆林东南）、朔方（今内蒙古乌拉特前旗）、云中（今内蒙古托克托）一带，称为"五属国"。从此，"金城，河西，并南山（祁连山）至盐译（罗布泊），空无匈奴"。

为了巩固开发河西，西汉政府不断从内地移民到河西四郡。移民的主要来源是内地的汉族农民，还有一些犯人和被贬谪的官吏。大致分为五类人：一是

"关东下贫"，即函谷关以东的贫苦农民，这占绝大部分；二是"报怨过当"，即刑事罪犯；三是"悖逆亡道"，即反叛性的政治犯；四是屯垦戍边的士兵退伍后，接家眷在此落户；五是某些少数民族迁居河西。

西汉的大规模移民，使河西地广人稀的局面得到了根本改变。西汉政府向河西移民的同时，为充实边防力量，扩大国家所有的耕地面积，增加赋税收入，还在河西实行屯田政策。屯田是利用守边戍卒，一边垦殖，一边戍守；一方面当农民，一方面当士兵，二者相互结合的一种措施。本来，戍边是西汉农民的徭役之一，因此西汉政府便以戍卒的名义，把大批的内地农民调发河西，让他们在屯田的名义下守边和垦田种植。同时，招募良家子弟，并调拨刑徒等参加屯田。还调发一些已经失去职务的官员，到河西负责屯田事务。所有戍卒在屯戍期间，完全是以农民的身份来服徭役的，他们每年应该缴纳的赋税，还必须照常完成。在河西屯田区内，政府非常重视水利灌溉工作，大量推广和采用中原地区进步的生产工具和耕作技术，使用牛耕。因此，农作物亩产量和中原地区相差无几。

河西屯田既巩固了边疆的安全，又维护了中西交通的畅通，还开发了河西，加速了西北各民族的融合。从此，河西逐渐成为西北地区一个比较富庶的地区。在嘉峪关新城乡魏晋墓与酒泉果园乡丁家闸魏晋墓中的画像砖上，就有汉以及魏晋时期戍边士卒的屯垦画面，它们生动地描绘了当时屯垦的历史情景。文物工作者给它起名《屯垦图》。图中，士卒们持盾、矛，在武官的带领下，排队行进；紧接着就有士卒扶犁耕地的画面，充分显示出当时屯垦已经具有相当的规模。可以想见，在茫茫戈壁滩上，士卒们一边守卫边疆，一边开荒种地，修渠筑坝，把沉睡了多少万年的土地唤醒，使它变成了块块绿洲，他们的历史功绩是不可磨灭的。

明王朝为了加强国防，在全国遍设卫所制度，卫所有固定兵每卫 5600 人，每所 1120 人，全国总计 329 卫，总兵力 170 多。如此庞大的军队，后勤供应就是很大的问题。于是，明朝统治者吸取前代经验，设立了卫所士兵屯田的制度，规定正军三分守城，七分屯垦，卫所与屯田相结合，以屯垦自给。当时，明朝为了加强北部边疆的防务，在长城沿线设置了9个镇，其中河陇地区就占了3个镇，分别为宁夏镇、固原镇、甘肃镇。河陇三镇处于西北边陲，驻军十七八万，由于交通不便，运输困难，供应问题就更大，屯田便显得更加重要。尤其是甘肃镇地处河西，既防御已被赶到北方但不甘心失败的蒙古贵族势力，又要扼制西域，还要阻隔蒙古与吐蕃的联系，地理位置和军队的作用十分重要，所以明王朝对河西的屯田非常重视。据《河西志》记载，明朝初年，朝廷大量从山东、山西、河南、陕西等地向河西移民屯垦。来者，每人授田五十亩，又给牛只，籽种，教以种植方法。

由于实行屯田制度，使当地荒田得到了大量的开垦，使边地原来以畜牧业为主的经济过渡到以农业为主，同时，军民收获有所增多，这样又减少了军需运输之劳，减轻了人民的劳役和赋税负担。到明洪武三十一年（1398年），凉州、西宁、永昌、肃州、庄浪卫所的正军已做到了自给有余。由于边防的加强和巩固，又使内地移民与边疆各族能在经济上取长补短，生活上互相影响，安定了边疆，并且使中西经济、文化交流的丝绸之路得以畅通。

四、小结

长城以其构筑使用年代之绵长、建筑过程之复杂、发挥作用之深远，积淀了深厚丰富的思想内涵，孕育了无比璀璨的长城文化。

长城为具有中国特色军事科学的形成奠定了基石，长城的修建绝不仅是烽火台、壕堑、城墙等固定要素的简单组合，在修建中充分考虑当地的具体情况，在山地，锯于峰峦之脊，在平原，扼于要冲之处，始终注意控制制高点和隘口的军事思想，在今天看来，也是具有高水平和前瞻性的，独立的瞭望墩台更是将前哨要点与主阵地形成有机联系。而烽传、驿传、戍守、屯田等，作为长城运行的得力辅助，都体现了我国古代的军事思想。

长城还为我国文学艺术的发展提供助力与思想源泉。长城以其丰富的文化内涵、悠久的历史文化底蕴，在我国历代的诗词、绘画、民歌、歌舞、音乐等方面都有对长城文化要素的体现，如王之涣"羌笛何须怨杨柳，春风不度玉门关"，李白"长风几万里，吹度玉门关"，戴叔伦"愿得此身长报国，何须生入玉门关"，以及涌现出的一大批边塞诗人王昌龄、岑参、高适等，还有自汉代以来的游记、铭文及其他议论文在内的"长城散文"，以孟姜女的传说为代表的"长城民间故事"及其"长城曲艺""长城戏剧""长城非遗剧目"等，以及传入内地的胡旋舞、琵琶、箜篌等歌舞乐器，都为我国的艺术文化史增添了一抹靓丽的色彩。

第五节　武威境内长城的保护利用现状

一、境内长城保存现状

根据武威市文物考古研究所 2020 年最新境内长城资源调查报告，古浪县和凉州区境内部分地段明长城保存相对较好，特别是在古浪县泗水镇的光丰村、光辉村和元墩村的长城，墙体保存连续完整，顶部墙体犹存，雄浑壮观，令人惊叹。

古浪县境内的烽火台及个别燧体保存完整，整个防御体系一览无余。除定宁长城段约 11 公里消失外，其余基本连续不断，除个别地段受人为的损毁及年久雨淋，自然坍塌外，大部分地段走向明确，连续性好。民勤县和天祝县境内的长城保存相对较差，大部分地段消失或仅存墙基。天祝县除乌鞘岭一段保存稍好外，其余地段人为破坏严重，保存差。民勤县长城自然风化侵蚀和风沙埋压特别严重，其中有一段长达 62 公里的消失段，除大坝乡城西村一段和羊圈墩一段保存稍好外，其余大部分地段保存差。境内汉长城大部分消失或仅存残迹，天祝藏族自治县和古浪县境内有部分壕堑保存了下来，凉州区和民勤县汉长城有部分墙体保存了下来，其余大部分消失无存。

二、武威长城的保护和利用

长城的保护和利用，是旨在通过科学的技术手段和管理措施，既能延续长城本体的"寿命"，还能"古为今用"，展现长城的物质、文化和精神价值。武威丰富的长城遗址资源，在西部严酷的自然环境中经历了风霜雪雨等自然因素的考验，也承受着动物、植物的侵扰，近代以来更是遭受战争、人类生产生活等多种人为破坏，急需采取一系列措施加强保护。目前武威长城遗址的病害成因分为自然环境因素和人类生产生活造成两方面。

（一）自然因素的破坏

武威所处河西走廊地区具有气候干旱，降水量少，温差悬殊，湿差大，风沙活动频繁的特点，常有风速超过 5m/s 的"起沙风"。一方面夏季多暴雨，暴雨后暖间温、湿度变化幅度很大，使得长城遗址遭受冷热、干湿交替变化，天长日久，容易风蚀产生片状剥蚀、裂隙（缝），另一方面，干燥而寒冷的气候条件，客观上促进了土体干湿、冻融灾害的产生，从而造成土体结构松弛，形成崩解破坏。

生物破坏也是自然破坏的一种，如墙体上土蜂蚂蚁的钻孔筑巢，加速土体风化，降低了墙体强度。灌木根系不断生长产生的根劈作用，使遗址土体变得疏松，甚至产生裂隙。一些植物在生长过程中或是死亡后分泌的有机酸等物质溶蚀土墙，影响遗址结构。还有如鼠类打洞等对墙体造成的机械破坏，这些有时候比风沙侵蚀更严重。

（二）人为因素的破坏

武威长城遗址多数位于村落和农田地带，人类生产、生活对遗址必然产生影响。凉州区段长城遗址的人为破坏对长城造成的威胁最为严重，如遗址附近大部分耕地距离长城墙体较近，有的甚至以长城墙体为边界，搭建违章建筑，牧羊人等为休息方便或为避雨或为放东西而在墙体上开挖洞窟，柴草堆积、长城周围随意堆倒垃圾等。

自然的破坏因素是长年累月不间断对遗址本体的慢慢作用，受客观原因制约，但人为破坏则是一次性的对长城遗址本体的毁灭性破坏。加强长城遗址的保护和利用，更重要的是要通过科学的管理措施控制和遏制人为破坏，因为这些人为活动对长城遗址造成的破坏比自然因素更为致命。

长城国家文化公园的建设，既是文旅产业融合发展的机遇，也是文物遗迹遗址保护利用的挑战，利用好这一契机，重点加强对长城遗址本体的保护。长城遗址本体的保护是第一位的，如对灾害和损害多发、易发及隐患部位建立长期连续监测制度，记录存档，并按照有关的制度实施保护和修复，可以借助大数据人工智能建立"武威长城及其相关遗迹遗存信息管理系统"。对裂隙形成的不稳定块体采用锚固措施使其稳定，对影响遗址稳定性的掏蚀部位进行土坯砌补加固，对墙体表面的裂缝也可以采用灌浆方式加固维修，防止其进一步开裂。清除有害植被及深根系植物，防止根系破坏夯土层，在遗址本体上可以根据需要种植浅根系、能保持水土、需水少的植物进行保护，如苔藓及地衣对长城墙体就有保护作用。还可以采取隔离措施，尤其是对邻近城镇、公路、居民区、生产建设区的长城遗址，采取围栏、植被等隔离保护措施，尽可能减少人为活动因素的破坏很有必要。同时，要坚持科学合理的展示利用。按照习近平总书记 2019 年 8 月在甘肃省考察时的要求，做好长城文化价值挖掘和文物遗产传承保护工作，在有效保护、科学规划的前提下，让长城文物遗迹"活"，展现它所承载的文化记忆和精神情感，根据全省长城国家文化公园建设规划布局，合理、适度、有层次、有重点地进行展示，讲好长城故事，服务"一带一路"沿线人民。

武威市汉长城基本数据

		天祝县	古浪县	凉州区	民勤县	合计
墙体	较好	0	0	0	0	0
	一般	0	0	0	0	0
	较差	0	115	24690	273	25078
	差	0	480	12542	1194	14216
	消失	0	2440	10718	13350	26508
合计（米）		0	3035	47950	14817	65802
壕堑	实存	15783	24829	4087	0	44699
	消失	33948	48619	3094	0	85661
合计（米）		49731	73448	7181	0	130360
总计（米）		49731	76483	55131	14817	196162
单体		7	30	14	26	76
关堡		0	0	4	3	7

武威市明长城基本数据

		天祝县	古浪县	凉州区	民勤县	合计
墙体	较好	0	7341	2890	0	10231
	一般	154	14614	9680	0	24448
	较差	8704	29774	19496	9299	67273
	差	13463	45355	16213	33001	108032
	消失	33578	53997	14924	118758	221257
合计（米）		55899	151081	63203	161058	431241
单体		50	111	72	94	327
关堡		3	2	7	7	19
相关遗存			2			2

参考文献

［1］［汉］班固.汉书［M］.北京:中华书局点校本，1975.

［2］［清］顾祖禹.读史方舆纪要［M］.贺次君，施和金，点校.北京:中华书局，2005.

［3］［清］梁份.秦边纪略［M］.赵盛世，等，校注.西宁:青海人民出版社，1987.

［4］［清］张廷玉等，撰.明史［M］.北京:中华书局点校本，1974.

［5］［日］前田正名.河西历史地理学研究［M］.陈俊谋，译.北京:中国藏学出版社，1993.

［6］马建华，张力华.长城［M］.兰州:敦煌文艺出版社，2004.

［7］李最雄，等.甘肃境内长城保护研究［J］.敦煌研究，2006（6）.

［8］董耀会，吴伟，吴江江.长城［M］.北京:现代出版社，2008.

［9］高荣主.河西通史［M］.天津:天津古籍出版社，2012.

［10］薛长年.西塞雄风——陇右长城文化［M］.兰州:甘肃教育出版社，2012.

［11］国家文物局.长城资源调查工作文集［M］.北京:文物出版社，2013.

［12］刘基，刘再聪.华夏文明在甘肃［M］.北京:人民出版社，2013.

［13］陈寅恪.隋唐制度渊源略论稿［M］.北京:商务印书馆，2014.

［14］宋孟寅，董侃.万里长城传说［M］.秦皇岛:燕山大学出版社，2017.

［15］段清波，等.中国历代长城研究［M］.北京:经济科学出版社，2018.

［16］周涛.游牧长城［M］.上海:上海三联书店，2020.

［17］史念海.论西北地区诸长城的分布及其历史军事地理（上、下）［J］.中国历史地理论丛，1994（2—3）.

［18］李并成.河西走廊东部汉长城遗迹考［J］.西北史地，1994（3）.

［19］高荣.汉代对西北边疆的经营管理［J］.中国边疆史地研究，1994（4）.

［20］张耀民.试论长城文化对甘肃的影响［J］.西北史地，1998（1）.

［21］高荣.古代河西的兴衰及其历史地位和特点［J］.河西学院学报，2003（6）.

［22］沙武田.丝绸之路黄金段河西走廊的历史地位［J］.丝绸之路，2014（12）.

［23］赵现海.中国古代长城的历史角色［J］.史学集刊，2021（1）.

［24］白贵斌.苔藓及地衣对凉州明长城的保护作用研究［D］.兰州：兰州大学，2012.

［25］王文娟.明代边墙修筑工程初探［D］.呼和浩特：内蒙古师范大学，2013.

［26］邢永民.甘肃境内黄河以西地区明长城研究［D］.西安：西北大学，2013.

［27］李芙蓉.孟姜女故事宝卷研究［D］.太原：山西大学，2013.

［28］薛程.中国长城墙体建造技术研究［D］.西安：西北大学，2018.

［29］张彩云.明代甘肃长城研究［D］.南昌：江西师范大学，2019.

［30］李清凌.战国秦汉时期甘肃的长城边防［N］.甘肃日报，2018-11-7.

第七章　边塞诗的高峰:凉州词

　　武威历史上以凉州著称，历为天下要冲，国家蕃卫，雍凉文化发源地。凉州词又称"凉州曲"，是凉州歌的唱词，是盛唐时流行的一种曲调名。唐开元年间，音乐家郭知运将从凉州搜集的西域曲谱献给唐玄宗，玄宗命教坊翻成宫廷乐谱并配以新词传唱，并以曲谱产生地凉州为曲调名，"凉州词"因之诞生。自此"凉州"作为一种文学意象进驻中国文学史，成为唐朝边塞诗的标志。唐朝诗人皆以"凉州词"命名创作诗歌为一种时尚，王之涣、王翰、孟浩然、张籍、薛逢、柳中庸等著名诗人皆有《凉州词》问世。"凉州词"成为凉州文化的一颗璀璨明珠，凉州也成为中国文人心头的一道永恒的精神边疆。唐以来《凉州词》作品很多，特别是王翰、王之涣同题《凉州词》的诗歌名绝千古，被誉为唐人"七绝"珍品，后收入各类版本的中小学《语文》教科书中。

第一节　大曲《凉州》的形成与进献

　　《凉州》又称《梁州》《新梁州》《西凉州》《凉州曲》《凉州歌》等。关于《凉州》来源，郭茂倩《乐府诗集》中《凉州》解题引《乐苑》云:"《凉州》，宫调曲。开元中，西凉府都督郭知运进。"这一记述可谓简洁明了。唐人郑綮《开天传信记》云:"西凉州俗好音乐，制新曲曰《凉州》。开元列上献。"然而究竟是开元哪一年进献？宋人李上交《近事会元》云:"《凉州》,唐明皇开元六年,西凉州都督郭知运进。"开元六年(718年)郭知运曾入朝献捷,此曲当为献捷时进献。

关于进献者,我们可知郭知运生前并未担任凉州都督一职,并此否定献《凉州》者不是郭知运而是杨敬述这一观点看似有据实则大谬。据张说《赠凉州都督上柱国太原郡公郭公(神道)碑(铭并序)》,郭知运死后朝廷追赠其为凉州都督。后世文献因此称其"凉州都督"自是无误。

关于《凉州》属于乐府何部,王昌龄《殿前曲二首》其二:"胡部笙歌西殿头,梨园弟子和《凉州》。新声一段高楼月,圣主千秋乐未休。"《凉州》属胡部。晚唐段安节《乐府杂录》也将《凉州》列于胡部。《新唐书·礼乐志》亦云:"开元二十四年,升胡部于堂上。而天宝乐曲,皆以边地名,若凉州、伊州、甘州之类。后又诏道调、法曲与胡部新声合作。"其独特音乐特点表现在调式、体制、乐器、舞蹈、音乐风格五个方面。

关于调式,《乐府诗集》曰:"《乐苑》曰:'《凉州》,宫调曲。……'同《乐府杂录》曰:'《梁州曲》,本在正宫调中……至贞元初,康昆仑翻入琵琶玉宸宫调,初进曲在玉宸殿,故有此名。合诸乐即黄钟宫调也。'张同《幽闲鼓吹》曰:'段和尚善琵琶,自制《西凉州》。后传康昆仑,即《道调凉州》也,亦谓之《新凉州》云。'"《新唐书·礼乐志》载:"《凉州曲》,本西凉所献也,其声本宫调……贞元初,乐工康昆仑寓其声于琵琶,奏于玉宸殿,因号《玉宸宫调》,和诸乐,则用黄钟宫。"可知《凉州》本为宫调,传入宫廷后随艺人演绎,不断发生变化,又有"黄钟宫调""道调"。到宋代,甚至出现七个宫调。王灼《碧鸡漫志》云:"今《凉州》见于世者凡七宫曲,曰黄钟宫、道调宫、无射宫、中吕宫、南吕宫、仙吕宫、高宫,不知西凉所献何宫也。然七曲中,知其三是唐曲,黄钟、道调、高宫者是也。"

《凉州》是大曲,崔令钦《教坊记》记唐代大曲有《凉州》等六十余曲。关于《凉州》结构,沈括《梦溪笔谈》、陈旸《乐书》、王灼《碧鸡漫志》均有载录,说法不一。争议主要集中在有无"小遍"上。《乐府诗集》引《乐府杂录》云："《梁州曲》，本在正宫调中，有大遍小遍。"王灼《碧鸡漫志》曰："史及《脞说》又云'《凉州》有大、小遍'，非也。凡大曲有散序、极、排遍、颠、正攧、人破、虚催、实催、衮遍、歇拍、杀衮，始成一曲，此谓大遍。……及《脞说》谓有大遍小遍，其误识此乎？"王灼根据宋代大曲体制指出整套大曲即为大遍。任半塘不同意王灼说法，认为："'大遍'殆指大曲，'小遍'指杂曲。"其实这一争论源于《乐府杂录》传抄错误。有学者考察《乐府杂录》版本后指出，原文最初是"有大遍者"，后变成"大遍小者"，最后变为今本"大遍小遍"。可见王灼认为《凉州》不可能有大遍、小遍，见解很独到。郭茂倩、任半塘均因《乐府杂录》版本错误而造成误判。

《凉州》所用乐器，主要有觱篥、琵琶、胡笳、羌笛、筝、横笛。毗外尚有笙和方响。《凉州五首·排遍第二》有"鸳鸯殿里笙歌起"，白居易《秋夜听高调凉州》有"月中银字韵初调"，均可证乐器有笙。苏鹗《杜阳杂编》云："上于内殿看牡丹……时有宫人沈阿翘为上舞《河满子》……俄遂进白玉方响……上因令阿翘奏《凉州曲》，音韵清越，听者无不凄然。"苏轼有《浣溪沙》咏方响云："花满银塘水漫流，犀槌玉板奏《凉州》。顺风环佩过秦楼，远汉碧云轻漠漠，今宵人在鹊桥头。一声敲彻绛河秋。"可证乐器有方响。仔细考察这些乐器可以看出，《凉州》所用大多是西凉地区使用广泛且具有代表性的乐器，音色凄冷、悲凉，利于表达感伤情绪和悲凉心境。

大曲是歌舞曲，《凉州》自然也有舞蹈，且类型属软舞。《乐府诗集》云："开元中，又有《凉州》《绿腰》……之属，谓之软舞。"大曲分散序、中序和破三段。散序部分无歌且不舞，中序以歌为主，破则歌舞并作以舞为主且节拍急促。据此可知，《凉州》舞当在人破后表演。

《凉州》音乐风格愁苦悲凉。孟浩然《凉州词》云："异方之乐令人悲，羌笛胡笳不用吹。"白居易《题灵岩寺》云："今愁古恨入丝竹，一曲《凉州》无限情。"欧阳詹《闻邻舍唱凉州有所思》云："有善伊凉曲，离别在天涯……因之增远怀,惆怅菖蒲花。"《凉州》流传既广且久,艺人虽各有演绎,但愁苦悲凉的主体风格没有变化。

《凉州》传入宫廷后受到极大欢迎。王昌龄《殿前曲二首》就写梨园弟子表演《凉州》的情景。上有所好,下必效焉。由于唐玄宗喜爱,《凉州》迅速传播,风靡天下,相关表演,文献多有记载。如张祜《悖拏儿舞》写到悖拏儿在玄宗面前即兴舞《凉州》的情形:"春风南内百花时,道唱《梁州》急遍吹。揭手便拈金碗舞,上皇惊笑悖拏儿。"元稹《连昌宫词》写想象中唐玄宗时盛大歌舞表演中演奏《凉州》的情景:"逡巡大遍《凉州》彻,色色龟兹轰录续。……平明大驾发行宫,万人歌舞涂路中。"除宫廷以外,《凉州》还在民间广泛传播并深受喜爱。如杜牧诗云:"听取满城歌舞曲,《凉州》声韵喜参差。"《凉州》甚至流传至吐蕃,成为吐蕃宫廷表演曲目。唐人刘元鼎《使吐蕃经见纪略》载:"唐使者始至,给事中论悉答热来议盟。大享于牙右,饭举酒行,与华制略等。乐奏《秦王破阵曲》,又奏《凉州》《胡渭》《录要》杂曲,百伎皆中国人。"

因表演《凉州》著名的歌者、舞者和演奏者也多见于史料记载。歌者盛唐有红桃、中唐有米嘉荣、晚唐有沈阿翘、民间有多美与金吾妓等,河湟收复以后,此歌更加风行,善歌者应更多。关于舞者,除了前引悖拏儿外,还有会用木偶表演《凉州》舞的韩志和。《太平广记》载:"韩志和者,本倭国人也……善雕木……于唐宪皇前,出蝇虎子五六十头,分立队,令舞《梁州曲》,皆中曲度。"这条记载可知《凉州》舞极为流行,以至于来自日本之巧匠能作木偶表演这一舞蹈。悖拏儿是少数民族,韩志和来自日本,说明《凉州》舞表演有多民族参与其间。

关于《凉州》演奏者,有名有姓者更多。除了《幽闲鼓吹》所记段善本、康昆仑以外,还有顾况《李湖州孺人弹筝歌》写到的李湖州孺人、吴融《李周弹筝歌》写到的李周、元稹《琵琶歌》写到的管儿、孙光宪《北梦琐言》写到的王保义女等等。《凉州》盛行一时,其演奏场景甚至成为绘画题材。《太平广记》载:"有别画者,与人同游寺,看壁画音声一铺曰:'此《凉州》第几遍。'不信，召乐官奏《凉州》。至画处，用指更无差异。"至于《凉州》听看者更是数不胜数。欧阳詹《闻邻舍唱凉州有所思》、刘禹锡《与歌者米嘉荣》、李益《夜上西城听梁州曲二首》、武元衡《听歌》、白居易《宅西有流水墙下构小楼临玩之时颇有幽趣因命歌酒聊以自娱独醉独吟偶题五绝句》其四、熊孺登《奉和兴元郑相公早春送杨侍郎》、韩琮《京西即事》、王贞白《歌》（一作《凉州行》）、高骈《宴犒蕃军有感》、吴融《李周弹筝歌》、李涉《听多美唱歌》、李频《闻金吾妓唱梁州》、杜牧《河湟》、薛能《清河泛舟》、张乔《宴边将》、廖融《退宫妓》、冯延巳《抛球乐》等等，都曾写到听看《凉州》表演，可见《凉州》流传十分广泛。

中晚唐时期，诗人常把《凉州》称作古调。聂夷中《公子行二首》其二云："美人楼上歌，不是古《凉州》。"熊孺登《奉和兴元郑相公早春送杨侍郎》云："丞相新裁别离曲，声声飞出旧《梁州》。"王贞白《歌》（一作《凉州行》）："调古清风起，曲终凉月沉。""古凉州""旧梁州""调古"之类，说明《凉州》不仅流传范围广，而且流行时间长。在唐代，歌唱是诗歌的重要存在形式，也是大众欣赏诗歌的主要途径。《凉州》乐曲的广泛流传，必然伴随着《凉州词》的飞速散播，插上歌曲翅膀的《凉州词》在唐代应是家喻户晓。

第二节 源于《凉州》歌词的边塞诗

一、凉州词代表作及其作者

唐代薛用弱《集异记》记载了一则"旗亭画壁"的故事，大意如下：

唐玄宗开元年间，诗人王昌龄、高适、王之涣齐名，当时他们还没有做官，交游来往大抵都是相同的圈子。

有一天，冷风飕飕，微雪飘飘。三位诗人一起到酒楼去，赊酒小饮。忽然有梨园十余子弟登楼聚会宴饮。三位诗人离席，相互偎依，围着小火炉，且看他们表演节目。一会儿又有四位漂亮而妖媚的梨园女子，珠裹玉饰，摇曳生姿，登上楼来。随即乐曲奏起，演奏的都是当时有名的曲子。王昌龄等私下相约定:"我们三个在诗坛上都算是有名的人物了，可是一直未能分个高低。今天算是有个机会，可以悄悄地听这些歌女们唱歌，谁的诗编入歌词多，谁就最优秀。"

一位歌女首先唱道:"寒雨连江夜入吴，平明送客楚山孤。洛阳亲友如相问，一片冰心在玉壶。"王昌龄就用手指在墙壁上画一道:"我的一首绝句。"

随后一歌女唱道:"开箧泪沾臆，见君前日书。夜台何寂寞，犹是子云居。"高适伸手画壁:"我的一首绝句。"

又一歌女出场:"奉帚平明金殿开，强将团扇共徘徊。玉颜不及寒鸦色，犹带昭阳日影来。"王昌龄又伸手画壁，说道:"两首绝句。"

王之涣自以为出名很久，可是歌女们竟然没有唱他的诗作，面子上似乎有点下不来。就对王、高二位说:"这几个唱曲的，都是不出名的丫头片子，所唱不过是不入流的歌曲，那高雅之曲，哪是她们唱得了的呢!"于是用手指着几位歌女中最漂亮、最出色的一个说:"到她唱的时候，如果不是我的诗，我这辈子就不和你们争高下了;如果是唱我的诗的话，二位就拜倒于座前，尊我为师好了。"三位诗人说笑着等待着。

一会儿，轮到那个梳着双鬟的最漂亮的姑娘唱了，她唱道:"黄河远上白云间，一片孤城万仞山。羌笛何须怨杨柳，春风不度玉门关。"王之涣得意至极，揶揄王昌龄和高适说:"怎么样，我说得没错吧!"三位诗人开怀大笑。

这则流传甚广的故事，生动地反映了凉州词在文人雅士间的盛行。《全唐诗》收录以"凉州词(曲、行、歌)"命名的诗歌有十多首，其他诗文集收录的也在百余首以上。较著名的除王之涣《凉州词》外，还有王翰的《凉州词》、孟浩然的《凉州曲》、柳淡的《凉州曲》、张籍的《凉州词》等。

凉州词　王之涣

黄河远上白云间，一片孤城万仞山。

羌笛何须怨杨柳，春风不度玉门关。

王之涣（688—742 年），字季凌，祖籍并州晋阳（今太原市），高祖时已迁居绛郡（今山西省新绛县）。盛唐诗人，曾官衡水（今河北衡水市）主簿、文安县（今河北文安县）尉。少时以豪放任侠著称，好使酒击剑。天宝中，与高适、王昌龄、崔国辅相唱和，又常与乐工制曲歌唱，其诗名动一时，有旗亭画壁故事。精于文章，工诗，尤善五言诗，其诗多“歌从军，吟出塞”，情致雅畅，意境壮阔。

这首《凉州词》，是一幅描绘西北边地壮美风光的画卷，也是一首对出征将士满怀同情的怨歌。明杨慎《升庵诗话》卷二说：“此诗言恩泽不及于边塞，所谓君门远于万里也。”

凉州词　王翰

葡萄美酒夜光杯，欲饮琵琶马上催。

醉卧沙场君莫笑，古来征战几人回？

王翰（生卒年不详），字子羽，并州晋阳（今太原市）人。盛唐边塞诗人。睿宗景云元年（710 年）进士，曾官秘书正字、仙州别驾，后贬道州司马。青年时恃才不羁，性情豪放，善写歌词，自歌自舞。他的歌行写得风华流丽，亦擅长绝句。在文坛受到后辈的尊重，杜甫将他和李邕并提。一首《凉州词》，将他推向了唐代诗坛的高峰。《全唐诗》录存其诗十三首。

这是一首歌咏边塞出征之名作。特别是最后两句，蘅塘退士评曰："作旷达语，倍觉悲痛。"历来评注家也都释为悲凉感伤，厌倦征战。施补华《岘佣说诗》评曰："作悲伤语读便浅，作谐谑语读便妙。在学人领悟。"

凉州曲　孟浩然

异方之乐令人悲，羌笛胡笳不用吹。

坐看今夜关山月，思杀边城游侠儿。

孟浩然（689—740 年），名字同，字浩然，襄阳（今属湖北）人。盛唐山水田园派的代表作家，与王维齐名，并称"王孟"。早年隐居鹿门山，"以诗自适"，又游历长江南北各地。四十岁入长安应进士试落第，失意东归，自洛阳东游吴越。名臣张九龄出镇荆州，引为从事。他的一生主要是在隐居和漫游中度过的，因此，自然、山水就成为他创作的主要题材，在盛唐诗人中别具一格，为当世诗坛所推崇。现存诗二百六十余首，多数以山水田园为主要描写对象，大部分是五言诗，冲淡清旷，富于韵味。有《孟浩然集》。

这是"山水田园"诗派巨擘孟浩然诗歌中少有的一首边塞诗。全诗以雄健的笔力，俯视一切的气势描写戍边将士寄情明月的豪情和愁思。

凉州曲　柳淡

高楼连天望武威，穷阴拂地戍金微。

九城弦管声遥发，一夜关山雪满飞。

柳淡（？—约 775 年），字中庸，河东（今山西永济市）人。大历进士，曾任洪州户曹参军，与卢纶、李端等为诗友。其诗以写边塞、征怨为主，然意气消沉，无复盛唐气象。《全唐诗》存诗十三首。

这首《凉州曲》，抒写征人远戍，关山飞雪的诗篇，由武威而金微，塞外苦寒，怨别伤离，肠断梦绕，都是征夫的情思。

凉州词　张籍

边城暮雨雁飞低，芦笋初生渐欲齐。

无数铃声遥过碛，应驮白练到安西。

张籍（约767—约830年），字文昌，祖籍苏州（今属江苏），移居和州乌江（今安徽和县乌江镇）。贞元十四年（798年）进士。曾任太常寺太祝、秘书郎、水部员外郎、国子监司业等职。其诗或拟古乐府，或自创新乐府，注重风雅比兴，多写民生疾苦，化俗为雅，姿态横生。与王建友善，都是元白新乐府运动的积极支持者和先导，世称"张王乐府"。亦工近体。有《张司业集》。

这首《凉州词》通过对盛唐时期丝绸之路贸易繁盛的回忆，表达了对边事日衰的忧愤。

二、凉州词的内容及形式特征

凉州词从作者而言，大抵可分为两种：一种是凉州籍作家所创，另一种是非凉州籍作家所咏；从创作之地而言，又可分为作者在凉州的创作和身处异乡的创作两种。在凉州的创作为诗人所见所感，是实景的描写和真情的抒发；身处异乡的创作为诗人的所忆所想，是对凉州的向往和感情的实录。这些凉州词流传于世，传呼乐章，让人遐想，动人心魄，大凡凉州历史发展过程中的经济、政治、军事、文化和风土人情、山光水态、旅游胜景、历史畅想等都有不同程度的反映。概括起来，主要有以下几个方面的内容。

（一）热情讴歌了凉州悠久的历史和灿烂的文化

汉唐时期，凉州是丝绸之路上的重镇，长安以西的通都大邑，中西方文明传播交流的驿站。中唐以前，凉州的经济、文化，一直是相当繁荣发达的，居于全国的前列。那时，凡游历天下的文人，途经凉州的官员，云游天下的僧道，经营物产的商贾，戍边卫国的军士纷纷来到凉州，甚至那些梦回萦绕到凉州的大诗人，他们或歌咏、或追忆、或游梦凉州悠久的历史文化和丰富的物产资源，留下了许多脍炙人口的诗篇。凉州的许多文化古迹是享誉中外的瑰宝。灵均台、雷台、天梯山石窟、西夏碑、大云寺、莲花山、金塔寺等，从创建至今，均有上千年的历史，是极为珍贵的文化遗产。历代不少诗人来到凉州都要游览这些文化胜地，并咏诗作赋。

（二）多角度反映了发生在凉州的重要战事

凉州一直是我国西北战略要地，历史上一向为兵家所倚重。同时，凉州又是一个多民族聚居的地区，在我国多民族国家的形成过程中，民族间的战争多次发生，自秦汉以来，真可谓烽火照祁连，鼙鼓声不断。其中主要有西汉时针对匈奴的河西战役，五凉时期的多次攻伐争夺战争，唐朝对吐蕃的战争，宋朝对西夏和吐蕃的战争等，因此，反映凉州战争的作品为数甚多。

秦汉至南北朝，匈奴一直是我国中原政权在北方和西北的主要威胁，他们经常驱骑侵扰，烧杀掠夺，不少咏凉诗都反映了这一现实:或是对匈奴发动的侵扰战争进行谴责，或是对反击匈奴侵扰的正义行动加以赞颂。这种赞颂，又往往表现在对那些在战争中建立奇功伟业的著名将领身上，霍去病、李广等就是被赞誉的主要对象。霍去病六击匈奴，每每凯旋，不仅在当时威名远扬，为人们所传颂，而且也为后世所崇敬。

李唐王朝吸取了魏晋南北朝大动荡大分裂、北方游牧民族入主中原的惨痛教训，在国家尚未从隋末动乱中恢复元气之时，便于贞观三年（629年）冬天派兵消灭了漠南的东突厥势力，继而西击吐谷浑，征高昌，伐焉耆、龟兹，置安西都护府治理西域诸国，基本上解决了西北的边患危险。盛唐时期，写边塞、说戎旅成为时代风尚，人人向往边塞，崇尚戎马功名。因此，唐代的咏凉诗中较大部分是边塞诗。这些诗歌大力宣扬大唐国威，抒写从军报国、安定边疆的豪情壮志。除这一主题外，唐代的咏凉诗还对朝廷边策不当、边战失利、边将畏葸不前、军中腐败公行等现象进行了揭露。如"羌笛何须怨杨柳，春风不度玉门关"（王之涣《凉州词》），就用暗喻手法写"皇恩不西顾"，流露了诗人对戍卒遭遇的同情和不平；"凉州四边沙皓皓，汉家无人开旧道"（王建《凉州行》）等诗句反映了边战失利，凉州及河西地区沦陷的历史事实；"边将皆承主恩泽，无人解道取凉州"（张籍《凉州词》其三），则对唐王朝无力收复失地、边将承恩而不尽收复故土之责表示了强烈的愤懑。后来，当张议潮顺应人民愿望，率领河西义军，从吐蕃手中夺回瓜、沙等十一州，在唐王朝收复失地的战争中取得重大胜利时，诗歌创作中很快就有反映"昨夜蕃兵报国仇，沙州都护破凉州"（薛逢《凉州词》）。唐代的一些咏凉诗还描写了战争的残酷以及给人民和将士带来的巨大牺牲和苦难。但我们品读这些诗歌时，却丝毫看不出强盛的唐王朝黩武嗜战、征服异族邻邦的野心，这也正是唐代边塞诗所开启的一个进步主题，进而成为边塞诗的主流。

此外，唐代的咏凉诗还集中地展现了守边将士丰富多彩的生活画面与征伐杀敌的壮志豪情，如"醉卧沙场君莫笑，古来征战几人回"（王翰《凉州词》）、"黄河九曲今归汉，塞外纵横战血流"（薛逢《凉州词》）等，通过描写战争生活的几个画面，揭示出从军的乐趣与战争的残酷，表现了强烈的爱国主义感情，也从一个侧面表现了唐代三百年盛衰的时代精神和社会心理。可以说，唐代咏凉诗在凉州文学史上占有"一枝独秀"的地位。

宋至明清时期，除明朝外，凉州大都在吐蕃、回鹘、党项、蒙古、满族等游牧民族政权统治之下。这期间，由于这些民族正处于奴隶制向封建制的过渡阶段，所以，时常发生征战杀掠，这在咏凉诗中也有所反映。陆游的《凉州行》就反映了当时凉州被吐蕃、西夏占领的事实；戴良的《凉州行》则描写了胡兵攻掠凉州，凉州人民家破人亡、流离失所的情景，揭露出战争的残酷。

（三）再现了凉州多民族的生活图景和独特的民族风情

古代的凉州是一座多民族的熔炉，在这里先后有月氏、乌孙、西羌、匈奴、吐谷浑、鲜卑、突厥、吐蕃、回鹘、党项、蒙古等民族与汉族同处。咏凉诗中有相当部分描写了凉州多民族生活的图景，其中唐代的咏凉诗最引人入胜。唐代"是最浓于热情的一个时代,是最富有艺术精神的一个时代",诗人们向往那壮阔苍凉的边地风光,陶醉于塞外民族的风情时尚,纷纷用最热情的诗笔予以讴歌,从而绘写了极富奇情异彩的咏凉诗。

和谐融洽的民族关系在利益和权力的驱动下不可能保持长久。古代的凉州,不仅民族矛盾错综复杂,经常发生战争,而且阶级矛盾也十分尖锐。由于统治阶级的压迫和盘剥,以及战争的破坏,人民生活水平十分困苦,不少咏凉诗就反映了这一现象。"十万力役殊憔悴,劳止当今赋小休"(张维翰《凉州行》),则通过对国民政府迫令广大老百姓担负苦役,造成凉州民不聊生残破景象的反映,讽劝统治者应当给予人民群众休养生息的机会。

但各民族的广大劳动人民,自古以来,就友好和睦地生活在这片充满生机、富有活力的土地上,"汉人耕耘,蕃人畜牧",以各自的辛勤劳动创造了辉煌灿烂的凉州文化。

(四)形象地描写了凉州壮伟奇丽的自然风光

"黄河远上白云间,一片孤城万仞山"(王之涣《凉州词》)……凉州浩瀚、壮阔、雄奇的景象是历代诗人着意描写的对象,黄河、祁连山(天山)、焉支山、长城、阳关、玉门关、大漠等,常常出现在诗人的笔下。

唐代诗人中,王之涣、王翰、王维、高适、岑参等,他们不仅到过凉州,而且写下了许多瑰丽的诗篇,深情地描写了凉州特有的自然风光、民情世风、名胜古迹。咏凉诗中还有不少作者,虽非名家,但因久居凉州,或者本来就是凉州人,对凉州的山山水水有着细致观察和深刻体验,其作品的内容具有强烈的真情实感和浓郁的地方气息。凉州的田园风光和雪山、大漠、溪流,在他们的诗篇中不仅形象生动,而且令人神往,表现出对凉州和祖国大好河山的热爱。张恒《凉州词》、傅昂霄《凉州词》等描写了凉州壮伟奇丽的风光景色,同时也寄托了各自的志趣和情怀。

第三节　凉州:符号与记忆

作为唐代民族乐府第一曲调,《凉州》是唐人文化生活的一项重要内容。唐人用《凉州》书写了丰富内容,赋予了它诸多文化内涵。

由于《凉州》乐曲在盛唐广泛流行,它随之也成为盛唐人文化生活的重要组成部分。安史之乱爆发,盛唐一去不返,人们每当听到熟悉的《凉州》乐曲时,自然会联想昔日的盛世繁华。

《凉州》因此成了盛世记忆的符号。最先赋予《凉州》这一内涵的是唐玄宗。前引《明皇杂录》中唐玄宗自蜀返回听贵妃侍者红桃歌《凉州词》以至相顾掩泣的故事,说明在这位酷爱音乐的风流天子心中,《凉州》引发了他对杨贵妃的刻骨相思和盛世一去不返的极端悔恨。中晚唐诗人回忆盛唐,往往写到《凉州》。如王建《行宫词》云:"开元歌舞古草头,梁州乐人世嫌旧。"吴融《李周弹筝歌》云:"供奉供奉且听语,自昔兴衰看乐府。只如《伊州》与《梁州》,尽是太平时歌舞。"《凉州》饱含着诗人对盛唐景象的深情追忆和深切怀恋。

当经历安史之乱的创痛,唐人开始反思这场灾难时,《凉州》作为边地乐曲代表,又成了灾祸之兆。《大唐传载》云:"天宝中,乐章多以边地为名,若《凉州》《甘州》《伊州》之类是焉。其曲遍繁声名人破,后其地尽为西蕃所没,其破兆矣。"《新唐书·礼乐志》亦云:"天宝乐曲,皆以边地名,若凉州、伊州、甘州之类。……安禄山反,凉州、伊州、甘州皆陷吐蕃。"《开天传信记》还具体阐述了其中道理:"西凉州俗好音乐,制新曲曰《凉州》,开元中列上献。上诏诸王便殿同观。曲终,诸王贺,舞蹈称善,独宁王不拜。上顾问之,宁王进曰:'此曲虽嘉,臣有闻焉:夫音者,始于宫,散于商,成于角、徵、羽,莫不根柢囊橐于宫、商也。斯曲也,宫杂而少徵,商乱而加暴。……臣恐一日有播越之祸,悖逼之患,莫不兆于斯曲也。'上闻之默然。及安禄山作乱,华夏鼎沸,所以见宁王审音之妙也。"尽管音乐与政治本无关联,但审乐知政在儒家理论中向来备受重视，而音乐与政治治乱的关系，又往往是在政治衰乱之际被强化揭出。《凉州》被视为灾祸之兆恰恰就是在这样的背景之下出现的。

安史乱发，吐蕃乘机占领河西，《凉州》又成了唐人书写河西之痛的载体。凉州地处唐朝连通西域要道，北有突厥、南有吐蕃，处在几股势力中间。徐坚《初学记》载:"陇西、汉阳、武都、金城、安定、北地、武威、张掖、酒泉、敦煌、张掖属国、居延属国，凉州刺史所部也。"《旧唐书·地理志》亦载:"凉州节度使。治凉州，管西、洮、鄯、临、河等州。"能否有效控制凉州，成为王朝盛衰的关键。初唐后期"郭元振为凉州都督"，"北却突厥，西走吐蕃，制地一万里，握兵三十万。"盛唐时王忠嗣"为河西、陇右节度使，权朔方、河东节度，佩四将印，劲兵重地，控制万里。"哥舒翰镇凉州，"下石堡，戍青海城，出白龙，逾葱岭，界铁关"，威震河西。但安史之乱爆发后，吐蕃乘机入侵河西，河西百姓沦为吐蕃子民，朝廷却无力收复失地。刘元鼎《使吐蕃经见纪略》载沦陷区百姓"见使者麾盖夹观。……耋老千人拜且泣，问天子安否?言顷从军没于此，今子孙未忍忘唐服，朝廷尚念之乎?兵何日来?言已皆呜咽。"去河西，从这一区域诞生的《凉州》乐曲就成了唐人心中难以言说之痛。

中唐以来，借《凉州》书写河西之痛的诗作大量出现。如王建《孤州行》云:"凉州四边沙皓暗，汉家无人开旧道。边头州县尽胡兵，将军别筑防秋城。万里人家皆已没，年年旌节发西京。多来中国收妇女，一半生男为汉语。"张籍《凉州词三首》其三亦云:"边将皆承主恩泽，无人解道取凉州。"元稹《西凉伎》云:"一朝燕贼乱中国，河湟泪尽空遗丘。……连城边将但高会，每听此曲能不羞。"白居易《西凉伎》亦云:"贞元边将爱此曲，醉坐笑看看不足。"凉州的失陷，百姓的艰难，将领的无能，诗人的伤感与愤怒，残酷的现实和复杂的情感都让《凉州》书写显得无比沉痛。这种伤痛直到咸通二年(861年)归义军节度使张义潮收复凉州以后才得以缓解。

一曲《凉州》，经历过盛唐的繁华，记载着战乱的伤痛，有唐一代再且没有哪个乐府曲调能够如此牵动人心。它是唐代第一民族乐府，是名副其实的边塞乐府绝唱。幸运的是，《凉州》曲谱至今仍有留存，叶栋《唐乐古谱译读》、李健正《大唐长安音乐风情》分别根据不同曲谱破译了《凉州》乐曲，今天人们仍能领略到唐代这首边塞乐府绝唱的魅力。

参考文献

［1］游国恩，等.中国文学史［M］.北京：人民文学出版社，1963.

［2］林庚，冯沅君.中国历代诗歌选［M］.北京：人民文学出版社，1964.

［3］郭绍虞主编，王文生副主编.中国历代文论选［M］.上海：上海古籍出版社，1980.

［4］胡大浚.唐代边塞诗选［M］.兰州：甘肃教育出版社，1990.

［5］曹道衡，刘跃进.南北朝文学编年史［M］.北京：人民文学出版社，2000.

［6］朱东润.中国历代文学作品选［M］.上海：上海古籍出版社，2002.

［7］中国社会科学院文学研究所.中国文学通史系列［M］.北京：人民文学出版社，2006.

［8］王其英.历代咏凉诗词选析［M］.北京：大众文艺出版社，2012.

［9］林庚.漫谈王之涣的《凉州词》［J］.诗刊，1961（4）.

［10］杨晓霭，胡大浚.陇右地域文化与唐代边塞诗［J］.文史知识，1997（6）.

［11］杨国学，王春玲.天下遍奏《西凉》乐 四郡俱作词牌名［J］.河西学院学报，2002（1）.

［12］刘堡.古凉州乐舞［J］.山西社会主义学院学报，2003（4）.

［13］亓娟莉.《凉州曲》文献新考［J］.中国音乐，2009（1）.

［14］胡可先.凉州词：丝路重镇的文化符号［J］.古典文学知识，2020（5）.

第八章　风云人物

　　自汉武帝开拓经营西域以来，武威由一片水草游牧之地，一跃而为汉魏名郡、四凉京华、隋唐大邑、西夏辅郡、明清重镇，素以政局安定、民族和揖、物产殷富、文风炽盛而称颂于史。而人文荟萃、人才辈出的历史更为史家和世人所称道。

　　早在东汉时期，就有"关东出相，关西出将""烈士武臣，多出凉州"（《资治通鉴》卷四十九·汉纪四十一）之说。五凉时期则有"凉州号为多士"之赞。汉唐时期，凉州出了许多名将，也出了不少文人。清康熙年间，时任陕西学使的合肥人许荪荃来到凉州，在游历山川美景、驻足古台梵宇、品悟诗文碑铭之际，深为凉州历史文化的博大精深所折服，于是挥毫写下了今人称之为文化名片的《武威绝句》："武威莫道是边城，文物前贤起后生。不见古来盛名下，先于李益有阴铿。"诗歌以饱满的热情，讴歌了武威人文之盛。

　　武威杰出人物众多，有王侯将相、群英忠烈、民族俊彦、文苑英华、大家名儒、高僧大德、商贾巨子等。其中段颎官至东汉太尉，封侯；贾诩是曹操五大谋士之一，有高超的政治智慧和军事才能，官至太尉，封侯；张轨、吕光、段业、沮渠蒙逊、李暠、李轨曾割地称王，建立政权；李抱玉、李抱真、段秀实是唐代中兴名将，在国家危难之际，同赴国难，功业显赫；余阙是元末天下大乱中难得的文臣儒将，连对立面的朱元璋也诏令表彰；李益是中唐最优秀的边塞诗人,与李白、王昌龄的七言绝句代表着唐代的最高水平;张澍一生著作等身,其学术成就领军西北。他们为凉州赢得了光荣和不朽,也为中华民族的历史谱写了辉煌篇章。

第一节 政治篇

一、托孤重臣:金日磾

(一)休屠王被杀,其子沦为养马奴

在凉州区四坝乡三岔堡和民勤县蔡旗乡一带,有匈奴休屠王城遗址。据载,西汉时期的匈奴休屠王城傍河而筑,是休屠王的王府官邸。休屠王后阏氏于元光元年(前134年)生子,取名"日磾"。"日磾"系匈奴语汉译,意为"河边的朝阳"。

元狩二年(前121年)春,骠骑将军霍去病率兵进攻河西走廊,《汉书》载:"(霍去病)转战六日,过焉支山千有余里,合短兵,鏖皋兰下,杀折兰王,斩卢侯王……"汉匈河西战役战况惨烈,汉军全胜,归朝时光马背上带的匈奴将士的首级就有8960颗,匈奴在河西走廊的总兵力损失70%。此役,汉军还夺取了匈奴休屠王的"祭天金人",驰献于汉武帝,汉武帝大喜。

祭天金人是匈奴人的精神信仰。"祭天金人"被夺走,使匈奴休屠王部族的精神支柱崩塌。从此,休屠王部族士气一蹶不振。这年夏,霍去病再伐河西匈奴,匈奴大败。匈奴大单于因河西浑邪王屡败,欲招去王庭诛杀,浑邪王惧怕,便同休屠王商定投降汉朝。于是,两王派出使者,到黄河边去向负责筑城的汉军大行官李息求降。李息急报朝廷,朝廷顾虑匈奴是诈降,便派霍去病率兵过黄河去迎接。匈奴兵看到汉军过河,稗王、将官中多数人心生悔意,包括休屠王。休屠王和多数将官、稗王都想后退逃跑,浑邪王难以制止。霍去病见状,率兵直驱军帐中,与浑邪王会合。浑邪王和霍去病堵截逃兵,休屠王在逃跑途中被杀。随军到黄河边的休屠王阏氏和王子金日磾及其弟金伦被汉军俘虏，押往长安。

按汉军惯例，休屠王阏氏和她的两个儿子被分到黄门御马监养马，母子三人宿马厩，咽糠粮，命运须臾间就使他们从匈奴贵族沦为奴隶。

（二）从"马监"升为"驸马都尉"

史载，金日磾在险境中不致沉沦，缘于他的母亲、美丽的阏氏"教诲两子，甚有法度"。参考各种金氏家谱，上面多记载说，阏氏本是汉族宫女，名叫花磾儿，陪公主和亲，嫁给休屠王。在母亲的教诲下，金日磾干事非常细心，即便是养马也很操心，他养的马匹比别人的"肥美"。终于机会来了！一日，汉武帝带着几十名后宫佳丽，到黄门御马监观赏马匹。这时，身材高大魁梧的金日磾牵着马走了过来，相比其他马奴养的马，他的马又干净又肥美。汉武帝因此对金日磾产生了好感。遂招手叫他停下答话，汉武帝问了几个养马的问题，金日磾答得都很在行。各种史书都记载，汉武帝见状，先是"异"，后"奇焉"。一核查，金日磾竟然是休屠王的太子，汉武帝非常感动，当日就下旨赐汤沐浴，更换衣冠，提拔他当了黄门御马监的总负责官"马监"。时间不久，连连升迁为"侍中、驸马都尉、光禄大夫"。

金日磾当马监后，即被汉武帝以宗室女相嫁，理由是金日磾有"驸马都尉"一职。其实，"驸马都尉"一职是汉武帝时才第一次出现的官职，跟三国、魏晋后"驸马都尉"专由驸马袭取不同。汉武帝有个嗜好，为了出行安逸，常常从御马监挑选上等马匹驾驭御车，马相、马行姿势都很严苛，稍不遂意，便换御马。因此，他对马官要求苛刻，专门设一职位"驸马都尉"，品秩在列侯之下、郎中之上，是个侍卫要职。"驸马都尉"负责皇帝出行的车驾安全，一般直接从马监官中挑选。金日磾从"马监"升为"驸马都尉"，具备两个条件：一是养马专业，二是忠诚。

（三）"托孤重臣"，临死接"秺侯"印绶

河西走廊休屠部族自古以来就以养马著称于世。金日磾幼年即受部族养马熏陶，对马的生活习性很熟悉。到黄门御马监，接受了汉族宫廷养马的系统训练，积累了丰富的养马知识。金日磾是历史上最早记载善于养马的人，因而中国民间也将他奉为"马王爷"。

后元元年（前88年），金日磾已46岁。从"马监"一职到"侍中、驸马都尉、光禄大夫"三职加身，金日磾足足干了30年。在这30年里，汉武帝对他"甚信爱之"。每一次出行，他都护车驾，汉武帝每逢上朝、宿夜，他都护卫在身边。汉武帝是多疑而凶残的皇帝，近侍和宠臣很难长期信任，唯独金日磾得到长期信任，竟达30年之久。

后元二年（前87年）二月丁卯日，汉武帝"崩于五柞宫"，"入殡于未央宫前殿"。汉武帝临死前，在鳌屋五柞宫召见重臣，嘱托大臣霍光辅佐幼主登位，霍光不敢领此重托，就向汉武帝推荐金日磾辅佐幼主，金日磾奋力推让说："我本是外国人，如果让我辅佐幼主，会叫匈奴人笑话的。"汉武帝权衡再三，最终托付霍光和金日磾共同辅政。

汉武帝驾崩的次日，即戊辰日，年仅8岁的汉昭帝在霍光和金日磾主持下即位。始元元年（前86年），金日磾病重，卧床不起。因两年前金日磾殿前擒拿莽何罗有功，汉武帝赐他"秺侯"，金日磾谦恭不受。如今他人之将死，贵为辅佐大臣，却无侯爵，霍光心中难受，遂上奏汉昭帝，请求册封他为"秺侯"。朝廷的封侯印绶送到金府，金日磾已病入膏肓，无力起身跪接"秺侯"印绶，只好躺在床上接过了印授。未过几日，金日磾就逝于长安府邸。

（四）赐葬茂陵旁，享受"军葬"待遇

金日磾死后，朝廷举行了隆重的丧礼。汉昭帝在茂陵旁赐冢地，下旨以"轻车介士"的待遇出殡。

轻车介士，指军队出行时的仪仗车和身披坚甲的士兵方阵。史载，金日磾灵柩送葬时，仪仗车前导，身披坚甲的大型骑兵方阵殿后，几万将士保护金日磾灵柩到达茂陵，并驻扎下来，直到丧礼全部结束才撤走。送葬途中，数十万百姓拈香路祭，车骑塞道。汉昭帝为金日磾赠"谥号"为"敬侯"。

依汉制，享"轻车介士"待遇的名臣均赐以"葬物"，即分量不等的金钱、缯絮、绣被，还有衣若干箧，梓宫、便房、黄肠题凑各一具。葬后朝廷还派人在金日䃅墓旁起"冢祠堂"，置"园邑"若干家守墓。金日䃅成了武威史上唯一享受"军葬"的名人。

如今，金日䃅墓今保存完整，位于汉武帝茂陵（陕西省兴平市）东，属于汉武帝茂陵陪葬墓，是全国重点文物保护单位。金日䃅墓与大将军卫青墓、骠骑将军霍去病墓在一起。卫青墓、霍去病墓、金日䃅墓由西向东紧挨着一字分布，守卫着汉武帝茂陵。

二、北魏国师：昙曜

昙曜，生年不详，约卒于 487 年至 489 年之间，凉州人。他少年出家，修行禅法，坚守戒律，节操高拔，是北魏时期佛学修养最深、最有才华的一位高僧，在天文、地理、佛教、建筑、艺术等方面都有非常高的造诣。《魏书·释老志》、慧皎《高僧传》、释道宣《续高僧传》、靖迈《古今译经图纪》都有记载。

昙曜年轻时期所生活的时代是匈奴族卢水胡沮渠蒙逊建立的北凉。在都城姑臧（今甘肃武威），他受到了太傅张潭的特别礼遇。北魏太延五年（439 年）六月，北魏进攻北凉，至九月到达姑臧城外，沮渠牧犍开城投降，北凉灭亡。据《晋书》记载，北魏迁走了姑臧城内的僧人工匠 3000 人，以及老百姓 3 万户到平城。作为凉州最负盛名的僧人，昙曜也在这些迁徙的僧团之中。

到达平城后，昙曜历经北魏太武、文成、献文、孝文四朝，深得皇帝知遇和礼敬。太武帝太平真君七年（446 年），发生了灭佛事件，诛沙门、焚寺院、毁佛像，许多僧人纷纷还俗以免惨遭杀害。唯有昙曜坚固道心，俨然持守其身。太子再三劝告，他仍然密持法服器物。《魏书·释老志》写道："沙门昙曜有操尚，又为恭宗所知礼。佛法之灭，沙门多以余能自效，还俗求见。曜誓欲守死，恭宗亲加劝喻，至于再三，不得已，乃止。密持法服器物，不暂离身，闻者叹重之。"

北魏正平二年（452 年）3 月，文成帝拓跋濬兴安即位。年底朝廷准许复建佛图，允许老百姓出家为僧，佛教再度兴盛。不久文成帝特任昙曜为沙门统，让他负责管理平城的僧众，并加快整修荒废的寺宇。《魏书·释老志》记载："和平初，师贤卒。昙曜代之，更名沙门统。"

昙曜一生处于风云变幻的时代，但他以大无畏的精神和超凡的智慧，积极推进佛教复兴，在政治、经济、教化、艺术、译经等方面，将佛教文化带向复苏、繁荣，为中华佛教文化做出了重要贡献。

（一）开凿石窟，融入多元文化

五凉时期，凉州佛教文化得到了空前发展，开凿石窟、雕塑佛像、翻译佛经，呈现出一派兴旺的景象，为佛教东传奠定了坚实的基础。北凉沮渠蒙逊时期开凿了新疆以东地区最早的石窟天梯山石窟。天梯山石窟中国佛教史上具有重要地位，被著名考古学家宿白教授称之为"凉州模式"，在学术界有着"石窟鼻祖"之称。昙曜作为一位年轻有为的僧人，参加了天梯山石窟的开凿营建活动。昙曜的凉州工匠在建筑艺术的中西结合方面做了积极的探索和尝试，为日后主持开凿云冈石窟奠定了坚实的理论基础。

北魏和平元年（460年），文成帝命昙曜主持在平城西面的武州塞开凿石窟。赵武灵王以来，武州塞便成为由蒙古高原进入中原内地的交通要塞。武州山与武威天梯山均为砂岩结构，是凉州僧人十分熟悉的雕刻石料。《魏书·释老志》记载："昙曜白帝，于京城西武州塞，凿山石壁，开窟五所，镌建佛像各一。高者七十尺，次六十尺，雕饰奇伟，冠于一世。"昙曜带领凉州僧人开凿的五所佛窟，即今云冈第16至20窟，学者谓之"昙曜五窟"。《中华文明史》（第4卷）写道："大同云冈石窟中年代最早的16—20窟，即著名的'昙曜五窟'，是来自凉州、当时身为沙门统的僧人昙曜所开。"昙曜率领凉州僧人规划、设计、开凿的这五所洞窟是武威天梯山石窟"凉州模式"的承袭与超越，揭示了与印度佛教不同的中国佛教艺术的开创，代表了我国北魏时期造型艺术的巅峰水平。

"昙曜五窟"吸收了外来佛教造像艺术的精华，特别是"凉州模式"，发展创新了我国佛教造像艺术，体现了我国北方各民族的精神风貌和传统艺术精髓。"昙曜五窟"所显示的粗犷、雄浑、朴实、大气的风格，以及造像中以"气"为主的造型艺术特色，是云冈石窟佛教造像所特有的。

（二）翻译佛经，开创最早的译经场

五凉时期，凉州僧人不辞艰辛赴西求经，返回后译经传播，使凉州成为我国禅法最盛之地。除前凉外，北凉的译经最为突出，当时闻名凉州的佛经翻译家有道龚、法众、僧伽陀、昙无谶、沮渠京声、道泰和昙曜等。

在凉州时，昙曜参与了长达 10 万偈的梵文本鸿篇巨著《大毗婆娑经》。这部经书被称为"三藏之指归，九部之司南"，由凉州僧人道泰从西域带回姑臧。为了翻译这部经，北凉王沮渠牧犍召集 300 多凉州僧人翻译，昙曜便参加了这场译经。可惜书成不久，北凉灭亡。此经横遭劫难，百卷之数，仅剩存 60 卷，即为流传于后世的《贤愚经》。

入魏后，在文成帝的大力支持下，昙曜又带领众僧俗在武州山通乐寺设立官署译场，这是我国石窟寺最早的译经场。昙曜译经僧团主要成员有吉迦叶、常那邪舍、昙靖以及负责笔录汉文的刘孝标等。昙曜在这里组织过两次规模较大的译经活动，一次是和平三年（462 年），另一次是延兴二年（472 年）。智昇《开元释教录》记载："以北魏孝文帝延兴二年壬子，为昭玄统沙门昙曜译《大方广十地》等经五部，刘孝标笔受。"隋朝费长房《历代三宝纪》记载："和平元三年昭玄沙门昙曜欣三宝再兴，遂于北台石窟寺，躬译《净度三昧经》一卷、《付法藏传》四卷，流通像法也。"僧祐《出三藏记集》记载："《杂宝藏经》十三卷（阙）、《付法藏因缘经》六卷（阙）、《方便心论》二卷（阙）。右三部，凡二十一卷。宋明帝时，西域三藏吉迦夜于北国以伪延兴二年，共僧正昙曜译出，刘孝标笔受。此三经并未至京都。"可见，在昙曜的主持组织下，在以凉州僧人为主的译经僧团的共同努力下，这一时期翻译出了大量佛经，极大地促进了佛教文化的传播。

（三）改制寺院经济，夯实佛教文化兴盛基础

皇兴三年（469年）5月，昙曜奏请献文帝拓跋弘天安设僧祇户。不久，他又奏请增设了僧祇粟和佛图户。《魏书·释老志》记载："昙曜奏：平齐户及诸民，有能岁输谷六十斛入僧曹者，即为'僧祇户'，粟为'僧祇粟'，至于俭岁，赈给饥民。又请民犯重罪及官奴以为'佛图户'，以供诸寺扫洒，岁兼营田输粟。高宗并许之。于是僧祇户、粟及寺户，遍于州镇矣。"这些制度的确立和实践，完善了当时平城的寺院经济体系，极大地推动了佛教文化发展。

"僧祇户"制度不是昙曜首创于平城，而是源于五凉时期的姑臧，这是一种介于"常平仓"与"赈灾"性质的佛教经济文化。《魏书·释老志》记载："僧祇之粟，本期济施，俭年出贷，丰则收入。山林僧尼，随以给施；民有窘弊，亦即赈之。"这一制度在各朝被广泛袭用，不仅改善了当时老百姓的经济生活，更为后期佛教文化的兴盛奠定了经济基础，更是中国经济史上的一大贡献。

三、西凉皇后：尹夫人

东晋时期，因"八王之乱"招致天下大乱，陇西世家豪族尹氏一族在首领尹文的带领下，举族从甘谷迁居姑臧。其女自小秀慧聪颖，才思敏捷，足智多谋，善辩而有志节。初嫁扶风马元正，马元正病故后，改嫁李暠，做了续弦妻，后世称为"尹夫人"。李暠创建西凉大业，尹夫人起了很好的辅助作用，故当时谚云："李尹王敦煌"，意谓西凉是"李尹政权"。

东晋隆安元年（397年），建康（今酒泉东南）太守段业起兵反对后凉国吕光，称凉王，李暠响应段业，受任效谷（今敦煌）县令。段业暗弱，不足摄政。故一年后李暠受敦煌豪右的推举，做了敦煌太守。隆安四年（400年），李暠建立西凉政权，自称凉王，定都敦煌（后迁酒泉）。执政期间，按甲息兵，大兴屯田，招抚流民，兴办学校，由于社会比较安定，使生产得到了发展，国力逐渐增强。在李暠创建政权、经营西凉的过程中，尹夫人为李暠出了许多好主意，使得"多所毗赞"，故在当时的西州民间有"李尹王敦煌"的谚语。

东晋义熙十三年（417 年），李暠病故，其子李歆即位，尹夫人被尊为皇太后。李歆骄横自专，不修内政，用刑严酷，不恤民力，只恃匹夫之勇，缺乏长远国策。尹夫人苦口婆心地规劝，李歆不听，即位不久，便欲攻打匈奴人沮渠蒙逊建立的北凉。在这事关国家存亡的时刻，尹夫人再次向李歆提出忠告："国家初创，财力困乏，为长远计，应安分守己，与民休戚，万不可轻举妄动；且沮渠蒙逊骁勇异常，擅长兵略，恐怕你不是他的对手。今国家虽小，足以为政。先君临终再三叮嘱你要审时度势，审慎兵事，你若一意孤行，不仅军事上要吃败仗，而且国家也将灭亡。"李歆不听母亲的忠告，依然刚愎自用。420 年，沮渠蒙逊使用声东击西的战术，攻打西凉，先率兵马佯攻西秦，半路回师屯兵于都渎涧（今张掖西北）。李歆不知是计，反以为攻打北凉的时机已到，便亲自率骑兵三万东征，欲乘虚袭击张掖，结果中了沮渠蒙逊的圈套，全军覆没，李歆本人也战死于蓼宗（今酒泉东）。次年（421 年）北凉军队以党河水冲淹酒泉城，西凉国亡。

西凉败亡后，尹夫人和家人被掳于姑臧，沮渠蒙逊以礼相待，召见并慰劳尹夫人。她在身陷囹圄的逆境中，没有流露丝毫的女性柔弱，毅然对沮渠蒙逊说道："我一妇人，事到如今，岂图苟且贪生，做人臣妾！若能一死，吾之所愿！"沮渠蒙逊为她的刚烈折服，不但没有杀她，还特地为她建造了一座"夫人台"，供其居住。夫人台，亦称皇娘娘台，遗址在武威市西北郊。

（一）辅佐君主

段业、沮渠蒙逊起兵背叛后凉的时候，敦煌太守孟敏投降段业，被任命为沙州刺史。李暠也与宋繇、郭黁等人在家乡响应。不到一年，敦煌太守孟敏去世，在敦煌地方势力敦煌护军郭谦、沙州治中索仙的拥戴下，段业准备任命李暠为宁朔将军、敦煌太守。

可是得宠于段业的右卫将军索嗣却从中阻挠。他很忌惮李暠，又觊觎敦煌是军事重镇，便妄图取而代之，乘机在段业面前构陷李暠。段业书生性格，向无定见，便听信了索嗣之言，改任他为敦煌太守。索嗣自然高兴，亲率轻骑五百乘，昼夜兼程，从张掖赶往敦煌就任。

李暠接到诏书之后，惊疑异常，难以决断，正欲前往，被夫人尹氏、宋繇和新任效谷令张邈劝止。宋繇出谋划策说："兄长被众人推举为敦煌太守，岂可轻易拱手送人？让天下英雄耻笑！何况段业懦弱无能，必不成大器。兄长为一代英杰，有霸主之风，现今天下扰攘，正是英豪有为之时。怎能屈尊于人下呢？"夫人尹氏献计，假借出迎，将计就计。遂派精兵出其不意，打了个索嗣措手不及。索嗣逃回张掖后，被段业为安抚李暠而杀了。段业还专门派使臣到敦煌向他表示慰问，还分敦煌的凉兴、乌泽和晋昌（今甘肃安西县东南）的宜禾三县为凉兴郡，晋封他为使持节、镇西将军、领护西夷校尉、都督凉兴以西诸军事。一时李暠势力大盛，前来效忠和依附者络绎于途。

（二）李尹政权

李暠之所以那么快就建立了西凉国，并且在群雄争霸中，使西凉保持了十多年的安定繁荣局面，与尹夫人的远见卓识不无关系。

尹氏自小接受中国传统文化教育，儒家思想影响至深至巨。她不时向他讲述对当前时局的分析，劝李暠抓住时机，及早建立称雄河西的大业。深刻的见解和准确的预测，常使他茅塞顿开。他对她开玩笑说："我不止是得一西施王嫱，我得一诸葛耳！"尹氏对他前妻辛氏的孩子，恩过己出；常向他们讲解儒家经典，教他们如何为人处世。阖府上下又都称颂她的贤德。

抛开尹氏女流身分不说，她的知识修养，也是当时很多优秀的男子所不及。李暠自是对妻子的胆识佩服不已，言听计从。遇有疑惑不决的事情，常向她讨教，让她帮着拿主意，他才会做最后的决断。当他在庚子元年（400年），建立西凉政权后，他所做的第一件事，就是立尹氏为王后，共同参与朝政。就像他的八世裔孙李治和武则天一样，宫中号为"二圣"。所以当时谚云"李尹王敦煌"，时人尊敬地称她为尹夫人。

晋安帝义熙元年（405年），李暠为了从根本上抗御北凉，采纳了尹夫人的建议，向东迁都酒泉。敦煌则由他的三子李让镇守，并派他的同母弟宋繇辅佐。李暠临行时劝诫李让："此郡世笃忠厚，人物敦雅，天下全盛时，海内犹称之，况复今日。"要求李让以"惠政"来弥补战乱给敦煌百姓带来的征战和徭役。

尹夫人以她的智慧，在如此危险复杂的情况下，协助李暠重武功，抓文治，把西凉国治理得"兵无血刃，坐定千里"，确实不简单。所以时人把西凉政权称为"李尹政权"，的确不是妄言，是历史的实情，也是对尹夫人的由衷赞美。在敦煌发现的唐人写本《敦煌廿咏》里，就有歌颂李尹政权治理凉州的史实："昔时兴圣帝，遗庙在敦煌。 叱咤雄千古，英威镇一方。牧童歌冢上，狐兔穴坟旁。 晋史传韬略，留名播五凉。"

（三）夫死国灭

东晋义熙十三年（417年）二月，李暠病逝，享年65岁。其子李歆嗣位，进宋繇为武卫将，录三府事，尹氏被尊称为皇太后。

宋繇劝李歆仍要一如既往地忠事晋室，尹太后语亦从同。这样，李歆便遣使至东晋建康，报称父丧，且告嗣位。东晋王朝封其为持节都督七郡诸军事、镇西大将军、酒泉公。

北凉和从北凉分出去的西凉一直战争不断，但李暠在世时犹能和沮渠蒙逊对抗，北凉也占不到什么便宜。他一死，北凉认为是天赐良机，乘丧乱欲伐西凉。沮渠蒙逊怕师出无名，就指使张掖太守沮渠广宗诈降李歆，以三万精兵设伏于蓼泉，诱使李歆来攻。李歆发觉了沮渠蒙逊的阴谋，机智地引兵退还。沮渠蒙逊追袭，反中了李歆的伏兵之计，被打得落花流水。李歆又乘胜追奔百余里，斩首七千余级。国人无不颂扬少主英武，李歆因此大为得意，人就像羽毛一样，有些轻飘飘起来，认为天下事不过尔尔。

东晋元熙二年（420年）7月，沮渠蒙逊不甘于失败，经过两年的准备，决意再伐西凉。沮渠蒙逊有意布置疑阵，实际上并没有引兵东去，先佯装引兵去攻西秦，却于半路返回，设伏于川岩。李歆听说沮渠蒙逊出兵东伐西秦乞伏炽磐，认为进攻北凉的时机已到，便想乘虚偷袭北凉国都张掖。尹太后闻讯找到李歆，对他声泪俱下地说："我们西凉建国不久，地狭民稀，自保都不能得，是无力讨伐他人的。况沮渠蒙逊善用手腕，你根本不是他的对手！怎能轻举妄动侥幸从事。当务之急是要励精图治，发愤图强，切不可一意孤行。"尹太后从国力实际和人民生息、民族团结的愿望出发，苦苦相劝乃至严正警告。此番肺腑之言讲得入情入理，切中肯綮。李歆是一个独断傲慢、贪功好战的人，刚即位时，还很听母亲的话，但几年过后，他自认为羽毛已经丰满，把太后的话当耳旁风。特别是上次与沮渠蒙逊打仗，李歆完胜，有些骄傲，为了显示自己比老爹还有本事，不听托孤大臣、也是他的叔父宋繇及皇太后尹夫人劝阻，一意孤行地率全国的步骑兵三万人进攻姑臧，宣布要灭掉北凉。太后哭道："逆子，我将收尔骨于箩泉之上。"

果然不出尹太后所料，沮渠蒙逊设下布袋，与儿子沮渠牧犍埋伏半道，李歆很快入了沮渠蒙逊的圈套，与北凉沮渠蒙逊遇于箩泉（今甘肃高台县西），被打得大败，却又固执己见，不听将帅之言，坚持打消耗战，不肯退兵，结果全军覆没。李歆于临泽被俘后，很快死于沮渠蒙逊之手，沮渠蒙逊随之入据酒泉。

（四）亡命天涯

沮渠蒙逊灭西凉后，将李皇后尹氏掳来姑臧，囚禁在姑臧城西五里处的窦融台上。因尹夫人是皇后娘娘，民间也叫皇娘娘台。

尹太后在被押往张掖途中，见到了北凉国君沮渠蒙逊。她见沮渠蒙逊主动向她走来，便故意转过身去，不理会他。沮渠蒙逊没有计较这些，仍然走到她的跟前，向她问好，并打算将她收入宫中。尹太后一听，不卑不亢地说："你已把李家政权消灭了，还说这种好没廉耻的话！"始终不肯就范，并故意冒犯沮渠蒙逊。这时，有人担心尹太后的安危，好心地劝她要谦虚些："你母子性命抓在人家的手里，为什么还如此傲慢；而且你国破家亡，子孙被杀害，为何不悲伤？"尹太后扬了扬头，慷慨激昂地说："生死存亡，都是天意。我已年过半百，国破家亡，生有何趣？再去给别人当小老婆，让祖宗蒙羞，还是人吗？我

现在只求速死。谁要杀我，老身感激不尽。"沮渠蒙逊听了尹太后的话，赞赏
她的忠贞，也为她的无畏精神所感动，不仅不加害于她，反而让自己的儿子沮
渠牧犍娶她的女儿李敬爱为正妻。

433 年，沮渠蒙逊死后，沮渠牧犍继承了北凉王位，尹太后的女儿被封为
王后。但好景不长，437 年，北魏太武帝拓跋焘为了控制北凉，便把他的妹妹
武威公主嫁给沮渠牧犍为妻。武威公主的到来，给李敬爱皇后带来的悲伤和痛
苦是巨大的。武威公主很快便取代了她北凉皇后的位置。

李敬爱虽然是沮渠牧犍的发妻，但已是昔日的公主，国灭族散，失去了依
靠，连宋繇这样的至亲重臣，对自己侄女的皇后之位的保护都无能为力，她还
指望谁呢？武威公主这一边的砝码重量，她是清楚的。李皇后理解沮渠牧犍的
难处，北魏的态度，就是北凉的生死。她必须得让出后位，为了取得主动，以
免难堪，李皇后征得母亲尹夫人的同意，上书沮渠牧犍，辞皇后位。同年年
底，尹太后和女儿只好辞别宫阙，一起搬到酒泉居住。

后来，尹夫人趁沮渠无讳疏于防范，带上贴身丫鬟放马出奔伊吾，与儿孙
团聚。但不久，尹太后由于年老多病和长途跋涉的折磨，没有看到收复敦煌的
时日到来，就含恨客死在异乡他国了，时年 75 岁。

唐代开国皇帝李渊系西凉国王李嵩的"十六世子孙"。李渊为了纪念祖先，
在姑藏尹夫人台的基础上修建了一座大寺院，名叫"尹台寺"。唐代诗人岑参
曾登临此台，并作了《登凉州尹台寺》诗："胡地三月半，梨花今始开。因从老
僧饭，更上夫人台。清唱云不去，弹弦风飒来。应须一倒载，还似山公回。"
形象地描绘了尹台寺昔日的情景，可见尹台寺在当时是很有名气的。

四、大凉皇帝：李轨

李轨（？—619 年），字处则，武威姑藏（今甘肃武威）人。李轨祖上富足，
在隋朝中期即为河西名望豪族。李轨少时，聪睿明理，为人称道。及长，机智
多谋，能言善辩与同郡士人关谨、梁硕和李赟等交情甚笃。《旧唐书》称之"略

知书籍，颇有智辩"，能赈济贫穷，其侠义忠厚品格为乡里称道。隋大业十一年（615年），李轨被任为武威郡鹰扬府司马。《隋书》记载，隋朝以十二卫分统禁卫军与分布在各地的军府。大业中称各地军府为"鹰扬府"，以鹰扬郎将、鹰扬副郎将为正副长官。鹰扬府司马，当为地方军府中的下级军官。

大业十三年（617年），陇西郡右金城府校尉薛举首先举起反隋义旗。薛举自称西秦霸王。他招抚民众，壮大队伍，大败隋军，攻陷枹罕之后，岷山附近羌族首领钟利俗拥兵二万，全部投降薛举，兵势大振。而后扩大割据地盘，连克鄯廓二州，尽有陇西之地，众至十三万。薛举兵强马壮，开拓疆土的野心未已，锋锐直逼河西凉州。

情势危急之下，李轨便找来关谨、曹珍、梁硕、李赟、安修仁等商议说："薛举残暴凶悍，其兵必来侵扰。郡吏软弱胆怯，不足以议大事。今应同心尽力，占据河右，以观天下变化，岂能束手让妻子儿女为人所掠呢！"众人同意这个计划，议定一同举兵，然而无人敢任首领。曹珍说："我闻知谶书说，李氏当称王于天下。如今李轨有贤能，岂非天意！"于是共同降阶叩拜，听命李轨。大业十三年（617年）七月丙辰，李轨命安修仁在夜间率领胡人进入内苑城中，树旗大呼，李轨集聚众人加以响应，收捕武威郡虎贲郎将谢统师、郡丞韦士政等。于是，在众人的拥戴下，李轨树起反隋大旗，自称河西大凉王。

九月，即李轨兴起义师反隋还未及两月，西秦霸王薛举果然派大将常仲兴领兵二万，渡过黄河，前来侵犯凉州。李轨便遣将领李赟亦统兵二万前去迎击常仲兴，西秦军队全线溃败。李赟挥师追击敌兵到黄河岸口，竟斩首二千余级，薛举兵溃败中争相渡河，落水溺死者十之三四，除大将常仲兴和部分将士退还金城外，其余全被俘虏。李轨下令将不愿意留在凉州的俘虏全部放掉，任其渡河返回金城。昌松一役，河西大凉军队兵威大振，声名远播。李轨韬略远见，宽宏大量，也令众人极为信服。为了军事防御的需要，击溃西秦霸王薛举进攻之后李轨开始修筑凉州城。《甘肃建置志》"武威县"条说："武威城为隋末李轨所筑，周十五里，高四丈八尺。"

武德元年（618年）春正月，李渊遣使凉州，奉书称李轨为"从弟"的同时，也拉开了铲平陇右薛举的战争帷幕。对于急于一统天下的唐王朝来说河西陇右两股割据势力无疑成为心腹大患。李渊遣使交好李轨，希望能让其归顺自己，从而联合平定金城薛举的割据势力。

是年十一月，李轨称帝，年号为安乐，命其子李伯玉为太子，长史曹珍为尚书左仆射，并进兵攻陷薛举占领的河州等地。

鸿胪少卿张俟德持节册至凉州时，李轨始知李渊已于长安称帝。李轨召集群臣讨论是否接受唐朝官爵的问题，李轨说："今吾从兄膺受图篆，据有京邑，天命可知。一姓不宜竞立，今去帝号受册可乎？"隋末有所谓"桃李子歌"谓"李氏当王"，李渊起太原，李轨起河西，都是打着名应图篆的旗号。李轨说李渊既然已经"膺受图篆"，在长安称帝，天命有归，自己应该去掉帝号。由此也可以看出，此时的李轨尚保持着较为清醒的头脑，也没有太过旺盛的皇权野心。倒是李轨的那些追随者们因为对皇室新封的官职感觉极为良好，且久处远乡僻地的河西一隅，一个个夜郎自大，自不量力，极力反对接受唐朝的封号。特别是新任为大凉国尚书左仆射的长史曹珍反对最为激烈。于是，派尚书左丞邓晓往长安见李渊，奉上曹珍撰写的文书，称"皇从弟大凉皇帝臣轨"，高祖阅表大怒："李轨称我为兄，这是不愿臣服啊！"遂囚禁邓晓而不遣还。

武德元年（618年）五月，李渊命丰州总管张长逊进击宗罗睺，薛举悉众来援，军屯高墌（今陕西长武县西北）。李世民率众击之，军队到达高墌城，李世民认为薛举部队粮少，不会长时间作战，于是命深沟坚壁，以疲惫其师。由于行军长史刘文静、殷开山轻敌，竟为薛举所败，死者十之五六。李世民败回京师后，薛举军夺取了高墌，又派遣薛仁杲进围宁州（今甘肃宁县）薛举正在谋划进军长安时，突然疾病发作而亡。薛举死后，太子仁杲立，谥举曰武帝嗣后，薛仁杲围攻泾州，兵自南原大下，战于百里细川，唐军大败，李叔良坚守泾州城。双方僵持一月之久。是年八月，陇州刺史常达击薛仁于宜禄川斩首千余级。李渊命李世民率诸军击薛仁杲部队到达高墌，而坚壁不动。薛仁杲勇而无谋，加之粮草匮乏，将士已离心离德，李世民以劲兵出其不意，奋击大破高墌。薛仁杲穷蹙，率伪百官开门降，李世民将薛仁杲押送长安斩首。

李世民率军攻打薛仁杲之时，李轨收复了张掖郡。是年七月，大凉军队攻陷敦煌，李轨尽收河西之地。《资治通鉴》卷一八七引胡三省注云："凉、甘、瓜、鄯、肃、会、兰、河、廓共九州，皆李轨所据之地也。"胡三省所举九州凉州为隋武威郡，瓜、沙二州为敦煌郡，甘、肃二州为张掖郡，鄯州为西平郡，河州为枹罕郡，廓州为浇河郡，兰州为金城郡，会州为隋平凉郡之会宁县。此时，李轨据有陇右河西之地连结吐谷浑、突厥，再度成为李渊的心腹大患。

武德二年（619 年）二月，大凉国史部尚书梁硕因病暴亡。大凉皇帝李轨发诏厚敛厚葬。但朝野上下谣言四起，谣传梁硕被李轨加害而亡。是年春天，凉州因旱大饥，民相食。时逢年饥，以致发生"人相食"之事，这对新生的大凉政权来说，真是一个巨大的考验。当时有胡巫妄言，天帝将遣玉女从天而降，来施恩赐福于凉州庶民。李轨大喜，以为这是上天让大凉帝国渡过难关的神惠之举。于是招集兵士，征集民夫，大兴土木，修筑玉女台，以俟玉女降临。民不堪饥饿，焉有余力修筑楼台？无奈在虎狼般的军士的皮鞭驱赶之下，只好苦苦服役修台。《武威金石录》载玉女台遗址为今武威第十八中学校院内的凤凰台。凤凰台石筑基层两丈余，上以夯土台七丈，台上修建四角翘起的轩亭，碧瓦飞，构建闳丽，一时成为凉州胜景。费时数月，玉女台终于修筑而成，可玉女却迟迟不见来到尘世。修筑玉女台靡费钱财甚多，民夫苦役甚多，加之饥馑未散，百姓怨声载道，大凉政权似有摇摇欲坠之势。

李渊开始着手谋划平定割据陇右河西之地的心腹大患即号称大凉皇帝的李轨。李渊遣李世民统兵十万驻秦州（今甘肃天水），拟挥师西进，直取大凉李轨。当时，安修仁之兄安兴贵在长安任唐朝威卫将军，其向李渊上表，主动请求要去凉州招慰李轨。

武德二年（619 年）三月，安兴贵到达凉州，隐其身份送丝绸、金银厚礼给李轨。李轨大喜，授安兴贵以左右卫大将军之职，相谈甚怡。某日，李轨询问安兴贵大凉政权图谋自安发展的出路和办法。安兴贵认为这是一个绝好的时机，就趁机劝说李轨归顺李世民，却遭李轨拒绝。

武德二年（619 年）五月丙辰，安修仁和安兴贵突引昭武九姓胡兵将凉州城团团围定，扬言攻进城内。李轨亲率步骑兵仅一千多人打开城门，出战迎敌，只见正面安修仁统领胡兵迎战，左翼奚道宜率羌兵助阵，右侧隋朝旧官太仆卿谢统师等人摇旗呐喊。李轨便知胡兵攻城显非仓促之事，不到一个时辰便兵败退入城中，紧闭城门，引兵登上城墙守卫，燃起烽火，等待驻扎在张掖和昌松的关谨、李赟等人领兵救援。安兴贵发布檄文，派人到处传言说："大唐天子派我来取李轨，不服从者罪及三族。"因此各城将士都不敢出动。李轨感叹说："人心已失，天亡我啊！"偕同妻子儿女登上玉女台，置酒告别故国。次日，安修仁率胡兵冲上玉女台获李轨与诸子弟，装入车，送往长安。

武德二年（619 年）五月，李轨被杀于长安。一同被杀的有其弟李懋，其子李伯玉、李仲琰和尚书左仆射曹珍。

李轨从起兵到被杀，前后不到三年形势便急转直下，转胜为败，政权倾覆，又招杀身之祸，究其原因主要是缺乏全局观念，不具备治国应有的雄才大略，丧失了应有的警惕，且不能审时度势，明辨是非，正确处理内外关系，又枉杀忠良。《旧唐书》称："窃据鹰扬，僭号河西，安隋朝官属，不夺其财，破李赟甲兵，放还其众，是其兴也。及杀害谋主，崇信妖巫，众叛亲离，其亡也宜哉。"这样的评价是极为公允的。作为中国历史上唯一的凉州籍皇帝李轨，尽管其所建立的河西大凉帝国存在的时间非常短暂，但是李轨和他的大凉政权却在武威大地上浓墨重彩地留下了历史记录。

五、两朝帝师：牛鉴

（一）凉州举人，两朝帝师

牛鉴（1785—1858 年），字镜堂，号雪樵，晚号更生居士，乾隆五十年

（1785 年）出生于武威县城龙门街附近牛姓人家。牛鉴少时，父亲即死。母亲贾氏，粗识文字，经营城南十里牛家车院及红崖薄田。清末李岳瑞所著的《春冰室野乘》中载："朝人牛鉴少时家贫，徒步千里，至关中书院。"可见牛鉴少时家境寒微。嘉庆五年（1800 年）四月，牛鉴参加凉州府府试，被取中。是年秋天，甘肃学政抵甘凉道，主持本年河西地区院试，牛鉴在武威贡院参考，成绩优异，被选为生员，成了秀才，录取到武威县儒学读书。牛鉴师从民勤秀才康绳武、武威秀才尹绾，着银雀顶带，开始了自己的书院读书生涯。

嘉庆十四年（1809 年），牛鉴岁考优等，进入院考前三名，由增广生拔举为廪膳生，月享武威县廪银六斗米。四年后，牛鉴入西安举院参加乡试中举。陕西巡抚、学政特置"鹿鸣宴"礼贺牛鉴。嘉庆十九年（1814 年）正月，牛鉴由西安启程，赴北京参加甲戌科会考。牛鉴中二甲五名进士，选为庶吉士。不久，拜陕西籍同考官王鼎为座师。嘉庆二十二年（1817 年）四月，散馆大考选中二十四人留馆，牛鉴考为优等留馆，成为甘肃科举史上唯一的翰林。

庶吉士大考时，牛鉴好友程懋采考为一等第一名，选拔为翰林院编修。八年后，程懋采离开京师，外任凉州府知府，届满离开凉州时在城南门外购得庄园一所赠与牛鉴，即今牛家花园。嘉庆二十四年（1819 年），散馆大考，牛鉴考为一等，选拔为翰林院编修，从此结束了六年清贫的庶吉士生活，开始享受朝廷俸禄。是年，牛鉴娶河南籍庶妻王氏，在京城租房，河南商人代牛鉴回家迎母亲进京。

道光三年（1823 年），迁文渊阁校理，官秩为正六品。此后，为御前侍书、侍读，成为道光皇帝的老师。牛鉴任翰林院编修、文渊阁校理期间，还是皇子侍讲侍读，其中一皇子后来成为咸丰皇帝。因此，牛鉴又是两朝帝师这样的殊荣，在古今甘肃历史上也是唯一的。

（二）外任为官，政绩突出

道光七年（1827 年），牛鉴出京，任山东道监察御史，从五品，成为全国十五道御史之一，负责纠劾府道官员。次年七月，赴湖南长沙，担任科举考试湖南乡试副主考。当时祁隽藻正离京出任湖南学政，好友见面自是高兴异常，祁隽藻设宴为牛鉴接风洗尘。

道光十年（1830年），牛鉴调入京城，任都察院吏科给事中，正五品，兼稽察通州中仓，不久，又兼稽察崇文门税务。次年，调为都察院刑科给事中，正五品。仅一年，牛鉴第二次出京为官，远赴云南任云南粮储道，兼管六河水利。后又兼云南盐法道，正四品官。牛鉴在两年内，身兼云南三道员职云南人戏称"小布政使"。牛鉴改革盐政，振兴地方盐务，是湖广总督陶澍盐政改革的后继者，成为晚清影响颇大的盐政改革家。当时云南巡抚为清朝贵族伊里布，牛鉴协助伊里布改良一方弊政，史书称"和而廉"，深为伊里布器重。后来，伊里布为钦差大臣代表清廷与英人谈判签订《南京条约》时，牛鉴以地方官员身份参与其事，估计也与伊里布荐举有关。

道光十三年（1833年），牛鉴因政绩突出，被擢拔为山东按察使，正三品官。次年秋后，又被道光帝提拔为京官，出任京城要职顺天府尹，从二品官。顺天府，即今北京市，清代顺天府远比北京市大得多，管辖二十四个州县，设四厅，牛鉴成为北京地区最高行政长官。

道光十五年（1835年）牛鉴第三次外出做官，任陕西布政使，从二品。牛鉴开始掌一省行政和财赋的出纳，国家政令由他向府州县宣布，故又称"承宣布政使司"。每十年将全省户籍、税役、民数田数，汇报于户部。各项重要政务报于督抚议行。在三年任内，牛鉴力倡廉政、勤政，严查差局随意摊派科税，以减轻民间负担，甚有政声。牛鉴通令各地调查账目，节约开支，并多次捐银，发放救济粮价款，提倡修建丰备仓，储粮备荒，结束了陕西原无储备粮的历史。因与陕西巡抚、牛鉴同榜同年进士的颜伯焘政见不合，牛鉴忧愤，向朝廷上疏称病辞官。道光十八年（1838年），牛鉴病愈赴京，道光皇帝说："你的病我知道，是和巡抚不合，你可以说是一个守正不阿、和而不流的人啊！"改派牛鉴为江苏布政使。次年初，牛鉴署江苏巡抚，兼领江苏布政使，成为一省军政财刑最高长官，正二品官员。

（三）巡抚河南，治理水患

道光十九年（1839 年）八月，牛鉴转调为河南巡抚。河南地处中原，地理条件和气候条件十分复杂，尤其到了近代，受政治、经济、社会等多种因素的影响，河南水患更加频繁，是全国重灾区之一。在赴河南前，道光帝曾六次召见牛鉴，说："朝廷大臣没有人推荐你，我知道你可用，所以用了你。你把官当好了，那我就算是知人善任。否则就是我不知人，过失在我。"牛鉴一到河南，就把治理水患当成巡抚政务活动中的头等大事。

道光二十一年（1841 年）六月十六日十一时，河南开封府祥符三十一堡黄河决口。至十九时，大水直抵河南省城开封，《汴梁水灾纪略》载，"登城一望，月光照耀，势如滚雪，一喷数丈"。河南巡抚牛鉴在决口处指挥堵御。既而，大水冲垮南门，城内被淹，巡抚衙门积水八九尺高。开封官民奋力堵塞南门。牛鉴向朝廷告急，上《现在堵御情形》奏折。牛鉴乘着小船，抵达西城墙下，被人吊上城头。当夜，牛鉴在关帝庙祈祷，写出一份感动全国的著名祭文，其中有"如以为在劫难逃，则鉴惟有吁恳天恩，身先受罚或遭雷击，或遭瘟疫，或发狂疾自捆，或自刎，或自缢，或子孙殃折，以冀稍回天怒于民灾十分之中减轻二三"。道光帝看到河南民间传抄的这份祭文后，也激动得热泪盈眶。河南人抄读祭文后，倾城大哭。

牛鉴果断采取有效措施，全力抗灾救民，颇受乡民拥戴。牛鉴派五门委员，向难民投放馍馍和大饼等食物，还动员大户制作馍馍向南城一带的难民散发。牛鉴写《为劝谕激发天良免遭劫数事》的安民告示，遍贴全城，并要求难民乘筏子集中到贡院干燥地带，开施粥厂，维持民生，严惩弄虚作假的把总孙浩和河营参将邱广玉，派出各门负责防御人。牛鉴向道光帝呈上《力筹修守抚恤事宜》奏折，表明"城之存亡，即臣之存亡"之保卫开封的决心。道光帝圣旨要求牛鉴"设法疏浚积水，守护城池"。至此，水淹开封已逾八日，而城犹在。百姓传说，那是因为巡抚牛鉴二十日来连夜祝祷精诚所至，感动天神。

七月十七日，大水冲毁西北城墙数丈，情势极为危险，牛鉴带领文武官员和无数百姓，一夜不歇，投砖堵水。十九日十七时分，西北城墙又被冲垮七八丈，牛鉴率民抢堵，至二十三时才堵住。次日大雨，夜二更时，因河兵偷割护墙绳索，西北城墙忽然塌陷五丈多，大水呼啸入城，百姓逃往城头。当时，牛鉴在草棚处理公务未睡。危急关头，牛鉴赤脚跑出来，手持令箭，望着塌陷的缺口，向百姓磕头求援，糊得满头是泥，口中不停呼："救我百姓！"幸好开封百姓踊跃抗灾，众志成城，时间不久，塌陷的缺口就堵御稳固了。开封百姓在牛鉴指挥下，一日之内，四次奋勇堵塞，战胜了大水。

直至二十四日，河水大落，巡抚牛鉴才下城少憩，这是自十七日至此牛鉴第一次走下城墙。水灾平息，牛鉴向道光帝上"体察现在情形，大局无碍"的奏折。二十六日，钦差大臣王鼎到了开封，开封人民见到朝廷钦差大臣，纷纷感言巡抚之恩，有老叟十数人跪而哭诉，全赖牛大人及绅民昼夜督工，开封吏民方得以平安。在牛鉴的坚持下，守城总共达六十多天而终于战胜洪水，保住了省城开封。牛鉴升任河南巡抚期间，除整治水患外，还整顿吏治，严格对各级官吏进行考察。特别关心百姓疾苦，扶持贫困地区，兴办教育事业，严禁官绅贪占教育经费。《清史稿》称牛鉴"整顿吏治，停分发，止摊捐;筹银二十万两，津贴瘠累十五县;筑沁河堤，濬卫河:甚有政声"。

（四）两江总督，苟且偷生

道光二十一年（1841年）九月初五日，牛鉴奉调代理两江总督。开封地区的士绅和百姓，听到牛鉴要调走的消息，立即星夜上疏，请求留任。临行前一天，有一千多人守在巡抚门前，哭求挽留，经夜不散。可见，年鉴在河南治理水患，颇有政声。但在两江总督的官任上，牛鉴为他的一生涂上了永远也不能洗去的罪恶污点。

道光二十一年（1841年）九月，牛鉴授任两江总督时，英军入侵浙东，危及江苏。牛鉴抵任后，曾一度以"江浙毗连"为由，奏调防海。道光帝谕其对"江苏各海口，防堵事宜，亟须筹办，务使处处有备，不致临时周章"。实际上，牛鉴对防堵事宜，很少过问，上海、吴淞防务主要是江苏巡抚梁章钜会同江南提督陈化成经办。牛鉴对两江防务很不热心，其原因是想坐观浙江局势变化，以等待时机，向侵略者妥协"议和"。

道光二十二年（1842年）六月，就发生了"吴淞口兵败事件"。范文澜《中国近代史》中对此过程具有详细记载：

> 六月中（6月13日），英军攻吴淞口，奕沂密令两江总督牛鉴"权宜羁縻"。牛鉴派人携带礼物往见英将，被拒不得见。牛鉴率三四千人驻宝山县，提督陈化成守吴淞炮台。陈化成是中英战争中与关天培齐名的英雄。他备战认真，自信可以一战。他请牛鉴军作后援，自己督炮台兵力战，英军死伤颇重，不敢正面突进。牛鉴陈列总督仪仗，率大队增援，被敌舰看见，发炮轰击。牛鉴惊骇，抛弃轿子、靴帽，混入士兵中乱窜，全军大溃。英军登陆，前后夹攻炮台，陈化成力竭战死。牛鉴一直逃回南京，上海、宝山官民逃避一空，两城不战而陷。

八月二十一日，牛鉴同耆英、伊里布代表清政府在南京下关江面的英舰"皋华丽"号上，同英国签定《南京条约》，谈判中，他们对英国的条件没有提出任何异议。八月二十九日，《南京条约》正式签字。从提出到签字，不曾认真地磋商过，清政府出卖中国的疯狂性与英国侵略者的贪残性，第一次表现在南京条约上。按照条约的规定：开广州、福州、厦门、宁波、上海五处为通商港口；永远割让香港；赔偿鸦片价六百万元，商欠三百万元，水陆军费一千二百万元，共二千一百万元。其余如海关税利、保获汉奸等条，权利非常广泛。

牛鉴的行为实在是违背了中华民族舍生取义、为国捐躯的爱国传统道德。当外敌入侵、家国破碎、民族危难之际，牛鉴苟且偷生，弃战逃跑，行为龌龊，令人不齿。

（五）再度为官，晚年归乡

《南京条约》签订后，由于朝野舆论强烈，反对清政府对外妥协投降的政策，牛鉴罪有应得。清廷以"贻误封疆罪，褫职逮问，谳大辟"，即将牛鉴撤职下狱，谳议处以死刑。道光二十四年（1844年）二月皇帝下令，"牛鉴著加恩释放，发往河南交巡抚鄂顺安差遣委用"，并在给鄂顺安的谕旨中特别指出"该革员前在河南巡抚任内颇得民心"等语。

牛鉴于是从狱中被释放了出来，前往河南任职。《清史稿》载，牛鉴到达河南省境内时，沿途"壶浆溢路，舆不得前，老稚争车帷，急欲一睹其面，夹道欢呼，有喜极而泣者"。后因镇压捻军"有功"，牛鉴用两年多时间，从七品小官又跃为二品大员。这样的结果让人未曾料到，因镇压农民起义的恶行，牛鉴竟然在官场上再度崛起。

咸丰五年（1855年）四月，牛鉴以年老多病为由告假还乡。这位聚讼难辨、功过参半的晚清两朝帝师、封疆大吏、官至一品的朝廷大员在自己的家乡度过了自己最后的几年光阴。咸丰八年（1858年）四月二十六日，牛鉴因病殁于牛家花园。

牛鉴是明末清初李颙儒学的继承者，曾主张"悔过自新""明体适用"，其胸怀新儒学理想，在山东、云南、广西、江苏、陕西、河南做官时，不甘沉沦到腐朽的官场里，而是想做一位明体、自新的"循吏"。道光七年（1827年），曾上疏皇帝，请求在孔庙配祀"关中大儒"李颙，遭到"下部严议"的处分。尽管如此，牛鉴提出的"明体适用"的处世主张为鸦片战争后"学以致用"的儒学思潮拉开了序幕，也为戊戌变法后梁启超"自新说"奠定了基础。牛鉴也是一位经学家，也是清代甘肃唯一一位校勘过四库全书的学者，又是嘉道咸三朝全国著名的书法家，至今河南、甘肃、江苏等地还留有牛鉴的墨迹。武威文庙收藏牛鉴题写的一幅内容为"天下文明"的匾额，笔法遒劲，墨道大器。兰州碑林西廊，就镌有一幅牛鉴书法碑，内容是牛鉴临米芾《素帖》，字迹清秀，珠圆玉润，颇受好评。

第二节　学术篇

一、李杜之师：阴铿

"李侯有佳句，往往似阴铿。"这是"诗圣"杜甫在《与李十二白同寻范十隐居》的首联，李侯即"诗仙"李白，阴铿则是南朝梁陈时期的武威籍著名诗人。这句诗的大意是，李白常常有很美妙的诗句，写得像阴铿的诗句那样好。为什么生活在南朝时期的阴铿成为"诗仙""诗圣"追慕学习的榜样呢？

（一）阴氏家族及生平

阴氏的先祖是管仲的七世孙管修，因到楚国后被封为阴大夫，故以"阴"为姓氏。"秦汉之际，始家新野"，南阳新野（今河南新野县）便成了阴氏家族的郡望。至东汉初期，阴丽华为光武帝刘秀的皇后，侄曾孙女也成为和帝刘肇的皇后，阴氏家族一度显赫于朝堂。永元十四年（102年），阴皇后失宠后因参与巫蛊被和帝废黜，其父阴纲、其兄阴辅被杀，其兄阴轶、阴敞及家属被迁到日南比景县。阴辅之子阴常则偷偷带领家属逃往河西凉州，经过数代人的繁衍和努力，在十六国时期又成为凉州的望族之一。

阴氏家族与当时的宋氏、张氏、段氏等豪族一样，以才兼文武而闻名河西。武功方面有出任前凉张轨的股肱谋主的阴澹、阴充，还有阴元、阴鉴、阴濬、阴须、阴琚等，都在张氏政权中任显职。文学方面，则有后魏时期的阴仲达，"以文学知名西土"，曾官至秘书著作郎，参与修撰北魏国史。

阴铿这一支，于晋义熙末年，在其曾祖父阴袭的带领下，跟随宋武帝刘裕南迁，落籍于南平（今湖北荆州）。不久，又在其祖父阴智伯的率领下迁到南兰陵郡武进县东城里（今江苏丹阳市访仙镇），与后来称帝的梁武帝萧衍成了邻居。阴智伯为人谦和、忠厚老实，与萧衍是无话不说的挚友。中兴二年（502年），萧衍称帝，建立南梁，阴智伯也得到了重用，先后任梁州、秦州刺史。父亲阴子春，字幼文，曾参与平叛侯景之乱，"恒冠诸军"，历任梁朝梁州、秦州、西阳太守和宣惠将军、明威将军、信威将军、左卫将军。

这个家族虽因武功军威而显于各朝，但阴铿却以诗文而留名于世。阴铿，字子坚，生卒年不详，有《阴常侍诗集》，其诗作被视为由汉魏乐府五言诗过渡到唐代五言诗的桥梁，是五言律诗的开创者之一。

阴铿自幼聪慧，在 5 岁时其他孩子还尽情玩耍时，他就会吟诗作赋，一天能写近千字。长大后，他又读了大量的经史著作，并且还善于作五言诗，常常有得意的诗作，深受当时文学大家们的好评和看重。

阴铿在任梁朝湘东王萧绎的法曹行参军时，在某年冬天的一个天寒地冻、大雪纷纷之日，他邀请好友在一个酒楼聚会喝酒。在宴会上，阴铿看到一位斟酒的仆人时时凝望着他们，有想喝酒的样子。于是，阴铿亲自把酒炙热赠予这名仆人，在座的朋友们都笑话他多事，阴铿却说："我们每天都醋畅地饮酒，而这个整天都手拿酒杯的人却不知道酒的味道，实在没有道理。"548 年，侯景之乱爆发，阴铿被叛兵所擒，在紧要关头，有人却将他秘密救走。在逃难路上，阴铿询问这位救命恩人，才知道竟是在那场宴会上赐酒的仆人。

梁朝灭亡后，阴铿入仕陈朝，在始兴王陈叔陵的府中任录事参军。当时的陈朝经高祖陈霸先的经营，政权稳固，经济发达，陈文帝常常聚宴群臣赋诗。有一天，任尚书左仆射、中书监的徐陵对文帝说道，阴铿是当朝最有才华的诗人之一，应该要见一下。当日，文帝便在皇宫聚宴，并召见阴铿参加，命他为新落成的安乐宫赋诗。此时的阴铿才气超然，提笔即成，写下《新成安乐宫》，诗曰：

新宫实壮哉，云里望楼台。迢递翔鹍仰，连翩贺燕来。重檐寒露宿，丹井夏莲开。砌石披新锦，梁花画早梅。欲知安乐盛，歌管杂尘埃。

这首诗博得文帝赞叹不已，也给阴铿带来了亨通官运，先后任招远将军、晋陵太守、员外散骑常侍等职。

（二）诗歌艺术风格

阴铿生活的梁陈时期，社会相对太平，经济发展，物质条件的优裕和佳丽的江南山水美景，贵族文人常常歌舞湖山，游宴唱和，或优游于山水田园，或沉湎于歌舞宴饮，或吟咏男女私情，内容显得比较单薄。在这种创作环境中，阴铿另辟蹊径，采用新体诗的形式，继承"大小谢"的诗风，突破宫体诗的内容，从自然山水的广阔天地选取题材，并且致力于语言艺术技巧。在他的诗歌中，南京钟山那秀美的春色，大江的波涛，宏伟的都城建筑，荒远的山野戍楼，行客的乡愁别绪，渔人的歌唱泰然等，无不描绘得生动感人，令人向往而饶有诗味。

阴铿在创作新体诗的实践中，注重于斟音酌句，追求辞精意切，声律、对仗等技巧在他诗歌中日臻熟练。现存的 30 多首诗中，五言八句的格式，占了近半数。在五言八句的严整格律中，抒情写景，笔墨凝练。可以说，阴铿的创作实践，推动了齐梁新体诗向唐人近代诗的转化。清代评论家沈德潜在《说诗晬语》中指出："五言律，阴铿，何逊，庾信，徐陵已开其体，唐人研揣声音，顺稳体势，其制乃备。"

阴铿的诗歌艺术，对唐代诗人产生过重大的影响。杜甫以"不薄令人爱古人"的态度，"颇学阴何苦用心"，力求"语不惊人死不休"的艺术效果。杜诗中许多精美凝练而不见雕琢痕迹的诗句，如"戍鼓断人行，边秋一雁声。露从今夜白，月是故乡明"等，足见阴铿诗风的深远影响。即便是才华横溢的李白，也是认真学习借鉴，正如杜甫所言："李侯有佳句，往往似阴铿。"李白五言律诗，诗味浓郁，风格清丽隽永，和阴铿的诗风宛然相似。

二、大历才子：李益

李益（748—829 年），字君虞。唐朝初年，凉州属陇右道，为河西都会，在连接西域与京师长安之间具有十分重要的纽带作用。史载凉州"襟带西蕃，葱右诸国，商旅往来，无有停绝"（《大慈恩寺三藏法师传》）。因此凉州一直是多民族杂处共聚的地区，多民族合作经营使凉州形成农牧兼举的兴盛局面。但至唐玄宗李隆基执政时期，挥金如土，好大喜功，屡屡挑起对西北少数民族的战争。凉州人民开始横遭兵患之灾其他各地人民也受兵赋的重压，广大人民与统治阶级的矛盾越来越尖锐。一些心怀叛逆的地方藩镇看到中央政府腐朽不堪，危机四伏，纷纷扩充兵力，企图伺机夺取李唐王朝的天下。

天宝七载（748年）春天，诗人李益就在这样的历史背景下诞生了。七年后即天宝十四载（755年），"安史之乱"爆发，大唐帝国由盛而衰，一蹶不振。安史乱后，唐中央政权更加腐败无能，朝廷党派纷争日一日，朝政式微。徭役沉重，藩镇割据，外族猖獗，狼烟四起，边疆局势十分紧张。在这风雨飘摇、内外交困的时代气氛中，幼小的李益在家乡河西目睹了旌旗密布、鼓角相鸣、风云变幻的情景，感受到"琵琶铜箫奏河西，羌笛胡笳响凉州"的边关气势，而大唐将士建功立业的事迹也在朝野传诵，使李益幼小的心灵里就充满对边塞军戎生活的憧憬和向往。

李益祖辈世居河西姑臧，从小就生长于胡汉杂处聚居的边关雄镇凉州。其七世祖李承曾为后魏的荥阳太守，封姑臧穆侯，自此世代为官，到祖父李成裕还在玄宗时期做过朝廷的秘书监，父辈中的李揆甚至做到肃宗朝的宰相，位极人臣。李益可以说是凉州官僚世家子弟。其上辈中可能还有不少武官，李益后来在诗中也曾反复提及。幼年时期，诗人受到家族文化的熏陶，承袭古代文人的传统，书剑度日，大抵是使枪弄剑的时间居多。诗人在《来从窦车骑行》中写道"读书良有感，学剑智非惭"，并用西楚霸王项羽读书学剑的典故来说明自己从军的原因，在后来不得意的时候，也曾时常忆起童年时期的这段使枪弄剑、飞马打猎的经历。

广德元年（763年），西北边境烽火连天，狼烟四起，吐蕃军队浩浩荡荡自西北席卷而来，他们不分胡汉，肆意掳掠。第二年尽取陇右河西之地，李益的家乡凉州从此失陷。姑臧庶民纷纷拖儿带女逃避至内地，十七岁的李益也和家人一起迁入内地洛阳。从此，李益便再也没能回到过凉州。但他生于凉州长于凉州，前前后后在那里度过了十七个年头，对凉州的一草一木一山一水都有着深厚的情谊。所以其思想感情中便一直浸染着浓郁的"只将诗思入凉州"的怀旧情绪。迁居洛阳以后，李益一直家居读书。经过几年的刻苦攻读便已精通诗词歌赋诸子百家也无不通晓。

永泰元年（765 年），唐政府宣布开设两都贡举，李益很是欣喜，不久便在洛阳参加贡举。李益满怀信心地交上《府试古镜》，以古镜自喻，托物言情，寄托理想和希望。然而事与愿违，李益落榜了。大历四年（769 年），李益再次在东都洛阳参加贡举考试，这次顺利考取进士。

李益有过凉州沦陷的惨痛经历，看到过人民群众逃避吐蕃军队侵扰的情景，自然会有收复失地的报国壮志。既有这样的鸿鹄大志，当然不会以区区县尉为满足。幸好正在感到"身志俱降辱"的时候，李唐王朝调集人马进行大规模地戍边防秋军事行动。诗人于是加入臧希让的军队，开始了第一次驻守朔方的军旅生活。

大历九年（774 年），李益终于获得了收复失地、报国立功的机会，于是披坚执锐，欣然从军，随同元帅都虞侯臧希让率大军抗击吐蕃。唐朝大军自渭北使府北征至振武镇转西行，又至西受降城一带，他随大军转战千余里其间曾转入其他节帅幕府，多次出入于渭北使府。

大历十二年（777 年），李益抗击吐蕃的戎马生涯结束了，回到郑县任所。可是不久却被罢去郑县主簿职务。此次被罢黜的原因，诗人自己也不明不白。仅两唐书《李益传》和宋陈振孙《直斋书录解题》关于李益"少有痴病"及"自负才，凌藉士"的记载，以及李益本年前后所作的《入华山访隐者经仙人石坛》《罢秩后入华山采茯苓逢道者》《华山南庙》等诗推测，诗人可能十分自负，并且凌傲众人，不堪者遂奏本对他进行弹劾。

闲居于家，读书赋诗的日子倒也安逸自在。李益的妻子卢氏是自己的表妹，卢氏之兄卢纶也是诗人，为"大历十才子"之一，和李益过从甚密。唐蒋防的《霍小玉传》推测，李益在任郑县主簿不久即和表妹卢氏定了亲。卢氏住在长安，李益曾亲往长安下聘礼，又多次探望卢氏于长安，然后和卢氏成婚双双归于郑县。不过《霍小玉传》说他们夫妻之间关系不好。李益对卢氏常加嫉妒，"往往暴加捶楚，备诸毒虐。竟讼于公庭而遣之"，这不过是作者为同情霍王幼女而安排的一个情节，并不可信。宋人陈振孙《直斋书录解题》就提出怀疑，认为是"好事者因其有此疾（痴之疾），遂为此说以实之"。其实李益和妻子的感情是很深的。如在《将赴朔方早发汉武泉》一诗中有"问我此何为，平生重一顾""去矣勿复言，所酬知音遇"等诗句，表明李益不忍心离开家中织绢操劳的妻子，常有从军很久不得回家探望妻子的歉疚之感。

建中二年（781年），朝廷派李怀光为朔方节度使，李怀光赏识李益才华，因此招李益为自己的随军幕使，李益便随李怀光巡行驻守朔方。建中三年（782年）四月，唐王朝弹压四镇乱兵取得局部胜利。但战后由于分赃不均，曾奉命征讨李惟岳的卢龙节度使朱滔在田悦的游说下，联合田悦和王俊武反叛朝廷。德宗于是诏朔方节度使李怀光率军东讨田悦和朱滔。李益素感李怀光知遇之恩，也打算随之东征。然而"今日征行何岁归"？李益再次想到了家中的妻子，于是百忙抽暇匆匆回到长安，准备看看妻小再从李怀光出征幽州讨伐朱滔和田悦。此时韦应物正在长安任比部员外郎，听说李益将随李怀光征讨幽州朱滔，就很高兴地写了《送李侍御益赴幽州幕》赠给李益。

贞元二年（786年）九月，李益逃离长安遁归洛阳半年之后，忽然接到金吾大将军杜希全的召辟书。李益喜出望外，即入杜希全幕府，第三次从军塞上。李益此次从军，从长安出发取道长安城北的黄堆烽，经渭北使府，往北入杜幕。李益有《再赴渭北使府留别》一诗：

> 结发逐鸣鼙，连兵追谷蠡。山川搜伏虏，铠甲被重犀。故府旌旗在，新军羽校齐。报恩身未死，识路马还嘶。列嶂高烽举，当营太白低。平戎七尺剑，封检一丸泥。截海收蒲类，跑泉饮鸊鹈。汉庭中选

重，更事五原西。

这是诗人离开长安时或者在途中遇到故友后所作的赠别诗。前四句写从臧希让北征时的情景，诗人身着重甲，驰马疾行追击敌人，披荆斩棘，搜捕躲在山林沟涧中的敌兵。然后再写几年之后的今天，故府之旌旗尚在，边庭上金星重现，狼烟又起，唐王朝不得不组织新军前往抵敌。"平戎三尺剑，封检一丸泥"以后六句用东汉王元鼓动隗嚣叛汉和奉车都尉窦固出兵天山追击匈奴单于的典故，说明敌人虽先夺取有利地势，唐军也一定会杀得他们大败而逃。诗人谦虚中带着自豪，表达出强烈的民族正义感。

途中李益又曾上黄堆烽，并写诗《上黄堆烽》，继续北上，宿石泉，骤时还回首南望黄堆烽，可见旧地重游，感慨颇多。《上黄堆烽》诗表现出对长安的眷念，略微带着感伤的色彩。李益此期诗作中有不少是脍炙人口的名句，思想感情也是积极健康的。其中《赴渭北宿石泉骤南望黄堆烽》指出重黄老废武备，致使战争失利国土沦陷，切中时弊，具有很明显的现实主义风格。

贞元四年（788年）冬天，李益离开金吾大将军杜希全的幕府，随邠宁节度使张献甫南下戍边。在张献甫幕府充任府史参谋达八年之久，张献甫看重李益的人品才华，曾派遣李益单独奉命赴河中府同朔方河中晋绛邠宁兵马副元帅浑城洽商公务。李观以《邠宁庆三州节度飨军记》中载，"宗盟兄侍御史益，有文行忠信，而从朗宁之军，恶群小之日取媚也，故不自书，命观书之"。可知李益在邠宁幕不愿与人同流合污，志节高纯。邠宁幕府期间，李益认识了中唐另一位大诗人孟郊。孟郊曾写诗《监察十五叔东斋招李益端公会别》赠李益：

> 欲知惜别离，泻水还清池。此地有君子，芳兰步葳蕤。手掇杂英佩，意摇春夜思。莫作绕山云，循环无定期。

孟郊比李益小三岁，他的两位叔叔和李益同在邠宁节度使张献甫麾下任职，遂和李益成为故交知己。此诗开首即点出诗人相互离别的伤感场景。"此地有君子，芳兰步葳蕤"赞誉李益品德高尚。"手掇杂英佩，意摇春夜思"则通过美好的想象，营造出设想离别后看视互赠的物品，思念友人的感人画面。全诗语句凝练，情景交融，较好地表达了诗人之间真挚的感情。

贞元十二年（796年）五月，张献甫卒，李益遂离开邠宁回洛阳探望妻小家人，然后东游河东河北入幽州。李益在幽州幕的时期，唐德宗曾向卢纶的舅舅韦渠牟问起过李益的才华和人品，但始终未予任用。但是，"国家不幸诗家幸，赋到沧桑句便工"（清人赵翼语）。正是由于这样的人生遭际，诗人得以从军塞北，入幕幽燕，有较多的时间从事诗歌创作，因而写下大量的边塞诗，在大唐诗坛获得很高的声望和影响。

贞元十六年（800年）春末，李益离开幽州南赴扬州。此时青年诗人刘禹锡正在扬州节度使杜佑幕府为掌书记。刘禹锡小李益二十四岁，此时李益已年过半百。可以想见，著名边塞诗人李益来到扬州，刘禹锡自然非常高兴。二人诗酒唱和，同游扬州名胜。

贞元十八年（802年），李益离开扬州沿长江西上巴陵（今湖南岳阳）。在巴陵时，他曾和表弟相逢。二人促膝长谈，至于天暮而不觉。诗人想到明天就要和表弟分别，远去巴陵，随后又是千山阻隔，音信无，于是又添别恨，写下脍炙人口的佳作《喜见外弟又言别》：

十年离乱后，长大一相逢。问姓惊初见，称名忆旧容。别来沧海事，语罢暮天钟。明日巴陵道，秋山又几重。

乱中离别十年有余，今日相逢，已不复识。因此初次见面，惊疑不已，问得姓名方忆旧容；然后促膝长谈，不觉暮钟振响，方想明日远去，却又悲从中来。全诗情味隽永，"问姓惊初见，称名忆旧容"写相见时一瞬间的情境，也使人心中如有万丈波澜，具有极为感人的艺术力量。李益到巴陵时，还写了

《水宿闻雁》《春夜闻笛》《送人南归》等大量诗篇。

贞元二十年（804年）春，李益到了襄阳，再取道汝州回洛阳，然后西入长安。此时，好友刘禹锡也抵京师。在刘禹锡的引荐下，和比自己小二十五岁的青年诗人柳宗元相互交游来往。柳宗元《先友记》载："李益，年老，常望仕非其志，复为尚书郎。"是年，唐德宗李适崩，其子李诵继位，史称唐顺宗。唐顺宗病弱无能，便依靠王伾和王叔文治理朝政。王伾和王叔文的周围团结一批年富力强的拥有共同政治理想的士人，其中刘禹锡和柳宗元均为集团的核心骨干成员。于是，主张改革朝政的"二王刘柳"集团和保守顽固的宦官集团的斗争非常激烈，朝中动荡不安。因此，李益初到长安，并未立即得到安置，又等了一段时间才复为尚书省郎中，从此李益多在京中为官。不久，唐顺宗支持"二王刘柳"开始推行"永贞革新"，改革以打击宦官势力、革除政治积弊为主要目的。他主张加强中央集权，反对藩镇割据，反对宦官专权。但"永贞革新"仅持续了一百多天，宦官俱文珍等人发动政变，幽禁唐顺宗，拥立太子李纯为帝，是为唐宪宗。

宪宗即位后，开始推行裁抑藩镇的政策。李益因为诗名卓著，被宪宗任为考官。他和韦贯之、杨於陵等人选取李宗闵、牛僧孺二人为中等，而李牛二人却是"指切时弊，不顾忌讳"，反对朝廷裁抑藩镇的。这就引起执政的李吉甫等人的不满，杨於陵、韦贯之二人骤遭贬谪，李益也从此遭到执政者的猜忌与防患。

元和五年（810年），诗人被逐出京师，迁任河南少尹。十年后，李益因参与以令狐楚为首的"山陵之役"，才被征召返回京师。穆宗朝又官右散骑常侍，进为正三品，至唐文宗太和元年（827年）正月转为礼部尚书。

太和三年（829年），李益卒于长安。时年八十有二。

三、蕴棫古今：张澍

张澍（1781—1847年），字伯瀹，号介侯，嘉庆四年（1799年）进士，选翰林院庶吉士，历任贵州玉屏、遵义、广顺、四川屏山、兴文、大足、铜梁、南溪，江西永新、泸溪等十县（州）知县（州）。他也是乾嘉时期的著名学者，在姓氏学、辑佚学、金石学、方志学、西夏学、敦煌学等方面均卓有建树，著有《姓氏五书》《五凉旧闻》《三古人苑》《续黔书》《秦音》《蜀典》等，以丰硕撰著，屹立于乾嘉学派大师之列，是"有清一代陇右英硕之士"。张之洞在其《书目答问·国朝著述诸家姓名略》中，将张澍归入经学家、史学家和金石学家。梁启超在《近代学风之地理分布》赞曰："甘肃与中原窵隔，文化自昔朴僿，然乾嘉间亦有一第二流之学者，曰武威张介侯（澍）。善考证，勤辑佚，尤娴熟河西掌故。"

（一）敦煌学研究

敦煌学是近现代西北史地研究的重点。赵俪生先生指出，敦煌学的背景和基础是河西学，河西学则包括河西四郡、五凉、三秦与一夏，其中五凉为最根本。

嘉庆十二年（1807年）秋，张澍主讲兰山书院。兰山书院以藏书之丰富名冠陇右，讲学之余，张澍沉浸于典籍之中，饱读了书院庋藏的200多种经史子集，开始研究河西史地，编纂完成了《五凉旧闻》40卷。在《五凉旧闻·自序》中，张澍写道：

> 凉州为金天奥区，自汉武开辟，刺史宣化，名贤鹊起。洎五代割据，张氏四世忠晋，多士翳荟，郁若邓林，往籍可按。已隋、唐之际，尚多为人。迨宋、元，则荒伦已甚。我朝文教覃敷，玉关以西，黉序莘莘。凉州甲科，鳞次不绝，人文蒸上，而读书士夫，莫规远大。乡贤之品高学茂，堪为师范者，不惟不率；而叩以姓氏，或且瞢如。余惧前哲芳徽，日就烟沉；而学侣娇修，罔知考镜。因于翻阅所及，辄著录之。物诞事奇，扩益见闻，亦杂记焉，用以祛未学之陋。

张澍在敦煌学研究方面的另一重要成果是《续敦煌实录》。《敦煌实录》的作者刘昞，字延明，敦煌人，曾隐居酒泉，"不应州郡之命，弟子受业者五百余人"。该书记载了敦煌地区的人物资料，极具史料价值，可惜在唐时已散佚。张澍"恐前哲芳规，零落无征，而学侣娇修，罔知考镜"，随搜集各种资料，不仅辑出《敦煌实录》原文，并且又补充编辑刘昞所遗的敦煌人物的资料，故名《续敦煌实录》。在《续敦煌实录》中，张澍搜集记载自东汉至五代期间的敦煌贤达的事迹，兼及当时的重要史事。在人物传记的后面，张澍又大多加上按语，遗憾之处是所引佚书，没有全部注明出处。

王重民先生在《阅张介侯先生遗稿记》赞道：

> 敦煌为通西域之孔道，自与西域交通以来，人文渐盛，世家大族，颇有稍显于两汉三国之世者。逮晋室南迁，六朝递嬗，五凉三秦，建国西夏，诸世族之贤者，或仕中朝，或佐霸主，惜载记丧失，多不可考。介侯是书，征引博洽；言敦煌人物者，宜莫先于是矣。

另外，王重民先生也指出："唯所引佚书，或不著出处，是其小疵。"瑕不掩瑜，张澍的《续敦煌实录》可称是敦煌学的滥觞之作。

（二）西夏学研究

张澍是西夏学的奠基人。嘉庆九年（1804年）秋，张澍约请朋友郭楷、何承先、张美如等到武威城东北隅的大云寺游玩，无意间发现了被史学界称为"天下绝碑"的西夏碑。西夏碑的发现，令张澍激动不已，在其撰写的《书西夏天祐民安碑后》中写道："此碑自余发之，乃始见于天壤，金石家又增一种奇书矣！"

从此，张澍开始了对西夏历史的探索和研究。张澍原本计划编撰一部西夏史，可惜一日和朋友们去武威城北郊的松涛寺避暑，家人将其"六巨束"草稿误认为废纸烧毁，这给他以沉重打击，从此不再编写西夏史。直到晚年编纂《凉州府志备考》时，作《西夏纪年》附录于后。他在《序》中写道："姑据《宏简录》《金史》内附载西夏事迹，次为《西夏纪年》二卷，以补前志之阙。"

《西夏纪年》共两卷，卷一记述西夏起源及拓跋思恭、李继迁、李元昊、李谅祚平生事迹，卷二记述李秉常、李乾顺、李仁孝、李遵顼、李睍生平事迹。同时，兼及叙述西夏政治、经济、文化、军事等方面的内容，是一部西夏编年简史。另外，在《凉州府志备考》人物志、艺文志也有关系西夏的内容。《人物志》中有对西夏仕元人物余阙的生平介绍，涉及其父沙剌减卜、子德生、女福童、妻耶律氏。《艺文志》引录《西夏天祐民安碑》和《敕黑河神文》全文。

张澍还从姓氏的角度对西夏的历史和文化进行了研究和探索，撰成《西夏姓氏录》。《西夏姓氏录》是现存西夏文献中唯一一部研究西夏姓氏的专著，最能代表张澍西夏学研究成果。张澍根据《资治通鉴长编》《宋史》《辽史》《金史·交聘表》《元史》《续通志》等历史文献，析理出西夏姓氏 162 姓，其中一字姓 83 种，二字姓 77 种，三字姓和四字姓各 1 种。张澍在每条姓氏之后均附录人物事迹，注明史料出处，并摘抄原文，有的还加按语，说明其他文献中的不同音译名。例如：在"把里氏"条，张澍按"《元史》作芭里，或作巴哩"，并引用《金史·交聘表》中的史料为作证："（天会二年）三月，夏使把里公亮等来上誓表。""（大定二年）十二月，夏武功大夫芭里昌祖、宣德郎扬彦敬等贺正旦。"

张澍通过研究西夏姓氏，还试图考察西夏姓氏的演变，探讨西北地区民族关系及宋、辽、金、西夏各王朝相互渗透的历史。如"于弥氏"条，张澍写道：《元史》西夏国主李恒其先姓于弥氏，唐末赐姓李。又如"野浦氏"条，张澍认为野浦亦作也浦，并引用了《元史·昂吉儿传》："昂吉儿，张掖人，姓野蒲氏，世为西夏将家。岁辛巳，父甘卜率所部归太祖，以其军隶蒙古军籍，仍以甘卜为千户主之。"

《西夏姓氏录》原稿现藏法国巴黎国家图书馆，著录在伯希和乙库（即史部文献）1633 号。近代学者罗振玉先生曾从巴黎移录原稿，收入其《雪堂丛刻》中，才使国内学者得以见到这部重要的西夏姓氏学专著。

（三）河西史地研究

在我国古代学术史上，运用辑佚于学术研究，并不始自乾嘉诸儒，然乾嘉时期文人士子视之为专门学问，甚至作为一种个人毕生竭力的学术事业而蔚成风气，是没有先例的。由于乾嘉诸儒用力专一，因而在古籍整理上取得了很大的成绩。在这方面，张澍以其精湛的辑佚学造诣，贡献尤为卓著。

道光元年（1821年）五月，侨居西安的张澍出资刊刻了《二酉堂丛书》。这部丛书的刊刻，轰动了当时的学界，因其所辑主要是关陇地区古代已佚典籍和古代极具历史价值的已佚古书并严谨考释，使张澍成为古代辑汇乡邦古书的开拓者，被后世学者列为清代十大辑佚家之一。梁启超在《中国近三百年学术史》中评价道：

> 张介侯（澍）以甘肃之特，注意甘凉掌故，专辑乡邦遗籍，所辑有赵岐《三辅决录》、佚名《三辅故事》、辛氏《三秦记》、李孚《凉州异物志》、张谘《凉州记》、佚名《西河旧事》、喻归《西河记》、佚名《沙州记》皆两晋六朝史籍碎金也。

在《二酉堂丛书·自序》中，张澍写道：

> 因慨前贤著述，日久掩沉，乃搜辑关陇作者，肇周、秦、汉洎于隋唐，凡得二十四种。即籍非乡邦，其书阙佚，世所鲜传，亦为摭据，凡得十二种，辄以谀闻，疏通演释。

《二酉堂丛书》对了解唐以前西北文献、作家作品，研究河西地区早期历史、地理、中西交通等都具有重要的参考价值，是研究汉唐西北史地的一部重要文献。同时，《二酉堂丛书》以辑佚方法研究西北史地，深刻地影响了道咸以后研究西北史地的学术风气，对当时和后来的学者产生过重大影响。清马国翰即以张澍《二酉堂丛书》为蓝本，编辑出著名的《玉函山房辑佚书》。鲁迅在《会稽郡故书杂集序》中说："幼时尝见武威张澍所辑书，于凉土文献撰集甚众，笃恭乡里，尚此之谓，而会稽故籍零落，至今未闻后贤为之纲纪，乃创就所见书传刺取遗篇，累为一帐。"向达先生也在其《唐代西安与西域文明》中说："（介侯）先生一生，于关陇文献，罗网放失，不遗余力。生平著作等身，其《二酉堂丛书》藏书家几于家喻户晓。"

四、诗书继世：李氏三代学人

自清中叶以来，至民国以及改革开放时期，李铭汉、李于锴、李鼎超、李鼎文祖孙三代，在传统史学、文学、语言学诸方面都取得了重要学术成果，显赫学界。他们以诗书继世，以学术传家，三代绵延不绝，这在武威，乃是甘肃文化史上都是绝无仅有。

（一）李铭汉与《续通鉴纪事本末》

李铭汉先祖原居宁夏卫门城驿，世袭军职，明万历年间平字拜，因功迁凉州卫，遂入籍武威。

李铭汉（1808—1891年），字云章。10岁时，他进入私塾学习，遇到不明白的地方，喜欢打破砂锅问到底，逐字逐句要问个究竟。"音训声义之未谛者，必再三询究，不得解不止"。20岁时，进入县庠学习。24岁时，他才第一次参加乡试，但考试不尽如人意，以失败告终。乡试失败后，李铭汉没有被挫折压倒，反而激发出他更大的学习激情，他愈加致力于学问。同乡尹世阿自江西罢官回家，其家中藏书多达十余万卷，李铭汉经常去尹家借书阅读，向尹世阿请教。尹世阿询问他学习的志向，他用"实事求是"四字回答，受到尹世阿的极力夸奖，称赞他是"真正读书的种子"。27岁那年，李铭汉到陕西参加甲午科秋试时，去拜见同乡大学者张澍，于是在张澍门下受业，为张澍校对《诸葛忠武侯文集》《蜀典》等。1839年，陈世镕任古浪知县时，写信把32岁的李铭汉招到县署学习，一直学习了5年。其间，李铭汉受到陈世镕的教益甚大。

经过长达 30 年的不断钻研学习，李铭汉成了一名博通经史、才华出众的学者。他涉猎广泛，对于天文、算术、舆地、兵农、音韵、训诂之学都有研究。但是，也许是老天不公，他在科举道路上却走得十分艰难。他一生 8 次参加乡试，都不得中，直到 42 岁才考了个副贡生。

科场失意的李铭汉，开始把毕生精力投入到史学研究上。李铭汉晚年主讲凉州雍凉书院、甘州甘泉书院，致力于教授生徒，著书立说。"行己有耻，勤学好古"八字为其座右铭。他的著作，有《续通鉴纪事本末》《尔雅声类》《说文谐声表》《日知斋诗稿》等。其中，尤以《续通鉴纪事本末》最为著名。《续通鉴纪事本末》是李铭汉晚年根据清乾隆年间毕沅主持编撰的《续资治通鉴》编写的一部大著，全书共 110 卷，是一部别具一格的纪事本末体史书，具有很高的学术价值，受到当世和后世的高度重视。其中，第 1 到 89 卷，是李铭汉亲自辑录，可惜由于年老体衰，后面的 21 卷未能完成，成为遗憾。他临死拉着李于锴的手，反复叮嘱儿子要把书接着写完。其子李于锴继承了父亲未竟之事业，完成了第 90 卷至第 110 卷，并在山东做官时雕刻付印，于 1806 年刊行。《续通鉴纪事本末》，始于宋太祖代周，终于明玉珍据蜀。该书将宋、辽、金、元这一时期四百年之间的史事，概括为 110 件大事。每卷写一件大事，有的卷下又附有若干小事，便于探求历史事件的始末，查阅起来十分方便。1936年，著名学者、北京大学历史系教授孟森在天津《大公报》上发表《续通鉴纪事本末书后》一文，呼吁重印此书，说："不得李氏之书，使家喻户晓，于据撰通史之资料，不无缺憾。"著名学者汪辟疆也说："余于清末，既获读李氏《续通鉴纪事本末》，见其条分件系，伦类贯通，深致叹服。"

晚年的李铭汉在当时陇上名士中声名鹊起、极负声望，甘肃学使胡景桂上疏推荐其为陇上耆儒，光绪帝下令加其为国子监学正衔。1891 年（光绪十七年），李铭汉逝世，享年 84 岁。

（二）翰林院庶吉士李于锴

李于锴（1862—1923 年），字叔坚，又字冶成，李铭汉之子。他天资聪慧，

14岁成为秀才，21岁时考中举人。1895年以第三甲第二十六名进士，为翰林院庶吉士。1898年（光绪二十四年）散馆，任山东蓬莱知县。其后代理武城、泰安知县，调任山东大学堂监督。复任蓬莱知县，升沂州府知府。辛亥革命后返回家乡。1913年被任命为甘肃警察厅长，坚辞不就。1914年被聘为清史馆协修，亦未就任。晚年闭户读书，终老乡里。李于锴生活在晚清内忧外患之际，从河西到京师，由京师而山东，在自己的生命历程中，业绩突出，表现在志士、循吏、学人三个方面。

1894年，李于锴赴京会试。适值中日甲午战争爆发，他与时任都察院福建道监察御史的甘肃秦安人安维峻过从甚密，共同密切关注战争风云，忧心如焚，这些都反映在其《过夏日记》中。他还多次为安维峻及主战派大臣杨颐、董福祥代撰奏疏函稿，条陈抗敌、除奸、备战诸事，现存安维峻《谏垣存稿》中，即有六篇是由李于锴代撰的。1895年3月，清廷签订了丧权辱国的《马关条约》。消息传来，举国愤怒。云集北京的各省会试举人，立即进行请愿活动，提出拒签和约、迁都抗战、变法图强三项主张。四月初六、初七，广东举人康有为联合各省举人一千三百余人在北京松筠庵集会，联名上书光绪帝，这就是著名的"公车上书"。在康有为起草的请愿书上署名的有16省应试举人603人，其中甘肃举人署名者达61人，在16省中居第五位。李于锴等甘肃举人除参加大会、联合请愿之外，又有76人联名写了《甘肃举人呈清政府废除马关条约文》。这个呈文，便是李于锴领衔起草的，表达了反对赔款、反对割地、反对掠夺的鲜明观点，成为甘肃近代史上的一篇重要文献，闪烁着反帝爱国的思想光辉，凝聚着一代士人伤时忧民的血泪。文成后，准备送到都察院转呈光绪，只因四月初八条约已被批准，事已无可挽回，只好作罢。

李于锴于1898年为官山东，历任三县一府，凡十四载，"所在政绩卓然，蜚声远远"（王树楠《味檗斋遗稿序》），有"贤太守"（张元济语）之誉。他曾两次任蓬莱知县，第二次至蓬莱，正值清政府废科举，兴学校，李于锴创办了蓬莱学堂。在沂州知府任内，又决定开采凤凰蛋老屯煤矿，先后投公私资金白银二万余两，坚持不渝，终于成功，解决了沂州几十万户百姓的燃料之难。后来便用煤矿所得利润兴办学校等新政，不再向百姓索钱。他到泰安任上清理积案，捐资筑堤;蓬莱任上发展海运，平抑粮价。凡此种种，都为时人所称道。

1913年，李于锴由山东返回家乡，因深恶袁世凯不再出仕。晚年乡居的十余年里，关心民瘼的精神一如既往。为武威乡民除弊之事，莫过于出资减更名地粮。

李于锴一生遵循"经世致用""实事求是"的学术思想，"不以探赜宗隐为能、搜大奇嗜琐为博"(《李于锴遗稿辑存·全谢山传》)，在学术研究和文学创作方面均取得了突出的成就。其学术研究，除续成其父《续通鉴纪事本末》并使之刊刻行世之外，尚有《古历亭笔记》一卷，《读汉书笔记》一卷，皆为文史考证自有心得之作。其文学创作，诗文兼长，尤长于文。有《味檗斋文集》一卷，《写经楼诗草》一卷。其文骈散兼备。骈文如《尹夫人台碑》，辞章与考据并胜。散文如《全谢山传》，自述学术师成;《张介侯传》《潘挹奎传》《孙揆章传》，表彰乡贤事迹;《先大夫云章君行述》揭示家学渊源;《甘肃举人呈请政府废除马关条约文》，尤具文献价值。清末古文大家王树楠曾将《全谢山传》《周为汉传》《权锦堂传》三篇刊入《故旧文存》，并写有作者小传;后又为《味檗斋遗稿》亲撰序言，盛赞李于锴"平生不苟为无益之文，故今所存者，仅数十篇，然于昔贤之所谓义理、词章、考据三者无一不备，而杼轴在心，动与占会。其文品盖在同里张介侯之上，西方学者莫能或之逮也"。

1923年，李于锴去世后，刘尔炘撰《武威李叔坚传》，安维峻撰《读凉州李叔坚传书后》，对其生平事迹记述甚详。李于锴著作，先由其长子李鼎超编为《味檗斋遗稿》，于民国二十年(1931年)铅印行世;后由其次子李鼎文扩编为《李于锴遗稿辑存》，于1987年校点出版。

(三)李鼎超与《陇右方言》

李鼎超(1894—1931年)，字酞班，为李于锴长子。李鼎超10岁随父至山东蓬莱开始读书,13岁至沂州(今临沂)系统地学习"中学"(经史子集)和"西学"（英文、算学、物理、化学、博物诸科）。1913 年，20 岁的李鼎超随父返回故里，潜心研究国学。自谓"义理之学，经济之学，辞章之学，考据之学，四者并进"。1929 年春，至兰州，任甘肃省通志局分纂，撰《方言》《水道》二志，后又应兰州中山大学之聘，讲授文字学。

1921 年，整理刊行其父李于锴的《味檗斋遗稿》，并编纂完成《武威县志》，至去世前，已完成者有《人物志》《艺文志》《金石志》《方言志》。其中《方言志》为其得意之作，从草拟到定稿历时近十年，初名《武威方言》，后更名《陇右方言》，共 10 卷。正文体例依章太炎《新方言》，分释词、释言、释亲属、释形体、释器、释官、释天、释地、释动物、释植物等。凡 1214 条。全书卷首有《自序》，卷末置《自跋》。

汪辟疆先生曾撰有《记与马生骙程谈李云章父子学术》，对李氏三世的学术作过总结。他认为："西北远处边隅，与中原阻绝，俗本淳朴，而布衣韦带之士，类皆崇尚气节，耿介自守，恒能自奋于义所应为。如果是利泽桑梓，功效边陲，益于国家之事，皆能挺身以赴，在所不惜。"这是李氏之学中体现的最值得我们称道的气节。汪先生总结说："云章父子之学：其取师也甚正，其信道也弥坚，其为之也必果，而皆并见于立身立事之实。故不托之空言，而惟实事求是；不拘泥于小节，而惟德不逾。"

1931 年春，李鼎超以无党派人士被选为国民会议代表，赴南京参加国民会议，后病逝于上海医院。

（四）李鼎文的学术成果与故乡情怀

李鼎文（1919—2014 年），字献甫，为李于锴次子。他 5 岁丧父，13 岁丧兄，与生母相依为命。他没有上过小学，13 岁以前，受教于长兄李鼎超。1937 年和 1940 年，先后由武威师范简师科、兰州师范中师科毕业。1942 年考入西北师范学院国文科，受教于黎锦熙、李嘉言、叶鼎彝、何士骥、王汝弼、刘文炳、冯国瑞诸位名师，学业大进。尤其是黎锦熙、李嘉言先生，对他格外器重。1949 年，在西北师范学院国文系四年级插班，次年毕业，任教于武威师范。1956 年调甘肃师专（校址在天水）任教。1957 年，甘肃师专合并到西北师院，李先生随即到西北师院（后改名甘肃师大、西北师大）任教，任中文系副教授、教授。

1983 年，西北师院建立了古籍研究所。受所长彭铎教授、副所长路志霄教授的委托，李鼎文在整理陇右古籍方面做了很多工作。先后整理出版了《续敦煌实录》《李于锴遗稿辑存》《陇右方言》《陇右方言发微》（合作）《笠云山房诗文集》（合作）等。李鼎文的《读王权〈笠云山房诗文集〉》，对其文学价值和学术价值论之甚详。

《梦槐庵丛稿》中收录了李鼎文近十多年来撰写的有关考证故乡文史的文章。这些文章，写得既亲切朴实，又材料翔实，如数家珍；既倾注着对家乡的热爱，又不虚美，不隐恶，实事求是。当今一些从事地方文史研究的人，为家乡争名人，有时不惜捕风捉影，甚至杜撰史实。李鼎文唯真理是求，值得我们钦佩。

李鼎文还应邀审查了不少有关武威的历史资料，如《武威县地名资料汇编》《武威市志》《武威历史人物》，改正了书中不少错误，还校点了《乾隆武威县志》，写出了详细的校勘记，为家乡历史文化的研究和弘扬做出了贡献。李鼎文审定后的学术著作，总是一字一句，一个标点符号也不放过。张帆和宋书麟的《阴铿诗校注》、梁新民编著的《武威历史人物》、漆子扬和王锷校点的《守雅堂稿辑存》，都是经他细心修改后出版。先生不轻易给他人的书作序，《梦槐庵丛稿》中收录的十余篇序文，都是认真阅读了原作之后写出来的，评价的文字不长，而总能抓住特点，言中肯綮。

从 1956 年到 2003 年，李鼎文分数次将家藏 19704 册书籍和 186 件文物全部捐献给甘肃省图书馆、甘肃省博物馆、河西学院等单位。书籍内有不少明清善本。稿本内如林则徐题记的陈世镕《求志居诗稿》，张澍手批的《潘挹奎文稿》，章炳麟手校、丁以此手抄的李铭汉《尔雅声类》稿等，都很名贵。文物内如唐弘化公主墓中的木俑、木兽，"大明宝钞"，明人文彭所刻的"槐阴满庭"

印章，张澍所书条幅，也都有重要价值。

参考文献

[1][汉]班固.汉书[M].北京:中华书局点校本，1975.

[2][南北朝陈]阴铿.阴铿诗校注[M].张帆，宋书麟，校注.兰州:兰州大学出版社，1989.

[3][唐]房玄龄，等.晋书[M].北京:中华书局点校本，1974.

[4][唐]魏徵，[唐]令狐德棻著.隋书[M].北京:中华书局点校本，1973.

[5][后晋]刘昫，等.旧唐书[M].北京:中华书局点校本，1975.

[6][北宋]欧阳修，[宋]宋祁.新唐书[M].北京:中华书局点校本，1975.

[7][北宋]司马光，等.资治通鉴[M].北京:中华书局点校本，1996.

[8]赵尔巽，等.清史稿[M].北京:中华书局点校本，1977.

[9]蹇长春，王会绍，余贤杰.傅玄 阴铿诗注[M].兰州:甘肃人民出版社，1987.

[10]李林山.牛鉴[M].北京:团结出版社，2010.

[11]郝润华，王燕飞.李益[M].兰州:甘肃教育出版社，2014.

[12]柴多茂.张澍[M].兰州:甘肃教育出版，2016.

[13]程对山.凉州历史名人评传[M].兰州:甘肃文化出版社，2016.

[14]赵向群.五凉史[M].贾小军，修订.北京:社会科学文献出版社，2019.

第九章 国家级非物质文化遗产

武威历史悠久，文化底蕴深厚，千百年来，武威各族人民在长期的生产生活实践中，形成了种类繁多、内容丰富、特色鲜明的非物质文化遗产。武威非物质文化遗产是由特定民间社区群体世代相传，反映武威先民群体历史渊源、生产方式、生活习俗、观念形态、宗教信仰及其所赖以生存的自然环境和社会环境特征的文化表现形式的总称，是民族个性特征与独特精神的重要表征及民族情感和理想的重要载体，是凉州文化的根基和源泉，也是连接民族情感的纽带、维系民族团结的基础。

2006 年 5 月，武威市列入第一批国家级非物质文化遗产项目河西宝卷、凉州贤孝和土族《格萨尔》3 项。2008 年 6 月，列入第二批国家级非物质文化遗产项目华锐藏族民歌、凉州攻鼓子 2 项。这些珍贵非物质文化遗产蕴含武威古老民族文化精神和创造智慧，彰显武威历史文明独特品格和民族气质，体现武威各族人民卓越创造力和雅致生活情趣。

第一节　凉州贤孝

一、凉州贤孝的起源

凉州贤孝是流布于武威市以及周边地区的一种古老的叙事性民间说唱艺

术，2006年被确定为国家级非物质文化遗产。贤孝在武威民间俗称"曲儿"，是一种叙事性曲艺，通过讲述古今故事劝化世人"为贤行孝"，故称"贤孝"，也被称为"凉州劝善书"。因为演唱者一般为盲人，主要用三弦作为伴奏乐器，所以当地人称作"瞎弦"。旧时代的盲艺人为了谋生，往往会兼做占卜算命的行当，所以又被称为"瞎仙"。在文盲遍地的时代，能说会唱的盲艺人也是难得的"文化人"，所以也被称作"瞎先生"。

贤孝作为一种曲艺形式，主要分布在甘肃、青海一带。甘肃省内除了凉州贤孝，还有流于临夏回族自治州的"河州贤孝"以及流布于金昌市永昌县的"永昌贤孝"。在青海东部西宁一带流布的则称作"西宁贤孝"，或称"青海贤孝"。概括而言，贤孝是流布于甘肃、青海地区的以劝化听众"出世为贤，居家尽孝"为宗旨的叙事性民间说唱艺术。

关于凉州贤孝的起源年代，近年来学界有六种说法。分别为秦朝、十六国（五凉）时期、唐朝、西夏、明朝和清朝。作为口耳相传的民间文化类型，普遍存在文献资料缺乏的问题，所以，以上六种说法都是结合地域特点和民俗风情的推定，难以形成定论。通过评析这六种说法的形成来历，则能更进一步理解凉州贤孝博大精深的民俗文化特征。

（一）起源于秦朝

据传，秦始皇时代征召民夫修筑万里长城，盲人也不能幸免。为了加快修筑进度，秦始皇下令将劳动力薄弱的盲人垫筑在长城下面。伏羲大帝听说此事后，就变化成一个盲人，用弹唱的形式劝说秦始皇撤回命令，并且医治好了生病的皇后。秦始皇撤销了命令，伏羲也教会了盲人弹唱的技艺，让他们卖唱谋生。盲人为做苦役的人们演唱，可以缓解疲劳，振奋精神。西晋傅玄在《琵琶赋·序》中说："杜挚以为，嬴秦之末，盖苦长城之役，百姓弦鼗而鼓之。"据此可知盲人说唱艺术起源于秦朝。但是，盲人说唱艺术起源于秦朝，不等于贤孝起源于秦朝。这个传说很可能受到了"孟姜女哭长城"的影响。盲艺人们把自己的行业与伏羲联系起来，很可能是自我保护的一种手段，通过这种"神化"

的操作，增加神秘感，避免弱势群体遭受欺凌。

（二）起源于十六国

十六国时代的"五凉"时期，西域文化和中原文化在凉州这片沃土交流融合，形成了独具一格的西凉乐。偏安一隅的和平环境使得古凉州经济文化繁荣，西凉音乐舞蹈遍及民间。北魏文学家温子昇在《凉州乐歌》中写道："远游武威郡，遥望姑臧城。车马相交错，歌吹日纵横。"唐代郑启在《开天传信记》说，"西凉州俗好音乐"。唐代岑参在《凉州馆中与诸判官夜集》中写道："凉州七里十万家，胡人半解弹琵琶。"唐代杜牧在《河湟》里有诗言："惟有凉州歌舞曲，流传天下乐闲人。"这一时间段，虽然对于"瞎弦"没有明确记载，但当时歌舞兴盛，因而有理由推断民间亦萌生了这种说唱艺术。

（三）起源于唐代

凉州贤孝是唐代敦煌变文的"子孙"，河西宝卷的"分支"。敦煌变文是佛教传播的产物，佛教要想发展，就需要通俗化的艺术化的手段传播至普通大众，而变文，学者向达在《唐代俗讲考》一书认为，就是"民间流行说唱体"，也就是"民间曲艺"。在用民间流行说唱体宣扬佛法的过程中，首先产生了宝卷。流布于河西走廊的河西宝卷，特别是凉州宝卷，与凉州贤孝同出一地，扎根凉州文化的深厚土壤，深受敦煌变文的影响，在曲目内容等方面有诸多交叉和融通，教化功能一脉相承。

然而，凉州贤孝是中国传统文化在武威地区的集中体现，其融合了儒释道三教的思想和内容，不仅仅限于佛教。其取材来源非常广泛，不仅有宝卷，还有"二十四孝"、地方戏曲、历史故事、民间故事、小说、评书等。凉州宝卷对于凉州贤孝的发展影响巨大，但不足以成为母体，同样，敦煌变文也不足以作为凉州贤孝的唯一渊源。凉州贤孝有宗教的因素，但其民俗性、娱乐性更强，佛教、道教、儒教都可以将之用作宣传的工具。如凉州贤孝中的《韩湘子探家》《吕祖买药》都是典型的道教题材的作品。

（四）起源于西夏

西夏学专家孙寿龄先生曾发表论文《凉州贤孝源于西夏》。赵大泰的论文《再证凉州贤孝源于西夏》分别从乐器、曲牌、宋人说唱艺术、地域分布、西宁贤孝、河州平弦和西夏统治特点等七个方面论证了凉州贤孝"起源于西夏"的理由。

一是乐器方面，到了宋元时期，三弦已广泛流传于全国各地。在西夏辞书中有关于三弦的记载，将"三弦"用西夏音注为"桑冷讹"，证明三弦在西夏国内被广泛使用。

二是曲牌方面，凉州贤孝使用的曲牌联套音乐结构在宋西夏时期已经非常成熟。凉州贤孝有数十种曲牌，每一个凉州贤孝艺人都掌握了若干种曲牌，在演唱时，根据故事的结构、内容、情感等因素，选用不同的曲牌连缀成套曲来演唱。1907 年至 1908 年间，俄国科兹洛夫探险队发掘西夏黑水故城，出土了一本《刘知远诸宫调》残卷。根据对残卷的研究成果，诸宫调在北方宋、辽、金、西夏广为流传，十分盛行，而曲牌连缀成套的音乐结构组织形式正是始于诸宫调。凉州贤孝中的曲目《李三娘碾磨》讲述的正是五代后汉皇帝刘知远和其妻子李三娘的故事。

三是在宋代，盲艺人说唱的艺术形式非常流行，当时的名称是"陶真"。南宋诗人陆游曾写《小舟游近村舍舟步归》诗，其中第四首一般认为写的即是当时农村唱陶真的情况。其诗为："斜阳古柳赵家庄，负鼓盲翁正作场。死后是非谁管得，满村听说蔡中郎。"西夏与北宋、南宋征战不断，但文化上深受影响，所以"陶真"这样的民间说唱艺术传入西夏也是理所当然。

四是贤孝的地域分布与西夏的疆域吻合。前面提到贤孝分成凉州贤孝、永昌贤孝、临夏贤孝、青海贤孝，跨越甘肃、青海两省，这些贤孝种类各有特色，但有诸多类似之处，可以说同源异流。李元昊建立西夏后，曾拥有夏、银、绥、宥、静、灵、会、胜、甘、凉、瓜、沙、肃等十余州之地，即现今的宁夏北部、甘肃小部、陕西北部、青海东部以及内蒙古部分地区。西夏疆域与贤孝的分布范围基本吻合。但为什么西夏的都城兴庆府（今宁夏银川）所在的宁夏没有贤孝呢？这可能是因为蒙古人消灭西夏时，对兴庆府屠城，毁灭了西夏王族和西夏文化。但是，作为西夏辅郡的凉州府，1226年被蒙古人和平占领，免于战火洗礼，所以贤孝文化就被较好地保存下来。

五是西宁贤孝的史实证明，教习盲人唱曲有着官方传统。据《西宁府新志》记载，明代建文二年（1400年），西宁兵备道按察副使柯忠在西宁城内北街创建慈善机构"养济院"，专门供养盲人教习唱曲。西宁历史上存在的养济院，启发我们猜想，在西夏历史上应该也存在专门的官方机构，用来供养盲艺人，并为他们传授贤孝技艺。

六是河州平弦的存在，说明以三弦为主要乐器的说唱艺术曾经也是宫廷音乐。在河州，说唱艺术除了河州贤孝，还有河州平弦。在平弦艺人眼中，平弦为"细货""绸缎"，而贤孝为"粗货"。据艺人们传说，河州平弦最早是在皇宫中演唱的，曾受到皇帝的钟爱。解放前存在的行帮组织"三皇会"中，平弦艺人具有较高的地位，不受演出区域的限制，负责创新教授曲目。河州平弦因为旋律音调平稳舒缓而得名，其唱词秀丽、曲调婉转、演唱形式文雅，明显属于三弦说唱艺术中的高档品种。而河州贤孝调少，唱词通俗，倍受大众喜爱，属于大众产品。河州平弦的特点启发我们猜想，在西夏推广贤孝的过程中，或许也有分层次的安排。宫廷乐师们负责为贵族表演，负责曲牌、唱词的创作与传授，大量的普通盲艺人则在学会后为普通老百姓演唱。当然，这仅仅是猜想，还需要求证。

七是西夏朝廷的大力推行是凉州贤孝产生的直接原因。李元昊称帝建国后，采取了一系列"去汉化"的政策，这些政治文化政策的恶劣后果显而易见。李谅祚十四岁时开始亲政，采取一系列的改革措施，尊崇儒学，恢复汉制。此后，乾顺与仁孝励精图治，使得西夏国力达到鼎盛，成就了两朝盛世。正是在这一盛世，文化事业昌盛，贤孝这一曲艺形式应运而生。在仁孝一朝，通过尊崇儒学，大量出版《孝经》等儒家书籍，开办学校，传唱"贤""孝"故事，使得社会风气大为改观，"为贤行孝"的观念在西夏官僚阶层和普通民众中影响更加深入，"说唱贤孝"成为当时非常盛行的文化娱乐时尚。正是在国家力量的强力推动之下，"贤孝"这种说唱艺术正式诞生了。

（五）起源于明朝

谢树森、谢广恩二人所著《镇番遗事历鉴》中明英宗正统十一年（1446 年）丙寅条，对凉州贤孝做了确凿描述。

> 是月（据前条时间指七月），凉州瞽者钱氏，来镇卖伎。所唱"侯女反唐""因果自报""莺歌宝卷"等，原以觅食计。其声腔浩酣，拨弹谙熟，日每围观者以数百计。按此伎久盛凉州，多为男女瞽者所事之。多说唐宋事，盖汴京遗俗也。尝览江苏聂谦公《凉州风俗杂录》云：州城俗重娱乐，虽无戏而有歌曲，古称"胡人半解弹琵琶"，今犹未衰。而此时最盛行者，无如"瞎弦"。每曲，瞽者自弹自唱，间有白语。调颇多，喜怒哀乐之情，择其最可者而表之。然所演乐器，已非琵琶，大多为弦子，亦有胡琴、唢呐之类。弦子长三尺许，鼓不大，以羊皮挽面，音沉闷浑浊，犹老翁语。胡琴俗谓"胡胡"，盖由西域而出故名。四弦，以马尾制弓，摩擦令响。其音苍凉粗猛，殆为塞上古音，听之令人凄然。或曰：瞎弦，本胡乐也，余亦谓然。

七月，凉州的盲艺人钱氏，来到镇番卖艺谋生，所唱曲目有《侯女反唐》《因果自报》《莺歌宝卷》等，"其声腔浩酣，拨弹谙熟"，每天围观的有数百人之多。并说，这种技艺久盛凉州，主要是男女盲人表演，演唱的内容主要是唐宋时期的事情，是从东京汴梁城遗留下来的风俗。书中引用了江苏聂谦所著《凉州风俗杂录》中的记述，此书已经失佚，但在此留下了只言片语。根据谢广恩的注解，《五凉志》中有记载，聂谦，江西贵溪县人，永乐时，征交趾有功，调凉州卫指挥使。

据聂谦记述，凉州城俗重娱乐，虽然没有戏曲但是有歌曲，古称"胡人半解弹琵琶"，今犹未衰。而此时最盛行者，无如"瞎弦"。可见，"瞎弦"的称谓在明代就有了。"瞎弦"的表演形式，是盲人自弹自唱，间有白语，也就是有说有唱，韵白结合。"瞎弦"的曲调颇多，喜怒哀乐之情，择其最可者而表之。可见，"瞎弦"的音乐表现力和感染力非常强，能演绎出喜怒哀乐的极致之处。

"瞎弦"所使用的乐器，已非琵琶，大多为弦子，亦有胡琴、唢呐之类。弦子即三弦，长三尺许，鼓不大，以羊皮挽面，音沉闷浑浊，犹老翁语。胡琴俗谓"胡胡"，盖由西域而出故名。四弦，以马尾制弓，摩擦令响。"瞎弦"所使用的乐器有三弦、二胡、四胡等，其音苍凉粗猛，殆为塞上古音，听之令人凄然。所以，后世把"瞎弦"称作"塞上古音"，来源就在于此。最后，聂谦做出了论断："或曰：瞎弦，本胡乐也，余亦谓然。"聂谦赞同"瞎弦"是"胡乐"的说法。

（六）起源于清朝

据一些凉州贤孝艺人的传说，凉州贤孝起源于清朝末年一位叫作盛其玉的秀才。据艺人魏三保讲，早在清同治年间（1862—1874年），家乡长城乡红水村的秀才盛其玉师徒一行数人就赴西宁、新疆、内蒙古等地设摊卖艺，使"凉州贤孝"广泛流传各地。同时还将"西宁贤孝"音乐中比较规范的成分兼收并蓄，糅合进"凉州贤孝"，为凉州人所接受。

盛其玉原是读书人出身，因参加科考屡考不中转而从艺。传说科考落榜后盛其玉带回一本《宣讲大全》，即二十四孝的脚本。由于他具有良好文化基础又是明眼人，从事贤孝演唱艺术自然比其他盲艺人条件更为优越。加之他天性聪慧，声嗓又好，三弦弹得更是出色，从艺演唱不几年，便蜚声凉州贤孝艺坛，成为凉州贤孝的佼佼者。同治七年（1868年），盛其玉在武威开设同义堂，正式开宗立派，广收门徒，改编、整理和创作唱本，使"凉州贤孝"自此又有了新的发展提高，形成一派独特的演唱风格。

关于盛其玉还有一段凄美的爱情传说。盛其玉家里很穷，但他与本地财主的女儿情投意合。但是这位财主认为门不当户不对，于是棒打鸳鸯。可是财主的女儿非盛其玉不嫁，一魂幽赴黄泉。可以说盛其玉是一个典型的失败者，事业爱情双失败：事业无成，科考屡试不第，爱情无果，爱人殉情而亡。但盛其玉走上了凉州贤孝的道路，成为一代宗师，也算是实现了人生的逆袭吧。

盛其玉的第三代传人徐保子，也作徐宝子，是清末民初凉州人。据说凉州贤孝中常用的曲调悲音，就是徐宝子被乞丐那凄楚哀婉的讨乞哭腔所打动，将其音调创造性地吸收进来的。徐宝子教授的徒弟很多，卓有造诣的有李鸿元、徐高棠、马国祥等人。其中徐高棠（1909—1980 年）是武威市下双乡河水村人。这几位前辈艺人从民国末年至建国后在凉州贤孝艺坛上都很有影响，同时也带出了许多优秀的徒弟和传人。

二、凉州贤孝的表演形式与艺术特点

凉州贤孝唱本一般由开头、正文、结尾三部分组成。贤孝的开头叫作开篇词，一般是哲理性的诗句，唱完后"将这些诗条对句丢口后，拉开了正传说古人"，就开始讲述故事，最后一般是总结性的或者劝化世人的结束语。

凉州贤孝扎根于凉州方言的土壤，在演唱过程中使用了大量的凉州方言土语、谚语俗语等，语言朴素生动，乡土气息十分浓厚。生动鲜活的语言通俗易懂、多姿多彩，地域和民间特色非常突出，符合当地群众的审美情趣，深受欢迎。凉州贤孝以三弦、二胡为主要伴奏乐器，有时也会使用碰铃、碟子等敲击节拍。从使用的乐器来看，凉州贤孝旋律和节奏并重，有着厚重的历史文化底蕴，被称作"塞上古音"。

（一）曲牌和调式

凉州贤孝的音乐单元是曲牌，其曲牌种类非常丰富。根据王文仁教授对凉州贤孝曲调曲牌的调查研究，凉州贤孝的传统唱腔曲牌有［悲音］［苦音］［泪音］［甜音］［喉音］［平述音］［紧述音］［长述音］［起述音］［贤孝调］［古词调］等 31 个；杂调唱腔曲牌有［平腔］［赋腔］［五点点红］［高腔调］［五更调］

［风筝调］［花音］［剪剪花］［下楼调］［广东调］［观音］［滚音］［莲花调］等22个；传统器乐曲牌有［行路观调］［启程绣灯调］等2个；杂调器乐曲牌有［高板］［紧板］［垛板］［越调］［送东调］［西京调］［风景调］［八谱］［满天心］［沙帽翅］［大红袍］［菠菜根］等22个。

这些传统唱腔曲牌、器乐曲牌，杂调唱腔曲牌、器乐曲牌加起来有七八十种。每一个凉州贤孝艺人都掌握了若干种曲牌，在演唱时，根据凉州贤孝的结构、内容、情感等因素，选用不同的曲牌连缀成套曲以演唱故事。如此多的曲牌，再加上不同艺人的不同排列组合，这样使得凉州贤孝曲目的音乐形式繁杂多样，异彩纷呈。凉州贤孝艺人自己也说："十曲九不同，曲儿相同了没人听。"

（二）表演主体

凉州贤孝的表演主体是盲人，盲人由于身体残疾本身就是社会的弱势群体，演唱贤孝首先是讨饭谋生，劝化世人"为贤行孝"这样的沉重责任可能是统治者的意愿，很多情况下并不是盲艺人优先考虑的事情。所谓"仓廪实而知礼节"，"吃了上顿没下顿"的盲艺人很难有教化世人的自觉。旧社会贤孝艺人的地位是很低的，伴随贤孝艺人的，除了三弦、二胡，另外一件不可或缺的道具是讨钱的铁罐，或者讨粮食的褡裢。

明代陶辅著《花影集》之《瞿吉瞿善歌二》中写道：往者瞽目缘衣食，故多习为稗官小说，演唱古今。愚者以为高谈，贤者亦可课睡，此瞽者赡身之良法，亦古人令瞽诵诗之义也。可见像凉州贤孝这样的盲人说唱艺术，自古就是"缘衣食"的"赡身之良法"。

随着社会的进步，生活条件日益改善，文化活动日益丰富，盲人也不再靠卖唱乞讨谋生了，那么作为谋生手段的凉州贤孝自然而然就会萎缩乃至消亡，或者根本不可能保持那种原生态。随着国家对非物质文化遗产的保护，凉州贤孝会逐渐发展成为一种舞台表演艺术，大量的明眼人、音乐人介入其中，使之焕发出新的生机，人们对凉州贤孝的认识也会随之改变。

（三）表演形式

许多民间文艺形式，在表演的时候都有一定的仪式或者仪轨，或者祭奠祖师爷，或者敬奉神明，祈求演出顺利。

例如，武威市凉州区的凉州皮影戏、凉州木偶戏的省级传承人马登岐老人，在表演前要虔诚地焚香祭拜妙庄王，才开始表演。

凉州贤孝则更具有民俗性、娱乐性，贤孝艺人拿起三弦定好音，随时随地就可以演唱。只有在中华人民共和国成立前后存在的行帮组织"三皇会"春节期间的年度集会中，贤孝艺人才会祭拜"三皇"即天皇伏羲、地皇女娲、人皇神农。据传，三弦就代表着三皇，在有的地方，民众对于三弦艺人较为敬畏。在有的地方，贤孝艺人在行帮集会时也会祭拜其祖师爷"师旷"。

凉州贤孝是说唱艺术，韵白结合，有说有唱，以唱为主。

以说为例，凉州贤孝的说白，除了交代故事，还有对话的形式，贤孝艺人在表演的时候，会模仿曲目中角色的声音、情感，惟妙惟肖地表演，更具有戏剧性和趣味性。从"和"的技艺来说，凉州贤孝有"一唱一和"的做法，叫作"接后音"，一般是重复语句。如凉州贤孝中的"十月怀胎"唱段，可以唱成：

> 娘怀胎一个月，才成露水，（和）哎呀，才成露水。娘怀胎两个
> 月，露水儿走转，（和）哎呀，露水儿走转。娘怀胎三个月，露水成
> 双，（和）哎呀，露水成双。娘怀胎四个月，才成个血片，（和）哎呀，
> 才成个血片。

（四）传艺要求

凉州贤孝传统上是由盲人来演唱，盲人学习的过程可以说艰辛异常。首先，盲人需要学习三弦、二胡的器乐技艺，需要学习繁杂的曲牌，这需要一定的音乐天赋。其次，盲人需要背诵大量的贤孝唱词，有的唱词其实就是一本书，记忆量非常大，难度也高。所以，武威作家李学辉先生指出：不是所有的

盲人都能成为"瞎弦",做"瞎弦"首先得有灵性,二者要有吃苦精神,三还得有表演的天分和较好的心理素质。

据凉州贤孝省级传承人王月介绍,盲艺人拜师学艺要过师傅的两个关:第一关是摸,即摸额头、摸手、摸脚板。额头要宽,头要大,这意味着聪明;手要细腻,有质感,这样弹三弦时上手快;脚板要硬,这样才能走街串巷,吃上百家饭。第二关是测试听力和悟性。

三、贤孝唱本

凉州贤孝的唱本十分丰富,按照主题划分,一般分为"国书""家书"和"杂调"三种,按照篇幅长短,有"大书"和"小段"之分。国书以帝王将相、国事兴亡为主要内容,题材大,内容多,篇幅长。国书往往是大书,可以分回目连日说唱,有时候一部书要说唱几十天甚至几个月。家书主要以反映人情世俗、悲欢离合的生活故事为主。杂调则内容繁杂,篇幅短小,是艺人表演时的穿插、串联曲目。一般而言,凉州贤孝的"大书"唱本有"二十四孝""三十六记""七十二案"之说,流传至今许多已经失传。

凉州贤孝中的"二十四孝",其中部分曲目和郭巨敬编著的《二十四孝》篇目类似,如《丁郎刻母》《郭巨埋儿》《王祥卧冰》等,而大部分则是武威本土的贤孝故事,如《杨小娃拉柳笆》《扒肝孝母》《三子分财》《路不平害娘》《任仓埋母》《小姑贤》《白鹦鸽盗桃》《三姐拜寿》《劈山救母》《柳迎春卖儿》等。"三十六记"里的"记",是一种文学体裁。在凉州贤孝这样的叙事性说唱艺术中,属于"记"的曲目不胜枚举,可以说"三十六记"只是个笼统的称呼,表明其数量多,但具体包括哪些曲目并不固定。在陕北说书里,还有一种有趣的说法,"奸臣害忠臣叫传,姑娘招相公叫记"。

在凉州贤孝"三十六记"中,许多曲目都有别名,而且别名往往更具特色。如《侯梅英反朝》也可叫作《媒婆记》,《珍珠倒卷帘》可以叫作《鸦片记》,《水拉杨家滩》可以叫作《婚书记》,《王定宝借当》可以叫作《对鞋记》,《梁山伯与祝英台》可以叫作《化蝶记》,《李三娘碾磨》也叫《白兔记》。凉州贤孝"二十四孝"代表了凉州贤孝的"孝文化",在《凉州贤孝之"二十四孝"》一书中进行了整理和研究。而凉州贤孝"三十六记"则代表了凉州贤孝的"贤文化",在姊妹篇《凉州贤孝之"三十六记"》中进行整理研究。

凉州贤孝中的"七十二案"是公案类的曲目的统称,主要根据《包公案》《彭公案》等公案小说创作,代表性曲目有《包公案》之《皮箱记》《水蛇记》《双钉记》等。

四、传承人

根据"凉州贤孝大赛"参赛情况推算,近年来活跃的凉州贤孝艺人有 50 多位,其中大部分为盲艺人,年事已高,后继无人。在国家非物质文化遗产政策的保护下,部分艺人的传承情况大为改善,但更多的艺人游离在保护圈之外,自生自灭,"人亡艺消"的事情时有发生。截至 2020 年 8 月,凉州贤孝的国家级传承人有 1 位:冯兰芳;省级传承人 4 位:王月、臧尚德、王雷中、董永虎。其中冯兰芳 1 人为女性,董永虎 1 人为明眼人,其他 3 位为男性盲艺人。

（一）国家级传承人冯兰芳

冯兰芳,生于 1965 年 5 月,武威市凉州区柏树乡中畦村人氏。由于家族遗传,冯兰芳、哥哥冯光生、哥哥冯光涛、冯兰芳的儿子徐昌辉、冯光涛的儿子冯杰元都是盲人,并且都是贤孝艺人。她是凉州贤孝目前唯一的国家级传承人,也是为数不多的"女瞎仙"之一,被人称作"武威瞎弦女王"。

1972 年至 1979 年期间,冯兰芳跟随哥哥冯光生、老艺人陈虎全学艺,1980 年开始独立演唱。成年后,冯兰芳嫁于凉州区高坝镇楼庄村一队徐文昌,生下了两个儿子。冯兰芳一家四口人,丈夫徐文昌右腿先天跛,长子徐昌辉与冯兰芳一样先天目盲,全家只有次子健全。冯兰芳一家生活主要来源为丈夫种地以及她和长子外出卖唱所得。在被评为国家级传承人后,开始享受国家的补贴,再加上次子成年后外出打工,家里的经济条件才大为改观。冯兰芳和长子徐昌辉外出演出，一般由丈夫带路照顾，丈夫充当了"相"的角色。2018 年 7 月，徐文昌因病突然离世，冯兰芳一家人的生活一度陷入困境，后来在凉州区文化馆以及社会各界的帮助下逐渐走出了困境。

1984 年，冯兰芳演唱的《盲艺人重见光明》获甘肃省残联会演一等奖。2004 年冯兰芳演唱的《大贤孝》由武威电信局录制在电话中点播，《白鹦鹉盗桃》由武威市电视台录制后在春晚演出。冯兰芳多次被央视等新闻媒体采访报道，是一位极具代表性的贤孝艺人。冯兰芳擅演节目《老来难》《老来福》《梁山伯与祝英台》《扒肝孝母》《王进宝借当》等。2008 年 2 月，冯兰芳被文化部确定为第二批国家级非物质文化遗产项目（凉州贤孝）传承人。冯兰芳的徒弟，除了长子徐昌辉，还有盲人小伙刘玉。

（二）省级传承人王月

王月是凉州贤孝省级传承人之一，在武威的知名度非常高。1936 年 8 月，出生于武威市凉州区四坝镇海湾村四组。王月自幼师从甘祯（音）学艺，后靠演唱为生，同时教授弟子众多。王月的徒弟中，盲人徒弟目前仅存俞林山，其他已经陆续去世，明眼人徒弟中，董永虎名气最大，目前已经是省级传承人。

王月曾参加武威市春晚演出，曲目由电信局录制后电话点播。王月曾被中央电视台等众多媒体采访报道。2007 年，王月参加了凉州区"月圆凉州，魅力武酒"大型晚会演出。2008 年，王月曾赴上海演出。王月发行出版盒带、光盘数部，为凉州贤孝的传承和发展做出了突出的贡献。王月擅演节目《鞭杆记》《小姑贤》《扒肝孝母》《三子分财》等。

（三）省级传承人王雷中

王雷中于 1972 年 6 月出生于武威市凉州区永昌镇白洪村。王雷中自幼学艺，出师后靠四处演唱为生，积累了大量的贤孝唱本，不仅自演，还收徒传艺。王雷中、王月中、王江中弟兄三人均擅长凉州贤孝，是著名的"王氏三兄弟"。王雷中多次在省内外电视台亮相，擅演曲目《包爷三下阴曹》《三姑娘拜寿》《小姑贤》《金钗记》《白鹦鹉盗桃》等。

（四）省级传承人臧尚德

臧尚德，1945 年 6 月出生于武威市凉州区和平镇臧庄五组，其年幼学艺，后靠四处演唱为生，教授了不少徒弟。臧尚德现为凉州贤孝省级传承人之一，也是一位极具代表性的凉州贤孝艺人。近年来，他多次参加武威市残联举办的演出并获奖，演唱的《五女兴唐传》被电信局录制在电话中点播。臧尚德擅演节目《王进宝借当》《五女兴唐传》《打西北》《李三娘碾磨》等。

（五）省级传承人董永虎

董永虎是凉州贤孝省级传承人中唯一的明眼人，因为省内外媒体的大量报道，在武威名气很大，被称作"董贤孝"。

1966 年 2 月 4 日，董永虎出生于武威市凉州区四坝镇寨子村十二组。童年的董永虎和其他同村的孩子一样在本地读完了小学和初中，1973 年至 1979 年在寨子村小学读书，1979 年至 1982 年在四坝中学读书。1982 年至 1986 年，董永虎在武威市第四中学读高中。1990 年至 1998 年，董永虎当了 8 年的民办教师，之后便一直在家务农。

因为父亲和大哥喜欢贤孝，董永虎耳濡目染也喜欢上了三弦弹唱。董永虎听着录音机自学了一些简单的曲目，但对于一些高难度的弹唱法难以参透。后来，董永虎拜著名贤孝艺人王月老先生为师，系统地学习贤孝弹唱技法。董永虎还经常和王雷中、冯兰芳等贤孝盲艺人切磋交流，与许多"瞎弦"成了好朋友，逐渐对贤孝弹唱有了相当高的造诣。在演艺过程中，董永虎不仅继承了传统的贤孝唱段，也利用自身优势进行了新唱段的创作，陆续创作了《凉州贤孝唱改革》《城里儿子乡里娘》《凉州贤孝唱健康》《贤孝唱唱农村新气象》《凉州贤孝唱凉州》等作品，其中最为出名的是和刘开柱共同创作的《巧嘴姑娘夸武威》。这个曲目堪称董永虎的代表作，2019 年荣获"甘肃曲艺牡丹奖"。

2015 年，董永虎被甘肃省文化厅确定为凉州贤孝省级传承人。历年来，董永虎获得了省级、市级、区级各种级别，农民文艺比赛、民间文艺大赛、凉州贤孝汇演比赛、非遗节目展演等各种比赛或活动的许多奖项，家里面挂满了奖状奖牌。

第二节　凉州宝卷（河西宝卷·武威）

一、武威宝卷分布区域

河西宝卷是流布于河西走廊武威市、金昌市、张掖市、酒泉市和嘉峪关市等地区的一种民间说唱艺术。2006 年 5 月 20 日，河西宝卷经国务院批准列入第一批国家级非物质文化遗产名录。在国家颁布的非物质文化遗产名录中，分别被称作"河西宝卷·武威""河西宝卷·张掖""河西宝卷·酒泉"等。

河西宝卷是在唐代敦煌变文、俗讲以及宋代说经的基础上发展而成的一种民间说唱艺术。变文、俗讲和说经主要吸收和沿袭了敦煌佛经的结构，而河西宝卷则在继承的同时将之进一步民族化、地方化和民间化，使其成为中国民间讲唱文学的一种形式。宝卷文化是古丝绸之路上一颗曾经十分辉煌的明珠，也是规劝世人奉行孝道善行的民间教科书。

武威宝卷主要分布在偏远地区的凉州区张义镇，古浪县的古丰乡、大靖镇、土门镇、干城乡、黄羊川乡，还有天祝县的朵什乡、西大滩乡一带。武威市古称凉州，所以"河西宝卷·武威"又称作"凉州宝卷"，是河西宝卷在武威的流布形态。从行政区划的角度，狭义的"凉州宝卷"也可指"凉州区的宝卷"，主要是"张义镇的宝卷"。在本节的论述中，首先对古浪宝卷进行单独介绍，后续的论述则以凉州区的宝卷为主，即采用狭义的"凉州宝卷"概念。

二、古浪宝卷

古浪县农村念唱宝卷曾经十分盛行，对古浪宝卷整理研究的集大成者，首推王吉孝先生。

王吉孝，字奉先，1949 年生于甘肃古浪井泉，高中文化，注册会计师，1969 年参加工作，中共党员。曾在教育、粮食、监察、物资、人事、审计等单位工作。2002、2006 年分别当选为政协古浪县六届、七届委员，副主席，党组副书记，2009 年离职退休。王吉孝生长在山区，那里特有的文化生活环境，铸就了他的人生之旅。尤其在年头节下，闲暇时间，处处洋溢着念宝卷的欢悦气氛，使人难以忘怀。从那时起，王吉孝就被那些民间民俗文学感染和陶醉。近年来在国家保护非物质文化遗产的感召下，从 20 世纪 90 年代末开始，王吉孝利用业余时间，走乡串户，会亲访友，经过十多年的努力，基本上跑遍了全县各乡镇乃至村组。据他初步掌握，在古浪境内流传的宝卷有一百多种，由于种种原因，有的确实遗失了，有的被销毁了，也有个别的不便提供等等。

在一套 9 本的《（古浪）宝卷》一书中，共收录了 81 部宝卷，共计 130 多万字，这些宝卷基本是 20 世纪 80 年代前后传抄的。遗憾的是，这套书以内部准印的形式印刷，并未正式出版。这套书里面收录了《救劫宝卷》《包公宝卷》《金龙宝卷》《紫荆宝卷》《韩湘子宝卷》《仙姑宝卷》《牧羊宝卷》《蜜蜂计宝卷》《秦香莲宝卷》等 81 部宝卷。

在古浪宝卷中，最具古浪本地特色的当属《救劫宝卷》，这是由古浪人创作，叙述古浪人故事的一部宝卷。此宝卷据说是 20 世纪二三十年代，古浪大靖冯相国先生以民国十六年（1927 年）武威大地震，以及民国十七年（1928 年）陕甘大旱为背景，以古浪县大靖地区百姓逃荒宁夏中卫的真实辛酸故事为原型创作而成。《救劫卷》语言生动，情节曲折，浸透血泪，感人至深，在古浪、武威流传较广，有较大影响。冯相国身临其境、耳闻目睹了百姓逃荒要饭的真实情况，因而创作的《救劫卷》内除人物没有写真名实姓外，其他没有一点虚构和不实之词。当时天下大乱，连年荒旱，万民不安，十大劫难接连降临：一劫压死万民（地震）、二劫天旱地荒、三劫强盗四起、四劫天降瘟疾、五劫洪涝灾害、六劫雷雨冰雹、七劫黄风黑浪、八劫虎狼成群、九劫饿死百姓、十劫恶人当道。这十大劫难给古浪大靖地区的百姓，带来了深重的灾难，只能背井离乡，逃难至宁夏中卫。等到年成好转，才返回家乡，开始重建破败不堪的家园。

冯相国（1893—1976年），古浪县西靖乡人，农民，民间艺人。冯相国自幼热爱曲艺，对民间乐器如二胡、三弦、笛子、干鼓等，无一不精，尤能自制连动器械，可以在弹三弦的同时，手脚并用，击打小锣干鼓，连弹带唱，声情并茂，深受群众欢迎。

王吉孝整理出了16种古浪宝卷曲调：《梁山伯调》《弥陀佛七字调》《弥陀佛五字调》《莲花落调》《蓝巧儿担水调》《淋淋落调》《弥陀佛十字调》《女贤良调》《女寡妇上坟调》《过江调》《太平年调》《哭五更调》《五更词调》《五点红调》《降香调》。

古浪宝卷的知名传承人有王有爵、王兆祥、钟耀光、钟长海、王吉忠等人，他们往往也精通古浪老调的表演。

三、凉州宝卷的特点

凉州宝卷是集说唱吟为一体的民间表演艺术。其扎根于凉州方言的土壤，在演唱过程中使用了大量的凉州方言土语、谚语俗语等，语言朴素生动，乡土气息十分浓厚。生动鲜活的语言通俗易懂、多姿多彩，地域和民间特色非常突出，符合当地群众的审美情趣，深受欢迎。

凉州宝卷与佛教有着密切的关系，本身具有很强的宗教性和神秘性。在宝卷盛行的地方，信徒们会花钱请人抄写宝卷供奉起来，会毕恭毕敬地去听卷，或者花钱邀请念卷人到家里念卷。念卷人一般都是地方上德高望重的读书人。如赵旭峰在《凉州宝卷》一书的《后记》中对凉州宝卷的国家级传承人李作柄老先生是这样描述的："念卷人姓李，名作柄，是一位读过私塾的先生。他们家的书房很大很宽敞，坐北是一间大土炕，炕中央摆一个八仙炕桌，桌上放一杯茶，旁边放一本卷。李先生在炕桌上首正中正襟危坐，表情严肃而慈祥，周围按辈分年龄挨次坐满了听卷人。"

凉州宝卷因为其佛教渊源，在表演时也有严格的仪轨。念卷人要洗手、漱口、焚香拜卷、最后才是开卷念卷。宝卷的开头有定场诗，结尾有劝善诗，演艺形式古老而神圣，一人或两人主唱，众人和声，开场前要上香供卷、要唱开场曲，结尾要唱终场曲。

依据篇幅长短，凉州宝卷可以分为长篇宝卷、短篇宝卷。长篇宝卷有《二度梅宝卷》《湘子宝卷》《观音宝卷》《鹦鸽宝卷》《康熙宝卷》《金龙宝卷》《红罗宝卷》《刘全进瓜宝卷》《盗灵芝宝卷》《新刻岳山宝卷》《白马宝卷》《包公宝卷》《芳四姐宝卷》《和家论宝卷》《金善菩萨宝诰宝卷》等。短篇宝卷，省级传承人赵旭峰、李卫善等称作“小宝卷”。小宝卷俗称道歌子，也有专家称作“佛词”，是一种短小精练的宝卷形态。小宝卷作品有《五更拜佛》《熬茶》《贫和尚》《五个茶碗》《渡世船》《三藏五更修行》《十二月修行》《八瞧词》《十绣黄莲花》等。

从“说白吟唱”的技艺来说，在凉州宝卷的表演中，韵白结合，有说有唱，以唱为主。韵文多为唱词，“说”往往是单纯的表述，为了交代故事，串接演唱的韵文。从“吟”的技艺来说，凉州宝卷里有大量的诗词，念卷人会用特定的口吻吟诵出来，如《白马宝卷》中像下面的诗句都需要吟诵出来。“正是：留情不算卦，算卦不留情。”“诗曰：金定告神灵，白马到身边。凭你来做媒，姻缘让天定。”从“和”的技艺来说，凉州宝卷有“一唱一和”的做法，即“接佛音”，一般是诵佛号。如凉州宝卷《红罗宝卷》中的唱段：

杨海棠来好命苦，（和）弥陀佛，扣线捋得指头痛，（和）陀佛阿弥陀佛弥陀佛。黑咕隆咚往前行，（和）弥陀佛，不觉到了二郎庭，（和）陀佛阿弥陀佛弥陀佛。

凉州宝卷是照着文本“念卷”，这就要求念卷人要识文断字，并且有一定的文化程度。音乐方面的学习主要是掌握节拍，熟悉几种基本调式，反复练习就可以掌握。可以说，学习凉州宝卷，最关键的是“虔诚”，正常人只要肯努力就可以学会。凉州宝卷主要使用扁鼓、简板、碰铃来敲击节拍，在演唱小宝卷时有时会用到钹。从使用的乐器来看，凉州宝卷以节奏为主，音乐性上要薄弱不少。凉州宝卷在表演中，仅仅使用几个基本调式就足够了。据凉州宝卷省级传承人赵旭峰总结，凉州宝卷的基本调式有七字调、十字调、五更调、莲花落等四种。在念卷时根据不同的内容套用不同的调式即可，基本调式的串接就可套用到不同的宝卷作品中。

以《包公宝卷》为例，四种基本调式都有应用。《包公宝卷》是一部以公案故事为题材的长篇宝卷，讲述的是包公断案的故事，是由《包公错断严察山》《王恩害石义》《包公三下阴曹》《红葫芦告状》等四个故事连接起来的一部宝卷。这部宝卷情节曲折，内容丰富，伸张正义，劝人为善，十分感染听众。这部宝卷中的四种唱调列举如下。

十字调唱段

有包公坐大堂威风凛凛，站班的排两边杀气腾腾。包大人坐公堂大发雷霆，叫了声严察山你可招承。状子上写的是一贯分明，且不可巧言语来把人哄。敢实说诉真情免得受刑，如不然动大刑有命难存。严公子战兢兢跪在大堂，尊了声包大人听我细禀。止不住冤枉泪泪湿衣襟，冤枉事我招承屈死小生。我本是黉门中一位秀才，怎敢做丧天事自伤本身。清早晨出门来上学读书，六坡桥拾包袱件件是实。将包袱送在了舅父家中，有谁知我舅父反而为仇。若说是要首饰图财害命，我为啥将包袱送到他家。我舅父不察情诬告公堂，望大人细揣情仔细访查。倘若是害她命青天在上，定把我严察山五雷劈身。有包公坐大堂拍案大怒，骂了声严察山泼皮大胆。我叫你说的是图财害命，你今日不招承赌咒发誓。叫人役你与我用刑拷打，我看你今日个招也不招。

七字调唱段

忙了忙了谁忙了，忙了牛头马面了。牛头马面着了忙，东岳殿上请天尊。飘飘荡荡往前转，霎时来到东岳殿。牛头马面双膝跪，禀告天尊你细听。判官张洪捣了鬼，连累阎君命难存。天尊一听吃一惊，玉帝无旨谁斩人。禀告天尊听我言，包公错断严察山。三绞而亡魂不散，三下阴曹来查案。查得阎君怒气生，破口叫骂文曲星。今日你我打个赌，油锅铜铡排两边。如若查不出来鬼，你赴油锅不容情。包公听罢阎君话，拿起簿子细观察。从头至尾查一遍，察山害死柳金婵。气得包公发了火，甩掉簿子跳油锅。崔脚那里着了忙，上前来把包公挡。叫声大人莫要急，生死簿上有鬼笔。包公接过仔细观，见个帖儿在上面。包公扯了人皮疤，卜子春害柳金婵。包公当时怒气生，铡了判官那张洪。十殿阎君也要铡，小鬼个个不留情。阎君一听吓掉魂，命我前来请天尊。天尊一听忙起身，森罗殿上来说情。

五更调唱段

一更里来好伤心，可恨王恩心太毒。把我圈在孳龙洞，连冻带饿命难存。我的天呀，连冻带饿命难存。二更里来泪悲伤，想起爹娘泪不干。实想上京盼功名，谁知今日命难存。我的天呀，谁知今日命难存。三更里来发了梦，魂灵来到我家中。见了爹娘好伤心，抱住爹娘放悲声。我的天呀，抱住爹娘放悲声。四更里来好难心，思想王恩太可恨。上次把我丢井中，今日圈在孳龙洞。我的天呀，今日圈在孳龙洞。五更里来天渐明，金鸡报晓乌金升。上天无路地无门，想出洞门塞了个硬。我的天呀，想出洞门塞了个硬。

莲花落唱段

王恩跪在大街上，高叫四街八巷人。叫声爷爷奶奶听，穷人街上诉原因。说起家来也有家，提起名来也有名。家住山东曹州府，南化县里有家院。爹爹人称王员外，母亲吃斋念佛人。上无兄来下无弟，生我一人名王恩。因为上京去贸易，路上遇着不良人。金银财帛全抢尽，险些害了我的命。无处来的无处去，流落此地来讨饭。这都是我真情话，并无虚言来哄人。善爷善奶行方便，怜我穷人真可怜。或是米来或是面，给与穷人把命养。或是生来或是熟，给与贫人充饥寒。残汤剩饭休喂狗，给与贫穷叫街人。能给饥人给一口，莫给饱人给一斗。王恩叫喊多半天，无个人儿到跟前。早上要到天色晚，没有要上一口饭。王恩要了三天整，汤点没见一丁丁。饿得头昏眼又花，浑身无力难挣扎。

四、宝卷传承人

凉州区的宝卷完整传承仅存于张义镇，尤其以灯山村最为著名，在灯山村修建有园林式的凉州宝卷传习所，是天梯山大景区的一个重要景点。灯山村，比邻天梯山石窟，受到佛教文化的影响比较深。村中年逾九旬的李作柄先生，是凉州宝卷的国家级传承人。他的儿子李卫善，以及天梯山石窟管理处学者赵旭峰两人为省级传承人，灯山村还有市级、区级传承人数位。李氏家族的宝卷传承谱系清晰，目前已经传承五代。

第一代传承人

李在泾，字效莲，清朝贡生，钦封酒泉县令，辞官不做，在家以教书为乐。后创立救世兴教会，尊崇孔子，提倡三教合一，宣扬因果报应。与大佛寺

（今天梯山石窟）方丈交情甚好，从大佛寺藏经阁里抄录宝卷数本，念唱以教化后人。

第二代传承人

李忠培，李在泾之子，耕读传家，随父入救世兴教会，崇尚儒学，倡导三教归一。救世兴教会被取缔后，便承袭念卷风尚，半农半儒，耕读自乐。

第三代传承人

李作柄，李忠培之子，传承家学，先念私塾，后上大佛寺学堂（原天梯书院），从小传念宝卷。

李恒培原是大佛寺长老，法号丹巴，1958 年兴修黄羊河水库，佛寺被毁，1959 年天梯山石窟被清理搬迁，长老回村务农，老来当了五保户。两人白天忙活，夜里抄卷。1979 年长老去世后，李作柄在家念卷。先是念与家人听，后来庄上邻舍全都来听，老人甚为欣慰。在此期间，他还帮助别人抄写宝卷，家中留下四本。1981 年后，念宝卷之风忽兴，乡人相继借抄宝卷，李作柄欣然帮忙，以为幸事。1997 年之后，由于影视文化的冲击，宝卷渐渐无人问津。但作柄老人还是坚持不懈，苦守念卷文化。2002 年，李作柄正式收儿子李卫善和邻居赵旭峰为念卷弟子。2006 年，李作柄先生被确定为国家级非物质文化遗产凉州宝卷传承人。

第四代传承人

李卫善（李作柄之子）、赵旭峰、李保善、李永善。李卫善，省级传承人，凉州区张义镇灯山村二组人，师承李作柄，现有传承人李保山、牛月兰、李春莲三人。自李卫善正式跟随国家级传承人李作柄学艺以来，就能把主要心思全花在宝卷学习上，由于自幼和李作柄生活在一起，受到熏陶，学唱宝卷非常快，三年时间就能组织大家进行宝卷演唱活动。念卷时，咬字清楚，能让大家听得懂，还富有表情，能感染到听众。为了不让宝卷消亡，能与赵旭峰一起积极培养传承人，一有机会就在全村或其他乡镇进行宝卷演唱，接受外地学者调研或电视台拍摄时均受到称赞。赵旭峰，省级传承人，凉州区张义镇灯山村二组人，师承李作柄，现有弟子李荣善、严兰琴、李桂芳三人。赵旭峰一开始接触宝卷，就对其产生了深厚的兴趣，正是这份热情激励着他虚心拜师学艺，认真摸索宝卷的各种唱调，现掌握了十余种宝卷唱调。为了不让宝卷消亡，他积极组织成立当地宝卷演唱会，自发集资演唱，花费了大量的心血，现在发展弟子、吸收宝卷演唱会员近 10 人。同时由于他有文化，在抢救性保护宝卷的工作中不遗余力，搜集、整理了众多宝卷唱本，并出版发行了《凉州宝卷》《凉州小宝卷》等书籍，为凉州留下了珍贵的宝卷文字资料。

第五代传承人

李荣善、李桂芳、严兰琴、李春莲、李保山、牛月兰等。

第三节　凉州攻鼓子

2008 年 6 月，凉州攻鼓子被国务院公布为第二批国家级非物质文化遗产。为了传承与保护这项非物质文化遗产，凉州区四坝镇成立了攻鼓子艺术团，登记注册了武威市凉州攻鼓子艺术协会，在保护单位的支持下建立了传习基地及传习所，配备了多套道具及服装，并拍摄制作了攻鼓子宣传片，在每年的春节、庙会、非遗宣传日上进行攻鼓子展演，积极参与省内外举办的各类鼓舞比赛并取得佳绩。从 1987 年至 2009 年，凉州攻鼓子先后参加了《西部之舞》《八千里路云和月》《望长城》等十余部影视剧拍摄，荣获全国广场舞群星奖银奖、全国民间鼓舞比赛铜奖、甘肃省首届群星艺术节金奖、"五个一工程"奖、敦煌文艺奖等多项殊荣。凉州攻鼓子声名远扬，被称为"西部鼓魂"，成为凉州文化的一张亮丽名片。

一、凉州攻鼓子的起源

关于凉州攻鼓子的起源，众说纷纭，因文献资料缺乏，多为推断，目前尚无定论。

（一）源于大柳王城堡的社火

凉州攻鼓子目前存在于四坝镇杨家寨子村，攻鼓舞队员多杨姓人氏。据一些学者考证，四坝镇寨子村的杨氏人家来源于凉州区大柳乡王城堡的杨氏一族，杨氏攻鼓子即脱胎于王城堡的杨氏"社火"表演。

20世纪90年代，武威著名书画家、《凉州杨氏宗谱》主编杨新年先生指出，根据明清时期《杨氏宗谱》史料记载，乾隆初年因凉州大柳乡王城堡杨氏一族丁口日盛，族大支繁，又苦于人多地少，制约家族发展。不得已之下，经族人商议在本地寻几处土地较广，且有泉水窝子的地方，分批迁移出去一部分杨氏族人房支。当时，有一支族人带着人丁牲畜、车辆用具迁徙至王城堡西北部的红柳湾河畔。他们结木为栅，圈地耕种畜牧，逐渐形成村落，人们称为"杨家寨子"。

"社火"是春节期间带有民间祀神风貌的有着广泛性和普遍性的群众秧歌舞蹈活动。据地方志书籍记载，凉州区大柳镇王城堡的社火早在唐宋时代即已传世，明清以来更为兴盛。每年春节期间，从正月初六开始，王城堡的主社火与邻村湖沿、东社、西社的分社火都要在堡子门上的卧龙庙前集中起来进行演艺会演活动，这就是闻名遐迩的王城堡"社火"的兴起渊由。

当时，王城堡的"社火"由两部分构成，最前面由鼓乐彩旗、春官老爷、傻公丑婆组成，称为前导部分。后面为"腰鼓蜡花队"，是社火的主体部分。腰鼓队的打鼓人称为"鼓子匠"，由八人组成。他们皆为古代武士打扮，身穿黑色、红色或黄色的双排扣武士装，胸口为护心铁。足蹬长筒靴，头戴英雄巾，扎着红绒花，肩背羊皮鼓，手执柳木槌，边打鼓边前进。表演动作姿态粗犷，神态豪迈。蜡花队也由八人组成，他们男扮女装，身穿彩色女袄裙，一手拿手锣，一手执锣槌。敲起小锣时，舞姿翩翩，彩绸飘飘，十分动人。每年正月初一日开始，社火抵达四乡八邑农户家中拜年祈福，美其名曰"串庄子"。而至正月初六日开始，各村社火皆要抵达王城堡大庙"会面"，民间称为"碰帮子"。"碰帮子"时，各社火队的鼓手都从队列中出来扭至场地中央，形成一个集中表演的圆圈。此时，"头鼓"站中央，其余七人围着头鼓子，七名鼓手按鼓声节奏同时后退几步，然后同时向中央冲刺，到圈子快要合拢之间便停了下来，而后再后退到原来的地方再行冲刺，往返次数为六次，称为"六进六退"。在每次冲刺时，步伐、速度、鼓点相互结合，同时外围的七名鼓手跳跃转圈，情绪热烈欢腾。表演至高潮时段，各队鼓手汇聚一处，随着节奏明快的鼓点，形成排山倒海、雷霆万钧之势，大有将士冲锋陷阵的豪迈气势，已经初步具备凉州"攻鼓子"的舞蹈雏形。

王城堡的社火很有名，据说在乾隆年间王城堡几个村的社火在"碰帮子"会演时发生小摩擦，最后闹得不欢而散。此后经年，社火罢演。后来在乡间德高望重之人的调解下，村民决定抛弃前嫌从头再来。所以，至今流传着"王城堡的社火重打一上来"的俗语。

据传，昔年大柳王城堡杨氏族人分家迁徙时规定，凡迁徙出去的族人每家每户均按人口给足一年口粮，此外按户数划拨带走部分农具及"社火"道具。据杨家寨子的老一代攻鼓舞艺人口述，在历年的社火演艺活动中杨家寨子的"社火"中鼓子居多，而锣镲及其他道具较为稀少。这是因为当时杨家寨子族人从王城堡"分族"迁徙时带来的鼓子多，而锣镲很少，演出时便以鼓子为主，锣镲为辅，久而遂成固定习俗。再到后来，四坝镇杨家寨的人每年闹社火和别处形成了不同风格。别处社火"拉场子""会场子""碰帮子"时，全场春官老爷、少爷、傻公子、丑婆子、鼓子手、锣镲手皆要逶迤出场，欢快舞蹈，相与比较服装、道具、劲头和阵式。而杨家寨子的社火则喜欢和别家社火"会鼓子"。即其他人员歇息，而鼓子手则全部披挂上阵，进行一番欢快的对打对舞表演，人们把这样的场面形容为"斗鼓子"。据老一辈攻鼓子艺人称，"斗鼓子"场面十分宏大，每队鼓子都有一个领队指挥，几十队，甚至上百队鼓子汇在一起，由数十面大鼓配合掌握节奏，外加锣镲烘托气氛，几百人同敲一个鼓点，同走一种步伐，不管是从表演者的精神，还是表演时的气势阵容都能体现出古代将士粗犷、豪放、勇猛的战斗精神，蕴藏了凉州人民崇文尚武的精魂和气魄。

人们发现，"斗鼓子"中鼓手击打腰鼓的手势和舞蹈就是从王城堡社火鼓手的表演舞蹈图式中演化而来，后成独立的民间舞蹈模式"攻鼓子"。

（二）"凉州杨家将"出征乐舞

凉州攻鼓子艺术的发祥地"杨家寨子"邑民和大柳乡王城堡杨氏族人地缘相近，血脉相亲，而攻鼓子民间舞蹈体式又脱胎于王城堡社火"会鼓子"。有人不禁提出疑问，王城堡的杨氏族人究竟居于什么样的文化土壤和历史机缘，竟能创建出如此带有独特文化底蕴的民间"社火"舞蹈呢？

凉州一些文史学者认为，凉州杨氏一门之所以为河西一带的名门望族，主要原因是明代时期驻守"九边十一镇"的边关勇将之中出现了诸杨氏将军，而以明代崇祯年间的甘肃镇总兵官、蓟州镇总兵官的杨嘉谟最为声名显赫。

早在明朝初年，包括王城堡的凉州杨氏先祖就已徙居凉州。《杨氏家谱》载，凉州杨氏先祖原为北宋太尉、大同军节度使、世称"金刀令公"杨业之后。终明一朝，杨氏先祖历仕皇朝十六帝，为有明一代功德昭著的世袭勋臣。初祖杨税和杨胜皆为洪武年间战将，曾随同明成祖朱棣参与"靖难之役"。杨税战死，其子杨忠于永乐十五年（1417年）调凉州卫正千户，世袭武德将军。杨胜继续随朱棣征战，封怀远将军。三年后，杨胜的儿子杨斌先是承袭父职，后随太监王安巡察甘肃镇兵务，后主动要求内调凉州卫掌印。其后，杨佑在嘉靖年间升任甘肃参将、甘肃左副总兵，杨氏后裔自此世居凉州，遂有"凉州杨家将"之名。而至杨嘉谟，官至上柱国光禄大夫、甘肃总兵、蓟州总兵。特别是其殁后被朝廷追封为"上柱国"，说明他是备受皇帝称赏的一位功德昭烈的名臣。

于是，有人指出，凉州杨氏一门史称"武官世家"，素以武功军威在朝廷建功立业。凉州攻鼓子有"攻"之名且有攻战助威之势，可否为杨氏将军在统兵征战杀伐之中创建的一种鼓舞士气的"军鼓"呢？

关于"凉州杨家将"及凉州攻鼓子的历史渊源的发掘与研究肯定具有一定

的社会历史意义。只是囿于没有文物实证加之史料奇缺，"凉州杨家将"及凉州攻鼓子的历史渊源仍停留在推定及"田野调查"的范围之中，还值得商榷。

（三）"苗庄王"和攻鼓子

在凉州民间传说里，杨家社火和攻鼓子就是起源于古代的军事活动。据传，战国时期有一位苗庄王所带军队被敌人围困于城寨之中。将士们急中生智，将兵器藏入鼓腹中，乔装打扮成社火队出城表演，攻其不备而出奇制胜，"攻鼓子"因此而得名。

这样一个富于智谋策略的军事攻伐传说，为攻鼓子增添了瑰丽的传奇色彩。在历朝历代的史书中，并没有"苗庄王"这个人物。部分佛教文献中倒有一位"妙庄王"的形象，是佛教传说中观音菩萨的父亲。凉州木偶戏和皮影戏中就有关于"妙庄王"的剧目，如《香山还愿》和《劝殿》，不过戏中的"妙庄王"并非一位攻城略地的战将，而是一位起初坚决反对佛教最终皈依佛门的国王。他曾赐给女儿妙善公主"千手千眼"，女儿终成佛陀座下最著名的弟子"观音菩萨"。秦腔戏班依托这样的美妙传说，将"妙庄王"供奉为"祖师爷"或者"保护神"。

需要指出的是，"将兵器藏入鼓腹"之中的乔装攻城传说，也见于兰州太平鼓。不过故事的主人公不是"苗庄王"，而是明朝开国皇帝朱元章的功臣"中山王"徐达。《皋兰县志》载，"中山王"徐达奉命西征至兰州受阻，适逢元宵佳节，徐达下令制作一批又长又粗的筒鼓，将兵器藏入鼓中，令军士扮作社火队乘夜色混入城中。一声号令，里应外合，一举攻克城池，兰州遂获太平，"太平鼓"因之诞生。笔者推断，因为凉州在中国历史上历为佛教圣地，佛教文化传播较为盛行。估计当时太平鼓传说流播凉州时，有人便将"中山王"徐达和佛教传说中的"妙庄王"混为一谈，创造出了"苗庄王"乔装社火攻城的故事。

传说虽不可考，但攻鼓子的舞蹈图式确实具有一种兵家阵法特性。鼓手们舞起时，那梅花般稠密激越的鼓声似在积蓄一种强大的力量，试图准备发起一场极为强烈的攻击。那"嗨""嗨""嗨"的吆喝声足以鼓舞士气，那"咚咚咚"的鼓声好似浴血奋战、出生入死、金戈铁马的战场写实。所以，有很多学者认为，凉州攻鼓子舞是汉唐军旅出征乐舞的遗存，与大唐李世民出征时表演的《秦王破阵乐》颇有渊源。而攻鼓舞以鼓为道具，以"攻"为主要击鼓表演手段，两人一对，表演时阵法多变，舞步和谐，干净利落，也颇有军旅出征乐舞的文化气象。

（四）民间祭祀舞蹈

民间鼓舞"攻鼓子"很早就浸染了凉州边关独特的地域文化氛围，携带着浓郁的少数民族的祭祀舞蹈的艺术元素。凉州作为边塞之地的显著特征就是居地邑民的种族属性繁杂紊乱，一直是多民族杂处聚居地区。两汉王朝后来不断"徙民实边"，将中原汉族人民大量迁徙至河西。因此，汉族人民和原来居住于此的匈奴、氐族、羌族等少数民族人民生活在一起。至东汉中后期，凉州曾接连不断地爆发过羌族人民的起义，但这些起义先后被镇压平息。"前凉"张轨统治河西时期采用保民安境、教化治理措施，促进生产安定与经济持续发展，后来有了"凉州不凉米粮川"的歌谣。张氏历代统治者高度重视畜牧业，重视"凉州畜牧为天下饶"的景象，也使带有民族融合风情的地域文化得到迅速发展。

凉州区四坝镇一带在西汉时为匈奴休屠王驻地。匈奴人信奉萨满教，每年有规定的日子举行集体祭祀的习俗。祭祀时宰杀牛羊为祭礼，族人皆背着兽皮制作的腰鼓集体起舞，领舞的巫师则通过巫术去驱邪避恶。东汉时羌人作乱又繁居于此。羌人善使长刀与羌盾，骑兵尤为剽悍。"其为兵，长于山谷，短于平地。男子兵死有名，且以为吉。病终谓之劣，又以为不祥。"羌兵又皆为披头散发装扮的造型，"又与剽女遇于野，遂成夫妇，女耻其状，被发覆面"（引文见《后汉书·西羌传》）。每逢作战时必先跳舞曰"哈日"，羌语意为"我们要进行练兵演习"，属出征前誓师的军事舞蹈。舞者执兵器、击鼙鼓、唱出征之歌。羌笛一响，骑兵首先冲锋，步兵随后拥簇而来。士气高昂，锋锐毕露，大有所向披靡之势。因为这样的独特的民族风情习俗，所以诞生了"凉州攻鼓子"。

攻鼓舞中鼓手的穿着打扮、表演形式、舞蹈动作都带着西北边疆的匈奴和羌族的祭祀或出征前的舞蹈风格。黑衣的匈奴战士在鼓队舞阵的变化中，击鼓跳跃，仿佛把人带入金戈铁马的古战场，显然是凉州独特的民族风情习俗所产生的文化产品。在武威城北乡一带还有"跳大神"祭山祈雨的习俗，"跳大神"的主角名为"师公子"，跳神时拿一扇形小鼓且击且舞，口中唱着祈福求雨的歌词，风格独特，后来就形成了具有深厚民蕴的"宾鼓舞"。

所以，凉州攻鼓子最早是少数民族的民间祭祀舞蹈。其所用腰鼓形似圆筒，两端略细，中间稍粗，两端蒙皮，制作手法也迥然有别于中国北方腰鼓，带有鲜明的少数民族风情特色。表演时欢快激烈、粗犷奔放，并有较大的踢打、跳跃和旋转动作，尤其是鼓手的腾空飞跃技巧，带有游牧民族少年那种剽悍英武气势。故而成为军队征战中出征鼓舞，但仍带有祭祀庆典的活动意味。迨至近世，战事平息，人民生活安宁之时，攻鼓舞又重新振起，成为民间祭祀乐舞的主要体式。

攻鼓子源自古人的祭祀鼓舞鼓乐，有着深厚的文化内涵。《春秋·庄公二十五年》载："大水，鼓，用牲于社。"意思就是发生水灾时，要在祭祀土地神的"社庙"里击鼓并献上牲畜。这其实是一种软硬兼施的做法，用击鼓来攻击、威胁土地神，用献上牲畜的方式来取悦土地神，打击加上祈求，以此来消除水灾。比较奇特的是，汉代大儒董仲舒在《春秋繁露·精华篇》中也说："大水者，阴灭阳也。阴灭阳者，卑胜尊也。日食亦然，皆下犯上，以贱伤贵者，逆节也。故鸣鼓而攻之，朱丝而胁之，为其不义也。"由此看来，文献资料似乎道出了"攻鼓"舞得名的历史渊由，而这样的缘由实与民间历史祭祀的关系极为密切。

（五）西凉乐舞遗存

凉州攻鼓子因为其威武雄壮，粗犷豪放的风格，被认为源于汉唐军旅出征乐舞，其实主要指的就是《秦王破阵乐》。《秦王破阵乐》是"雄健"的"武乐武舞"之祖宗，"锣鼓杂戏源于《秦王破阵乐》"，作为"武腰鼓"的典型代表，被认为与秦王破阵乐渊源颇深就不足为怪了。

西北民族大学舞蹈学院院长李琦教授在《论武威攻鼓子中的西凉乐舞遗存》一文中认为，魏晋至隋唐时期，在凉州等与少数民族政权相接的边地，中原旧乐同西域胡乐渐次融合，逐步形成与南方清乐截然不同的西凉乐舞。历史上曾经名噪一时的西凉乐舞如今已经踪迹难觅，舞蹈史研究更多是通过古人在诗词歌赋中的记载和壁画、书画中的描绘来探微索隐。然而，虽然乐舞的形式已不复存在，但乐舞的文化基因或多或少通过当地的民间艺术形式保存下来，武威攻鼓子就是其中典型的个案，是研究西凉乐舞特征的活态范式之一。

西凉乐舞的重要特征是中原汉乐与羌胡等民族乐舞的融合，也就是"胡汉兼容"，它是在"中国旧乐"的基础上吸收当地及西域少数民族乐舞而渐次形成的。凉州自古就有北羌、马羌、西戎、匈奴、鲜卑、氐族、吐蕃、党项羌、蒙古和回鹘等游牧民族生活。到了清朝时，朝廷推行屯垦戍边政策，大量陕、晋、皖、浙的汉族人也纷纷迁居于此。所以，凉州是民族融合的大熔炉，是农耕文化和游牧文化，中原文化和西域文化的交汇之地。在凉州攻鼓子中，我们能明显看到"胡汉兼容"的特征。

烈士武臣，多出凉州，"尚武"精神是西凉乐舞的另一显著特色。攻鼓子色彩对比鲜明的服饰、夸张狰狞的脸谱，都给人以极强的视觉冲击感，体现了浓重的尚武精神和少数民族游牧文化的特色。攻鼓子阵型变换带有明显的古代战阵和狩猎场景的特征。攻鼓子多以慷慨激昂、苍凉悲壮的"西凉古乐"为伴奏，使听者如同置身于金戈铁马、战鼓雷鸣的古战场，心潮起伏，难以自遏。

二、凉州攻鼓子的表演形式和艺术特点

（一）鼓手的脸谱

鼓手身着黑色武士装，头戴英雄巾或幞帽，上插二尺彩色雉尾，脚蹬青云

靴又称圆口布鞋，画着立眉怒眼的钟馗脸，极具浓郁的乡土气息，西部人豪放粗犷的气质尽显其中。

凉州攻鼓子表演者都是男性，鼓手装扮很有特色，表演者全身以黑色为主，头上戴着在帽顶两角留孔的黑幞帽，左右两侧各插一根野鸡翎，红色扇形纸花插在勒头带的左、中、右三边，身穿黑色"十三太保衣"、黑色灯笼裤、脚穿黑色快靴（或圆口布鞋）。表演者脸上涂着一层厚厚的脂粉，眉毛粗而上翘，他们腰挎攻鼓子，手拿双鼓槌，在当地有"黑旋风"之称。

鼓手在表演时，一般要绘制脸谱，其谱式较为复杂，因为许多人不知其来历和寓意，便有了"画着立眉怒眼的钟馗脸"的说法，以为画的都是钟馗。在一些表演场合，也可能简单化妆，不画脸谱，所以就有了"表演者脸上涂着一层厚厚的脂粉，眉毛粗而上翘"的说法。

杨新年老先生既是民俗文化研究专家，也是武威著名书画家。他曾在20世纪90年代耗费大量时间详细考查研究凉州杨氏社火，也即攻鼓子脸谱造型特点，在此基础上绘制完成了《凉州杨氏社火化妆脸谱》。他发现攻鼓子脸谱包括"十二生肖""六十太岁"和"祈福文字"三大类。"十二生肖"源自中国北方民间道教，十二生肖把十二地支与十二种动物搭配起来，成为"十二属相"，每年中会有一种动物来"当值"，这一动物就是这一年的属相。"太岁"出自古代历法，干支历法与人的生年和出生后的流年相对应，称元辰或"太岁"。民间认为，太岁为一岁之主宰、诸神之领袖。"祈福文字"脸谱，则在脸上书写"福寿永康""家和万事兴"等吉祥文字，以寄托杨氏邑民对美好生活的向往之情。

通过凉州杨氏社火脸谱也即凉州攻鼓子脸谱造型特点可以看出，凉州杨氏攻鼓子具有鲜明的民间祭祀等神秘文化的特征，从中体现着极为浓郁的民间信仰精神和民间宗教活动风情习俗。

（二）鼓手的服饰

攻鼓子表演者的服饰从头到脚都是以黑色为主。这种黑衣装束显得武士沉着、潇洒、威武、勇猛，延伸了身体的视觉效果，营造了一种血战沙场，势不可挡的外形效果。他们头戴黑襆帽，左右两侧各向上插上野雉翅，帽子中央和两边缀以扇形的红色纸花，随着鼓手击鼓的节奏，纸花会像扇子一样一开一合。鼓手身穿黑色"十三太保衣"（白色纽扣），下穿灯笼裤，脚穿黑色圆口布鞋，鞋尖缀以红或白的绒球。

关于"十三太保"的说法，最早可追溯至唐末太原节度使李克用。李克用有十三个儿子，都因作战勇猛而获"太保"职衔，故称"十三太保"。其中最后一人李存孝武艺超绝、勇猛过人。在小说《隋唐五代演义》中，李存孝攻无不克，战无不胜，是唐末第一猛将。后来一个团队如果有十三个人，或者什么东西有十三个组件，就会被冠以"十三太保"的名号。从服饰装扮来看，"十三太保衣"为清朝时兴穿的一种无袖坎肩，也称马甲、背心。其中一种称作"巴图鲁坎肩"，巴图鲁是满族语，意思是"勇士"。其特点是，四周镶边，在正胸钉一横排盘扣，共十三粒，俗称"一字襟"马甲，或称"十三太保"。巴图鲁坎肩，先为朝廷官员服装，故也称"军机坎"，后来在八旗子弟中广为流行。有的被加上两个袖子，称为"鹰膀"，更显英武。色彩方面，一般为黑衣白扣，有一种"夜行衣"的感觉。

鼓手穿的裤子，被称作"灯笼裤"，其实是一种中式练功裤或运动裤。灯笼裤大多用柔软的绸料或化纤衣料裁制，中间宽松，裤腰、裤脚收紧，形似灯笼，轻松舒适，适宜做剧烈的运动。

攻鼓子鼓手头插两根野雉翎，美其名曰为"招子"，取"上净天宇，下扫风尘"之意。在京剧中，雉翎是一种常见的行头或者道具，亦称翎子、雉尾。雉翎的制作材质取自雉鸡尾翎，长三四尺，最长可达七尺，活鸡所取之翎为上品，死鸡翎则灵活性差。翎子两只为一对，根部装五至七层生丝彩缨，上饰孔雀翎花，下装弹簧竹制翎腿，用时插入盔帽两侧的翎管。攻鼓子鼓手头插野雉翎，其长度比京剧中使用的要短。装饰野雉翎的原因可能是古代游牧民族的遗存，也有可能是具有神话色彩，因为按照脸谱来看，鼓手扮演的是太岁神，生肖神的形象，集祈求神灵、祭祀先祖、欢歌丰收、庆祝胜利等功能为一体。

（三）表演特点

攻鼓子表演者使用的是一种腰鼓。鼓与鼓槌用白松木等木料制成，鼓为桶状，鼓身长约34厘米，漆成红色，鼓面蒙牛皮，画黑色太极图案，鼓边沿装铁环拴鼓带，鼓带为长约240厘米的绸带或布带。鼓手采用"斜背鼓"的方式，鼓背于左胯处，并用腰带将鼓带系紧固定，鼓向前的一面为正面，另一面为反面。

攻鼓子的基本动作有正击鼓、张翅、攻鼓子步。单人动作有退步击鼓、踏步击鼓、攻着上、躺着打、弓步击鼓等。双人动作有对鼓子、打着踩、套步等。打起鼓来要手到、眼到、神到，仪态潇洒，干净利落，稳健大方。它的基本打法可以用四句口诀来概括，即"双手胸前划弧线，交错击鼓轮换翻，上前踏地凭脚力，挺胸抬头身不弯"。主要有以下六种击打之法：

> 击鼓心：用槌正面敲击鼓面中心，这是锣鼓通用演奏法。
>
> 敲鼓边：以槌侧击鼓面与鼓帮交界的鼓边。
>
> 蹭鼓面：以槌擦击鼓面。
>
> 打鼓帮：左右槌尾分别连续侧击鼓帮，发出蹄踏之声。
>
> 抽鼓皮：用槌抽打鼓面。
>
> 槌相搓：将两槌相击之后，而把其中一槌顺势向前一搓。

鼓手击鼓时，手臂的力度、快慢、缓急，头、颈、胸部所表现出的刚毅，腿脚踩踏地面时表达出的沉稳，这一切构造成了一幅和谐、优美、充满着磅礴气势的画卷。

攻鼓子的阵法有同舟共济、气壮山河等。队形忽而如雁翎般展开、忽而如长蛇般疾冲、忽而旋走太极、忽而列成方阵的进退变化，使人如临金戈铁马的古战场，如闻刀枪撞击，铁骑突奔，如见浴血奋战的铁血男儿。

凉州攻鼓子的音乐节奏，主要有三点子、七点子、单点子、凤凰三点头、收点子等五种。

三、传承保护状况

如前所述，凉州攻鼓子是流传在武威市凉州区四坝、永昌、大柳、下双等地的民间鼓舞。目前唯有四坝镇杨家寨子的攻鼓子一枝独秀，其他地方的趋于消亡。四坝镇早在 1996 年就被文化部命名为"中国民间艺术之乡"，凉州攻鼓子和凉州贤孝等非遗项目的兴盛是主要的原因。

在杨家寨攻鼓子的发展过程中，"杨八将进京"是一件里程碑式的大事。1957 年，武威县文化教育馆馆长张世珍来到四坝公社杨家寨子大队，选拨出八位队员，专门训练"攻鼓子"，准备参加在北京举行的全国民间音乐舞蹈调演活动。被挑选出的八个人分别是杨烈山、杨泽元、杨芝元、杨普元、杨义元、杨根元、杨万礼、杨升元。八位队员经过刻苦训练，终于进京献艺，在天安门和怀柔堂进行了"攻鼓子"表演。

20 世纪 80 年代，社火这一传统民间娱乐活动逐渐得到恢复，攻鼓子也进入了发展的快车道。1982 年，国际艺术交流委员会主任水源先生考察凉州攻鼓子之后，感慨赋诗："凉州古曲一遂音，今日惟其继遗声。" 1986 年，凉州攻鼓子被编入《中国民间舞蹈集成》。2008 年，凉州攻鼓子被国务院公布为第二批国家级非物质文化遗产。

（一）传承谱系

杨家寨攻鼓子传承人，由于年代久远，元明时期已不可考。据学者考证，清代乾隆初至今，其传承人大致如下。第五代传承人取得了"杨八将进京"的辉煌成就，随着老艺人的去世，淡出了历史的舞台。目前第六代传承人挑起了传承攻鼓子的大梁，并且呈现出后继有人的良好局面。

第一代：杨生瑞，生于乾隆十七年（1752 年）。

第二代:杨嘉春,生于嘉庆二年(1797年)。

第三代:杨宗丰,生于道光七年(1827年);

　　　　杨百斗,生于光绪二十七年(1901年)。

第四代:杨俊山,生于民国十年(1921年)。

第五代:杨万礼,生于民国十八年(1929年);

　　　　杨泽元,生于民国十九年(1930年);

　　　　杨芝元,生于民国二十一年(1932年)。

第六代:杨录,生于1956年;

　　　　杨德,生于1956年;

　　　　杨景元,生于1957年;

　　　　杨门元,生于1959年;

　　　　杨万柱,生于1961年;

　　　　杨万航,生于1968年;

　　　　杨万平,生于1972年。

　　需要指出的是,凉州攻鼓子现有的面貌应该是众多文艺工作者改造的成果,而非纯粹自然的家族传承。在1957"杨八将进京"时,文艺工作者就对杨家寨的攻鼓子进行了改造,精心编排,严格训练之后才参加全国民间音乐舞蹈调演。后来的每一次的大型展演、比赛、拍摄等,往往都有专业编导、艺术工作者的介入,正是在众人的努力之下,攻鼓子才有了今天的气象。攻鼓子的脸谱、服饰、造型、动作、阵型、鼓乐节奏等都经过了无数次的进化和提升。一些专业舞蹈编导更是将攻鼓子搬上了高雅的艺术舞台,取得了卓越的成绩,如付泓编导的舞蹈《承·脉》在第九届"小荷风采"舞蹈大赛中获得创作金奖和"小荷之星"称号。

　　(二)传承人

　　国家级传承人杨门元,为第六代传承人中优秀代表,1959年出生于凉州区四坝镇寨子村五组，高中毕业。先后曾任四坝农具厂、四坝福利综合加工厂采购员、副厂长及四坝塑料厂厂长等职务，多次被评为优秀共产党员，但其突出成就在于"凉州攻鼓子"。

杨门元年轻时跟随自家兄弟，民间艺人杨泽元、杨枝元学习攻鼓子技艺，参加演出活动。凉州攻鼓子自 2008 年被公布为国家级非遗项目以来，杨门元凭借其娴熟的技艺、杰出的经营才能在鼓手当中脱颖而出，被确定为国家级传承人，成为凉州攻鼓子的"领头羊"。

省级传承人杨万柱，凉州区四坝镇寨子村九组人，生于 1960 年 9 月，高中文化程度。武威市舞蹈家协会会员，凉州区民间文艺家协会会员。7 岁起跟随其父杨泽元学习凉州攻鼓子表演技法，22 岁开始正式表演，先后参加过 20多次国内大型鼓舞表演和 2 部电视剧的拍摄，多次获得各项奖励。2006 年获得甘肃省民间艺人副高级职称。2008 年被评定为凉州攻鼓子的省级代表性传承人。

省级传承人杨万平，1969 年生于凉州区四坝镇寨子村。从 15 岁开始跟随杨根元学习攻鼓子技艺，已熟练掌握了攻鼓子的动作、套路、打法。杨万平先后参加了一至七届天马文化旅游节"乡村大世界"的大型活动及攻鼓子演出，1999 年参加甘肃省"群星节"比赛获金奖，2007 年参加中国第八届海南岛开幕式的攻鼓子展演及 2007 年凉州区组织的大型文艺晚会《月圆凉州》的演出，参与了 2010 年山西大同市主办的中国民间艺术大赛，获金奖，参与拍摄了《乡土》《中国西北角》《鼓舞人生》《直面》《杨门鼓将》等电视片的拍摄。

第四节　华锐藏族民歌

一、起源与分布

（一）藏族与藏族音乐

藏族是中国及南亚最古老的民族之一，是一个跨境的民族。在中国境内，藏族是 55 个少数民族之一。藏族主要聚居在西藏、青海、四川、甘肃、云南等省及自治区，具体为西藏自治区；青海海北、海南、黄南、果洛、玉树等藏族自治州和海西蒙古族藏族自治州、海东地区；四川阿坝藏族羌族自治州、甘孜藏族自治州和木里藏族自治县；甘肃的甘南藏族自治州和天祝藏族自治县；云南迪庆藏族自治州。藏族普遍信仰藏传佛教，公元 7 世纪佛教从天竺传入吐蕃，已有 1400 多年的历史。7 世纪初期吐蕃建政之后，吐蕃与唐朝的接触日益频繁。10 世纪到 16 世纪，是古代藏族文化兴盛时期。

在漫长的历史长河中，藏族人民创造了属于自己的民族文化，在文学、音乐、舞蹈、戏剧、医药、绘画、雕刻雕塑、建筑艺术等方面，都有灿烂辉煌的文化遗产。藏族有自己的语言和文字，属汉藏语系藏缅语族藏语支，分卫藏、康、安多三种方言。公元 7 世纪吐蕃王朝赞普松赞干布时期，藏族语言文字学家和翻译家吞弥·桑布扎在古梵文、天竺文字的基础上创建了藏文字。

藏族传统音乐特色鲜明，品种多样，包括民间音乐、宗教音乐、宫廷音乐三大类。民间音乐可分为民歌、歌舞音乐、说唱音乐、戏曲音乐、器乐等五类。宗教音乐包括诵经音乐、宗教仪式乐舞羌姆、寺院器乐；宫廷乐舞嘎尔只传于拉萨布达拉宫及日喀则扎什仑布寺。民间音乐在传统音乐中居主要地位。卫藏、康、安多 3 大方言区的民间音乐在风格上有明显的差别，乐种亦不尽相同。

藏族民歌是藏族地区主要的民间音乐形式，它可分为山歌（牧歌）、劳动歌、爱情歌、风俗歌、诵经调等类型。山歌在卫藏地区称为"拉鲁"，康巴地区称为"鲁"，安多地区称为"勒"，是一种在山野里自由演唱的歌曲。劳动歌在藏语中称为"勒谐"，种类甚多，几乎在各种劳动中都有特定的歌曲。爱情歌包括情歌和情茶歌，风俗歌则包括酒歌、猜情对歌、婚礼歌、箭歌、告别歌等。诵经调亦称"六字真言歌"，是信佛群众在寺院朝拜神佛时所唱的一种歌曲。

藏族的音乐理论历史悠久，早在十二三世纪前后，即出现了论述藏族民族音乐的专著，如萨迦班达智·贡格坚赞的《论西藏音乐》等。寺庙中至今保存并使用藏族的古老图形乐谱——央移谱。央移谱民歌包括山歌（牧歌）、劳动歌、爱情歌、风俗歌、颂经调等。

（二）华锐藏族与华锐藏歌

天祝县地处甘肃省中部，在武威市南部，位于河西走廊和祁连山东端。东连景泰县，西邻青海省门源县、互助县、乐都县，南接永登县，北靠凉州区、古浪县，西北与肃南县交界。华锐是"天祝"的藏族名称，意为英雄部落。天祝为甘肃省武威市下辖县，1955 年 7 月改自治县。天祝，夏至汉初先后为戎羌、月氏、匈奴等民族驻牧地，自汉武帝时归入汉王朝版图，唐代后逐步形成以吐蕃（今藏族）为主体民族的多民族聚居地。

华锐藏族民歌流传于天祝藏族自治县及其周边区域，至今已有一千五百多年的历史。据敦煌文献资料的藏文残卷记载，早在公元 6 世纪，藏文字产生以前，古代藏人有用民歌作为交流沟通方式的习惯。到公元 11 世纪，"勒"体民歌成为安多藏区群众最为喜爱的民歌形式之一，逐步繁衍发展起来。作为安多藏人的一支，华锐藏人继承并发扬了"勒"体民歌的形式和内涵，逐渐形成独具地方特色的华锐藏族民歌。

华锐藏族民歌盛行于各种集庆宴会和生活场合，它集娱乐性、艺术性、地方性、民族性于一体，肩负着文化启蒙的重任，其内容十分广泛，从原始宗教文化到历史地理，从风土人情到社会生产，全面反映了民族变迁历程中华锐藏人对生命的深刻体悟和对和谐自然的广泛认知，在表现广阔社会生活的同时，将伦理道德等意识形态内容贯注其中，成为一部华锐藏族社会生活的百科全书。

二、艺术特点

华锐藏族民歌具有生动朴实、通俗易唱和抑扬顿挫的风格特征。按内容可分为叙事曲、情歌、哭嫁歌、讽喻歌、劝解曲、诙谐歌、迎宾曲等，内容丰富，种类齐全，其演唱形式包括独唱、对唱、齐唱、载歌载舞及问答式等多种，代表作品有《福禄绵羊歌》《创世纪三部曲》《席赞》等。华锐藏族民歌具有以下三个鲜明的特点。

（一）包罗万象的歌唱内容

华锐藏族民歌代表了华锐藏人的主流文化，同时也涵盖了华锐藏人的边缘俗文化，已成为包容文学、音乐、舞蹈、说唱乃至民族认同、宗教信仰等各种文化成分和文化形态的同义词。它的内容涉及宗教文化、历史地理、风土人情、社会生产及思想感情等方方面面，也有言及婚姻爱情生活，以及浓厚神话色彩的特点，更具有广泛的文化身份认同的意义。

（二）体系完整的歌唱框架

华锐藏族民歌的节奏、旋律、调式及结构复杂庞大，包括独唱、对唱、齐唱、载歌载舞及问答式等多种演唱形式。在基本框架下的自由放任是华锐藏族民歌别开生面的独到之处，各歌唱套路间的不断更替又是它旗帜鲜明的表达方式。在词曲上其中既有意味深长的精湛表达，又有短促精炼的明快节奏，更派生出瞬息万变的辞赋更替。

（三）丰富多彩的歌唱门类

华锐藏族民歌主要包括叙事曲、情歌、哭嫁歌、讽喻歌、劝解曲、诙谐歌、迎宾曲、歌舞曲、赞歌、酒歌、问答曲、报恩歌、吉祥祝福歌、挤奶歌、儿歌、玛尼歌、送亡歌等。

三、表演形式

华锐藏歌既可以单独演唱，也可以边唱边舞。"华锐则柔"就是一种略带动作的表演唱，演唱时加一点简单动作，一般是右袖举上，左袖下拖，有男女相互对唱对舞，动作轻柔，优美动人，风趣而通俗，特别是歌调略不同于其他藏区。这类歌舞适合任何场所，故流传广泛。

这些丰富的民歌资源是群众集体智慧的结晶。在世代相传中，不同时期

（或时间）、不同地区的不同歌唱者，常按个人需要，将某首现成民歌作为蓝本，进行即兴编词，见啥唱啥，想啥唱啥，这就是民歌创作和歌唱中的即兴性。在即兴编词的同时，民歌的曲调必然发生不同程度的变异，因此出现了一首民歌有许多变体的现象，也出现某一地区拥有几个典型曲调和特性音调的现象。这些现象都属于民歌的活性基因，是华锐藏族民歌的精神实质。

华锐藏族民歌生动朴实的语言、抑扬顿挫的音调和充满忧伤的悲歌情怀，具有浓郁的民族特色和边缘地域特征。其歌词内容形式与诗歌完全一致，语言朴素洗练、生动形象，多采用比喻、拟人、夸张、起兴、排比、对偶、重叠、双关等修辞手法，以具体的细节描写来表达深厚的情感，以丰富的想象力塑造出活灵活现的艺术形象，以灵活多变的形式易于歌手的即兴创作；其曲调种类丰富，调质婉转悠扬、起承和谐，集简单灵活、优美雅致于一体，长调悠深易于抒发深厚情感，短调活泼易于表达欢乐心情，凝练的音乐语言，极为经济的音乐素材表达了深刻的思想感情。华锐藏族的各种人生礼仪都有固定的唱词和曲调，可以说华锐人是在歌声的伴随下成长并度过一生的。

在天祝县，民歌艺人历来受到尊敬，有很高的社会地位，在他们的影响下每个华锐人都会吟唱几句民歌，而现存的民歌艺人居住比较分散，社会地位也在发生改变。就天祝藏族自治县来说，民歌艺人主要分布在抓西秀龙乡、天堂乡、朱岔乡、毛藏乡、西大滩乡、东大滩乡、松山乡等藏族聚居的乡村，也有一部分在县城的文化工作者本身就是民歌艺人，他们都拥有大量的民歌词曲，但没有人以民歌演唱为生。

正在改变的生产生活方式让他们失去了原有的演唱环境，以前诸如婚礼等需要以歌声完成的礼仪，如今也在改变，大多数情况下婚礼双方只请个别的歌手来演唱助兴，而不再是婚礼的主要仪式了。

民歌是民族音乐发展的基础，也是民族音乐的重要体裁之一。在藏族音乐文化发展的历史上，传统音乐互相影响、互相丰富，其中民歌最早形成。在其他传统音乐体裁的形成和发展上，民歌起着积极作用，许多歌舞、戏曲的品种是直接或间接在民歌基础上发展起来的。如藏族的宫廷音乐、宗教音乐、文人音乐、现代通俗音乐以及各地的"藏戏"和说唱音乐等等，都是在汲取藏族民歌营养的基础上发展而来的。

天祝县地处丝绸之路，其藏族民歌便带着自身特有地域的边缘性和多民族交流的融合性，如华锐藏族民歌中充满悲伤的长调，更是藏族民歌中少有的类型。据说这种长调的产生是因为华锐人大多都是驻守边界的军人，不仅远离故乡，而且长临战事，生离死别便是他们咏唱的主题，悠长婉转的曲调便是他们抒发悲伤的最佳途径。也有说这种长调的形成跟蒙古族的长调有关，不管怎么说，华锐民歌词曲的形成与当地的历史发展轨迹是分不开的，它是地处丝绸之路的华锐藏族人历史的写照和生命的咏叹。

三、华锐藏歌歌词赏析

（一）婚礼歌曲

天祝的婚俗比较独特，整个婚礼就是在唱歌中完成的。所以，婚礼歌曲构成了华锐藏歌的重要内容。此类歌曲，在婚礼还未正式开启之前，就已演唱。例如，男方向女方家提亲时，"哇尔瓦"（媒人）就会带着媒礼去女方家，敬酒时唱：

> 我今晨来哟来自赛隆的村庄，我骑着骏马哟来自日出的东方，我献上哟一瓶甘露琼浆，我献上哟一条吉祥哈达，我献上哟汉地的砖茶，把莫科家的祝福给主人献上……

当主人接受了敬酒后，便唱一支欢迎歌，并表示感谢。这时"哇尔瓦"又举起酒碗：

> 在富饶的赛隆村里，莫科家的牛羊如白云飘浮，莫科家的老人如

慈悲的观音，莫科家的儿子如矫健的雄鹰，尊贵的主人请接受我的敬意。在秀龙滩的帐篷里，主人家的品格如海螺洁白，主人家的心肠如菩萨再世，主人家的女儿如空行母下凡，尊贵的主人请接受这碗联姻的美酒……

双方经卜算确定婚礼时间后迎娶姑娘的头一天，要在女方家举行"嘉士东"即戴头仪式，意味着姑娘要步入已婚妇女的行列。先是给姑娘梳头，婶母唱起哭嫁歌：

今天是吉祥如意的日子，是尊贵人家的梳头庆宴，父叔是高耸的大石山，从哪面看也会安心坐，姑娘是山顶的白流云，不会停留要飘走，这多可怜呀父叔们；母姨是消融的酥油海，从哪边看也不会走，姑娘是海面的漂浮物，不会沉留要漂走，这多可怜呀母姨们。姑娘从房中起来临走时，保佑了我的家神请安坐；姑娘从灶房起来临走时，给了我好处的灶神请安坐；姑娘从大门出来临走时，给了我平安的门神请安坐……

举行送亲仪式的时候众亲人唱道：

太阳在东方升起的时候，彩霞在半空闪烁飘动；雄鹰在天上飞翔的时候，骏马在草原上自由驰骋；姑娘向婆家送去的时候，吉祥的光明在前面领路……

如此这般，从提亲、送亲到迎娶，歌声贯穿始末，每一步都有固定的程式，梳头歌、哭嫁歌、上马歌、下马歌、对歌，娘家人唱了婆家人唱，新娘唱了媒人唱，三天三夜都唱不完。词曲中不仅表达嫁女的感伤和娶亲的欢喜，更有对自然万物的感恩，对神灵的敬畏和对未来生活的美好期望。

（二）酒曲

华锐藏族民歌中的叙事长歌主要有两种：一种是《拉央与英措》，内容主要反映拉央与英措的爱情悲剧。另一种是问答形式的酒曲，主要有《酒赞》《羊赞》《马赞》《帽赞》和《衣服赞》等。这种长歌大多在两千行以上，内容较多，这里将《酒赞》中的部分歌词选摘如下：

> 浓雾弥漫空中，降落及时甘露；甘露及时降落，长成金黄五谷；五谷金黄成长，醇厚美酒酿出；酿出美酒醇厚，尽情欢乐歌舞。

（三）颂神歌

天祝的许多民歌都与人们的信仰有关，如在天祝地区流传着《阿米给年山的故事》。相传很早以前天祝好多地方连年灾荒，天不降雨，河水断流，有一女子站在河边唱到：

> 我多么渴望啊，渴望河岸的草青又青，羊吃了肥又胖；我多么渴望啊，渴望河岸的草嫩又鲜，牛马吃了强又壮；我多么渴望啊，渴望清凉河水流不停，牛羊喝了更兴旺。

据传，当山神听到歌声后，会将天河水拿来洒在毛毛山上，于是河流不断，水草丰美，牛羊肥壮。人们为了纪念这位恩德之神，故将毛毛山称之为"阿米给年山"。这种民歌反映出了人们对地方神祇的敬畏以及人们对自然万物的理解，具有一定的地域性。

（四）说唱歌

在天祝地区流行的说唱歌主要是《格萨尔王》中的《霍岭大战》《降伏妖魔》《阿达拉姆》《地狱救母》等部分。如《降伏妖魔》中描述雄狮大王在出征北方降服魔国国王的誓师会上，拒绝了王妃珠牡对他的劝阻，他唱道：

> 嘉罗僧姜珠牡女，请你听我说：我俩一同从天上下凡来岭地，上有天神亲指使，下有龙神主约誓。如今天母传神旨，让我快去降魔王，如若不听天母话，你我将要永分离。

天祝的毛藏、祁连、旦玛一带不说唱《格萨尔王》，传说中这些地方是霍国的领地，他们现在还会将格萨尔视作仇敌，唱格萨尔也就成了禁忌。

（五）生活曲

华锐藏族民歌更是天祝地区生产生活方式、风土人情、道德伦理、审美情趣和世界观的体现。如下面这首歌曲就反映了华锐藏族人对抚育之恩的理解，也是通过歌声对他人的说教感化：

> 说说我恩深的宝马，徒步行走的时候才知道你的好处，此时的马儿呀你在哪里？说说我恩深的奶牛，喝起清茶的时候才知道你的好处，此时的牛儿呀你在哪里？说说我恩深的父母，到我年老时才知道你的好处，此时的父母呀你在哪里？

四、华锐藏歌艺人与传承情况

（一）华锐藏歌的传承情况

改革开放以来，受传统生活方式快速变迁的影响，天祝县的民间艺术团体纷纷解散，而当地的音像保存手段又相对滞后。在此情势下，华锐藏族民歌的传播途径日趋狭窄，生存出现危机，急需尽快投入人力物力展开抢救保护工作。

2003年，国家启动民族民间文化保护工程以来，华锐藏族民歌的抢救和保护才得以重视，发生了转机。2008年6月，华锐藏族民歌被确定为国家级非物质文化遗产。华锐藏歌非遗传承保护工作启动以来，先后搜集、整理和出版了《藏曲珠海之宝》《华锐拉伊》《华锐民歌精粹》《华锐民歌原生态词曲精粹》《华锐民歌艺人唱调荟萃》《国家级非物质文化遗产华锐藏族民歌传承与演练》《华锐民歌系列精选》等近百万字的文本书籍及影视光盘。

在天堂、民族中学、抓喜秀龙、松山等 4 个华锐民歌传习所，每年都要组织传承演习会，"华锐藏族民歌原生态演唱大赛"、"华锐藏族民歌进校园活动"、"桑吉曼拉文化艺术节"、民族广场传唱演练等不同形式的传习活动遍地开花，催开华锐藏族民歌的芬芳，滋育丰硕果实。"华锐藏歌进校园"活动持续开展，对华锐藏歌的传承和发展具有深远的意义。

天祝藏族自治县藏语言文字工作办公室与天祝县民族中学联合举办"国家级非物质文化遗产华锐藏族民歌进校园联谊比赛活动"，艺人、专家、师生穿着民族服饰随调学艺，充满传承文脉，保护文化的热烈氛味。专家艺人通过他们原汁原味、地地道道的唱腔演艺，为学生提供耳濡目染的学习实践平台，从而激发学生兴趣。艺人进校园传承联谊活动使青年一代无形中登上了文化保护的舞台，运用动态的保护模式，让传承的接力棒一代一代传递下去。

（二）国家级传承人——马建军

马建军，又名华锐索南才让，藏族，生于 1946 年 5 月，天祝县天堂镇人。从 1978 年开始在全国各藏文报刊上陆续发表收集整理的华锐民歌叙事性长歌 15 部，其中《青稞的来历》等代表性作品录入《藏族文学史》，曾多次受县、市、省、国家级的表彰奖励。1985 年出席全国民族文化遗产搜集整理研究工作经验交流会，1995 年 4 月他本人被录入《中国当代艺术界名人录》，并获中国艺术节名人作品展特等奖。鉴于他对中华文化事业做出的突出贡献，1998 年 2 月 20 日他的业绩编入《中国人物辞海》（当代文化卷）。

第五节　土族《格萨尔》

一、史诗《格萨尔》

《格萨尔》是一部篇幅极其宏大的藏族民间说唱体英雄史诗，是藏族人民在 11 世纪以来漫长的岁月里，用集体智慧创作出来的一部极为珍贵的文学巨著。《格萨尔》被誉为藏族古代社会的"百科全书"，是世界上最长的一部英雄史诗，也是目前世界上唯一的活态史诗。

传唱千年的史诗《格萨尔》也叫《格萨尔王传》，在蒙古族则称作《格斯尔》。史诗以口耳相传的方式讲述了格萨尔王降临下界后降妖除魔、抑强扶弱、统一各部，最后回归天国的英雄业绩。

《格萨尔》是在藏族古老神话、传说、故事、歌谣和谚语等民间文学基础上产生和发展起来的，代表着古代藏族民间文化的最高成就。史诗从生成、基本定型到不断演进，包含了藏民族文化的全部原始内核，在不断地演进中又融汇了不同时代藏民族关于历史、社会、自然、科学、宗教、道德、风俗、文化、艺术的全部知识，具有很高的学术价值、美学价值和欣赏价值，是研究古代藏族的社会历史、阶级关系、民族交往、道德观念、民风民俗、民间文化等领域的一部百科全书。

《格萨尔》是世界上最长的一部史诗，被称作"东方的荷马史诗"。从当前已经搜集到的资料看，《格萨尔王传》有 120 多卷、100 多万诗行、2000 多万字。仅从字数来看，远远超过了世界几大著名史诗的总和，包括荷马史诗《伊利亚特》《奥德修记》，印度史诗《罗摩衍那》《摩河婆罗多》。

源于藏族的《格萨尔》，传播到蒙古族、土族等民族，在传唱过程中不断进行修改、补充再创造，逐步形成了具有各自民族特色，渗透各自民族文化的本民族英雄史诗。土族《格萨尔》正是如此，它具有鲜明的土族特色，蕴含大量的土族传统文化。因为土族只有语言，没有文字，因此土族《格萨尔》显得尤为珍贵。王国明教授认为土族《格萨尔》的蕴藏量继藏族《格萨尔》和蒙古族《格斯尔》之后居第三位。

天祝土族《格萨尔》是以诗歌和散文、吟唱和道白相结合的方式将现实生活中的故事、神话、谚语、格言等融为一体进行传唱，用藏语演唱，土语道白或者解释，有时候也用汉语解释。演唱《格萨尔》有着严格的仪轨，艺人在说唱前几天，要到十里外的山沟深处，取回一些没有受到污染的六至九个泉眼中的泉水，同时还要从此山中背一捆松柏树枝来，准备说唱时煨桑，以此来敬奉神灵和格萨尔。演唱前后均要煨桑点灯，祷告神佛。演唱者和听众要穿戴整齐，演唱的场所要打扫干净。演唱时一般是一位艺人，有时也有两三位艺人同场演唱，有合唱、对唱及问答，堪称口头表达艺术鲜活的样本。

2006年5月20日，《格萨尔》经国务院批准列入第一批国家级非物质文化遗产名录。2009年，《格萨尔》入选世界非物质文化遗产名录。

二、土族《格萨尔》历史渊薮

土族《格萨尔》源于藏族《格萨尔》，却不同于藏族《格萨尔》，具有鲜明的土族特色，蕴含了大量的土族传统文化。天祝地区土族《格萨尔》的流传与青海互助土族自治县的关系密不可分，两县之间仅隔一条大通河，两地的艺人们不分彼此，往来于两地从事演唱和交流、切磋。清朝末年，天祝县天堂、朱岔地区的土族《格萨尔》流传得比较兴盛，有许多艺人在民间演唱。直到20世纪40年代至50年代，在天堂、朱岔一带演唱的老艺人有天堂乡业土村一位董姓老人，天堂寺的一位僧人及朱岔村的乔姓老人和当时的后起之秀更登什加（又名王永福）。另外，还有些能演唱部分段落的爱好者，也在农村牧区活跃着。

三、保护现状

十一届三中全会以后，文化领域的一些极左思想桎梏被打破，包括民间文艺在内的文化艺术遇到了新的春天。土族《格萨尔》也从禁闭和地下状态解放出来。天祝的更登什加和青海的班旦是当时最好的演唱艺人。他们可以大胆地坐在农人、牧民的炕头、帐篷为他们演唱,儿娶女嫁等各种喜庆的场面上少不了他们的歌喉和精彩的祝词。西北民族学院(今西北民族大学)的王兴先教授发现了他们,也懂得他们所表演的艺术的价值,他找到了更登什加,一趟又一趟不辞辛苦地从兰州去往交通尚不发达的朱岔村,向更登什加解释保护和研究土族《格萨尔》的意义和紧迫性。经过反复的说服动员,精诚所至,金石为开,更登什加打消了种种顾虑,配合王兴先教授开始了土族《格萨尔》的研究和保护工作。其后,更登什加的儿子王国明也加入了这个团队,使王兴先教授如虎添翼。

因为王国明精通汉、藏、土三种语言和汉、藏两种文字,这给整理用藏语演唱、土语道白,有时用汉语解释的土族《格萨尔》扫清了一切障碍。他们录制了200多盘磁带和大量的影像资料,编辑出版了《土族＜格萨尔＞》上、中两册,并获得甘肃省"五个一工程"奖。他们的研究成果引起了学术界和社会的关注。1991年,更登什加被文化部邀请到北京参加会议并现场演唱了土族《格萨尔》,先后获得了格萨尔研究金奖和文化部等多部委的表彰奖励。王兴先和王国明发表了多篇关于土族《格萨尔》的论文。哈守德、李占忠编写印发了天祝县政协文史特辑《天祝土族》,甘肃民族出版社出版了由李占忠、闫万象、哈守德编著的专著《甘肃土族文化形态与古籍文存》,向社会介绍了土族《格萨尔》演唱者更登什加和土族《格萨尔》故事梗概及研究动态。《中国土族》载文介绍了土族《格萨尔》的研究情况和更登什加、王国明对挖掘、保护和研究土族《格萨尔》的贡献。

天祝县电视台和广播电台自办节目中多次播出了关于土族《格萨尔》方面的内容,摄制的土族《格萨尔》专题片获得全省专题片大奖。2006年,土族《格萨尔》被确定为首批国家级非物质文化遗产保护项目,保护单位为西北民族大学格萨尔研究院。土族《格萨尔》的研究、保护和传承翻开了崭新的一页。

四、演唱方式

土族《格萨尔》虽然是一种民间艺术，但演唱却不能草率从事。人们要听演唱，须先带礼物去请演唱艺人。礼物一般是两个烧锅馍、一瓶酒、一条哈达。唱完相别时以馍馍、酒、哈达相赠。这是土族人待人的礼俗（这种礼俗在土族《格萨尔》里就有记述）。演唱者和听众都要穿戴整齐，洗梳洁净，演唱的场合要打扫干净。演唱前，演唱艺人和陪同的老者要共同煨桑，向众神祷告；在房屋内佛像前点灯、跪拜，求得神佛的护佑和谅解。

根据传说，甘青交界的华锐地区是格萨尔时期的霍尔国白帐王、黄帐王、黑帐王的领地，霍岭大战中格萨尔战胜了霍尔国的白帐王、黄帐王和黑帐王，占领了这片领地。战死的大将们成为这一带的山神、水神，因此疆域和人民虽归属了岭国，但神并未归属。随意演唱《格萨尔》，会惹起山神、水神的愤怒，会给人间降下灾难。因此这一地区不流行演唱《格萨尔》。要唱，也必须以极其恭敬的态度煨桑、点灯、祷告神佛后再演唱，方保无事（这也是这一带《格萨尔》流传不广的原因）。

有的演唱者还要穿戴特制的衣帽。人们对说唱艺人也很尊重，请来后，不论其年轻年长，听众们都对他毕恭毕敬，沏茶、让烟、敬酒，不敢懈怠。演唱结束后，仍要煨桑点灯，祷告神佛。土族《格萨尔》犹如一个汪洋大海，演唱起来没完没了，有时候一天一夜连一次战斗都演唱不完。因此，一次演唱一般需要几个昼夜，也只能完成其中的一部分。艺人演唱时，一般要有几个懂一点演唱内容和曲调的人相陪，合唱其中的衬词和拖腔。有时也替艺人演唱一段（多半是重复演唱艺人刚演唱过的内容），让艺人歇口气。

土族《格萨尔》是用藏语演唱，土语道白或解释，有时也用汉语解释。演唱时，一般是一位艺人，有时也有两三位艺人同场演唱。这时就变成对唱了，你问他答，既答又问，问中有答，答中有问，一来一往，互相问难，既推进着故事的发展，又施展自己机变能力和所学的才识。有时几天几夜不歇地唱，直唱到一方败北，割下他的衣襟和袖子为止。这样的对唱败北对艺人来说是很没面子的事，在人前抬不起头来。因而也促使艺人们不断学习，不断交流，充实自己。这样才敢在对唱的场合里露面。

五、传承人及传承基地

天祝土族《格萨尔》的传承人最为著名的非王永福家族莫属。已知的最早的演唱者是恰黑龙江，他的传授者已无从考证。恰黑龙江传于其女婿杨增，杨增传授于其子更登什加（王永福）。更登什加的传承人是其子王国明。

（一）国家级传承人更登什加

更登什加，又名王永福，土族，生于1930年4月，天祝县天堂镇人。一生务农，曾担任过生产队长。自幼受父亲的传授，并广泛求教，学会了说唱土族《格萨尔》及土族婚礼的赞词、颂歌、酒曲等民间文艺，是天祝境内唯一能够唱完整的土族《格萨尔》的民间艺人。

1987年起在西北民族大学《格萨尔》研究所王兴先的帮助下，通过录音、翻译等手段投入对土族《格萨尔》这一民族瑰宝的抢救性工作中，并到北京参加了藏族、蒙古族、土族《格萨尔》的说唱会，受到国家民委、文化部和社科院等部委的高度重视。

王永福老人因在土族《格萨尔》的抢救与搜集过程中做出了突出贡献，1991年11月获得全国《格萨尔》工作领导小组颁发的荣誉证书;1996年获第四届《格萨尔》国际学术会议金奖;1997年获得文化部、国家民委、中国文联、中国社会科学院颁发的荣誉证书。他还获得了第四届格萨尔国际学术会议颁发的纪念章。

2006年，王永福成为"第一批非物质文化遗产保护名录——土族《格萨尔》说唱"的国家级传承人。王永福这一支流传的土族《格萨尔》，据他个人所知，能追溯到清朝光绪年间。他的外公恰黑龙江是甘青交界的土族地区有名的土族《格萨尔》演唱艺人。恰黑龙江把自己的平生所学又传授给了王永福的父亲杨增。杨增是一个双目失明的手艺人,捻得一手好毛线,织得一手好褐子(手工毛织品的俗称)。他酷爱土族的各种说唱和民歌,也喜欢各种祝词和赞词,并具有很好的记忆力和歌喉。他从岳父的口中学会了整部土族《格萨尔》。在漫长的冬夜或农闲时节,他有时受邀到邻家和邻村演唱,有时边捻毛线、织褐子,边自唱自乐,借以排遣茫茫黑暗带来的苦寂。

王永福自小为父亲引路,天长日久,耳濡目染,也爱上了土族《格萨尔》。杨增也感觉到几个儿子中王永福聪明伶俐,记忆力好,声嗓好,更重要的是他喜欢土族《格萨尔》的演唱,便决定把自己的一套全传给他。经过数载的口传心授,昼夜地勤学苦练,最终,他接过了父亲的衣钵,十七八岁的青年王永福成为天堂、朱岔一带有名的"曲儿匠"(民间对演唱艺人的称谓)。他不但能独立地说唱整部的土族《格萨尔》,还会唱土族的酒曲、赞歌,会唱土族婚礼中的全部歌曲,会诵婚丧礼仪中的全部致词。不仅如此,他还在四处说唱时不断求教,在别的"曲儿匠"那里学习更多的内容来补充到父亲传授给自己的内容当中,使唱词的内容更丰富,故事情节更生动。他还不断学习他人的表演技巧和表达方式,使自己的演唱更完美。因此,他演唱的土族《格萨尔》内容更加充实,语言更加凝练,深受当地群众的欢迎和推崇。一些吉庆喜事都请他去演唱和致词,就连邻近的青海互助县的群众也常请他去演唱土族《格萨尔》,去主持婚礼。

目前,王永福老人已经去世,但土族《格萨尔》得到了保护和传承,他的儿子王国明继承家族的事业,并且已经成长为土族《格萨尔》的顶级专家,成了"博士+教授"的非物质文化遗产传承人,这在非物质文化遗产保护领域绝对是一道亮丽的风景线。

(二)土族《格萨尔》研究专家"三王"

格萨尔学是西北民族大学的重点学科,三位格萨尔学者"三王"声名显赫,他们是王沂暖、王兴先和王国明。

王沂暖,1931年毕业于北京大学中文系,是国内著名的藏学家、格萨尔学家，1957 年就开始翻译和研究藏族《格萨尔》，是格萨尔学的开创者之一。为歌颂千年史诗《格萨尔》，他曾创作了《凤凰台上忆吹箫·格萨尔颂》：

> 世人初识，世界绝无，人间仅有，说来话粲莲花，似空中虹彩，天外奇霞，难尽无边才艺，何须借铁板红牙？只面对云山雪岭，传唱千家，堪夸英雄儿女，有梵王神子，度母仙娃。任东西南北，雨露风沙，战罢天魔五百，让玉宇无限清嘉。舒放眼，泱泱万里，诗国中华。

王兴先曾经在西藏阿里工作了 12 年，1975 年，时年 39 岁的他告别阿里，带着大量藏族《格萨尔》资料拜访了王沂暖，从此踏上了格萨尔研究之路，成为第二代领军人物。1986 年，王兴先教授辗转找到了天祝县朱岔乡的土族《格萨尔》传承人王永福家中。此时的王永福是当时唯一健在的土族《格萨尔》说唱艺人，其长子王国俊、次子王国明均未传承。王永福，又名更登什加，1931 年出生于青海省互助县，后渡过大通河，在一河之隔的甘肃天祝县定居。王永福是著名土族《格萨尔》说唱艺人恰黑龙江（1875—1946）的外孙，其父杨增（1890—1957）也是一位著名的土族《格萨尔》说唱艺人，所以他很早就从父亲那里学会了说唱《格萨尔》。为了更好地保护濒临失传的民族文化瑰宝，王兴先教授把目光投向了文化程度高的王国明。

王国明，又名坚赞道杰，生于 1968 年，1991 年毕业于合作民族师专藏语言文学系，当时正在天祝县当小学、中学教师。在王兴先教授的推荐下，王国明被调入西北民族大学格萨尔研究中心工作。1993 年，他被选送至中央民族大学进修，师从于著名的语言学家黄布凡、马学良二位教授，在这里他得到了语言学、语音学和社会语言调查等课程的系统培训，从此踏上了格萨尔学研究之路。王国明先后考入西北民族大学"中国少数民族语言文学专业""格萨尔学"方向的硕士、博士研究生，最终成长为知名的格萨尔学教授。

（三）《格萨尔》文化民俗博物馆

天祝县天堂镇朱岔村是一个土族、藏族、回族等少数民族聚居区，居民中有百分之四十是土族。土族安召、轮子秋、土族服饰、土族《格萨尔》等非物质文化遗产非常丰富。《格萨尔》文化民俗博物馆就坐落在村内王国明教授家的院子里。

庭院门口有两头石狮子拱卫，门柱上有精美的砖雕，少数民族风格的大铁门上装饰纹样五彩斑斓，石狮子和铁门上还挂着哈达。大门正对一面照壁，上面贴着"美好家园"内容的壁画瓷砖。绕过照壁，即可看到各类民俗物品，有各种农具、老式家具、木匠工具、医药用具、老式磅秤、老式录音机、毡衣毡靴、手工织布机等。在数个玻璃柜里，还摆放着较为贵重的许多展品，有陶罐瓷杯、茶壶酒壶、算盘、佩刀、火镰、油灯、藏戏面具等。庭院正屋窗台上摆放着三块金属牌匾，分别为"国家级非物质文化遗产《格萨（斯）尔》""西北民族大学《格萨尔》文化研究基地"和"天祝藏族自治县《格萨尔》文化民俗馆"。

庭院顶部以玻璃窗封闭，干净明亮。院内居中有花坛，坛内一座小型假山，假山上装饰有亭台楼阁。房屋皆为雕梁画栋的挑檐平房。室内装饰体现了传统土族民俗风味。实木墙板，挂着牛头、哈达、精美的刺绣、绘画等装饰品，还有繁复华丽的纹饰。传统的大炕上摆着炕桌，地面上则有沙发、茶几、摇椅等现代家具。其中一间小屋名为"藏经阁"，里面整齐摆放着藏文长卷，还有酥油、灯盏、铜铃等用品。

参考文献

［1］赵旭峰，李武莲.凉州小宝卷［M］.北京:中国文联出版社，2010.

［2］李武莲，冯天民.凉州贤孝精选［M］.北京:中国文联出版社，2011.

［3］李贵生，钱秀琴.凉州贤孝唱词整理与研究［M］.兰州:甘肃人民出版社，2011.

［4］李占忠.天祝非物质文化遗产［M］.兰州:甘肃人民美术出版社，2013.

［5］赵旭峰.凉州宝卷［M］.兰州:甘肃人民美术出版社，2014.

［6］徐平林.流韵焕彩——武威非物质文化遗产图典［M］.兰州:甘肃科学技术出版社，2018.

［7］雷天明，盛淑娟.河西宝卷教育读本［M］.北京:研究出版社，2019.

［8］赵旭峰，陈亚琴，张学峻.凉州宝卷精选［M］.兰州:敦煌文艺出版社，2019.

［9］赵大泰，李元辉，陈亚琴，等.凉州贤孝之"二十四孝"［M］.兰州:敦煌文艺出版社，2020.

［10］赵大泰，陈亚琴，张学峻，等.凉州贤孝之"三十六记"［M］.兰州:敦煌文艺出版社，2020.

附录:武威历史文化景点导览

一、铜奔马出土地:雷台墓

雷台墓坐落在历史文化名城甘肃省武威市凉州区北关中路,是中国旅游标志铜奔马的出土地。墓葬位于一座高约 8.5 米,南北长 106 米,东西宽 60 米的长方形大土台下。台上建有道观,观内供奉有道教神仙雷祖而在当地此台得名"雷台"。道观始建年代不详,根据乾隆三年(1738 年)《雷台观碑记》记载,明代天顺年间(1457—1464 年)因"冰雹伤禾、敕建重修"。顺治初年雷台观毁于战火,后由甘肃副总兵刘友元主持维修,康熙初年又曾进一步扩建,成为清代河西地区较大的一处道教宫观。现存建筑有雷祖殿、风伯雨师殿、三星斗姆殿等,为 1933 年重建。

1969 年 9 月,武威当地农民在雷台下挖防空洞时发现了此墓。墓葬规模宏大,由条砖砌筑。墓门东向,有长大的墓道,砖构墓室由墓门、照墙、甬道、前室、中室、后室三室以及前室左右耳室、中室右耳室组成。墓葬虽已被盗,但遗存尚多,出土有金、银、铜、铁、玉、骨、漆、石、陶等 231 件文物,钱币 28000 多枚。

包括铜奔马在内的 99 件铜车马出行队列是雷台墓最重要的发现,计由铜俑 45 件、铜马 39 匹、铜牛 1 头、铜车 14 辆组成。这些铜车马俑制作精美,造型绝佳。其中,艺术价值最高的就是后来被定为中国旅游标志的铜奔马。铜奔马高 34.5 厘米，长 45 厘米，重 7.15 公斤，其三足腾空，右后足踏一飞鸟，飞鸟展翅回首、注目惊视。既表现了奔马超掠于飞鸟之上时风驰电掣般的速度，又巧妙地借助飞鸟的躯体以及展开的双翅，扩大了着地面积，稳定了重心。古代无名工匠以其完美的构思、富有浪漫主义的想象塑造了一匹风驰电掣的天马形象，被认为是中国古代青铜铸造艺术史上的绝佳代表作之一。1971年 9 月，著名史学家郭沫若先生在甘肃省博物馆参观时曾对这匹铜马赞叹不已。作为中国和甘肃古文化的优秀代表，铜奔马曾多次出国展出，其所具有的非凡魅力，曾倾倒无数外国观众。1983 年，铜奔马更是在众多评选文物中脱颖而出，被确定为中国旅游标志。1996 年被鉴定为国宝级文物。

迄今为止，雷台墓是国内出土青铜车马数量最多的墓葬，被国内史学界称作"一座丰富的地下博物馆"。除铜车马外，墓中出土的一件铜樽，通体鎏金，器壁内外均错以各种奇禽异兽、忍冬纹饰，还以红、绿宝石镶嵌其上，极尽奢华之美；两件高达 1 米以上的青铜连枝灯，上雕镂凤凰、仙人、猿猴、玉璧等，整体布局错落有致、构思奇巧、结构复杂。这只是几件作为日常生活中的生活用具，就制作得如此精美，反映了古代河西地区青铜工艺的高度水平，墓主当年奢华的生活也可见一斑。

在雷台墓的墓道、墓室内均发现有壁画。墓道内有以朱红色绘制的数组高大树形图案；墓室内除在三个主室的顶部有以红、黄、灰、白等色彩绘的莲花藻井外，还布满了一种以黑灰两种颜色条砖拼砌组成的菱形、飞鸟形等图案的独特壁画装饰形式。

雷台墓发现以后，甘肃省博物馆根据对比中原同期墓葬形制、出土铜马上题记、银印、钱币等推定该墓为一张姓将军夫妻合葬墓，时代约在东汉晚期（186—219 年）。20 世纪 80 年代以来随着铜奔马扬名国内外，在国内学术界还曾掀起过一股研究铜奔马的热潮。参与研究的学者们分别从铜奔马的称谓、所踏飞鸟、马种来源、艺术价值等多个方面进行了研究论述。铜奔马的断代问题，除早期的"东汉晚期说"外，还大致有汉魏、西晋、前凉等观点，至今未有定论。以后，在雷台墓以北又发现一座墓葬，虽然该墓出土文物不多，却是雷台墓的有益补充。

目前，雷台景区内主要景点有：全国重点文物保护单位雷台墓、省级重点文物保护单位雷台观、汉式大门、汉代风格大型浮雕、四神图腾柱、整体放大6倍的99件铜车马出行队列以及新开放的汉文化陈列馆、凉州词陈列馆等，是一座集考古、收藏、研究、教育于一体的综合性景点，现为国家4A级旅游景区。

二、陇右学宫之冠：文庙

文庙也称圣庙、孔庙，是古代祭祀圣贤孔子的圣地。而位于甘肃省武威市区东南隅的武威文庙，是目前西北地区规模最大、保存最完整的一处文庙，素有"陇右学宫之冠"之称。

据明正统四年（1439年）《凉州卫儒学记》碑和明成化六年（1470年）《重修凉州卫儒学记》碑记载，武威文庙始建于明正统二年（1437年）至正统四年（1439年），以后历经明成化年间、清代和民国时期的多次重修和扩建，使整个建筑渐趋完整，逐渐形成了现有的规模。

现存武威文庙坐北向南，南北长170米，东西宽90米，占地面积15000多平方米。建筑规模宏大，布局严谨。内里殿宇棋布，古木成荫。文庙整体由东西中三部分组成。以大成殿为中心，前有泮池、状元桥，后有尊经阁；中为棂星门、戟门，左右有名宦乡贤二祠；东以文昌宫桂籍殿为中心，前有山门，后有崇圣祠，中为二门、戏楼，左右有三贤祠等；西面有清代早期所建的忠烈祠和节孝祠。桂籍殿内保存有从清康熙五十七年（1718年）一直到民国十二年（1923年）两百多年间武威文人所题写的巨型匾额，是西北地区罕见的、保存古代匾额最多的一处文化遗存。

棂星门：棂星门是一座木质牌楼，牌楼正中题有"棂星门"三字。古代传说棂星为天上文星，以此命门名，有人才辈出、为国家所用之意。棂星门背面题"太和元气",整个牌楼雄浑壮伟,为明正统四年(1439 年)所建主体建筑之一。

戟门:戟门是大成殿近前的一道门,因此又叫"大成门"。戟门两侧为乡贤、名宦祠,是供养社会贤达和清官牌位的地方。

大成殿:为文庙之主建筑。名取孟子"孔子之谓集大成也者"之语意。建在高 1 米的砖包台基上,面阔五间,进深五间,周有回廊,平面呈方形,重檐歇山顶,雄伟庄严。大殿内是供奉大成至圣先师孔子牌位的地方。现在殿前奉有孔子行教铜像一尊,孔子双手作揖,双目前视,透出圣人的智慧。铜像高 3.15 米,基座石质,高 1.71 米,系 1997 年香港孔教学院院长汤恩佳捐资铸立。

尊经阁:大成殿之后为尊经阁,坐落在高达 2 米的砖包台基上,其规模宏大,顶部重檐歇山顶式,是目前武威现存最高大的古代重楼建筑。

文昌宫:大成殿东侧为文昌宫。整个建筑宏伟壮观,古朴庄重。文昌宫山门面南而开(即今文庙大门),山门后是过殿、戏楼,再后就是文昌殿,也叫桂籍殿。旧时因文人榜上题名也称"月上折桂",故有此名。桂籍殿最引人注目的是殿前包厦梁下悬挂的四十六块从清康熙五十七年(1718 年)一直到民国十二年(1923 年)两百多年间武威文人所题写的巨型匾额。这些匾额虽历经几百年的风雨沧桑,却都基本保存完好。匾额的内容丰富、书法雄伟朴拙、遒劲峻拔,块块堪称佳作。其中"聚精扬纪""书城不夜"二匾还入选中华名匾。桂籍殿所保存的匾额其数量之多、书法之美、保存之完整,为河西乃至西北罕见。桂籍殿内除供奉文昌帝君外,现展示有清代至民国时期的名人如左宗棠、林则徐、张大千、于右任等留在武威的墨宝。其书法作品或苍劲有力、或挥洒自如,内容丰富、各具特色,与殿外保存完好的四十六块匾额,相辅相成,成为历史留给文化名城武威珍贵的书法艺术珍品。

1981 年武威文庙被甘肃省人民政府公布为省级文物保护单位;1996 年,国务院公布武威文庙为全国重点文物保护单位。现为 4A 级旅游景区,自开放以来,游人络绎不绝。

三、鸠摩罗什舌舍利埋葬地:鸠摩罗什寺

武威鸠摩罗什寺,位于武威市北大街,是为纪念中国四大佛经翻译家之一鸠摩罗什弘扬佛法、翻译经典功绩而修建的。相传始建于十六国时期割据凉州的后凉时期(386—403年),距今已有1600多年的历史。而矗立于寺内的罗什寺塔,是鸠摩罗什祖师圆寂后"薪灭形碎,唯舌不坏"的舌舍利塔。

鸠摩罗什是十六国时期后秦(384—417年)时期著名的佛学翻译家。他于公元344年生于龟兹(今新疆库车),幼年出家,少年时代就以精通佛学闻名,后来他师从许多名师学习,造诣极深,被龟兹王亲自迎往龟兹新寺,奉为国师,鸠摩罗什的大名,当时就传播于西域诸国。前秦苻坚得知后,于383年派骁骑将军吕光率七万大军率军攻入西域以获鸠摩罗什。385年,吕光击败西域三十余国,携鸠摩罗什与两万多峰骆驼满载而归。途经凉州时,听说苻坚因"淝水之战"兵败为部将姚苌所杀后,便不再东进,在姑臧(今武威)建立了后凉。鸠摩罗什自此就留居姑臧十七年。他终日钻研经典,学习汉语文字,熟悉汉族风俗人情,为以后的翻译事业打下了坚实的基础。

公元401年,后秦姚兴灭掉后凉,迎鸠摩罗什到达长安,被尊为国师,设立译经场,组织庞大的僧团,从事译经。应姚兴之托,鸠摩罗什开始翻译佛经,一生翻译佛经74部、384卷。其中重要的有《金刚经》《妙法莲华经》《维摩经》《阿弥陀经》《十诵律》等。他改早期佛经的直译为意译,所译经典极为广泛,内容浅显易懂,文辞流畅优美,其卓越的译经贡献,使他成为十六国时期三大僧人(佛图澄、释道安、鸠摩罗什)和中国四大翻译家(鸠摩罗什、玄奘、真谛、不空)之一。

公元409年,鸠摩罗什圆寂于长安。临终前他留下遗嘱:"若所传无谬者,当使焚身之后,舌不燋烂。"以后依他所言焚身时,果然"薪灭形碎,唯舌不烂"。罗什圆寂后,凉州百姓怀念他,就在他当年的驻锡之所今武威城北为他修寺建塔,今罗什寺塔下就是葬其舌舍利之处。

历史上的罗什寺历经沧桑,多劫多难。唐贞观年间,大将尉迟敬德曾监修罗什寺。为彰功德,他在塔下立石碣为记,上刻有"罗什地基,四至临街,敬德记"。此碑至今仍完好保存,可为一段历史明证。明代的罗什寺成为陕西凉州大寺院,英宗正统十年(1445年)二月十五日,为罗什寺院颁发了大藏经,并下圣谕道:"刊印大藏经,颁赐天下,用广流传,兹以一藏,安置陕西凉州大寺院,永光供养。"此谕现还完好地保存于武威市博物馆。清代康熙二十八年(1689年),罗什寺又有过一次大型的修缮,这是明代永乐元年(1403年)以后又一次比较大的修复工程。据《重修罗什寺碑记》记载,经过这次重修的罗什寺"前后三院,焕然一新,乃五凉之福地;壮丽改观,诚河西之胜地也"。

1927年,武威发生大地震,罗什寺塔被震毁,仅存残塔。1934年又进行了重修。现存鸠摩罗什寺舍利塔即为当时所建。塔为八角十二层,全以条砖垒砌,高32米。塔基方形,边长12米,塔的每层都施以平砖叠涩式腰檐,逐层跷脚,每角系有风铃。从下起第3、5、8层均有门,最上层东西有小龛,龛内有佛像,顶部有葫芦形铜质宝瓶,遥远相望,金碧辉煌,气势雄伟。

目前,鸠摩罗什寺已成为凉州区佛教界规模最大的佛教寺院,寺内主要景点有鸠摩罗什舍舍利塔、大雄宝殿、图书馆等。巍然屹立的罗什寺塔,是1600多年前丝绸之路上中西文化交流的见证。

罗什寺现为省级重点文物保护单位,国家AA级旅游景区。

四、"西北梵宫之冠":海藏寺

海藏寺坐落于武威城西北2.5公里处,占地13460平方米。寺规模较大,建筑巍峨,布局严谨,是河西走廊保存较完整的古代建筑之一,素有"西北梵宫之冠"的美称。

海藏寺始建年代不详,真正大规模扩建是在元朝时期。当时,蒙古皇子、西凉王阔端驻守凉州,阔端邀请藏传佛教萨迦派第四代祖师萨班到凉州。萨班到达凉州后先后主持修建了金塔寺、白塔寺、莲花寺、海藏寺四部寺,使海藏寺成为藏传佛教四部寺之一。

明代成化十九年（1483 年），太监张睿监军于凉州，得知此地原为海藏寺遗址，乃募捐重修，使之规模宏大，金碧辉煌。海藏寺于是又恢复了往日的兴盛，宪宗皇帝还赐名"清化禅寺"。以后此寺在康熙、乾隆年间又曾进行过重修。经过明、清扩建修缮，海藏寺殿宇宏伟，佛像庄严，成为丝绸之路上一处重要的寺院。

现存海藏寺坐北向南，建筑为明清两代遗构。整个建筑位于一条中轴线上，沿中轴线，首先为一四柱三间三楼木构牌楼，古朴玲珑，自清代康熙年间保存至今。上有"海藏禅林"四个大字，为康熙三十一年（1692 年）驻守凉州的振武将军孙思克亲题。牌楼后为山门，依次为庄严的重檐歇山顶大雄宝殿、面阔五间的地藏殿及内院。内院之后，有高达 8 米的古台——灵钧台。灵钧台，相传筑于东晋十六国的前凉时期（317—376 年），台上立有清代光绪年间所立"晋筑灵钧台"碑刻，以示此台筑于东晋。台上现存建筑有天王殿和无量殿。无量殿又称"藏经阁"，是海藏寺内的精华所在。无量殿也是海藏寺内最古老的建筑，其殿面阔三间，进深二间，周绕副阶，外观歇山重檐，斗拱疏朗；殿内梁架用料粗大、古朴，建筑装饰奇巧，风格别致，其上彩绘依旧；屋顶脊兽装饰栩栩如生、形象生动。据考证，无量殿虽经历代修葺，但其结构仍为明代成化年间太监张睿时建造，历经数百年的历史其原貌基本未变，为武威佛教建筑史上之罕见。无量殿内曾经收藏有明版大藏经一部（现藏于武威市博物馆）。灵钧台东侧有一眼神奇的"药泉井"，亦称"海心"。

自明代成化年间重修后，海藏寺就以风景优美着称当地。寺前绿树成荫、湖光潋滟，美不胜收；寺内苍松、古柏蔽日参天，禅意浓浓，"梵宫之冠"的美称由此而来。而每至日出时分，寺前牌楼的东侧就有一缕青烟袅袅直上，盘旋于白杨、垂柳之间，缥缥缈缈，给古刹平添了一种神奇绝妙的气氛，被称作"海藏烟柳"，或曰"日出寒烟"，为凉州八景之一。

五、千年古钟楼:大云寺

武威大云寺,位于武威城东南隅,是历史文化名城武威最早的一座佛教寺院。始建于十六国时期割据凉州的前凉(317—376 年),初名"宏藏寺"。相传这里在前凉时是一处宫殿所在地,至末代国王张天锡时,听说此处原为佛骨舍利塔所在地后,因此"舍宫建寺"。至唐代,武则天令全国广修大云寺,宏藏寺自此改名为大云寺,其寺名一直沿用至今。

大云寺是历史上凉州的名刹古寺,明代洪武十六年(1383 年),日本净土宗第十一代弟子沙门志满,远渡重洋来到凉州,曾主持募化重修了此寺,被称为中日民间交流的一段佳话。这以后,大云寺在明、清两代规模不断扩大,尤其是乾隆二十五年(1760 年)据《重修大云寺碑记》记载:"用砖砌石嵌,浑如铁柱磐石……又彩绘阁楼,题额壮威。"古钟楼土台在这次用砖石包砌,使之坚固如磐石。正因为如此,在 1927 年武威发生 8 级地震时,大云寺内其他建筑几乎完全坍塌,唯有古钟楼经受住了大地震的考验,兀自岿然矗立。

目前古钟楼已成为大云寺的标志性建筑。钟楼高 9 米,基底约 125 平方米。重檐歇山顶,整个建筑挺拔俊秀,高耸入云,虽饱经沧桑,依然挺立。寺内古钟楼上悬挂有巨型铜钟一口。钟体由合金铸成,呈黄色,通高 2.26 米,口径 1.15 米,厚 12 厘米,重约 5 吨。铜钟鼓腹,铸六耳,钟钮铸蒲牢像,钟口已多剥蚀。钟体上饰有图案,分上中下 3 层,每层又分 6 格,共 18 格。最上层饰飞天,飞天头戴花冠,上身袒露,下着长裙,飘带飞扬,手托果盘,作翩翩飞翔状;中层为天王力士,其头戴塔耳帽,身披铠甲,手中兵器各异,骑坐夜叉,显得威武有力;旁边立有小鬼,赤身短裤,神态各异,整体线条丰满流畅,生动传神。最下层铸有盘龙,姿势活泼,惜已磨损不全。大云寺铜钟体积较大,形状古朴精美,声音雄浑洪亮,是罕见的古代铸造艺术珍品。这口铜钟铸造年代不详,有十六国、唐代与五代说三种,不过,从钟体造型和所饰图案分析,大多专家认同其为唐代铸造。

武威大云寺古钟楼，巍峨壮观、古朴典雅，大钟"晓击则破长夜，警睡眠"，故此有"大云晓钟"一说，为"凉州八景"之一。每逢农历传统节日，如正月十六、五月端午，当地都有登台击钟的习俗。武威籍诗人段永恩在光绪二十七年（1901年）端阳节时曾与友人同登大云寺古钟楼，感悟抒怀，曾写下《辛丑端阳偕友人登大云寺钟楼》一诗："百尺危楼巨刹东，高歌倚剑啸长空。三峰塔势耸天表，午夜钟声出梵宫。雪积山南终古白，沙流漠北夕阳红。与君把酒酬佳节，到此谁为一世雄。"

在武威人民的心目中，大云钟已为神物，在农历佳节登上钟楼，敲击大钟，钟声轰鸣，响彻云霄，以此来祈求风调雨顺，保佑全家平安。

1993年3月，大云寺被甘肃省人民政府公布为省级重点文物保护单位。

六、萨班灵骨塔所在地：白塔寺

白塔寺又名幻化寺，藏语称夏珠巴第寺或珠必第寺。寺院位于武威市城东南20公里的武南镇白塔村。此寺始建于元代，距今已有近800年的历史，是武威一处重要的藏传佛教寺院遗迹。因寺院内有藏传佛教萨迦派第四代祖师萨迦·班智达的灵骨塔，其塔身外表涂抹白灰，俗称"白塔"，寺院因此而得名"白塔寺"；又因寺内有塔林，传说有大塔1座、小塔99座，故又称"百塔寺"。

在中国历史上凉州白塔寺具有重要的历史价值和政治意义。1247年，西藏萨迦派宗教领袖萨迦班智达·贡噶坚赞（简称萨班）与蒙古汗国皇子、西凉王阔端为解决西藏归顺问题，在凉州白塔寺举行了著名的"凉州会谈"，达成了西藏归顺蒙古汗国的条件，并颁布了《萨迦班智达致蕃人书》，自此结束了西藏多年的混乱局面。

在阔端的支持下，萨班在凉州城周围改建、扩建了四座佛教寺院，这四座寺院分别是东部幻化寺、西部莲花寺、南部金塔寺、北部海藏寺。其中幻化寺就是今天的白塔寺，在四寺中此寺规模最大，是当时凉州最大的藏传佛教萨迦派寺院。据记载，寺院规模宏大，巍峨壮观，有4座城门，8座烽墩，四周有围墙，犹如城垣。寺内建筑众多，有山门、钟楼、金刚殿、三宝殿、大经堂等，殿堂重檐七彩，雕梁画栋，佛像千姿百态，庄严肃穆，其规模宏大，建筑壮观，为当时凉州佛寺之冠，素有"凉州佛城"之称。它是萨班在凉州期间讲经布道和驻锡之所，也成为蒙古王室、各族官员和僧众听经礼佛的圣地。

公元1251年阴历11月14日（藏历铁阴猪年）萨班在凉州白塔寺圆寂，阔端为他在白塔寺举行了盛大的悼祭活动，并在寺内为他修建了一座巍然耸立、高约42.7米的藏式喇嘛灵骨塔，萨班的继承者八思巴为该塔作建成开光仪式。该塔由基座、覆钵形塔身、十三重相轮、塔刹组成，塔外表涂抹白灰。白塔内装10万个模制小塔，外表包饰青砖，灵骨塔的周围还环绕着高低不等的99座白塔。"白塔寺"或"百塔寺"之名由此而来。

元末寺塔均毁于兵燹，明代宣德年间、清代康熙年间都曾对白塔寺及灵骨塔做过重大维修。1927年武威大地震使该寺建筑破坏殆尽，仅留有少量遗迹。主要有萨班灵骨塔、小墓塔、窑址、佛城北墙等遗存和《重修凉州白塔寺》（明）、《建塔记》（明）、《重修白塔碑记》（清）碑刻三通。这些遗址和碑刻，是萨班与蒙古西凉王阔端为维护国家团结而做出贡献的历史见证。

由于凉州白塔寺极其重要的历史价值，甘肃、青海、西藏、内蒙古等地各族各界普遍要求能够重新修复这座具有着重要历史意义的寺庙。2000年白塔寺修复工程开始起动，在萨班灵骨塔塔基四周，分别修建了高约19米的萨迦四祖佛塔，其余小塔围拱周围，其中5米塔共有5座，7米、9米、11米塔各30座，形成了一片白塔塔林。这些塔以十字折角形分布，高低错落，排列有序，使白塔寺显得格外肃穆庄重，重现了昔日"凉州佛城"的部分辉煌，形成了一道独特的宗教文化景观。

白塔寺景区现由白塔寺塔林、白塔寺遗址和白塔寺"凉州会谈"纪念馆三部分组成，占地面积22.3万平方米。

2001年6月，武威白塔寺被国家文物局公布为全国重点文物保护单位，现为国家4A级旅游景区，全国民族团结进步教育基地。

七、"凉州模式"的代表:天梯山石窟

天梯山石窟位于武威城南 50 公里的天梯山上。此山因山峰巍峨,陡峭峻拔,山有石阶,拾级而上,道路崎岖,登临艰难,犹如天梯,故名"天梯山"。石窟就分布于天梯山西南的崖壁上,窟下有寺,名广善寺,又因寺内有一大佛,故又叫大佛寺,现称凉州石窟。

石窟始建于东晋十六国的北凉沮渠蒙逊时期(401—433 年在位),距今已有 1600 多年的历史。是我国较早载于史册的一处石窟寺,也是我国早期石窟的优秀代表。对我国石窟寺乃至整个佛教艺术的发展都产生了深远的历史影响。

东晋义熙八年(412 年)十月,割据凉州的北凉王沮渠蒙逊从张掖迁都于姑臧(今武威),称河西工。因他崇信佛教,凉州一带佛事活动频繁,史载:"先是蒙逊有凉土,专弘佛事,于凉土南百里崖中大造形象。千变万化,惊心炫目。"可见当时石窟规模之大。以后北朝、隋唐、西夏到明清时期这座石窟均有营建。明正统十三年(1448 年)《重修凉州广善寺铭》记载,天梯山石窟在当时有 26 窟,大佛窟前建有寺院楼阁,窟顶建塔一座,壮观宏大。到中华人民共和国成立初,洞窟仅存 18 窟。大体分为上中下三层,最高层距地表 60 米,是较早的一期洞窟,开凿于北朝,最早为 1、4、17、18 窟,开凿于北凉时期,其余都是隋唐规制及以后重修,洞窟内保存造像约 100 多尊,壁画数百平方米以及魏、隋唐汉藏文写经,初唐绢画等珍贵文物。

1958 年,因天梯山石窟所在的黄羊河流域修建水库,石窟内数十尊塑像、200 多平方米壁画以及写经、绢画均被运至甘肃省博物馆和国家文化部保存。目前天梯山石窟内保存最好的是大佛窟。佛窟正中央为一高达 28 米的释迦牟尼造像,佛像依山开凿,巍然端坐,庄严肃穆,手施无畏印,左右两侧分立迦叶、阿难、普贤、文殊、广目、多闻六尊造像。他们或威武、或慈悲、或智慧、或忠诚,各具神态,精妙逼真。据考证大佛窟虽在西夏时有过重修,但创

建时代不晚于初唐。在窟内南北两壁绘有龙、虎、鹿、白象、树木、花卉等佛本生故事,至今色泽艳丽,其画面舒展流畅,潇洒飘逸,是河西古代壁画艺术的杰作。

天梯山石窟是我国早期石窟艺术的代表,它早于云冈石窟和龙门石窟,是云冈石窟、龙门石窟的源头,在我国佛教史上具有重要地位。在开凿天梯山石窟的过程中,北凉姑臧(今武威)城内培养了一大批开凿石窟以及雕塑、彩绘的能工巧匠。公元439年,北魏灭北凉,从姑臧迁3万余户前往平城(今山西大同),其中就包括数千僧侣和不少能工巧匠,他们的到来为云冈石窟的开凿提供了技术力量。北魏文成帝时,令凉州僧人昙曜主持开凿云冈石窟,云冈石窟内现存最早的、也是云冈石窟的代表作品"昙曜五窟"就是由昙曜主持开凿的,其中第五窟大佛至今仍是云冈石窟最宏伟的雕像和代表之作。

但自唐代以来在可查阅的文献史料里面,均已找不到关于"凉州石窟"的相关记述。经过现当代史学界的努力,史学界逐渐确认位于武威城南的天梯山石窟就是消失在文献史料中近千年的"凉州石窟"。并且经过学者们的研究论证,一致认为武威天梯山石窟是我国早期石窟艺术的代表,是云冈石窟、龙门石窟的源头,形成了著名的"凉州模式",在我国佛教史上具有重要地位。2006年,国务院公布天梯山石窟为全国重点文物保护单位。

天梯山山巅常年积雪,俗称"天梯积雪",为凉州八景之一。石窟中大佛依山而坐,脚下碧波荡漾,薄云缠绕其身,构成了一幅山、水、佛、云浑然一体的壮观奇景,是凉州颇负盛名的旅游胜地。为4A级旅游景点。

八、西夏碑收藏地:西夏博物馆

武威西夏博物馆,位于武威城区东南隅,与武威文庙毗邻,是目前国内第二座西夏专题博物馆。保存有武威出土和发现的西夏金银器、木器、西夏文献、佛造像、青铜器、瓷器、石器、唐卡、木版画、钱币、丝织物以及西夏文和藏文文献等各类文物2000多件。这些西夏遗物不仅数量多,且内容丰富,具有鲜明的地域特色，是研究西夏历史文化的珍贵资料。西夏博物馆为二层仿古式框架结构建筑，展出有从众多西夏文物藏品中精选出的数百件珍贵文物。展览通过大型浮雕、文物图片、壁画、背景画相结合的手法，真实生动地反映了西夏统治时期，武威在政治、经济、军事、文化等领域所取得的巨大成就。

西夏是 11 世纪初以党项羌族为主体建立的封建王朝。公元 1038 年，李元昊在兴庆府（今宁夏银川）称帝建国，至 1227 年被蒙古所灭，在历史上共存在 190 年，经历 10 代皇帝。其疆域东尽黄河，西界玉门，南接萧关，北控大漠，与当时的中原宋、辽、金鼎足而立。在存在的近两百年时间里，创造了辉煌灿烂又具有独特文明的西夏王朝，但最终被湮没在历史长河中而不再为人所知。

地处河西走廊东端的武威，因其独特的地理位置，优越的自然条件在西夏占领河西后，即成了西夏统治河西地区的政治、军事中心。特殊的地理位置，发达的经济、文化，使武威在西夏兴亡史中占据着十分重要的战略地位，也使武威成为国内出土西夏文物最多的城市，而且与国内所发现的西夏文物不同的是，武威发现的部分西夏文物独具特色，其中多件被确定为国宝级文物；另外一些文物还为国内西夏考古中首次发现，填补了这一时期西夏研究的考古空白。

武威西夏博物馆展出文物中最为珍贵的当属西夏碑。根据西夏碑内容，此碑于西夏崇宗天祐民安五年（1094 年）立于凉州（今武威）的护国寺内。西夏碑，本名《凉州重修护国寺感通塔碑铭》，是国内现存唯一的一块保存最为完整的、西夏文与汉文对照文字最多的石碑。这块碑刻于清代嘉庆九年（1804 年），由著名学者、金石学家、武威人张澍在武威城北的清应寺内发现。1898 年法国学者德维利亚考定此碑正面为西夏文，近代，我国著名文字学家、金石学家罗福成破译了此碑的碑文。

西夏碑高 2.6 米，宽 1 米，厚 0.3 米，两面撰文。正面以西夏文撰书题名，意为"敕感通塔之碑文"，另有西夏文楷书 28 行，每行 65 字；背面为汉文篆书"凉州重修护国寺感通塔碑铭"，背刻汉释文 26 行，每行 70 字。碑文大意讲述了西夏时期凉州护国寺塔的修建、显灵以及重修的经过。碑文中记载的许多史料,对于研究西夏文字和西夏的社会、经济具有十分重要的意义。除文字外,此碑两面碑额各有一对线刻伎乐菩萨,作翩翩起舞状。题名上端是云头宝盖,碑面四周线刻卷草纹饰,其雕刻技巧高超优美,具有很高的工艺水平。

史载,李元昊在建立西夏国后,曾命大臣野利仁荣创造了一种新的文字。这种文字随着西夏的灭国,逐渐无人能识。1908 年黑水城遗址中西夏中文双语字典《蕃汉合时掌中珠》的发现,才有学者开始研究这种字的构造、文法和字的意思。而西夏碑的正面为西夏文,背面为汉文,对于解读西夏文有着极其重要的价值,因此西夏碑也被中外学者称为研究西夏文的"活字典"。由于此碑的珍贵,1961 年就被国务院公布为全国第一批重点文物保护单位。

西夏博物馆内还展出有一件铜火炮,为国家一级文物。这件铜炮造型简单,制作粗糙,为西夏窖藏遗物。出土时火炮内还遗存着火药和铁弹丸。据考证,这件铜火炮是迄今为止世界上最古老的金属管形火器,时代应不晚于西夏灭亡的 1227 年。除此之外,西夏博物馆内还展出有国宝木缘塔、国家一级文物西夏木版画、西夏泥活字版经文、金碗、银锭等,为观众再现了西夏王国的兴亡、西夏时期的经济、文化的发展情况等。

九、五凉文化专题展示场地:五凉文化博物馆

五凉文化博物馆位于甘肃省武威市南关十字、地标性建筑南城门楼上,是中国展示十六国时期五凉文物最全面的博物馆,也是反映五凉文化最系统的专题博物馆。展出有青铜器、墓志、碑刻、石塔、木牍、文书、砖画、壁画等大量珍贵文物以及五凉姑臧城和石窟模型等,并介绍五凉历史发展、名人故事,分三大篇章阐述公元 4 世纪初至 5 世纪中叶的"河西都会"主题。

"五凉"指十六国时期在今河西地区先后建立的五个以"凉"为国号的割据政权,分别是前凉、后凉、南凉、西凉和北凉,历史上将其统称为"五凉"。除西凉外,其余四凉皆以姑臧(今武威)为都城,武威因此又有"四凉京华、

河西都会"之称。五凉上承汉晋，下启隋唐，创造出了"史不绝书"的五凉文化，在儒学、佛学、城市建设、石窟艺术等诸多方面均达到了空前的繁荣。一代国学大师陈寅恪就曾经提出五凉文化"上继汉魏西晋之学风，下开魏齐隋唐之制度，承前启后，继绝扶衰，五百年间延绵一脉"，是中国古代文化中不可或缺的历史文化之一。

五凉文化博物馆于 2020 年 10 月正式落成开馆。常设展厅三层，展览面积 2290 平方米。馆内共展出文物藏品 127 件（含复仿制品），并配以大型沙盘、建筑模型、微缩景观、人物场景、图版、照片以及石窟复原、诗词互动等科技辅助展示，多方位、多角度立体呈现了十六国时期以姑臧（今武威）为中心的五凉历史文化。

展出文物方面，除有我国最早的墓表石刻梁舒墓表；反映魏晋十六国以来先民们高超艺术水准的木俑、木连枝灯等魏晋精美木雕外；还有记载五凉统治时期的文书、木牍；表现五凉繁荣的经济、文化影响下的玉雕、漆器以及各类精美的彩绘画像砖、藻井砖；有反映五凉时期高超青铜铸造工艺的、目前国内唯一一件有纪年铭文的五凉王族宫廷用器金错泥筩（复制）；还有大量受到佛教东传影响下的佛经、石塔、壁画等珍贵文物；反映五凉手工业、商业活动的陶坞、货币、粟特文信札等。这些文物遗存与内容无不体现出五凉时期悠久的历史和灿烂的文化，反映了古代河西劳动人民高超的艺术成就与聪明才智。

作为河西地区最大的集五凉文物保护、收藏、展示于一体的专题博物馆，武威市五凉文化博物馆已成为历史文化名城武威对外文化交流的一个重要窗口，吸引着越来越多来此参观的游客的目光。

十、汉明长城遗存：武威段

长城以其浩大的工程、雄伟的气魄和悠久的历史而举世瞩目。作为历代边关重镇的武威及其辖境内也保存有为数不少的汉明长城遗址。据考证，武威境内长城遗址可以追溯到西汉时期。西汉在经历了"文景之治"以后，社会经济得到恢复和发展，武帝刘彻即位后，开始对匈奴采取了积极防御的战略方针，以攻为守，主动出击。据文献记载，在军事进攻的同时，汉王朝也开始大规模地修筑了长城。其中在河西修筑长城就有三次。元狩二年（前121年），汉武帝大将霍去病于春、夏两次发动对河西匈奴的战役。在取得胜利后，为巩固河西走廊边陲的安全，武帝命人修筑了由今甘肃永登至酒泉的长城，武威境内汉长城主要为这一时期修筑。到了明朝，为抵御元朝残余部队的骚扰，明王朝于洪武中后期开始令人修筑长城。甘肃境内明长城的修筑是在成化以后，由于蒙古鞑靼部屡次侵犯延绥、固原、古浪、武威等地，加之吐蕃也加入其中，明朝政府才开始加修这一带的长城。现存武威境内的明长城，为这一时期所筑。武威境内明代修筑的长城基本是在原汉长城的基础上，又增修了百余里坚固的边墙，每隔5里或10里的地方，筑有烽火台，设戌卒瞭望。

武威所辖的凉州区、古浪、民勤、天祝境内都有汉、明长城遗迹发现，这是武威历史上作为边境重镇的遗存，也是研究古代河西走廊政治、军事防御等方面的重要实物资料。

目前凉州区境内保存较好的汉长城，是沿沙漠边沿而筑，东与古浪县境内圆墩子滩汉长城相接，向西延伸，经红水河直抵腾格里大沙漠边缘，西至九墩滩，计100余公里。其中，长城乡月城墩一段，保存良好，残高6米，基宽2.5米，有烽燧20余座，反映了当年长城的宏伟规模。这些长城遗址均系黄土板筑，有些烽台、燧墩保存的比较完整。墩呈圆锥形或正方形，墩下还可以寻觅到古城堡残迹和灰烬瓦砾。明代长城方面，以古浪与武威交界的圆墩是目前武威境内保存较好的一段明代长城遗址。而位于地处古浪河上游河岸山地的古浪泗水镇光辉村及其周边一带、大致呈南北略东走向的长城遗址，由于人为破坏较少，至今大部分仍然保存完好。

近年来，在武威市及各县区政府的领导下，当地对长城遗址不断加大修缮和保护力度，使得武威境内的长城遗址得到了有效的保护。明长城遗址古浪段的古长城遗址被公布为全国重点文物保护单位。而经武威市的修缮与建设，古浪县泗水镇光辉村的这段长城遗址逐渐已对游人开放。

参考文献

［1］陈寅恪.隋唐制度渊源略论稿［M］.北京:中华书局，1977.

［2］凉州史话编写组.凉州史话［M］.兰州:甘肃人民出版社，1988.

［3］王宝元.凉城沧桑:历史名城武威地名概要［M］.兰州:甘肃人民出版社，1992.

［4］梁新民.武威史地综述［M］.兰州:兰州大学出版社，1997.

［5］张效林，王其英.西部明珠——凉州［M］.兰州:兰州大学出版社，2002.

后　记

为挖掘武威历史文化的深厚底蕴，彰显武威历史文化名城风范，宣传普及凉州文化，传播人文精神，推动文化传承，打造文化名片，更好地助推文化旅游名市建设，2019 年 12 月，中国社会科学院武威挂职团联合武威市凉州文化研究院专家与本地其他专家，共同申请了中国社科院国情调研专项项目——"武威历史文化调研"。

调研项目围绕武威市最富有特色的文化资源和旅游资源做持续、深入的研究，主要包括：五凉历史文化研究、雷台墓与铜奔马研究、鸠摩罗什在凉州事迹及其翻译贡献研究、天梯山石窟与凉州模式研究、武威西夏历史文化研究、武威汉明长城研究、边塞诗的代表——凉州词研究、武威历史人物研究、武威市国家级非物质文化遗产研究等内容。

摆在读者面前的这本《武威历史文化研究》，就是国情调研专项项目取得的研究成果。大家可以看出，它已提升为一部学术专著。本书分九章及附录，分工如下：

项目论证：单继刚（中国社会科学院哲学研究所）、郑猛（中国社会科学院拉丁美洲研究所）、孟明铭（中国社会科学院日本研究所）、王冠丞（中国社会科学院马克思主义研究院）；

全书框架：单继刚、张国才（武威市凉州文化研究院）

审稿、统稿:单继刚、张国才、程对山(武威市委党史和地方志研究中心);

项目统筹:张国才、王守荣(武威市凉州文化研究院);

第一章:李元辉(武威市凉州文化研究院)、单继刚;

第二章:单继刚;

第三、四章:程对山;

第五章:梁继红(武威市长城文化保护研究院);

第六章:贾海鹏、杨琴琴(武威市凉州文化研究院);

第七、八章:柴多茂(武威市凉州文化研究院);

第九章:赵大泰(武威市凉州文化研究院);

附录:王丽霞(武威雷台汉文化博物馆)、张长宝(武威市凉州文化研究院)。

在项目执行过程中,市委、市政府领导亲自安排部署,并听取进展情况。市凉州文化研究院领导全程参与项目推进工作,确保项目进度和质量。项目充分吸收借鉴了《五凉历史文化展陈列大纲》的研究成果。在此,向为本书的编写、出版付出辛勤劳动的领导、专家及工作人员表示真诚的感谢!

由于本书编写任务紧、工作量大,错漏之处在所难免,恳请广大读者朋友批评指正。

编者

2021 年 11 月